# スティーブ・ジョブズ II

## アップルIIIとリサの蹉跌

# Steve Jobs II

## The Failure of Apple III and Lisa

脇 英世 著

Hideyo Waki

TDU PRESS
東京電機大学出版局

## まえがき

スティーブ・ジョブズの生涯は、大きくいくつかの時期に分けられる。

第1期は一九五五年の生誕から一九八五年九月のアップル追放までである。第2期はアップル追放後のネクストとピクサーでの苦闘の時期から一九九七年一月のアップル復帰までである。第3期は一九九七年のアップル復帰から二〇一一年一〇月五日の死去までである。この時期、スティーブ・ジョブズは大成功を収め、文字通りのカリスマとなった。

スティーブ・ジョブズは、どこに生まれても偉大なカリスマになっただろうとも言われている。しかしスティーブ・ジョブズは、シリコンバレーに生まれたからこそ、偉大なカリスマになれたのではないかと私は思っている。そこで私は第1期に先行するものとして『シリコンバレー　スティーブ・ジョブズの揺りかご』を書いた（二〇一三年一〇月刊行）。スタンフォード大学を中心とするシリコンバレーの勃興の様子を描き、スティーブ・ジョブズを生んだシリコンバレーの土壌について描きたかったからである。

スティーブ・ジョブズが私にとって、最も魅力的だったのは第1期であって、これについては、まず一九五五年のスティーブ・ジョブズの生誕から一九八〇年末のアップル・コンピュータの上場までを『スティーブ・ジョブズ　青春の光と影』（二〇一四年一〇月刊行）にまとめた。

この頃、スティーブ・ジョブズはクリスアン・ブレナンとの間にリサを授かる。この時期はスティーブ・

ジョブズの最も人間的な彷徨の時代である。

そこでアップルⅢとリサの蹉跌の時期を経てマッキントッシュの開発開始の時期を『スティーブ・ジョブズⅡ　アップルⅢとリサの蹉跌』にまとめた。そしてその後ジョン・スカリーを社長に迎えた時期から一九八五年にアップル・コンピュータを追放されるまでを『スティーブ・ジョブズⅢ　マッキントッシュの栄光と悲惨』にまとめた。

ⅡとⅢは1冊の本にしたかったが、分量が増えすぎたのでⅡとⅢに分けた。つながっている本であるが、別々の本として読めるように、文献表と索引はそれぞれに付けた。

本書Ⅱは、アップルⅡがビジカルクの出現で非常な人気を呼んだ時期から、アップルⅢ、リサの失敗を経て、マッキントッシュの開発に取り掛かり始めた時期までを扱っている。

第1章から第2章にかけては、スティーブ・ジョブズを取り巻く女性達について述べた。少しずついろいろな章で取り上げるよりも、まとめて記した方が良いと思ったからである。

第3章では、ビジカルクの出現によって、アップルⅡの意外な大成功がもたらされたことを述べた。

第4章では、アップルⅢについて、比較的詳しく述べた。

第5章、第6章では、アップル・コンピュータのリサやマッキントッシュに大きな影響を与えたゼロックスとパロアルト研究所とアラン・ケイについて述べた。

第7章「ＡＬＴＯの誕生」では、リサとマッキントッシュに直接的な影響を与えたＡＬＴＯについて述べた。ここではALTOにはALTOとALTOⅡがあったこと、混同されがちなものにドラド、ダンデリオン、ゼロックスSTAR（ゼロックス8010）があったことをはっきりさせたかった。

なお第5章から第7章の内容は『ビル・ゲイツI』の内容と重なる部分がある。『ビル・ゲイツI』では、ゼロックスPARCのことをチャールズ・シモニーにからませて記述した。少し無理な描き方であったが、今、書けるなら書いておくべきだと判断したからである。本書では、無理な曲げ方を除いて自然な流れになるように変更して再録している。どうしても必要で削れないと思ったからである。また写真や図は入れ替えたり追加したりした。読者の御了解を頂ければ幸いである。

第8章ではスティーブ・ジョブズのゼロックス・パロアルト研究所訪問によって、リサの開発方針がGUI中心に変更になったことを述べている。

第9章ではリサの開発体制と失敗について述べている。

第10章ではマッキントッシュの初期の開発について述べた。

第11章ではマッキントッシュの開発の本格化について述べ、この開発に関わった人々を詳しく取り扱った。

第12章では、マッキントッシュ・グループのマーケッティング部門やアップル・コンピュータの人事部門の構築について述べた。

本書の叙述には、できる限り慎重を期したつもりであるが、浅学菲才の筆者ゆえ、気が付かなかった間違いも多々あるかもしれない。読者の御寛恕を頂ければ幸いである。

本書が成立できたのは本書の編集に熱心に取り組んで頂いた東京電機大学出版局の小田俊子氏、江頭勝己氏をはじめとする皆さんのおかげである。厚く感謝する。

また日頃、御指導御鞭撻頂いた東京電機大学　加藤康太郎理事長には深甚なる感謝の意を表したい。

二〇一七年三月

著者　脇　英世

# もくじ

# 第1章
# リサ・ニコール・ブレナンの生まれた土地

アップルの現在の本社の中枢はインフィニット・ループと呼ばれている。建物は1から6まで周回して配置されている。社長室はインフィニット・ループ1の4階にある。またアップル・ストアもインフィニット・ループ1にある。アダム・ラシンスキーの『インサイド・アップル』によれば、スティーブ・ジョブズの1997年の復帰後のアップルは、きわめて秘密保持に厳格な会社となり、幹部でも立ち入れないロックダウン・ルームという部屋があるようだ。ケイン岩谷ゆかりの『沈みゆく帝国』によれば、「情報は知る必要がある人にのみ与える」が原則で、社員も秘密保持に汲々としているという。アップルの秘密を外に漏らした場合の罰則は即時解雇と、ずいぶん厳しい世界のようだ。それでも若者はアップルに憧れる。

## クリスアン・ブレナンとの愛の暮らし

スティーブ・ジョブズの初恋の人クリスアン・ブレナンは、一九五四年、オハイオ州デイトンに生まれた。スティーブ・ジョブズより5か月ほど年上である。

ブレナン一家は、父親のジェームズ・リチャード・ブレナンの仕事の関係でオハイオ州から、コロラド・スプリングス、ネブラスカを経て、最終的に一九六六年クリスアン・ブレナンが12歳の時、カリフォルニア州のサニーベールに移った。

一九七二年、果樹園に囲まれていたというホームステッド高校でスティーブ・ジョブズがクリスアン・ブレナンに接近し、2人は恋仲になった。当初は、奔放なクリスアン・ブレナンの方が主導権を握り、スティーブ・ジョブズが追いかけているという感じであった。

スティーブ・ジョブズの両親は、クリスアン・ブレナンを嫌い、クリスアン・ブレナンの両親は、スティーブ・ジョブズを嫌っていた。お互いに不良少年に不良少女と見なされたのだろう。

ホームステッド高校。スティーブ・ジョブズとクリスアン・ブレナンが通った

スティーブンス・クリーク・ダム。スティーブ・ジョブズの自宅の南方にある

スティーブ・ジョブズとクリスアン・ブレナンの1972年夏の愛の棲家付近に通じる道

一九七二年夏、ホームステッド高校を卒業したスティーブは、クリスアンと同棲することになった。2人の愛の棲家として選ばれたのは、ロスアルトスのスティーブの自宅から南方の山の方にスティーブンス・キャニオン・ロードを2キロメートルほど入って、スティーブンス・クリーク・ダムを過ぎた湖をさらに行った所にあった。2人は前年に買った真っ赤なフィ

ヘイト・アシュベリー。今なおけばけばしい1960年代のサイケデリック文化の残照が見られる

アット850クーペで出かけた。航空写真で見ると鬱蒼たる森の中だ。まばらに存在するヒッピー部落と言ってよいだろう。

スティーブの父親のポール・ジョブズは、激怒して同棲に反対した。

「駄目だ。俺の死体を乗り越えて行け」と言ったという。死んでも許さないということだろう。

クリスアンの母親も、クリスアンを嫌っていて、常々、

「家から出て行って、ヒッピーのメッカのヘイト・アシュベリー地区にでも行きなさい」

と言っていた。ヘイト・アシュベリー地区は一九六〇年代にサマー・オブ・ラブ（愛の夏）で有名になった。今も極彩色のサイケデリック・カラーで彩られている街である。ただクリスアンの母親も実際に2人が同棲するとなると多少とまどったようだ。

小屋の壁にはスティーブが崇拝していたボブ・ディランのポスターが貼られた。クリスアンの曾祖母の使っていた

古いベッドやケロシン・ランプが持ち込まれた。いかにも原始的なようだが、ＩＢＭの電動セレクトリック・タイプライターは持ち込まれたようだ。このことから小屋に電気は引き込まれていたらしい。楽しみはと言えば、同居人のアルフォンソがフィルム・ライブラリから見つけてきた映画くらいだったようだ。映画も電気がないと上映できない。

スティーブとクリスアンは、小屋にスティーブの両親を招待したが、来たのはクララ・ジョブズだけだった。肉食を廃した2人はスパゲッティとサラダでもてなした。

2人の生活は愛に満ちたものだったろうが、前途に当てもなく、ボブ・ディランを聴くことくらいしか楽しみのない生活だった。

◆ボブ・ディランについては、かねてからノーベル文学賞を受賞するだろうと言われていたが、二〇一六年にノーベル文学賞を受賞した。時々、首を傾けたくなるような選定をおこなうノーベル文学賞だが、ボブ・ディランは、十分受賞に値すると思う。スティーブ・ジョブズとボブ・ディランについては、拙著『スティーブ・ジョブズ　青春の光と影』76頁以降で述べた。

クリスアンとスティーブの愛の暮らしについては、クリスアンが『ローリング・ストーン』誌の二〇一一年一〇月二七日号に短く書いている。これが『林檎の噛み跡』に収録されている。

ある日、お金のなくなった2人は、夜のサンフランシスコ湾のクリシー・フィールドの浜辺に行く。クリスアンが多分、次のように言ったのだと思う。原文にはお金の話をしたと書いてある。

「もう、お金は全くないわ。これから2人でどうやって暮らしていくの?」

サンフランシスコ湾のクリシー・フィールド付近。夜はきわめてロマンチックである

するとスティーブはポケットにあった、なけなしのお金をすべて夜のサンフランシスコ湾に投げ捨てて本当の無一文になった話など、切なくも悲しい逸話が出ている。

一九七三年にスティーブ・ジョブズは、ロバート・フリードランドがインドに旅行し、ニーム・カロリ・ババを訪ねたことに刺激された。そこでスティーブ・ジョブズは、一九七四年にリード・カレッジで友人となったダニエル・コトケ（以下ダン・コトケ）とインドにニーム・カロリ・ババを訪ねることにしたが、あいにくニーム・カロリ・ババは亡くなっていた。

10代からスティーブ・ジョブズは、自分は42歳で死ぬと固く信じていた。40歳半ばを過ぎて生きていたのをクリスアン・ブレナンが問うと、借りた時間を生きているだけだと語ったという。

◆クリスアン・ブレナンの『林檎の噛み跡』37頁。

ただ自分は有名になり、偉大な人間になる運命にあると信じていた。スティーブ・ジョブズは、信仰には全く縁のない人であったが、一種の選民思想のようなものだろう。

一九七四年頃のスティーブ・ジョブズは、すでに19歳になってしまったのに、何をなすべきかが分からず苦悩していた。LSD、マリファナ、ヒンズー教、ヨガ、禅、瞑想、占星術、陰陽占い、キャンドル・セラピー、無粘液食餌療法、原初絶叫療法、EST（エルハルド・セミナーズ・トレーニング）、エジプト信仰、迷信、幻術、魔術、あらゆることを試してみた。残っている寿命は23年しかなかったので、無駄に使う時間はなかったのである。

クリスアン・ブレナンは、スティーブ・ジョブズのインド旅行に刺激され、一九七五年から別の恋人グレッグ・カルフーンと共にインドを放浪した。スティーブ・ジョブズは、焼餅もあって、2人の旅行を止めたが、クリスアン・ブレナンは、かまわず旅立った。インド旅行には、ロバート・フリードランドも駆けつけ、2人を案内してくれた。

クリスアン・ブレナンは、一九七七年の三月頃にインドから米国に戻り、しばらく父のサラトガの家に住んでいた。彼女の証言には矛盾があって、『林檎の噛み跡』の別の場所では夏に帰国とも書いている。それだと時間的に合わない。クリスアン・ブレナンは、インドに一緒に旅行に行った恋人のグレッグ・カルフーンとは別れた。クリスアン・ブレナンは、米国に戻った翌日にスティーブ・ジョブズに会い、よりを戻してしまった。

一九七七年四月、クリスアン・ブレナンは、ロスアルトス・ヒルズのドゥフェネク農場（現在はヒドン・ビラ農場）で暮らし始めた。ロスアルトス・ヒルズ市ムーディ・ロード26870番地（26870 Moody Road, Los Altos Hills, CA）という、ムーディ・ロードを上っていった所にある山の麓の牧場である。ここにホステルがあり、

ドゥフェネク農場。クリスアン・ブレナンが1977年に働いていた。スティーブ・ジョブズが通っていた

クリスアン・ブレナンは、４か月ほど、子供達の教育に当たった。スティーブ・ジョブズも時々、仕事の終わった後、この牧場を訪ねてきた。

私がドゥフェネク農場を訪ねてみると、ヒドン・ビラという名前に変わっていて、「ドゥフェネク家によって一九二五年に設立された農場で野生を保存した農場」という看板があった。畑があって、都会から来た子供達が夏の間自然に親しめるようになっている。

スティーブ・ジョブズの葬儀の日、ローリング・ストーンズ誌に掲載された記事のために遺族の怒りを買って招待されなかったクリスアン・ブレナンは、ドゥフェネク農場を見下ろすロスアルトス・ヒルズのどこかにいたらしい。

スティーブ・ジョブズは、この農場を訪れた時に、クリスアン・ブレナンに噛み跡のある新しいアップルのロゴについて意見を求めたという。クリスアン・ブレナンは、『林檎の噛み跡』原著150頁で面白いことを言っている。聖書に登場するイブは、林檎をかじって知恵を得た。こうしてイブは、人間の堕落に対する責任を負うことになった。クリスアン・ブレナンは、スティーブ・ジョブズが知識管理を商売にしようとしているのかと思ったという。ここをもっと詳しく書いてくれていたらと思う。私が書き足すわけにはいかないのだ。

## プレシディオ通り8137番地の家

スティーブ・ジョブズは、一九七七年八月、クパチーノのプレシディオ通り8137番地（8137 Presidio Drive, Cupertino）のベッドルームが4つある平屋の住宅を借りた。スティーブ・ジョブズとダン・コトケは、ランチョ・サバービオ（Rancho Suburbio）と呼んでいたという。郊外のスペイン牧場風の家ということらしい。アップル・コンピュータへは2・5キロメートル、自動車で5分、歩いても30分ほどだ。

拙著『スティーブ・ジョブズ　青春の光と影』執筆時点では、このプレシディオ通りの家の正確な番地は分からなかった。しかし、ヤマザキマリ氏の『スティーブ・ジョブズ』の第3巻38頁を見ていると、ガレージにうっすら番地さえ書いてある2階建ての家の描写があった。この作品は、きわめてよく取材をしているのに私は首を傾げた。いくつかの文献によれば確か平屋のはずだがと調べ直した。その結果、ダン・コトケがプレシディオ通り8137番地と述べている記録が見つかった。

その番地の建物を見ると、やはり平屋である。ベッドルームが4つ、バスルームが2つある家であった。148平方メートル、日本式に言えば45坪ほどの家だ。私も実際に訪れてみたが、何の変哲もない家だ。表

クパチーノのプレシディオ通り8137番地の家。スティーブ・ジョブズが1977年にクリスアン・ブレナンと同棲していた

から見ると、左側にガレージがあり、左寄りの正面にはドアがあり、その右手には2つの窓が見える。シリコンバレーではどこでもそうだが、日中は全く人通りがなく静かである。

スティーブ・ジョブズ、クリスアン・ブレナン、ダン・コトケの3人は奇妙な同居生活を始めた。クリスアン・ブレナンは、タサジャラで2週間に渡って開かれた禅マウンテン・センターのリトリートに参加した後、父親のサラトガの家に寄り、それから同居に加わった。八月一五日くらいだろう。

クリスアン・ブレナンの『林檎の噛み跡』では、当初、スティーブ・ジョブズは、家の前側の寝室を占領した。クリスアン・ブレナンは、奥の主寝室を選んだ。ダン・コトケは、居間のピアノのそばの床にマットレスを敷いて寝た。1か月後、スティーブ・ジョブズは、クリスアン・ブレナンを主寝室から追い出し、自分が主寝室を使うことにした。小さなベッドルームの1つは瞑想やLSD専用の部屋とした。

この時代、まだスティーブ・ジョブズとダン・コトケはドラッグをやっていたようだ。

もう1つのベッドルームは貸していたらしい。ストリッパー達や、二丁拳銃をぶっ放す狂気のようなカウボーイ風の男など奇妙な人が入れ代わり立ち代わりに間借りしていたという。

それまで、スティーブ・ジョブズとクリスアン・ブレナンの関係は、どちらかと言えばクリスアン・ブレナンの方が精神的に優位であったが、経済力をつけ始めたスティーブ・ジョブズが次第にクリスアン・ブレナンに対して精神的に優位に立つことになった。

スティーブ・ジョブズとダン・コトケの話題は、技術と悟りと食物だった。即物的で中間がない。

またスティーブとクリスアンの関係は、激しく愛し合い、憎しみ合う狂気のようなものだったという。

クリスアン・ブレナンは、精神的に自立するために、経済的に自立したかった。つまりお金を稼ぎたかったのだが、自動車は持っていないし、ウェイトレスのアルバイトの口があっても通えなかった。そこでやむなくアップル・コンピュータの出荷部門で働くことになった。

アップル・コンピュータとプレシディオ通りの家の間にはディアンザ・カレッジがあるので、クリスアン・ブレナンは、ここでアートのクラスを選択した。

プレシディオ通りの家でスティーブ・ジョブズ、スティーブ・ウォズニアック、ダン・コトケ、ビル・フェルナンデスがパーティを開いた翌朝、スティーブ・ジョブズは、クリスアン・ブレナンに後片付けを命じた。クリスアン・ブレナンに甘えがあったことも事実だが、自分だけで片付けるのは嫌だと思ったという。スティーブ・ジョブズは、当然と思っていたらしい。またスティーブ・ジョブズは、クリスアン・ブレナンの鼻をつついたり、眉間の皺を触るようになった。

こうしたことは、これまでにはなかったことである。スティーブ・ジョブズは、仕事の成功で自信を持ち、クリスアン・ブレナンに対して精神的に優位に立った。またスティーブ・ジョブズは、知野（乙川）弘文の日本文化の男性至上主義に影響を受けたという。

## クリスアン・ブレナンの妊娠

ロッド・ホルトは、クリスアン・ブレナンの絵の才能を見込んで、クリスアン・ブレナンにアップル・コンピュータの青写真製作の見習いになるようにと勧誘したが、クリスアン・ブレナンは断った。芸術としての絵を青写真と同列に置かれたのでは、クリスアン・ブレナンの芸術家としてのプライドが許さなかったのだろう。皮肉なことにクリスアン・ブレナンは、避妊を始めたその日に妊娠してしまった。

一九七七年一〇月にクリスアン・ブレナンは妊娠を知り、スティーブ・ジョブズに告げた。スティーブ・ジョブズは、何も言わずに家から飛び出して行ったという。弁護士に相談に行ったとクリスアン・ブレナンは思った。スティーブ・ジョブズとクリスアン・ブレナンの間には一切の話し合いはなかった。堕胎か、養子か、結婚か、そのいずれとも決められないまま時間が過ぎていった。

自暴自棄になったクリスアン・ブレナンは、皿を投げたり、棚から本を叩き落としたり、壁に墨でひどい言葉を書きなぐったり、ドアを思い切り強く閉めて壁にひびを入れたなどと言われたり書かれているのは、多少気の毒のように思う。どんな恋愛ドラマでも、相手の男が妊娠を認めないとなれば、そのくらいのことは出てくる。

当時のスティーブ・ジョブズの主張は、絶対に自分の子供ではない、彼女はスティーブ・ジョブズ以外の男ともよく付き合っていた、さらに自分は性不能者で子供はできない、ただ、同じ家に住んでいただけだ、というものだった。確かにクリスアン・ブレナンは、彼女の著書からも惚れやすい性質で、多くの男性と関係があったことも考えられる。スティーブ・ジョブズは、弁護士に助言を求めていたようで、クリスアン・ブレナンの妊娠については、ほとんど何も言わなくなった。アップル・コンピュータのブランド・イメージが傷つくことを心配していたと言われる。

クリスアン・ブレナンは、禅の師の知野弘文に相談に行った。知野弘文は精神的にも物質的にも金銭的にも必ず助けるから子供を生むようにと言った。それだけの力もないのに、安請け合いで、できない約束をしてしまった。知野弘文はいろいろな文献を読むと、比較的のりの良い軽い性格だったようだ。それが後々、誤解に結び付く一面となった。

スティーブ・ジョブズは、クリスアン・ブレナンが妊娠3か月になると、「中絶はしないように」とだけ言ったようだ。

この頃、スティーブ・ジョブズは、依然として蝋燭を見つめさせるトラタク（Toratakа）瞑想に凝っていたらしい。クリスアン・ブレナンの苦悩に対して、「蝋燭を見つめ何が見えるかを答えるように」と言った。

クリスアン・ブレナンは、もうプレデシィオ通りの家に留まれないと考え、家を出た。お腹が大きくなったクリスアン・ブレナンは、アップル・コンピュータも辞めた。パロアルトの友人宅を転々としていたらしい。

収入が絶えたクリスアン・ブレナンは暮らしていけなくなり、生活保護を申請した。生活保護下で別収入があってはいけないようだが、クリスアン・ブレナンは、簡単な家政婦的な仕事もして、収入の不足を補った。窮乏したクリスアン・ブレナンは、スティーブ・ジョブズにお金をくれるように頼んだこともあったが、結局お金はもらえなかった。

妊娠期間中、クリスアン・ブレナンは俳句禅堂センターに通ってひたすら救いを求めた。サンフランシスコの北方のクローバーデールでおこなわれた接心にも参加して救いを求めた。ところがこの接心の帰りに知野弘文がマリファナを吸ったことや彼の義母もマリファナ好きだったことをクリスアン・ブレナンが記録している（『林檎の噛み跡』原著188頁）。

知野弘文は全く助けてくれなかった。クリスアン・ブレナンに多少被害妄想的なところがないわけでもないが、知野弘文は安請け合いをし過ぎた。そういうこともあって、クリスアン・ブレナンは、知野弘文に対しては決定的に悪感情を持った。『林檎の噛み跡』原著207頁では、後にリサに冗談を言った知野弘文をベルゼバブ（聖書に登場する悪霊の頭：蠅の王）とさえ言っている。以後、スティーブ・ジョブズを取り巻く世界では人々の間に強い憎しみが駆け巡ることになる。

## 訴訟書類の語るもの

この間の事情は、カリフォルニア州サンタクララ郡の高等裁判所に対して一九七九年八月三一日に提出された件名番号431167の却下要求『扶養と父性に対する不服申立て』という文書に記されている。

これはPBSのドキュメント『ザ・マン・イン・ザ・マシン』の中頃に出てくる。インターネットで見られるが、ブルーレイでも売られている。ブルーレイの方は、画面にテロップが出て便利だが、編集の手が入っていて、不要と考えられた部分は切り捨てられているようだ。情報の細部を落とさないようにするには、インターネットにアップされているオリジナルも見た方が良い。

原告はリサ・ニコール・ブレナン。未成年であるため、母親のクリスアン・ブレナンが保護後見人となっている。被告はもちろんスティーブ・ジョブズである。

「一九七七年八月一六日から一九七七年一二月三一日の間、原告（クリスアン・ブレナン）は、クリス・ボイスレインと他の男性もしくは男性達と性交渉に耽った。他の男性の名前については被告（スティーブ・ジョブズ）は知らない。しかし原告はよく知っている」

スティーブ・ジョブズは、クリス・ボイスレイン以外に、クリスアン・ブレナンが付き合っていた男の名前は挙げられなかった。

「情報と信念に基づき、被告（スティーブ・ジョブズ）は、この文書で不服申し立てが述べられたすべての時期において、被告は不能で生殖能力がなく、したがって、これらの結果として、子供を作る身体的能力がなかったと断言する」

これは後の事実が示すように、スティーブ・ジョブズの全くの嘘である。子供はあと3人できた。

「これにより、スティーブ・ジョブズは、原告がこの訴訟によって何も得られないこと、すなわち不服が却下され、スティーブ・ジョブズは、法廷が合理的で適切と判断する費用と他の援助にだけ値すると希望する」

「私は偽証罪をも考慮したうえで、以上が真実で正確であり、この供述が一九七九年八月三一日カリフォルニア州パロアルトでなされたことを宣誓する

スティーブ・ジョブズ（本人署名）」

スティーブ・ジョブズの弁護に当たったのは、アップル・コンピュータの顧問弁護士事務所のフェンウィック・ストーン・デイビス&ウエスト（現在はフェンウィック&ウエスト）であった。

同社は一九七二年に4人の弁護士によってパロアルトに設立され、アップル・コンピュータの顧問弁護士事務所として成功した。その後、オラクル、アマゾン・コム、イーベイ、フェイスブック、ヴァージン・アメリカ、ベリタス、ベリサイン、バイアコム、クライスラー、シスコの顧問弁護士として成功し、300人の弁護士を抱えるまでになって、二〇〇三年マウンテンビュー市カリフォルニア・ストリート801番地（801 California Street, Mountain View, CA）に本社を移した。シリコンバレー最大の弁護士事務所であり、全米でも高いランクに属している。

私はマウンテンビューの事務所を訪ねてみたが、立派なビルである。と言って壮麗なビルというほどでもない。

この訴訟の段階でダン・コトケがクリスアン・ブレナンに連絡してきたのは、プレシディオ通りの家の青写真をスティーブ・ジョブズ側の弁護士が証拠として提出しようとしていたことである。簡単に窓から侵入できるので、リサの父親はスティーブ・ジョブズ以外の可能性もあると言うのだ。なんとも荒唐無稽な訴訟戦術である。

スティーブ・ジョブズは、ダン・コトケがクリスアン・ブレナンに同情的だったというので、報復をした。ダン・コトケには株式を分けてやらなかったのである。

臨月が近づくと、スティーブ・ジョブズは、クリスアン・ブレナンにプレシディオ通りの家で産むように言ったが、クリスアン・ブレナンは3週間考えた末、断った。

この時、ロバート・フリードランド夫妻が手を差し伸べてくれ、オール・ワン・ファームで出産するようにと言ってくれた。出産予定日の2週間前にクリスアン・ブレナンは、オール・ワン・ファームに移動した。農場にはエリザベス・ホームズもいた。

フェンウィック＆ウエスト弁護士事務所。アップルの顧問弁護士事務所であった。スティーブ・ジョブズの弁護も担当した

## リサの誕生

一九七八年五月一七日一〇時三八分、予定より２週間早く、女の子が生まれた。体重は７・５ポンドであった。

ロバート・フリードランドは、クリスアン・ブレナンに陣痛が訪れた時に、スティーブ・ジョブズに電話した。スティーブ・ジョブズの秘書は、ポートランド行きの飛行機を予約したが、クリスアン・ブレナンの陣痛は収まったのでロバート・フリードランドは再び電話して陣痛は遠のいたと連絡した。そこで飛行機の予約は取り消された。

ところが、夕方５時になって陣痛が激しくなり、ロバート・フリードランドは再びスティーブ・ジョブズに電話したが、同日中の飛行機の予約を取ることはできなかった。

スティーブ・ジョブズがオール・ワン・ファームに到着したのは３日後である。果たして自分の子供であるのかどうか迷いがあったのだろうが、スティーブ・ジョブズが女の子を抱いている写真が残っている。ロバート・フリードランドが撮影したものである。

さらに３日後に赤ん坊の名付けがおこなわれる。スティーブ・ジョブズは、クレアという名前にこだわった。育ての親のクララに近い名前を選んだとか、次期パソコンにクレアという名前を付けたかったからだとか諸説ある。サラで２人の意見は一致したが、クリスアン・ブレナンの姉妹の６か月前に生まれた娘の名前がサラだったので見送られた。またアップルⅢの開発コード名もサラである。

ともかく最後に、リサという名前が選ばれた。

こうして女の子はリサ・ニコール・ブレナンになった。ただスティーブ・ジョブズは、なかなかリサを実子として認知しなかったことも有名である。スティーブ・ジョブズが認知してリサ・ニコール・ブレナン・ジョブズになるのは、ずっと後の9年後の一九八七年のことだ。

スティーブ・ジョブズは、リサの名前を付けると、すぐにクパチーノのアップル・コンピュータに戻っていった。

## ロバート・フリードランドとのビジネス契約

今まであまり知られていなかったことだが、スティーブ・ジョブズは、リサ誕生の3か月後の一九七八年八月一七日、再びオレゴン州マクミンビルに戻って来て、マクミンビル市エバンス・ストリート・ノースイースト330番地（330 North East Evans Street, McMinnville, OR）のクレイグ・ブランド弁護士事務所で、ロバート・フリードランドと不動産投資等に関するビジネス契約を結んだ。

それが分かったのは、二〇一三年一二月一三日、テキサス州ヒューストンのトライスター・プロダクション社の社長ジェフ・ローゼンベルグが、その契約書を競売で4万ドルで落札して評判になったからである。

スティーブ・ジョブズ直筆の署名があるとはいえ、わずか8頁の契約書が4万ドルとは驚く。どうでもよいことといえば確かにそうだが、スティーブ・ジョブズの署名はすべて小文字である。大文字は使わない。

この契約書の第1項には、会社名と事業所の所在地を記す欄があるが、会社名はない。事業所の所在地は「オレゴン州マクミンビル市ルート2ボックス４７２」と手書きで書き込まれている。これは、ＰＯ ＢＯＸ（私書箱）などと同様なものだが、米国の地方で使われている私書箱であるらしい。したがって、ロバート・フリードランドもスティーブ・ジョブズもマクミンビルに留まるつもりはなかった。弁護士事務所の誰かに転送させていたのだろう。

契約書の中身は残念ながら最初の1頁を除いて見られないのだが、ジャッキー・マクニッシュの『ザ・ビッグ・スコア』を読むと、スティーブ・ジョブズは、ロバート・フリードランドの誘いで金鉱掘りのための会社を設立し、マクミンビルの古い金鉱山の土地を購入したらしい。それがマクミンビルのどこかを特定するのは難しい。

クリスアン・ブレナンは、リサの誕生後、ロバート・フリードランドのオール・ワン・ファームの世話になったが、迷惑をかけるというので1か月程で妹のキャシーを頼ってオール・ワン・ファームを立ち去った。そのすぐ後に会社設立の話が持ち上がったのだろう。

当時のスティーブ・ジョブズにとっては娘のリサより金鉱の方に関心があったらしい。

## ガーデン・オブ・アラー

スティーブ・ジョブズに関しては、突然、今まで知られていなかったことが表面に出て来ることがある。ブレント・シュレンダーとリック・テッツェリの著書『ビカミング・スティーブ・ジョブズ（邦題：『スティーブ・ジョブズ』）』の冒頭第1章に「ガーデン・オブ・アラーにおけるスティーブ・ジョブズ」があって、驚かされた。私だけが気が付かなかったのかもしれない。その気になって調べ直すと、ウォルター・アイザックソンの『スティーブ・ジョブズ』にも、ジャッキー・マクニッシュの『ザ・ビッグ・スコア』にも簡単な記述があった。

一九七九年一二月、スティーブ・ジョブズは、サンフランシスコの北方16・5マイルにあるミル・バレー市エル・キャピタン・アベニュー2番地（2 El Capitan Avenue, Mill Valley, Marin, CA）という山中にあるラルストン・L・ホワイト・メモリアル・リトリートという静修施設をメルセデス・ベンツ450SLに乗って訪ねていた。ここの西方2キロには標高785メートルのタマルパイス山の山頂がある。

「ガーデン・オブ・アラー」のアラーは、イスラム教のアラーである。ガーデン・オブ・アラーという名前の由来は、ロバート・スマイス・ヒッチェンという作家の書いた『ガーデン・オブ・アラー』という小説にある。この小説に感激したラルストン・ラベル・ホワイトという不動産業者が、一九一六年頃、ミル・バレーに長い時間をかけて建設した施設がガーデン・オブ・アラーと呼ばれていた。

ロバート・スマイス・ヒッチェンの小説『ガーデン・オブ・アラー』。ラルフストン・ラベル・ホワイトに影響を与えた

様々な事情を経て、現在はラルストン・ホワイト・リトリート・ファウンデーションという財団が管理しているか、していたらしい。ガーデン・オブ・アラーという名前もラルストン・ホワイト・リトリートに変わったが、依然としてガーデン・オブ・アラーとしても通用している。

当日、スティーブ・ジョブズの友人のラリー・ブリリアントが創設したセバ（Society for Epidemiological Voluntary Assistance）ファウンデーションの初回の会合が開かれていた。

出席者には、『ビー・ヒア・ナウ』を書き、スティーブ・ジョブズが尊敬していたババ・ラム・ダス、グレイトフル・デッドのボブ・ウィアー、ロバート・フリードランドなどがいた。数十人の出席者の集合写真が『ビカミング・スティーブ・ジョブズ』に載っている。

◆ボブ・ウィアーは、ケン・キージーのメリー・プランクスターのメンバーであった。
ケン・キージーについては拙著『シリコンバレー　スティーブ・ジョブズの揺りかご』71頁、また『スティーブ・ジョブズ　青春の光と影』を参照されたい。ババ・ラム・ダス（リチャード・アルパート）についての詳しい話は『スティーブ・ジョブズ　青春の光と影』138頁以降を参照されたい。

スティーブ・ジョブズは、ラリー・ブリリアントに5000ドルを寄付していた。むろんセバ・ファウンデーションへの寄付はロバート・フリードランドの誘いによるもので、ロバート・フリードランドは、スイスの叔父マルセル・ミュラーにも寄付を要請していた。

スティーブ・ジョブズは、セバ・ファウンデーションに、アップル・コンピュータで成功したビジネス戦略を機械的に持ち込もうとした。そしてパブリシティのためにレジス・マッケンナを起用すべきと強硬に主張したが、受け入れられなかった。ラリー・ブリリアントに退出するように言われ、スティーブ・ジョブズは、駐車場で泣いた。自分の意見が通らない時には、よく泣く人である。

◆レジス・マッケンナについての詳しい話は拙著『スティーブ・ジョブズ　青春の光と影』413頁以降を参照されたい。丸顔で眉の薄い人だ。

ジェフリー・S・ヤングの『スティーブ・ジョブズ　ザ・ジャーニー・イズ・ザ・リウォード』（邦訳『スティーブ・ジョブズ　パーソナル・コンピュータを創った男』日暮雅通 訳、JICC出版局 刊、上巻36頁）には次のように書いてある。

「両親がスティーブを甘やかし続けたのは、厄介だねの彼をなだめようとしたせいもあったが、自分達が実の親でないという負い目も大きかったと言えよう。その結果、スティーブは、泣きさえすればたいてい自分の思い通りになるものだと思うようになった。このことは彼の性格に痕跡を留めている」

この分析は全く正しいと思う。スティーブ・ジョブズは、あらゆる場面で泣くが、後にアップル・コンピュータから追放される時にも、うんざりするほど泣いた。

ロバート・フリードランドのとりなしで、ラリー・ブリリアントが駐車場に行き、スティーブ・ジョブズを

ラルストン・L・ホワイト・メモリアル・リトリート、俗称『ガーデン・オブ・アラー』。現在は閉鎖されていて立ち入れないようである

なだめた。スティーブ・ジョブズは、会議場に戻り、謝罪した後、ガーデン・オブ・アラーを去った。

スティーブ・ジョブズは、この件で、慈善事業の非効率性を嫌うようになり、ひいては慈善事業そのものも嫌うようになった。自分の思うように事業が進行しないのが気に入らなかったのである。

一応、和解したはずだが、アップル・コンピュータの上場後は、スティーブ・ジョブズは、ほとんどセバに寄付をしなくなった。アップルⅡとビジカルクを寄付しただけである。

実際に私がミル・バレー市エル・キャピタン・アベニュー2番地を訪ねてみると、きわめて急峻な山道を延々と登っていくことになった。登るにつれて坂はきつくなり道幅も次第に狭くなる。対向車が来たらお手上げである。まことに残念なことに、後１００メートルあまりという所で、私道になってしまった。道幅も車幅と同じ程度になってしまった。私有地には入れないし、近所の婦人にこれ以上は無理だと注意された。もし私に誤解がなければ、ラルストン・L・ホワイト・メモリアル・リトリートすなわちガーデン・オブ・アラーは閉鎖されているようである。写真だけは撮ってきた。

## ロバート・フリードランドの山師への変身

一方、一九八〇年二月一五日にロバート・フリードランドは、マクミンビルにハヌマン・マインズ（鉱山）という会社を設立した。主たる事業の所在地は、マクミンビル市ノースエバンス・ストリート６２５番地（625 North Evans Street, McMinnville）となっている。この住所はトーマス・タンカースレイ弁護士事務所の住所である。代理人として指定されている。

ハヌマン・マインズでは、ロバート・フリードランドが社長で、ワシントン市シアトル・ファースト・アベニュー２１２５番地（2125 1st Avenue, Seattle, WA）のアパート３１０４室を住所としている。グーグルの航空写真で見ると、立派な高層アパートである。

ロバート・フリードランドがシアトルに本拠地を動かしたのは、南ではオレゴン州マクミンビル南部の金の廃坑を安く買いあさり、北ではカナダのバンクーバーで資金を集めるのに便利だったからである。

ロバート・フリードランドは、アーノルド・シーモア・グレイと共に会社を立ち上げ、バンクーバー証券取引所に上場したが、その際にスティーブ・ジョブズの友人であることを大いに利用した。

以後、ロバート・フリードランドはマクミンビル南部のワーナー金鉱やコロラド州サミットビルの鉱山の取引などで悪名を高めた。次第にロバート・フリードランドの山師としての悪名は高まっていき、一九八五年には、セバはロバート・フリードランドに辞職を勧告するまでになった。

このあたりで、どうやらスティーブ・ジョブズとロバート・フリードランドとの友情は終わったようである。

## オール・ワン・ファーム

さて、リサの生まれたオール・ワン・ファームはどこにあったのだろうか?

これについては、昔のオール・ワン・ファームに関するホームページがあって、オール・ワン・ファーム時代のロバート・フリードランドやスティーブ・ジョブズやクリスアン・ブレナンの写真も掲載されている。ところが、その場所については全く開示されていない。ホームページには「リターン・ツー・オール・ワン・ファーム」という記事があって、近年訪ねていった様子が克明に描かれているが、どこであるかは全く秘密になっている。

現在の所有者は、スティーブ・ジョブズと同じホームステッド高校に通学し、彼の奥さんはスティーブ・ジョブズの妹パティ・ジョブズの友達で、スティーブ・ジョブズをスティーブ・ウォズニアックに紹介したビル・フェルナンデスの友人であって、シリコンバレーで技術者として働いていたこともあるというが、ホームページによれば、本人は名前も所在地も全く秘密にしている。なんとも謎めいた話であるが、後ほど明らかにする。

ビル・フェルナンデスは、スティーブ・ウォズニアックより4歳年下で、スティーブ・ジョブズとスティーブ・ウォズニアックの出会いを取り計らった。スティーブ・ウォズニアックに心服しており、ヒューレット・パッカードを経て、社員番号4の社員としてアップル・コンピュータに入社した。何でも屋さん的な仕事をさせられた。

◆拙著『スティーブ・ジョブズ　青春の光と影』75頁参照。

地元のある人のインターネット投稿では、マクミンビルの西北のノースウエスト・ウィリス・ロード（NW Willis Road）とノースウエスト・ファー・クレスト・ロード（NW Fir Crest Road）の交わるあたりである。写真もあった。私は絶対に行ってみたいと思った。

二〇一五年夏、シアトルにビル・ゲイツの旧跡を訪ねた後で、３００キロ南下してポートランドを訪ねた。ポートランドの東にはビル・ゲイツとポール・アレンが1年ほどアルバイトをしたボンヌビルの発電所がある。そしてポートランドにはスティーブ・ジョブズのいたリード・カレッジがある。さらに南西に下ればマクミンビルがあり、その西北にはオール・ワン・ファームらしき場所があるのである。これは何としても行ってみようと思った。そして全部訪ねて来た。

ポートランドからマクミンビルに行くについては多少滑稽な失敗もあったが、無事にたどり着き、オール・ワン・ファームを目指した。目標はノースウエスト・ウィリス・ロードとノースウエスト・ファー・クレスト・ロードの交点である。ノースウエスト・ウィリス・ロードは簡単に見つかり、順調なように見えた。マクミンビルから自動車で12分くらいのはずである。

オール・ワン・ファームの所在地。マクミンビルの西北の山の中にある

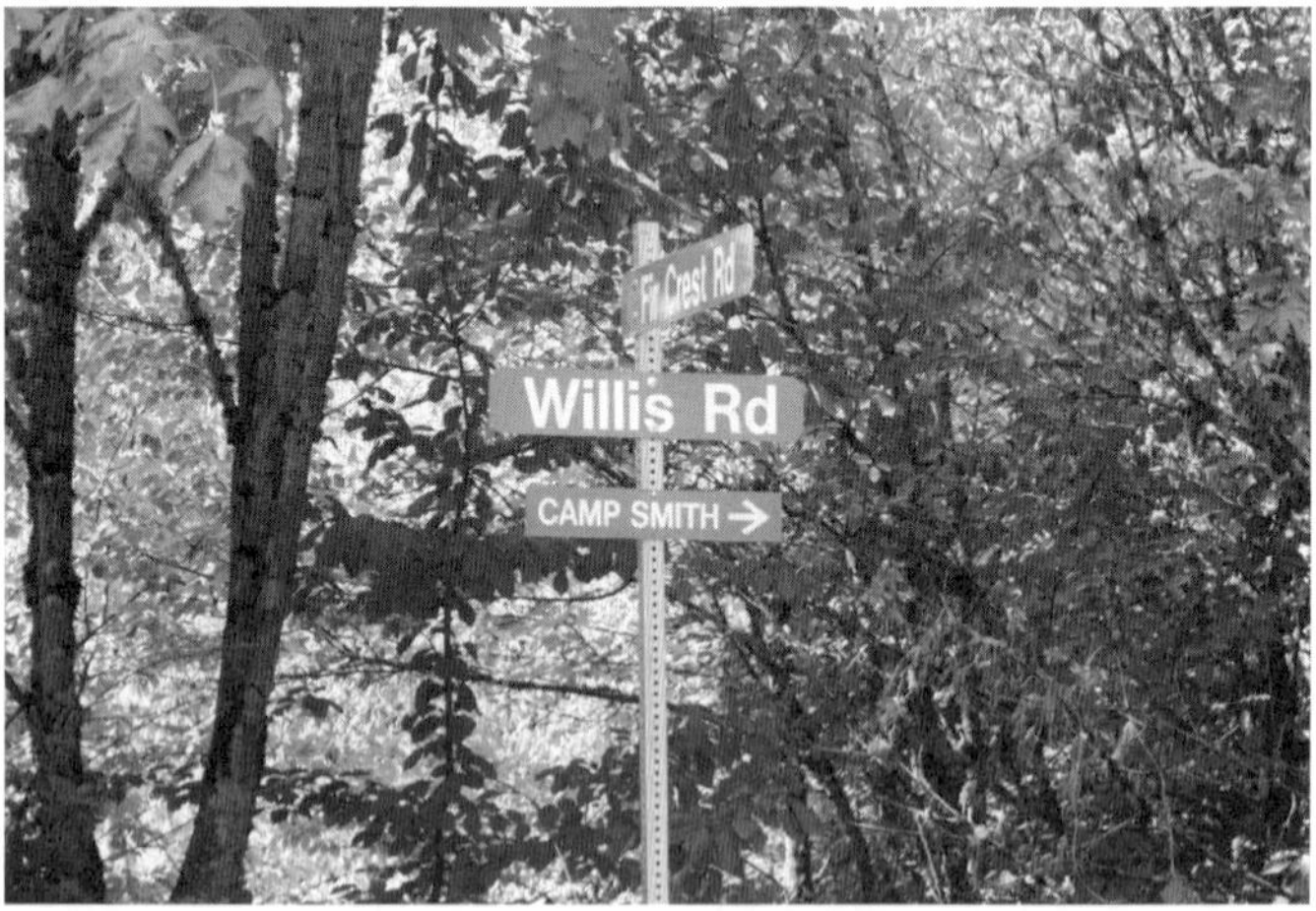


ウィリス・ロードとファー・クレスト・ロードの交点。オール・ワン・ファームの目印になる

ところがナビゲータの私が1か所間違えて左折を指示してしまった。どんどん山の中に入って行く。途中から舗装はなくなり、砂利道だ。細かい砂利が跳ねるのが困る。カー・ナビゲータとiPhoneがなかったら、とても戻れなかっただろう。運が良かったと思う。結局、山を一周してノースウエスト・ウィリス・ロードの入口に戻った。

もう探すのをやめようかと思ったが気を取り直して、また登り始めた。今度はゆっくりと慎重に進む。家内が「あった」と言う。確かにノースウエスト・ウィリス・ロードとノースウエスト・ファー・クレスト・ロードの交点だ。地図には「ノース」と入っていても道標には省略されている場合もある。

インターネットの写真で見た通りだ。するとこの反対側がスティーブ・ジョブズのいたオール・ワン・ファームで、リサの生まれた林檎園のあった農場なのかもしれない。正面からは何も見えないが、側道に入ると中の様子が見える。林檎園ではなく、葡萄園になっている。ここかと感ひとしおである。

## リサの生まれた林檎園のあった農場

この近所の農場の写真も撮ってきたが、おそらく、こちらの方がスティーブ・ジョブズがいたオール・ワン・ファームの林檎園農場のイメージに近いと思う。当時の写真とも情景が合う。

この原稿を書く段階でオール・ワン・ファームのホームページに縛られすぎないようにして、再度、すべての情報を洗い出してみた。何年間にもわたって何百回か検索に挑戦した。しかし、失敗続きだったが、オレ

オール・ワン・ファーム。現在は林檎園ではなく葡萄園になっている

ゴンワインプレス紙の記事で多少前進した。

一九七八年一二月、スティーブ・ジョブズは、マクミンビル北西の土地を30エーカーほど購入した。この土地の現在の所有者は、ダナ・ドゥーリーとバイロン・ドゥーリーという夫婦で、セブン・オブ・ハーツ・ワイナリー、ルミナス・ヒルズ・バインヤード、オネスト・チョコレートという会社を持っている。2人は奇しくもスティーブ・ジョブズと同じカリフォルニア州サニーベールのホームステッド高校の卒業生である。

妻のダナは、スティーブ・ジョブズより3歳年下で、スティーブ・ジョブズに会ったことはないが、スティーブ・ジョブズの妹のパティ・ジョブズと顔見知りで、同じクラスを選択したこともあったという。ヒューレット・パッカードに14年間勤めたという。

夫のバイロンの友人の弟のビル・フェルナンデスは、スティーブ・ジョブズとスティーブ・ウォズニアックを引き合わせた。バイロンもシリコンバレーで働いていたと

オール・ワン・ファームの近所。この方がスティーブ・ジョブズのいた時代を彷彿とさせる

いう。

◆スティーブ・ジョブズとスティーブ・ウォズニアックの出会いについては拙著『スティーブ・ジョブズ　青春の光と影』75頁を参照。

ドゥーリー夫妻は購入当時気が付かなかったが、夫妻の買った土地は一九七八年から一九八五年までスティーブ・ジョブズが所有していた土地である。その内、12エーカーを夫妻は葡萄園に変えた。

現在の名称は、ルミナス・ヒルズ・バインヤードで、住所はマクミンビル市ファークレスト・ロード・ノースウエスト14200番地（14200 NW Fir Crest Road, McMinville）である。

スティーブ・ジョブズは、購入した土地を林檎園でなく、葡萄園にするつもりだったという。スティーブ・ジョブズは、一九七八年から一九八五年まで所有していたようだが、一切、土地に手を入れなかった。スティーブ・ジョブズは、ロバート・フリードランドとの共同事業にはあまり熱心でなかった。アップル・コンピュータでのマッキントッシュ開発に忙しく暇がなかったのだろう。だから一九八五年に売却したようだ。そんな時間がよくあったと不思議に思う。

この他にも、近所のオレゴン州ガストンにもロバート・フリードランドは土地を持っていた

## リサは自分の子供じゃない　DNAテスト

リサが生まれた後、クリスアン・ブレナンは、オール・ワン・ファームに1か月ほど滞在したが、一九七八年六月、妹のキャシー夫婦のいたアイディルワイルドに身を寄せた。妹夫婦に負担をかけられないので、一九七八年末頃にベイエリアに戻り、父の家に1か月ほど逗留したが、メンローパークのオークグローブ・アベニューに引っ越した。そこは中国人移民向けの簡易宿泊所地区だった。

私が実際に訪れた時はすでに数十年たっていたので、クリスアン・ブレナンが住んでいた頃の中国人移民向けの麻雀牌の音がする簡易宿泊所地区という感じはなくなっているように思う。中華料理屋はあった。また『林檎の噛み跡』226頁に記述されている近所の「ピートのコーヒー&ティー」というお店は確認できた。このお店はサンフランシスコの湾岸地域に展開しているチェーン店らしく、ちょっと気を付けていると、どこでも見かけるお店である。

社会福祉局からはクリスアン・ブレナンに生活保護費が毎月384ドル支給されていた。家賃は225ドルで生活は困窮の極みだった。家賃を払うと生活費は159ドルしか残らない。当時は1ドル360円で

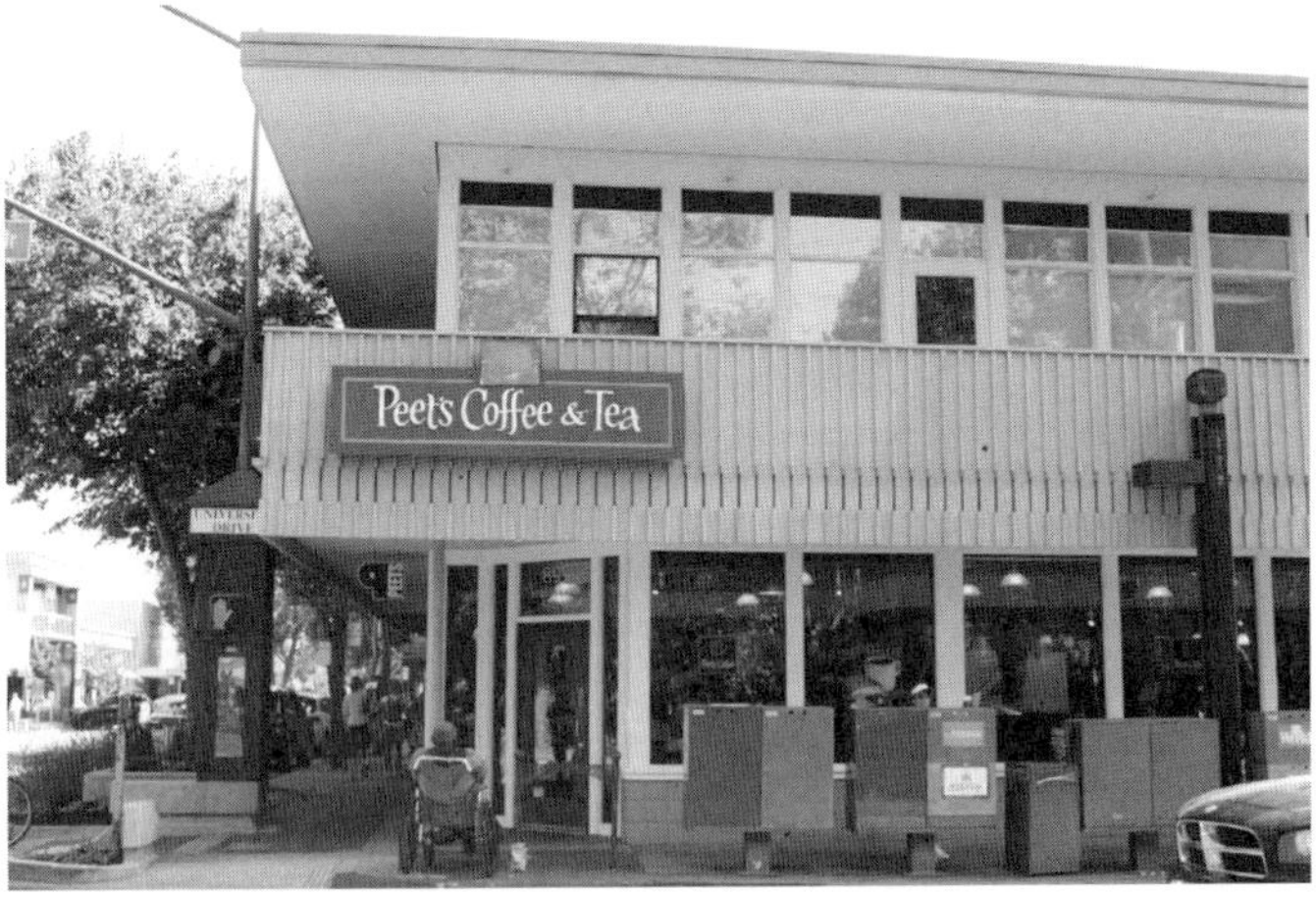

「ピートのコーヒー&ティー」店。クリスアン・ブレナンが働いていた。サンフランシスコの湾岸地域にはいくつかある

あったが、私の実感では実際の生活水準は1ドル100円であった。物価水準の変化を考えても親子2人で暮らしていくにはとても足りない。

このような状況だったので、生活保護費を支給していたサンマテオ郡が、クリスアン・ブレナンにスティーブ・ジョブズを訴えさせ、認知と養育費の支払いを求めた。

結局、DNAテストでリサの父親を推定することになった。スティーブ・ジョブズは簡単に応じたので、クリスアン・ブレナンは驚いたという。検査の結果、94・5%の確率でリサの父親はスティーブ・ジョブズということになった。

この結果、カリフォルニア州裁判所は、スティーブ・ジョブズに対し、月385ドルを養育費として支払うこと、認知の書類にサインすること、クリスアン・ブレナンに州が過去に支給した生活保護費5856ドルを返還することを命じた。スティーブ・ジョブズは、月500ドルの養育費を支払うことにした。

モナ・シンプソンの小説『ア・レギュラー・ガイ』によれば、スティーブ・ジョブズは、家賃は払ったが、家具にはお金を出さなかった。クリスアン・ブレナンが自動車が必要な時にも自動車は貸さなかった。250億円以上の資産を手にした割には吝嗇《けち》である。女性達によるスティーブ・ジョブズの評判は地に落ちた。

一九八〇年、スティーブ・ジョブズは、黒いポルシェに乗ってオークグローブの家にリサを訪ねてきた。しかし、それきりだった。

クリスアン・ブレナンとリサは、ずっと不幸な貧しい生活を送ったかというと、それがそうでもない。

一九八二年、クリスアン・ブレナンは、先に述べた近所のメンローパークの「ピートのコーヒー&ティー」店でデイビッド（姓は分からない）と出会い、リサを連れてタホエ・シティで同棲したが、一九八三年には喧嘩別れして再びベイエリアに戻ってくる。

スティーブ・ジョブズは一九八二年、タイム誌の記者であるマイケル・モーリッツの取材に対して、DNAテストの精度を72％に落とし、米国の28％の男性がリサの父親になり得ると主張した。何も考えないと騙されるが、この論理はおかしい。米国人の他の男性がリサの父親になる確率が28％というべきだろう。

スティーブ・ジョブズは、有名にはなり、強大な権力は手にしたが、人間として大人になっていなかった。

一九八二年、スティーブ・ジョブズは、タイム誌の「パーソン・オブ・ザ・イヤー」になれるものと考えていた。しかし、その年はスティーブ・ジョブズの代わりにコンピュータが「マシン・オブ・ザ・イヤー」として「パーソン・オブ・ザ・イヤー」に輝いた。

これはＩＢＭのパソコンの売上げが急速に伸びてきて、アップル・コンピュータの首位独占が崩れつつあったからでもある。また1つには、スティーブ・ジョブズとクリスアン・ブレナンの関係が問題になり、ふさわしからぬ人物とされたからである。

また記事には刺激的な発言が記録されていた。1つはジェフ・ラスキンの語った言葉で次のようであった。

「(スティーブ・ジョブズは、) さぞかし立派なフランス王になれたに違いない」

もう1つはスティーブ・ウォズニアックの語った言葉で

「スティーブ・ジョブズは、1つも回路を設計したことがないし、プログラム・コードの断片すら書いたことがない」

「スティーブ・ジョブズは、本当はコンピュータに関わっていないし、1冊もコンピュータのマニュアルを読破したことがない」

当然、スティーブ・ジョブズは激怒し、取材したマイケル・モーリッツに八つ当たりした。

一九八四年一一月、スティーブ・ジョブズは、銅鉱山で財をなしたダニエル・ジャックリングが一九二五年に建てたジャックリング・ハウスという屋敷を２００万ドルで買った。住所はウッドサイド市マウンテンホーム・ロード４６０番地（460 Mountain Home Road, Woodside, CA）であった。そこにスティーブ・ジョブズは、黒いポルシェでクリスアン・ブレナンとリサを連れて行った。

ウッドサイド・ロードをマウンテンホーム・ロードに左折し、それから右折し、古い格式のある門を抜けて屋敷に入っていく。深い森に囲まれた７３４５坪の敷地に建つ古いスパニッシュ・コロニアル・リバイバル・

マイケル・モーリッツの最近の『リターン・ツー・リトル・キングダム』、初版は『ザ・リトル・キングダム　ザ・プライベート・ストーリー・オブ・アップル・コンピュータ』

スタイルというスペイン風の屋敷で、建坪が400坪、部屋数が約30、ベッドルームが14、バスルームが13あったという。使える部屋は少なく、どの部屋も暗く黴臭《かび》かった。カーテンは古く、洗濯した跡がなかった。花瓶には花が挿してなかった。

屋敷には西海岸一という巨大なパイプオルガンが設置してあった。いずれ破壊される運命だった。食堂に続き居間があったが、オーソン・ウェルズの映画『市民ケーン』に登場するような暖炉があった。天井は6メートルほどの高さであった。庭にはプールがあったが、底には死んだ虫の死骸が横たわっていた。掃除が行き届いていなかったのである。

この屋敷はどこか暗く、スティーブ・ジョブズには馴染まなかったようで、近隣住民の歴史的建造物保存運動には耳も貸さず、改装するとの名目で少しずつ壊していった。二〇〇〇年頃には全く荒廃し、二〇一〇年には完全に破壊された。

アップルインサイダーの「打ち捨てられたスティーブ・ジョブズのジャックリング・マンション」という記事に荒廃後の写真がある。

スティーブ・ジョブズが 1984 年 11 月に購入したウッドサイドの家。ジャックリング・ハウスとも呼ばれる。現在は取り壊され、妻のローリーン・パウエルが再建を志している

クリスアン・ブレナンによれば、ジャックリング・ハウスという屋敷は、ジャン・コクトー監督の映画『美女と野獣』に出てくる屋敷のような雰囲気だったという。面白い見方だ。そういう一面もあったかもしれない。

角川文庫にボーモン夫人の『美女と野獣』があるので、その雰囲気を掴みたい方は一読されるとよい。私はジャン・マレーの映画の選集を持っていたので、ジャン・コクトーの『美女と野獣』があるだろうと思って探したらあった。私の母が若い頃に見た映画だ。子供の頃の私は気味の悪い映画だと思った記憶がある。ロマンチックな映画なのだが、子供の頃は理解できなかった。

実際に訪ねていったが、門までで、後は私道で入れない。グーグルの航空写真で見ないと中の様子は分からない。ウッドサイドの家の購入後の一九八五年、スティーブ・ジョブズは、ロスガトスの家を売却した。

スティーブ・ジョブズがアップル・コンピュータを追放されてから、クリスアン・ブレナンとの関係が改善する。

ジャン・コクトーの映画『美女と野獣』。スティーブ・ジョブズのウッドサイドの屋敷のイメージにピッタリ

クリスアン・ブレナンは、スティーブ・ジョブズに粘り強く交渉し、ロス・トランコス・シティ、メンローパーク、イースト・パロアルト、パロアルトと次第に住む家の格を上げていった。

一九八五年、スティーブ・ジョブズは、クリスアン・ブレナンとリサにパロアルト市リンコナーダ・ストリート138番地（138 Rinconada Avenue, Palo Alto, CA）の家を買い与えた。一九二七年築で、建坪37坪、敷地面積175坪である。名義はリサになっていたようだ。

『林檎の噛み跡』247頁によれば、ここにクリスアン・ブレナンとリサが10年住んだ。スティーブ・ジョブズは、度々この家に立ち寄った。私が実際に訪ねてみると、こぢんまりとした家である。

パロアルトのリンコナーダの家は寝室が3つあり、バスルームが1つあった。スティーブ・ジョブズは、NeXTのインテリア・デザイナーのトム・カーライルにパロアルトの家の内部をピーチ・ローズを基調とした色に塗らせた。庭には有機栽培の庭師を入れて美しい庭とした。その上、クリスアン・ブレナンにアウディの自動車を買い与えた。

また、モナ・シンプソンの小説によればローラー・スケートやローラー・ブレードで、スティーブ・ジョブ

クリスアン・ブレナンとリサが住んでいたパロアルトの家

ズ、リサ、クリスアン・ブレナンが遊んだ。これらは事実を反映しているのだろう。

スティーブ・ジョブズは、一九八九年、パロアルト市ウエーブレイ・ストリート2101番地（2101 Waveley Street, Palo Alto, CA）に自宅を買ったが、ここはクリスアン・ブレナンの家から500メートルほどしかなく、歩いて7分程度で、近すぎて、後にいろいろなトラブルの原因になる。

スティーブ・ジョブズの時代には全く不用心で自宅には鍵もかかっていなかったようだが、今はセキュリティが外に常駐していて、自動車を停めていると、すぐ声をかけられる。実際、私が写真を撮ってる間、自動車を停めて待っていてくれた私の家内も声をかけられた。品の良い近所の紳士という感じで、とても強面のセキュリティには見えなかった。

建物の外周には、マッキントッシュという林檎の木など美しい果樹も植わっている、未亡人のローリーン・パウエルの趣味だろう。

スティーブ・ジョブズが 1989 年に購入したパロアルトの家

クリスアン・ブレナンは、粘り強くスティーブ・ジョブズと交渉し、月々の手当を次第に増やしていった。最終的には月々の手当を４００ドルまでに増加していった。

芸術家肌のクリスアン・ブレナンは、オークランドのカリフォルニア・カレッジ・オブ・アーツ・アンド・クラフトという芸術系のカレッジに行きたいという要求を出し、受け入れられた。またリンコナーダの家のガレージを改造し、アトリエにしてもらった。

一九九一年、スティーブ・ジョブズは、パロアルトの屋敷の外でリサを連れたクリスアン・ブレナンを汚い言葉で非難し始め、ローリーン・パウエルが止めに入ったという。クリスアン・ブレナンはスティーブ・ジョブズがトゥーレット症候群に冒されているのではないかと思ったという。

これはどうやら、一九九〇年、35歳のクリスアン・ブレナンが父親に資金を提供してもらって、スティーブ・ジョブズから何億円かの慰謝料を取ろうとしたためのようだ。もっとも、スティーブ・ジョブズの抱える強力な弁護士の存在の前に断念した。

リサがリサ・ブレナン・ジョブズという名前を使い始めたのは、一九八七年、9歳の頃だったという。一九九二年リサが14歳の時、スティーブ・ジョブズは、リサを自宅に引き取った。リサは中学高校時代の4年間をスティーブ・ジョブズとローリーン・ジョブズの家で過ごした。リサはクリスアン・ブレナンの希望もあり、ウォルドルフ・スクールやヌエバという私立学校に通った。しかし父親のスティーブと娘のリサとの関係は、愛憎入り混じる、かなりギクシャクしたものだったようだ。

一九九六年、リサはハーバード大学に入学した。この時リサは、練習を重ねて願書にスティーブ・ジョブズの署名を真似して記入した。学費の支払いをスティーブ・ジョブズが渋ったので、リサはアンディ・ハーツフェルドに借りたという。後でスティーブ・ジョブズは、かんかんに怒ったという。

スティーブ・ジョブズは、リサのハーバード大学卒業の時も招待されなかったから出席しなかったとウォルター・アイザックソンによる公認伝記『スティーブ・ジョブズ』には書いてある。ところがこれはスティーブ・ジョブズの嘘らしく、リサは大学の卒業式に父親を招待し、スティーブ・ジョブズも実際に出席していたという。これは当日、娘の卒業式があるというので裁判所の証人としての出廷を断ったという新聞記事もあって確認できるという。スティーブ・ジョブズは、アップル・コンピュータの仕事が忙しすぎたのかもしれないし、企業戦士の悲しさの一面があったかもしれない。しかし何にせよスティーブ・ジョブズは、一般常識からかけ離れた人というべきかもしれない。

クリスアン・ブレナンとスティーブ・ジョブズの仲は、スティーブ・ジョブズがアップルを追放されたネクスト・コンピュータ時代には多少関係改善があったが、スティーブ・ジョブズがアップル・コンピュータに復帰する頃になると、再び関係は冷却した。クリスアン・ブレナンが金使いの荒い人だったらしく、一九九六年には自己破産している事情もからんでいたようだ。

ウォルター・アイザックソンによれば、クリスアン・ブレナンは、40万ドルで買い与えられたパロアルトの家の名義をリサから自分に書き換え、70万ドルで売却してしまった。そのお金を宗教家との旅行やパリ旅行に使ってしまったと書いてある。ただ、モナ・シンプソンの『ア・レギュラー・ガイ』361頁では、スティーブ・ジョブズが提供したとも解釈できるように書かれている。両者とも自分に都合よく述べるから真偽のほどは分からない。

二〇〇五年一二月、困窮したクリスアン・ブレナンは、メールでスティーブ・ジョブズに、自分に2500万ドル、リサに500万ドルを要求した。金銭だけが問題だという趣旨のことが書いてある、この2頁ほどのメールの全文はフォーチュン誌が保有しており、公開されている。スティーブ・ジョブズは直ちに彼女の要求を拒絶した。翌月クリスアン・ブレナンは『林檎の噛み跡』の執筆を始めた。交渉の材料にする気持もあったようだ。

二〇〇九年九月二六日、クリスアン・ブレナンは、1万ドルの無心を要求した。無心に応じれば『林檎の噛み跡』の出版は放棄するという条件であったらしい。スティーブ・ジョブズは、「脅迫には応じない」と即日、拒否のメールを出した。考えてみると、スティーブ・ジョブズとローリーン・ジョブズがウォルター・アイザックソンに依頼した伝記は、クリスアン・ブレナンの自叙伝に対抗する一面もあったのかもしれない。

そう考えると、様々な事情の説明がつきやすい。

スティーブ・ジョブズは、二〇一一年一〇月五日に死去するが、クリスアン・ブレナンは二〇一四年一月に、今度は未亡人のローリーン・ジョブズに、無心の手紙を送っているようだ。

スティーブ・ジョブズとクリスアン・ブレナンの仲は非常に複雑なものだったようだ。気の毒なのはリサである。

## ウッドサイドのジャックリング・ハウス

一九八四年にスティーブ・ジョブズがジャックリング・ハウスを購入した時には、ジャックリング・ハウスは2つに分けられていたという。デイビッド・A・カプランの『ザ・シリコンバレー・ボーイズ』（邦訳『シリコンバレー・スピリッツ　起業ゲームの勝利者たち』中山宥 訳、ソフトバンク・パブリッシング 刊）の序章には、「スティーブ・ジョブズは、ロブルズ・ドライブのそばに土地を2つ持っている」とある。

ジャックリング・ハウスには、北からマウンテン・ウッド・レーン、ロバータ・ドライブ、ロブルズ・ドライブと、東から西へ向かう3つの道がある。真ん中のロバータ・ドライブによって、ジャックリング・ハウスは2分されていた。北側にはシャンペン・パドックという放牧地があった。南側にスティーブ・ジョブズの住んでいた土地があった。だから土地を2つというのは、それらを指すのだろう。

シャンペン・パドックは、馬の放牧地を指すのだろうが、スティーブ・ジョブズは、ウッドサイドのステータスの象徴であった馬の飼育や乗馬には興味がなかったし、特にこの土地には関心がなかったようだ。

二〇〇〇年にシャンペン・パドックは、ネットスケープの創立者ジム・クラークによって、５０００万ドルで買収された。シャンペン・パドックの正式なアドレスは、ウッドサイド市マウンテン・ウッド・レーン20番地（201 Mountain Wood Lane, Woodside, CA）である。飽きやすいジム・クラークは、この土地を１５００万ドルで売却してしまった。したがって現在は、ロバータ・ドライブの南側のジャックリング・ハウスの土地が残っているのである。

古い航空写真を見ると、ジャックリング・ハウスの中央にはスペイン風の母屋があり、その南西に高い塔を持つ「運転手のガレージ」という建物がある。母屋は解体されて消滅したが、この建物は残ったようだ。母屋の東側には、正門からロブルズ・ドライブがつながっている。ロブルズ・ドライブの右側には15メートルもある高いフラグ・ポール（旗の掲揚棒）があり、スティーブ・ジョブズはネクスト・コンピュータ設立時に、この掲揚棒に海賊旗をはためかせていた。この旗の掲揚棒は、現在は博物館前に移転されたようだ。

母屋の南側にはプールがあったが、スティーブ・ジョブズが買った当時は、掃除も行き届いてはいなかったようだ。クリスアン・ブレナンの『林檎の噛み跡』２４６頁には、クリスアン・ブレナンとリサが案内された頃には、このプールの底には虫の屍骸が厚い層をなしていたとある。

プールの隣にはテニス・コートもあったが、これがジャックリング・ハウスのものかどうかは分からない。

一九九一年、スティーブ・ジョブズとローリーン・ジョブズ夫妻は、結婚後、不便なジャックリング・ハウスを離れ、パロアルトの屋敷に引っ越した。

# 第2章
# スティーブ・ジョブズを取り巻く女性達

スティーブ・ジョブズは、1955年、アウター・サンセット地区のサンフランシスコ市45番アベニュー1758番地（1758 45th Avenue, San Francisco）のジョブズ夫妻の家に引き取られた。
晴れていれば、海岸側のサンセット（夕焼け）がきれいに見える。1947年に建てられた2階建ての家で焦げ茶色に塗られている。111平方メートル、37坪ほどの家だ。航空写真で見ると、正面から見えない裏庭が見える。サンフランシスコの住宅に特徴的な裏庭である。この頃の話については、ほとんど何も知られていない（写真上）。

1960年、ジョブズ夫妻は、パロアルトの南東に隣接するマウンテンビュー市ディアブロ286番地（286 Diablo, Mountain View）の建売住宅を買った。スティーブ・ジョブズは、アイクラー・ホームズと信じていたが、実は別の建売業者マッケイ・ホームズがアイクラー・ホームズの住宅を模倣して建てた家であったことが分かっている（写真下）。

クリスアン・ブレナンの自伝『林檎の噛み跡』。多くの事実が述べられており、スティーブ・ジョブズの理解には参考になる

マヤ・リン。スティーブ・ジョブズはベトナム戦争戦没者慰霊碑で有名なマヤ・リンと交際していたが、２人の交際に関しては断片的な事実以外にはまだ資料が少ない

スティーブ・ジョブズが付き合った女性は数多いが、代表的な人だけを取り上げる。短期間付き合った中国系のマヤ・リンについては省略した。

## クリスアン・ブレナン

１人目は、先述の一九七二年、17歳の時に出会ったクリスアン・ブレナン（Chrisann Brennan）である。初恋の人である。彼女はスティーブ・ジョブズの娘リサ・ニコール・ブレナン・ジョブズを産んだことでよく知られている。リサの妊娠を機に、スティーブ・ジョブズの気持はクリスアン・ブレナンから離れていった。スティーブ・ジョブズがアップル・コンピュータから追放されたネクスト・コンピュータ時代には多少関係改善があったが、スティーブ・ジョブズがアップル・コンピュータに復帰すると、再び関係は冷却した。

クリスアン・ブレナンの『林檎の噛み跡』は非常に参

考になる自伝である。私も4回読んだ。
クリスアン・ブレナンの映像は『ザ・マン・イン・ザ・マシン』の中に出てくるのが一番良いと思う。

## バーバラ・ヤシンスキー

2人目は、レジス・マッケンナの事務所で働いていたバーバラ・ヤシンスキー（Barbara Jasinski）である。ポリネシアとポーランド系の異国的な美女だったと言われる。レジス・マッケンナは事務所に若い魅力的な美女を揃えていた。アップル・コンピュータの人々は彼女らをレジェット（Rejette）と呼んでいたという。レジス（Regis）から派生させた言葉だと思われる。

一九八〇年一二月のアップル・コンピュータの株式上場で、スティーブ・ジョブズは巨額の富を手にした。その金の一部でスティーブ・ジョブズは、ロスガトスに家を買い、バーバラ・ヤシンスキーと同棲した。バーバラ・ヤシンスキーと2人でハワイに旅行をしたとも言われている。

ロスガトスの家は、クリスアン・ブレナンの本では、何度かサラトガの家として登場する。実際、サラトガに近い。この家を見つけるのにはとても苦労した。何十冊かの文献と無数のインターネットのページに当たっても、どうしても見つけられなかった。

何年か探していて、ある晩、ふと、まさかスティーブ・ジョブズのＦＢＩ調書にあるのではと思った。最後の挑戦である。ところが私の書棚のどこにＦＢＩ調書があるのか分からなくて閉口した。本が増えすぎ

スティーブ・ジョブズのロスガトスの屋敷。急峻で狭隘な山道を登って行った所にある

た。２時間ほど探して、あきらめかけていたら、ＦＢＩ調書が出てきた。調べると、なんとＦＢＩ調書の冒頭９頁に探していた情報があった。ああっと自分の迂闊《うかつ》さにがっかりした。

ロスガトスの家のアドレスは、ロスガトス市ウエスト・ロード１５９００番地（15900 West Road, Los Gatos, CA）であった。フランク・ローズの『エデンの西』（邦訳下巻４頁）の「ビラ・モンタルボとロスガトスの間の高台にひろがる家」という記述は、住所が特定できない時は全く理解できなかった。住所が分かるとなるほどと思った。

グーグルの航空写真で東西南北方向から見ると、かなり大きな家だ。チューダー王朝風の家である。想像していたよりは、ずっと大きい。プールもガレージも付いている。

この頃、スティーブ・ジョブズは、すでにメルセデス・ベンツ４５０ＳＬを持っていたようだ。ＢＭＷの一九六九年型オートバイＲ６０／２も持っていた。スティーブ・ジョブズがＢＭＷに座り、スティーブ・ウォズニアックがＢＭ

Wに寄りかかっている有名な写真がある。この写真に写っている出窓が一致する。もう1つの決め手は、ダイアナ・ウォーカーが一九八二年に撮った写真である。大型のティファニー・ランプ・スタンドとステレオ・セットだけがある寒々とした部屋に、絨毯も敷かず、板張りの床に座布団を置いて、ティー・カップを持ったスティーブ・ジョブズが鎮座している。

「これが僕の典型的な時間だった。僕は独身で、僕に必要なのはティー・カップと照明とステレオだけだった。分かるかい、それだけが僕の持ち物だったんだ」

この寒々とした部屋のフランス風の窓が一致する。間違いない。

◆スティーブ・ジョブズのステレオ・セットについては拙著『スティーブ・ジョブズ　青春の光と影』466頁参照。

私も家族と自動車で外側だけ見に行った。ロスガトスの山奥にあり、とんでもなく狭い山道を通る以外行けない。ガードレールもないし、ハンドルの操作を誤ったら右側の崖から転落である。対向車が来た場合、どうにも避けようがない。広い所までバックするしかない。夜は特に危険だと思う。スティーブ・ジョブズは、この時代にはBMWのオートバイに乗っていたようだが、道幅を考えると自動車よりもオートバイの方が便利かもしれない。

私の家族は、こんな山奥で買い物はどうするのだろうと首を傾げた。これは完全な別荘で、管理人や世話をする人がいればともかく、とてもふつうの住居として日常住みたいと思えるような環境ではない。これは突然大金持ちになった成金の人が欲しがるタイプの家だろう。実用性は皆無だ。

スティーブ・ウォズニアックのロスガトスの家。鍾乳洞を作ったり遊び心に富んだ家だったらしい

少し離れた所にあるスティーブ・ウォズニアックの住まいも道は広いものの同様なものだった。

昔、スティーブ・ジョブズがロスガトスの山荘で悠々自適と書いてあった記事を読んだ時は、うらやましく思ったが、実際に行ってみると、これは不便である。

スティーブ・ウォズニアックは、一九八一年頃からスコッツ・バレーに家を持っていたようだが、一九八六年に、ロスガトス市サンタローザ・ドライブ300番地（300 Santa Rosa Dr., Los Gatos, CA）に一九八六年に建てられた家を100万ドルで買った。一九八九年に400万ドルをかけて大規模改修がおこなわれた。7500平方フィート、210坪ほどの大きな家である。ベッドルームは6つ、バスルームは7つあった。敷地は1457坪である。いたずら好きのスティーブ・ウォズニアックらしく鍾乳洞を作ったという。

長く売りに出ていたが、なかなか買い手がつかなかった。二〇一五年五月に380万ドルで売れたようだ。

家の中の様子は、ＢＳ世界のドキュメンタリー、『ザ・ウェイ・スティーブ・ジョブズ・ハズ・チェンジド・ザ・ワールド（邦題：『スティーブ・ジョブズ　カリスマの素顔』）』で見ることができる。フランスのプロダクションが制作したビデオである。明るい色調の邸内でスティーブ・ウォズニアックが話をする。ナイーブな人だ。辛口の話をするアラン・ドイッチュマン、『アップル・コンフィデンシャル２・０』を書いたオーウェン・リンツメイヤーも登場する。この他にユーチューブのビデオでも見ることができる。

スティーブ・ジョブズのロスガトスの家は家具がほとんど何もない家であった。マックスフィールド・パリッシュの絵画があるくらいだった。この家の寂寥たる様子は、ジョン・スカリーの『スカリー』の第６章１５４頁（邦訳２４７頁）以降に記述されている。アップル・コンピュータに全生活を捧げ、自宅につぎ込む精力が残っていなかったのは理解できるが、こんな所に住まわされたのでは、若い女性のバーバラ・ヤシンスキーはたまらなかっただろう。

スティーブ・ジョブズは、バーバラ・ヤシンスキーとは一九八三年、３年ほどで別れ、一九八五年ロスガトスの家は売却された。

## ジョーン・バエズ

３人目が反戦歌手でフォークシンガーの女王のジョーン・バエズ（Joan Baez）である。今の若い人は、70歳台後半に入った彼女を案外知らないかもしれない。自伝によれば、バイエズとかバエズと言うより、本当

ジョーン・バエズのCD。1960年代、1970年代のあのフォークソングの甲高い声はなつかしい

はバイズに近いという。

『ボブ・ディラン自伝』３１４頁によれば「「フォークシンガーの女王」は誰かと言えば、それはジョーン・バエズだったろう」とある。

ジョーン・バエズ『ジョーン・バエズ自伝』（矢沢寛、佐藤ひろみ 訳、晶文社 刊）の４４５頁の感謝の言葉に次のようにある。

「台所にワープロを据え付けて私に使うように押し付けたスティーブ・ジョブズに」

ジョーン・バエズの自伝にスティーブ・ジョブズが登場する箇所はこれだけである。印象的だ。でも、一九八六年頃、このマッキントッシュを使ってジョーン・バエズは、自伝を書いた。

ジョーン・バエズは一九四一年一月九日、ニューヨーク州のスタッテン島に生まれた。一九一二年メキシコに生まれたアルバート・バエズと、一九一三年スコットランドのエジンバラに生まれたジョーン・ブリッジの次女であった。

アルバート・バエズの父親はメキシコのプエブラから米国のブルックリンに移住し、メソジスト派の聖職者になった。ジョーン・ブリッジの父親は米国聖公会の聖職者であった。

ジョーン・バエズの両親は、ニュージャージー州マディソン・アベニューにあるドルー大学のダンスパーティで出会った。当初、アルバート・バエズは、聖職者になるつもりだったようだが、一九三三年にドルー大学の数学科を卒業し、一九三五年にシラキュース大学で物理学修士号を獲得している。

一九三六年、アルバートとジョーンは結婚した。結婚後、2人はクエーカー教徒になった。2人は結婚後ニュージャージー州オレンジ郡、ニューヨーク州スタッテン島、カリフォルニア州スタンフォードと2、3年ごとに引っ越していたようだ。

一九四五年、三女のミミが生まれる前に、アルバート・バエズ一家はスタンフォード大学に移っている。この頃、父親のアルバートはスタンフォード大学で物理学の博士課程に在籍していた。アルバートは、ポール・カークパトリック教授と共にX線顕微鏡を発明した。記述が曖昧なので、完全には特定できないが、スタンフォード大学近くのグレンウッド・アベニューに大きな家を買った。

一九四九年と思われるが、アルバートは、ニューヨーク州イサカにあるコーネル大学に勤務することになったので、バッファローから車で1時間ほどのクラレンスに住んだ。

一九五〇年、アルバートは、スタンフォード大学から物理学の博士号を授与され、カリフォルニア州レッドランド大学に赴任する。ロサンゼルスのずっと東の方にある。

一九五一年、アルバートは、ユネスコの仕事で、イラクのバグダード大学物理学科と研究所の設立に従事した。バエズ一家も当然イラクに引っ越した。

一九五二年にカリフォルニア州レッドランド大学に戻る。ここで一九五六年までいたようだが、再び一九五六年にスタンフォード大学に戻る。まことに目まぐるしい。

ジョーン・バエズは、スタンフォード大学の直近にあるパロアルト高校に通った。パロアルト高校は、エル・カミノ・リアル通りに面している。ここで講演に来ていたマーチン・ルーサー・キング・ジュニアに出会い、生涯尊敬することとなった。

ジョーン・バエズという歌手は、スタンフォード大学と大変関係が深いのである。

## 裸足のバエズ

一九五八年アルバートは、MITから招聘《しょうへい》され物理学の教授となった。バエズ一家はボストンに引っ越した。ジョーン・バエズは、ボストン大学の演劇科に入学する。一家はボストン郊外のベルモントに新居を構える。ジョーン・バエズは、ギリシャ語専攻の学生と恋仲になり、クラブで歌い始める。大学はドロップアウトになる。裸足で有名だった。次にシカゴのクラブで歌った。エリザベス・テイラーを真似したメーキャップをしていた。ジョーン・バエズはボブ・ギブソンの誘いで、第1回ニューポート・フォーク・フェスティバルに出演する。

ジョーン・バエズは、コロンビア・レコードに誘われるが、メイナード・ソロモンと手を組むことにする。

一九五九年にも裸足だった。

一九六〇年カリフォルニア州カーメルの南、カーメル・ハイランズに居を構え、マイケルという青年と同棲する。同年暮、南のビッグ・サーに引っ越す。キムという女性と同棲する。

## ボブ・ディラン

一九六一年ジョーン・バエズは、ボブ・ディランとグリニッジ・ビレッジで出会う。

一九六三年五月、ジョーン・バエズは、モンタレー・フォーク・フェスティバルのゲストにボブ・ディランを迎える。これによってミネソタの田舎から出てきた無名の少年が一気に知名度を獲得することになった。

ボブ・ディランは、カーメル・ハイランズにあるジョーン・バエズの自宅を訪れる。

ジョーン・バエズは大成功者で、ボブ・ディランの庇護者を演じていたが、ボブ・ディランも当時すでに大成功を収めていた。だがボブ・ディランは、ミネソタから出てきた無名の少年の役を演じていた。

一九六三年、ジョーン・バエズは、ボブ・ディランと同棲を始める。この頃のボブ・ディランは、あまり風呂に入らなかったから、自分でも臭いと言っているが、ジョーン・バエズは、臭さは感じなかったようだ。もっともジョーン・バエズも裸足で生活していたから、多少イメージを傷つけるが、彼女自身もそれほど清潔ではなかったのかもしれない。蜜月はしばらく続く。

一九六三年八月、ジョーン・バエズのツアーにボブ・ディランが参加する。同月、公民権運動のワシントン大行進があり、20万人が参加した。マーチン・ルーサー・キング・ジュニア牧師（以下キング牧師）の「私には夢がある（I Have A Dream）」という有名な演説がおこなわれた。ここでジョーン・バエズとボブ・ディランが歌った。

この当時は、ジョーン・バエズが最も尊敬するキング牧師の公民権運動が中心であった。

一九六四年一一月、ボブ・ディランは、サラ・ラウンズと同棲を始めてしまった。一九六五年春、ボブ・ディランは、英国ツアーにジョーン・バエズを連れて行ったが、ホテルの部屋にボブ・ディランと同室していたのはサラ・ラウンズだった。一九六五年一一月二二日、ボブ・ディランはサラ・ラウンズと結婚する。ジョーン・バエズは、完全に振られたのである。

一九六五年一二月二日のコンサートに、ボブ・ディランは、アレン・ギンズバーグ、ケン・キージーら、詩人や作家を招待した。当時、アレン・ギンズバーグは、ヘルス・エンジェルスと友好関係にあったので、彼らも参加した。ジョーン・バエズももちろんいた。ジョーン・バエズは、ボブ・ディランに振られた後も、ボブ・ディランを愛していたのである。

## 花はどこへいった

ＮＨＫプレミアムアーカイブス『世紀を刻んだ歌　花はどこへいった～静かなる祈りの反戦歌～』を見た。『花はどこへいった』は繰り返しの多い単調な歌で、どうしてこれがベトナム戦争当時、反戦歌として歌われたのか知らなかった。しかし、番組の解説を聞いて初めて、反戦歌として成立している理由を理解した。素晴らしい番組を見させてもらったと思った。

『花はどこへいった』は、一九五五年ピート・シーガーが3番まで作詞作曲した。その後、ジョー・ヒッカーソンが4番と5番の歌詞を書き加えた。この歌詞の追加によって反戦歌としての色彩が鮮明になった。一九六二年、キングストン・トリオとピーター・ポール・アンド・マリーが歌い、ベトナム反戦の風潮に乗って大ヒットした。迂闊にも私はジョーン・バエズの歌と思っていた。ジョーン・バエズがカバーしたのは一九六五年のドイツ語版だったと分かって驚いた。人間の記憶はあまり当てにならないと思った。

テレビ画面に出ている声も出ないような老人が、実は『花はどこへいった』を作詩作曲したピート・シーガーであることに気が付くには、多少時間がかかった。まさに「『花はどこへいった』は、どこへいった」という感である。はるかに時間がたってしまったのだと思う。

この番組を見て、『花はどこへいった』が、ミハイル・ショーロホフの『静かなドン』に着想を得ていることを教えてもらった。なお調べていくと、古いコサックの民謡（Старинные казачьи песни）の歌詞にヒントを得たという。『静かなドン』は全巻読んだが、「そんな所があったかな」となつかしく思い出した。

そこで英訳とロシア語の原著をダウンロードして調べてみて、古いコサックの民謡（Старинные казачьи песни）が、まさに冒頭に出てきたのには驚いた。ただし、ピート・シーガーの想像力は、きわめて豊かで、このコサック民謡の歌詞から『花はどこへいった』の歌詞を連想するのはきわめて難しい。多分当該部分は次の部分だと思う。どれも「静かなドン（тихий Дон）」の繰り返しがある。

Ой ты, наш батюшка тихий Дон!
Ой, что же ты, тихий Дон, мутнехонек течешь?
Ах, как мне, тихому Дону, не мутну течи!
Со дна меня, тиха Дона, студены ключи бьют,
Посередь меня, тиха Дона, бела рыбица мутит

歌詞と対応している部分はない。雰囲気をもらったのだろうと思う。

一九六七年キング牧師は、公民権運動だけでなく、ベトナム戦争反対を表明するかどうかで苦渋の選択を迫られた。キング牧師は、ベトナム戦争反対を表明すると、一九六八年四月四日、テネシー州メンフィスであっさり暗殺された。米国の暗殺では直接の実行者は捕まっても、本当の黒幕についてはいつも分からない。

一九六八年三月二六日、ジョーン・バエズは、徴兵反対運動をやっていたデイビッド・ハリスと結婚した。デイビッド・ハリスは懲役3年の刑を受けて服役した。ジョーン・バエズは、ロスアルトス・ヒルズのストラッグル・マウンテンに住んだ。2人の間にはガブリエルという息子がいた。

いろいろな情報とグーグルの地図で調べてみると、ストラッグル・マウンテンの住所は、ロスアルトス・ヒルズのページミル・ロード31570番地（31570 Pagemill Road, Los Altos, Hills）である。実際に行ってみると、これがジョーン・バエズの家かと思うほど飾らない家である。自然児という感じを受ける。

ジョーン・バエズのストラッグル・マウンテンの家。気取らない田舎家という雰囲気だ

スティーブ・ジョブズ一家は一九六六年から、ロスアルトス市クリスト・ドライブ２０６６番地（2066 Crist Drive, Los Altos.）に引っ越していた。道路での距離は約17キロメートル。山道のため走行時間は30分である。この周辺では近所である。後にスティーブ・ジョブズとジョーン・バエズが交際するようになって、年齢差が15歳あっても、近所に暮らしていたから話題には事欠かなかっただろう。

さて、この後、ジョーン・バエズは、いろいろな経験をする。一九六九年には、ウッドストック・フェスティバルが３日間に渡ってニューヨーク州サリバン郡ベセルで開かれた。ジョーン・バエズによれば「麻薬とセックスとロックンロール」だった。40万人ないし50万人が集まった解放区であった。しかし、暴力的なことはなく、きわめておとなしいものだった。

一九七二年にジョーン・バエズは、アムネスティ・インターナショナルに参加した。また、同年一二月ベトナムのハノイの米軍捕虜慰問を実行した。米軍の猛爆撃の中で、その勇気は、大したものである。

◆これについては拙著『スティーブ・ジョブズ　青春の光と影』117頁を参照。

一九七五年には、ボブ・ディランとのローリング・サンダーというツアーがあった。よりは戻せなかった。

## スティーブ・ジョブズとの出会い

一九八二年、スティーブ・ジョブズが27歳、ジョーン・バエズが41歳の頃、2人の交際が始まった。ジョーン・バエズの妹ミミ・ファリーニャが、刑務所に提供するアップルⅡの寄付を求めた『ブレッド・アンド・ロージズ』を推進していた慈善団体ヒューマニタスのトップを務めていたからだという。これは多分一九六二年に封切られた映画『デイズ・オブ・ワイン・アンド・ロージズ』から思いついた言葉だろう。日本語では『酒とバラの日々』と訳されているが『ワインと薔薇の日々』と訳して欲しかったところだ。ヘンリー・マンシーニが作曲し、アンディ・ウィリアムズが歌った主題歌を聴く度にそう思う。

スティーブ・ジョブズがジョーン・バエズに接近した理由は明らかで、ジョーン・バエズが尊敬するボブ・ディランの元恋人だったからである。

2人の交際の模様はウォルター・アイザックソンの『スティーブ・ジョブズ』によく書かれている。中でも赤いドレス事件が有名である。スティーブ・ジョブズは、スタンフォード大学の敷地の中にあるスタンフォード・モールのポロショップに、ジョーン・バエズを連れて行った。自分用のシャツを何枚か買った後、きっと似合うと言って赤いドレスを見せた。ジョーン・バエズは、スティーブ・ジョブズが、きっとプレゼントしてくれると思ったのである。ところがスティーブ・ジョブズは、「これ、買ったら」と言った。ウォルター・アイザックソンは、ジョーン・バエズがとても高くて買えないと答えたと記している。

でも、それは少し違うと思う。ジョーン・バエズの資産は、スティーブ・ジョブズ程ではないとしても、相当のものだったからだ。ジョーン・バエズは、同性愛の恋人に家を一軒くれてやるほどの資力を持っていた。スティーブ・ジョブズは、吝嗇《けち》というか野暮というか、女心が分かっていなかった。スティーブ・ジョブズが持っていく花は、必ず会社のイベントで使ったものだったという。どれほどお金持ちでも女性はプレゼントをもらえると嬉しいだろうが、余り物の花で真心を伝えるのは難しい。

スティーブ・ジョブズは、関係者以外立入り禁止のマッキントッシュ開発現場にジョーン・バエズを連れてきた。

一九八三年二月には、サンフランシスコのセントフランシス・ホテルで、季節外れのクリスマス・パーティが開かれた。一時、小佐野賢治氏が持っていたホテルで、一九八四年には、私も家族と一緒に泊まったことがある。後にもう一度泊まった。

正式なディナーダンスパーティでブラック・タイ着用が義務付けられていた。タキシード着用ということである。ジーンズとTシャツしか持っていないアップル・コンピュータの社員達は相当困ったようだ。タキシードは借りられても靴はスニーカーということもあったようだ。２つのオーケストラのワルツ演奏付き

ジョーン・バエズのウッドサイドの家。木の上で生活していて落ちて怪我をしたという伝説もある

だった。スティーブ・ジョブズは、アンディ・ハーツフェルドとバレル・スミスと同じテーブルに座った。

スティーブ・ジョブズは、パーティの出席者からのプレゼントをすべてホテルに置いてきてしまった。なぜかスティーブ・ジョブズは、プレゼント嫌いであったらしく、以後も同じパターンが繰り返される。

ジョーン・バエズは、ウッドサイド市ウィスキー・ヒル・ロード５１０番地（510 Whiskey Hill Road, Woodside, CA）に家を持っていた。今も住んでいる。ネクスト・コンピュータ時代には、スティーブ・ジョブズがネクスト・コンピュータを持ってきて、音楽機能を見せたこともあるという。わりに原始的な生活を好むジョーン・バエズは、木の上に寝ていて、落ちて怪我をしたという。ここも訪ねてみると、本当に何の変哲もないふつうの家だ。前の家同様、外からも空からも目隠しの木が邪魔で中は何も見えない。

スティーブ・ジョブズは、一九八四年に同じウッドサイド市のマウンテンホーム・ロード４６０番地（460 Mountain

Home Road, Woodside, CA）に家を買った。おそらくジョーン・バエズやマイク・マークラが住んでいたからだろう。ジョーン・バエズの家までは、直線距離では1キロくらいであり、曲がりくねった道を通っても自動車なら5分である。

一九九一年以降には、スティーブ・ジョブズのウッドサイドの家には、知野弘文が恋人のステファニーと住んでいた。スティーブ・ジョブズが、パロアルトの家にローリーン・パウエルと暮らしていたからである。ウッドサイドの家は二〇〇〇年くらいからは放置されたままで、荒れ果てた。死の前年の二〇一〇年には完全に取り壊されてしまった。

一九八五年、スティーブ・ジョブズとジョーン・バエズの親密な仲は終わったが、友人としての仲は続き、ジョーン・バエズは、アップルのシンク・ディファレント・キャンペーンに取り上げられたし、スティーブ・ジョブズの葬式では『スイング・ロー・スイート・チャリオット』を歌った。

## ジェニファー・イーガン

4人目は、ジェニファー・イーガン（Jennifer Egan）である。ジェニファー・イーガンは、一九六二年シカゴに生まれた。ペンシルベニア大学英文学科卒業後、英国ケンブリッジ大学セント・ジョージ・カレッジで2年を過ごした。

ジェニファー・イーガンは、一九九三年に『エメラルド・シティ』を発表。一九九五年に『インヴィジブ

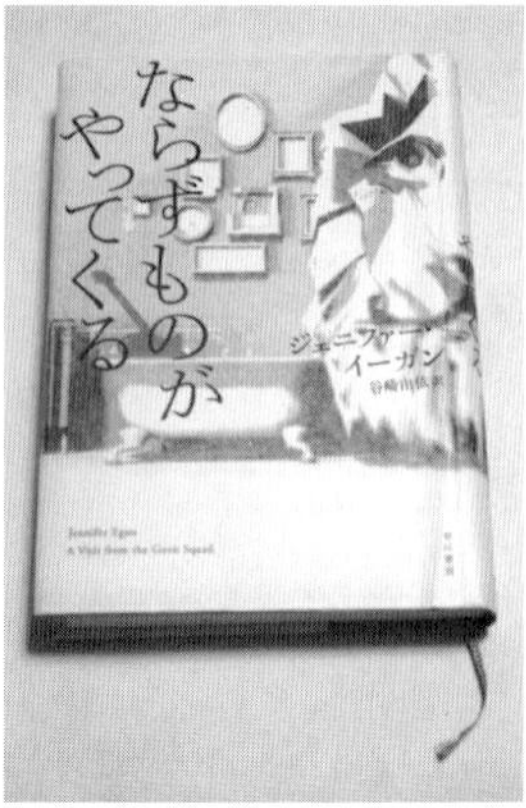

ジェニファー・イーガンの小説『ならずものがやってくる』。スティーブ・ジョブズにマッキントッシュをプレゼントされたのに手で書いたのだそうだ

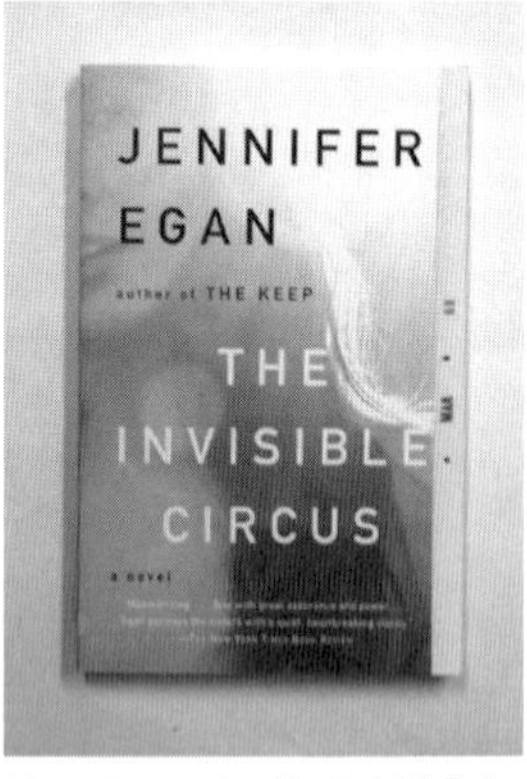

ジェニファー・イーガンの小説『インヴィジブル・サーカス』。この小説には少しスティーブ・ジョブズにヒントをもらったような記述がある

ル・サーカス』を発表した。これはキャメロン・ディアス主演で『姉のいた夏、いない夏。』として映画化された。二〇〇六年に『古城ホテル』を発表、二〇一〇年『ならずものがやってくる』を発表する。『ならずものがやってくる』は、ピューリッツァー賞など数々の賞をもらった。

ジェニファー・イーガンは、スティーブ・ジョブズとは、一九八三年夏、シリコンバレーのディナー・パーティで知り合い、恋仲になったようだ。パーティにジョーン・バエズと出席した時に隣に座った女子学生がジェニファー・イーガンである。夏季休暇を利用してサンフランシスコに実習に来ていた時のことらしい。

当時、ジェニファー・イーガンは、東海岸のペンシルベニア大学の学部生で、スティーブ・ジョブズは、西海岸のクパチーノにいたから遠距離恋愛となった。電話で連絡し合い、スティーブ・ジョブズがニューヨークに出てきた時に、カーライル・ホテルなどで逢瀬を重ねたようだ。カーライル・ホテルはデヴィッド・ボウイもお気に入りのホテルだったようだ。

一九八四年一月にジェニファー・イーガンがサンフランシスコに帰省していた時に、スティーブ・ジョブズが突然やってきて彼女の寝室にマッキントッシュを設置していったようだ。

ジェニファー・イーガンは、スティーブ・ジョブズにマッキントッシュをもらったにも関わらず、コンピュータに馴染まず、原稿はすべて手書きで何年もかけて書いたらしい。『古城ホテル』は3年、『ならずものがやってくる』は6年かけて書いたという。また二〇一〇年頃までメール・アドレスを持っていなかったという。小説中には音楽についての記述も多いが、それほどの通ではないようなことも言っている。屈折の多い人だ。

スティーブ・ジョブズとは、一九八四年秋に別れた。一九八三年から一九八四年にかけて、スティーブ・ジョブズは、ジョーン・バエズとジェニファー・イーガンと同時並行的に付き合っていたようだ。

ジェニファー・イーガンの小説『古城ホテル』。カフカとグリム童話を混ぜたような不条理な世界を描いた

ジェニファー・イーガンの小説集『エメラルド・シティ』。表題から想像される『オズの魔法使い』とは何の関係もない

ジェニファー・イーガンは現在は結婚して2児の母で、ブルックリンに住んでいる。

ジェニファー・イーガンの『インヴィジブル・サーカス』は、一九六〇年代のサンフランシスコを描いている。邦訳『Invisible Circus インヴィジブル・サーカス』の20頁に出てくる主人公の兄バリーはスティーブ・ジョブズにヒントをもらっているのだろう。ソフトウェア会社、ロスガトス郊外の家、ポルシェなどにその印象がある。

また３５５頁では、バリーの会社のオフィスが描かれている。従業員の様子、グランドピアノ、風変わりなジュースの入った巨大な冷蔵庫は、アップル・コンピュータのマッキントッシュ開発部隊から印象をもらっているように思う。ただし、小説の筋には全く関係がない。

一九六〇年代と一九七〇年代のサンフランシスコ。グーグルの地図を見ながら叙述をたどると、鮮やかにイメージがよみがえる。虚構の話とはいえ、こんな危険なルートをたどって本当に大丈夫だったのかなと思う。

『インヴィジブル・サーカス』の邦訳の97頁に次のようなセリフがあった。

「ワインはサンセールでいい？」

私も早速少し高いのを買って試してみたが、酸味が少し強くて食事と一緒でないと美味しくなかった。

ふと気が付いたのは、スティーブ・ジョブズとクリスアン・ブレナンの物語は、サンフランシスコの郊外の果樹園豊かな田舎に育った少年少女の話という一面があったことだ。サンフランシスコという都会とは無縁であった。

ジェニファー・イーガンの小説とスティーブ・ジョブズの生きた時代はほとんど同じなのだが、全く違う人生を生きている。スティーブ・ジョブズは、サンフランシスコの文化や政治環境からはほとんど無縁であった。サンフランシスコから自動車で1時間もかかる郊外に住んでいては、サンフランシスコの都会的文化にどっぷり浸ることは難しかっただろう。それが悪いとは言っていない。ただ、そういう切り口もあらためて見つけたということである。

『古城のホテル』はカフカを意識したものだろうが、不条理さについて今一つ納得させるものがない。でも全部読まされてしまった。大人向けのグリム童話のような気がする。

『ならずものがやってくる』は、あらゆる技法を駆使した多少実験的な小説だ。すごい才能だと思うし、叙述に出てくる材料がきわめて新鮮で、ぐんぐん惹きつけられ読まされるが、読後に、はて何を言いたかったのだろうとふと首をひねる。そんなことは考えなくともよいのかもしれない。

ジェニファー・イーガンは、マルセル・プルーストの『失われた時を求めて』を強く意識して書いたという。私も全編読んだが、ほとんど共通点は感じられない。

ジェニファー・イーガンに一番似ているのは、文学少女のクリスアン・ブレナンである。2人とも著書で、さらっとジョージア・オキーフに触れている。クリスアン・ブレナンの『林檎の噛み跡』原著40頁、ジェニファー・イーガン『ならずものがやってくる』邦訳312頁にある。

ジョージア・オキーフは、どこかで聞いた名前だと思って、米国アマゾンの私の購入記録を調べたら、『ジョージア・オキーフ』と『ある芸術家の肖像ジョージア・オキーフ』の2冊があった。自分の棚を調べると確かに2冊あって、『キーファーズ・キーファー』という3冊目もあった。

短編集『エメラルド・シティ』は、11編の短編を集めたもので178頁しかないが、実は、これが私には一番つらく、読破に手こずった。

冒頭の短編『ホワイ・チャイナ』は中国を、『エメラルド・シティ』はニューヨークのマンハッタンを、『ザ・スタイリスト』はアフリカのケニア共和国のモンバサを、『ワン・ピース』はイリノイ州郊外の湖を、『パッシング・ザ・ハット』はサンフランシスコを、『プエルト・パヤルタ』はメキシコを、『スパニッシュ・ウィンター』はスペイン各地を、『レターズ・ツー・ジョセフィーヌ』はフランス領ポリネシアのボラボラ島を、『シスターズ・オブ・ヘブン』はサンフランシスコを舞台にしている。特にどこを舞台としているのか、はっきりしないものもある。

これだけ舞台が世界各地に及ぶと、きわめて華麗できらびやかだが、焦点がぼけるように思う。

冒頭の短編『ホワイ・チャイナ』は中国を舞台としている。欧米人にはKunming（昆侖）、Chengdu（成都）、Xian（西安）、Quin Terra-Cotta Wariiors（秦兵馬俑）、Quin Shi Huangdi（秦始皇帝）、Mei You（没有）などは、かなりつらいだろう。私の場合も漢字で書いてあれば別だが、アルファベットで表記されると、そちらに注意が向いて話の面白さまでは気が回りにくい。

女性の心の襞《ひだ》を描いた短編が多く、オー・ヘンリー的ではあるけれど、ハッピー・エンドにはならない。結末は、ぼやけているものが多い。チェーホフ的なのだろうか。時々ドキッとするような展開もないわけではないが、全体的に単調で、果たして読破できるだろうかと不安になった。

ただ最後の『シスターズ・オブ・ヘブン』の舞台は、著者の育ったサンフランシスコなので、きわめて描写が鮮やかである。この短編は不良少年少女がスプレー缶を持って市内のトンネルなどに落書きをする話である。時代の設定は一九七四年で、主人公は14歳ということになっている。ジェニファー・イーガンの生年は一九六二年で、一九七四年には12歳であった。

ピンク・フロイド、デヴィッド・ボウイ、トッド・ラングレン、ジョニ・ミッチェル、グレイトフル・デッドなど、なつかしい一九七〇年代のアーティストの名前にも触れられている。

ユニオン・スクエア・パークを中心とする市内の地名は私にも分かりやすい。ああ、あそこかと想像力が働く。ドラッグをやったことまで含めて、おそらくこの話は実体験に基づくものだろう。

この短編集によって、ジェニファー・イーガンについて分かることが2つほどある。

1つは、きわめて古典的教養が豊かであることだ。ドストエフスキーの『カラマーゾフの兄弟』、『戦争と平和』、『シェイクスピア全集』などの書名に触れている。歴史家では『英国史』のトーマス・マコレー、『ローマ帝国衰亡史』のエドワード・ギボン、『フランス史』のジュール・ミシュレなどの名前に触れている。抽象画家ではジャクソン・ポロック、ロバート・マザウェル、ウィレム・デ・クーニングなどに触れている。ジャクソン・ポロックについてはクリスアン・ブレナンも触れている。

こういう文化的教養はスティーブ・ジョブズの最も苦手としたところで、多分合わない。

もう1つはアルコールに強いらしいということだ。気が付いただけでも、ジン・トニック、シャンペン、白ワインのシャルドネ、ウォッカと出てくる。スティーブ・ジョブズは、アルコールをあまり嗜まなかったから、これも合わないだろう。

したがって、スティーブ・ジョブズは、ジェニファー・イーガンと生涯を共にする運命にはなかっただろう。

## ティナ・レドセ

5人目は、クリスティーナ・R・レドセ（以下ティナ・レドセ）である。ティナ・レドセは一九五九年一一月二九日生まれである。金髪の美女である。ティナ・レドセの父親は、ティナ・レドセが小さい時に亡くなった。母親のルスは、第二次大戦中ナチス・ドイツから単身亡命してきたしっかりした人であった。

スティーブ・ジョブズがティナ・レドセに会ったのは、一九八五年の初め頃である。スティーブ・ジョブズがアップル財団に立ち寄ると、そこにティナ・レドセがいた。当時ティナ・レドセは、ボーイ・フレンドとパロアルトのアパートで同棲しており、メンローパーク市エル・カミノ・リアル１２６３番地（1263 El Camino Real. Menlo Park. CA）にあったピープルズ・コンピュータ・カンパニー（ＰＣＣ）の手伝いをしたこともある。

アップル・コンピュータを追放された一九八五年夏、スティーブ・ジョブズは、ティナ・レドセとヨーロッパ旅行をした。パリでは、スティーブ・ジョブズとティナ・レドセの意見の違いが生じ、これが後に2人の別離の遠因になったとされる。ティナ・レドセはスティーブ・ジョブズに過去を捨て、ふつうの夫になってもらいたかったようである。片隅の幸せを願っていたようだ。しかし、それはスティーブ・ジョブズの優柔不断さを別にしても、できないことだった。スティーブ・ジョブズには、まだやりたいことがあった。

ティナ・レドセとスティーブ・ジョブズは、ウッドサイド市マウンテンホーム・ロード４６０番地（460

Mountain Home Road, Woodside, CA）の家で同棲するようになった。

モナ・シンプソンの『ア・レギュラー・ガイ』では、コッパー・キング・マンションとして登場する。コッパーは銅で、銅鉱山で財をなしたダニエル・ジャックリングが、ウッドサイドに建てた屋敷のジャックリング・ハウスを指す。

PCCの近くにある存続鉄道カル・トレインのメンローパークの駅

メンローパークの駅付近を通過するカル・トレインの列車

ティナ・レドセの写真は、レンガの壁の前で、石像にもたれかかった写真と、かなり歳がいってから横向きに撮影された写真、さらに何かの展示会場で撮影された3枚だけがインターネットで入手できる。

特に石像にもたれかかった写真が有名で、金髪であることは分かるが、目をつぶっているので、顔が分からない。もう1枚はクリスアン・ブレナンの『林檎の噛み跡』に収録されている写真で、ティナ・レドセ、ティナ・レドセの従兄弟のフィン・テイラー、スティーブ・ジョブズ、モナ・シンプソンが写っている。クリスアン・ブレナンが撮った写真である。この写真を見ると、ティナ・レドセが美人らしかったことがおぼろげに分かる。ティナ・レドセは、モナ・シンプソンの『ア・レギュラー・ガイ』によれば、写真を撮られることが嫌いだったようだ。そのためもあって、写真はきわめて少ない。

クリスアン・ブレナンの『林檎の噛み跡』266頁によれば、ティナ・レドセは、映画『ブレードランナー』に出てくるプリス役のダリル・ハンナによく似ていたという。金髪で長身で健康的であるには違いないが、あの強いメーキャップのプリス役にたとえるのには、どうも気の毒な気がする。

ブルーレイ版の『ブレードランナー　ファイナル・カット』に付いてくる『メイキング・オブ・ブレードランナー』を見ていて、メーキャップを落としたダリル・ハンナがかなり長く何度も登場するのに気が付いた。このダリル・ハンナの映像を見ると、若い時はもっと美人だったのだろうと思う。多分、これがティナ・レドセの雰囲気だろう。

モナ・シンプソンの『ア・レギュラー・ガイ』は小説なので真偽のほどは分からないのだが、ティナ・レドセについて次のようなことが指摘されている（238頁）。

- ティナ・レドセは、13歳の時から肉食を断った。
- ティナ・レドセは、欧州の小説を読んでいた。
- ティナ・レドセは、病院に勤めていた。

学歴等は一切不明だが、『ア・レギュラー・ガイ』の記述ではティナ・レドセは大学に行っていなかったようだ（188頁）。

ティナ・レドセの母はスウェーデン出身で、ティナ・レドセが13歳の時に死んだことにしている（134頁）。これは事実と違う。先に死んだのは父親である。

ティナ・レドセは酒も煙草も嗜んだ。スティーブ・ジョブズは、どちらも苦手だった。

ティナ・レドセがスティーブ・ジョブズと同棲していたのは、スティーブ・ジョブズがアップル・コンピュータを追放されてから、ネクスト・コンピュータを設立した時期である。

ウッドサイドの屋敷には執事がいなかった。スティーブ・ジョブズは、自分は民主主義者で、執事のように自分に奉仕するような人間は必要ないと言ったという。ただ一応、スティーブ・ジョブズの身の回りの世話をする人はいた。

『ア・レギュラー・ガイ』では、それはステファンやスーザンであり、2人ともに25歳の設定で、食事と洗濯を担当していた。コックもいたようだ。スティーブ・ジョブズはアリス・ウォーターズのレストランのシェ・パニースで働いていたコックを採用していたこともあると言われる。スティーブ・ジョブズは、コックに寿司屋に行って鰹節の削り方、コブの出汁、お茶漬けやホウレンソウの胡麻和えを習わせたという。

ステファンやスーザンは、スティーブ・ジョブズに雇われているのであり、ティナ・レドセに雇われているとは考えていなかった。

ステファンとスーザンは、スティーブ・ジョブズが不在の時は、スティーブ・ジョブズのベッドでTVを見ていたという。ティナ・レドセが咎《とが》めると、ステファンは、そうしても良いと言われているとの返事だった。そしてスーザンに至っては返事すらしなかった。彼らはスティーブ・ジョブズに仕えているのであり、ティナ・レドセに仕えているわけではないとしてティナ・レドセには服従しなかった。ステファンやスーザンはスティーブ・ジョブズの洋服を勝手に着ていたこともあったという。

コックには、毎月一定額のお金が渡されていたようだが、コックは、スティーブ・ジョブズが屋敷にいる時には、きちんと食事を作るが、余った分は翌朝、自分の家に持って帰ったという。スティーブ・ジョブズがいない時は、冷蔵庫の中の材料を全部自宅に持って帰ったという。

使用人にはたっぷり予算が渡されていたが、その予算を超えてお金が使われることもあった。

要するに、スティーブ・ジョブズは、ウッドサイドの屋敷の管理には全く無頓着で、杜撰《ずさん》であり、荒廃しきっていた。ティナ・レドセは、なんとか正常な家庭生活を営みたかったようだが、それはできなかった。そして彼女の地位も不安定であった。また、ティナ・レドセとクリスアン・ブレナンの間での主導権争いもあったようだ。

こうしたことの繰り返しの中でティナ・レドセは、スティーブ・ジョブズとの結婚をあきらめていくようになった。

小説では、ティナ・レドセは妊娠したが中絶したとある。これは確かめようがない。知野弘文は、スティーブ・ジョブズにティナ・レドセとの結婚を勧めたようだが、実らなかった。

一九八九年にティナ・レドセはスティーブ・ジョブズと4年間の同棲の後、最終的に結婚をあきらめ、別れた。

その後、ティナ・レドセは太平洋岸のペスカデーロに住んでいた。一九八九年一一月、ティナ・レドセは、オープンマインド・メンタル・ヘルス・リソース・センターの創立に参加した。この組織は一九九三年に閉鎖されている。ティナ・レドセは、スタンフォード大学とカリフォルニア州立大学バークレー校を卒業したグレゴリー・ステファネクというソフトウェア・エンジニアと結婚した。

一九九九年から二〇〇二年、ティナ・レドセはカリフォルニア州サンタローザに住み、マウンテンビューに住んだ後、カリフォルニア州リッチモンドに住んだ。

スティーブ・ジョブズは、次第に高学歴で背が高いブロンド美人に傾倒していったようで、大学を出ていないティナ・レドセには学歴の面で不利に働いたところがあったのかもしれない。

## ローリーン・パウエル

最後に登場するのがローリーン・パウエルである。ローリーン・パウエルは、一九六三年一一月にニュージャージー州ウエスト・ミルフォードに生まれた。

父親は海兵隊のパイロットで、カリフォルニア州サンタアナで起きた事故で英雄的な最後を遂げた。

面白いことにジェニファー・イーガンと同じペンシルベニア大学でBA、BSを取得して卒業した。

ゴールドマン・サックス社に3年ほど勤めた後、イタリアのフィレンツェで8か月暮らした。そしてスタンフォード大学経営大学院に入学し、一九九一年修了し、経営学修士（MBA）を取得した。

ローリーン・パウエルは、モナ・シンプソンの『ア・レギュラー・ガイ』では、イーブ・ペックとして登場する（357頁）。

スティーブ・ジョブズは、スタンフォード大学の経営大学院の「ビュー・フローム・ザ・トップ」という講義に一九八九年一〇月に登場した。ローリーン・パウエルは、少し遅れて教室に入ったので、後方には座る席がなく、最前列に座った。そこに紹介を待っていたスティーブ・ジョブズが偶然いたというのである。アンディ・ハーツフェルドなどは偶然ではなかったのではないかという。そういう一面もあったかもしれない。

講義が終わると、スティーブ・ジョブズは学部長を振り切って、ローリーン・パウエルを駐車場まで追いかけて行き、土曜日にディナーに誘う約束をし、トーマス・フォガティというワイナリーに向かったが、思い返して自動車をUターンさせて駐車場に戻り、今晩ディナーを共にしないかと誘ったのである。

スティーブ・ジョブズは、ローリーン・パウエルをパロアルト市ホーマー・アベニュー140番地（140 Homer Ave., Palo Alto, CA）のセント・マイケルズ・アリーというレストランに連れて行った。インターネットで調べてみるとお客の写真には、ビル・クリントンやヒラリー・クリントンの写真もある。メニューは特に菜食主義ではないようで美味しそうなものが並んでいる。そんなに高いレストランではなく、ちょっと洒落た隠れ家的なレストランらしい。ここで2人は4時間を過ごしたという。

木曜日のディナーの後、ローリーン・パウエルは土曜日にパロアルトのアパートにスティーブ・ジョブズを誘い、2人の交際が始まった。

最初はウッドサイドの家で同棲したようだが、後に一九九一年、パロアルト市ウエーブレイ・ストリート

2101番地（2101 Waveley Street, Palo Alto, CA）の屋敷に移った。

一九九〇年一月一日に、スティーブ・ジョブズはローリーン・パウエルにプロポーズし、受け入れられた。一二月にハワイ島のコナ・ビレッジに行った。ここでローリーン・パウエルは妊娠した。ところがスティーブ・ジョブズは、例のごとく逡巡《しゅんじゅん》し、ティナ・レドセに未練を見せた。その話は、モナ・シンプソンの小説『ア・レギュラー・ガイ』に書いてある。どちらが美人か100人以上の人に尋ねて回ったという。スティーブ・ジョブズにとっては、美人であることが結婚の最大の条件であったらしい。

スティーブ・ジョブズとローリーン・パウエルの結婚式は、一九九一年三月一八日ヨセミテ国立公園のアワニー・ロッジで執りおこなわれた。スティーブ・ジョブズ36歳、ローリーン・パウエルは27歳であった。式を執りおこなったのは知野弘文であった。『ア・レギュラー・ガイ』では360頁に記述されている。

ローリーン・パウエルは、クリスアン・ブレナンに初めて会った時、モデルのようにポーズを取った。クリスアン・ブレナンは、その挑発的で自信に満ちた態度に気を悪くしたようだ。これについては『林檎の噛み跡』281頁を参照されたい。

ローリーン・パウエルがそれまでのガール・フレンドと違ったのは、金髪の美人で知性的ではあるが、勝気で男勝りの性格であることだ。男性とも自動車でスピード競争をしたという。

クリスアン・ブレナンの『林檎の噛み跡』にあるが、スティーブ・ジョブズは、少年時代、女王様タイプの女性には全く頭が上がらなかった。スティーブ・ジョブズが本当に求めていたのは、陰のある文学少女ではなく、むしろ気の強い体育会系の女性だったのかもしれない。

またローリーン・パウエルは実務的な能力も備えていた。スティーブ・ジョブズを支える上でも、スティーブ・ジョブズの死後、遺産を管理する面でも優れていた。

二〇一六年現在、ウッドサイドの家はグーグルの航空写真で見ると、完全に整地されて何も残っていない。しかし、この整地は、ローリーン・パウエルによるウッドサイドの家の再建のためのようで、ローリーン・パウエルは、スティーブ・ジョブズの遺志を継いで建築許可申請を出しているという。

## モナ・シンプソン

モナ・シンプソンは、スティーブ・ジョブズの2歳年下の実妹である。モナ・シンプソンは一九五七年生まれで、ビバリー・ヒルズ高校を経てカリフォルニア州立大学バークレー校（ＵＣバークレー）を卒業し、コロンビア大学の修士課程を修了している。コロンビア大学卒業後、パリ・レビュー誌の編集者として働いていた。

一九八六年、スティーブ・ジョブズは、養母クララ・ジョブズが肺癌で亡くなった後、養父ポール・ジョブズの許可をもらって、ロサンゼルスに住んでいた実母ジョアン・シンプソンに電話をかけ、会いに行った。母と再会したスティーブ・ジョブズは、実の妹がいて、マンハッタンで編集者として働いていると告げられ、ニューヨークのセントレジス・ホテルでモナ・シンプソンに出会う。

２人の間柄が公開されたのは、一九八六年に出版されたモナ・シンプソンの処女作『ここではないどこかへ』の出版記念パーティの席上であった。

モナ・シンプソンは、自分の家族を題材に小説を何冊か書いている。『ここではないどこかへ』では、スティーブ・ジョブズの実父アブドゥルファター・ジョン・ジャンダーリ、とりわけ実母ジョアン・シンプソンについて克明に描いている。映画化されたが、小説とは少し違う。スティーブ・ジョブズは出てこない。

◆これについては拙著『スティーブ・ジョブズ　青春の光と影』2頁以下で詳しく取り上げた。

実父ジョン・ジャンダーリについては『ザ・ロスト・ファーザー』という一九九二年出版の小説で取り上げている。ただし彼が実際に登場するのは405頁以降であり、非常に気をもたせる。これほど退屈な小説は読んだことがないという読後感を目にしたことがある。もっともだと思う。

『ア・レギュラー・ガイ』という一九九六年出版の小説は、スティーブ・ジョブズとリサとクリスアン・ブレナンを扱ったものである。実在の人物と小説の登場人物の対応は次のようになる。

| | |
|---|---|
| スティーブ・ジョブズ | トーマス・ルドルフ・オーウェンス |
| リサ・ニコール・ブレナン | ジェーン・ディ・ナターリ |
| クリスアン・ブレナン | メアリー・ディ・ナターリ |
| ティナ・レドセ（スティーブの恋人） | オリビア |
| ポール・ジョブズ（スティーブの父） | アーサー・オーウェンス |
| クララ・ジョブズ（スティーブの母） | ノラ・オーウェンス |

パティ・ジョブズ（スティーブの妹）　ポニー・オーウェンス
知野弘文　タオイズム（道教）の祈祷師
ジョン・スカリー　G・J・ルーニー
スティーブ・ウォズニアック　フランク・ウー。ジェネシスの共同設立者だからスティーブ・ウォズニアックを思わせるが、中国人という設定になっている。
ダン・コトケ　ノア・カスキーに幾分、その片鱗が見える。
ハック（ティナ・レドセの従兄弟）　フィン・テイラー

アップル・コンピュータは、サクラメント東北のオーバーン（Auburn）にあるジェネシスという遺伝子工学の会社に置き換えられている。これも無理がある。何より誰もが指摘していることだが、10歳のリサがたった1人で、古いフォードのトラックを運転して、アルバからオーバーンに到着するなど、筋や構成に無理がある。オーバーンはクパチーノである。アルタはウッドサイドとパロアルトをモデルにしているが、これも無理がある。

リサは、ジョン・ミューア（ロバート・フリードランド）の所有するオレゴン州の林檎農場マルチネス林檎園（実際はオール・ワン・ファーム）で生まれ（14頁、115頁）、シアトルを経て、オーバーンのさらに西北のアルバにいたことになっている。メアリーがリサを妊娠したのは19歳（実際は23歳）の時となっている。

ティナ・レドセは、オリビアとして登場する。病院で働いていたことが何度も強調される。つまり、『ア・

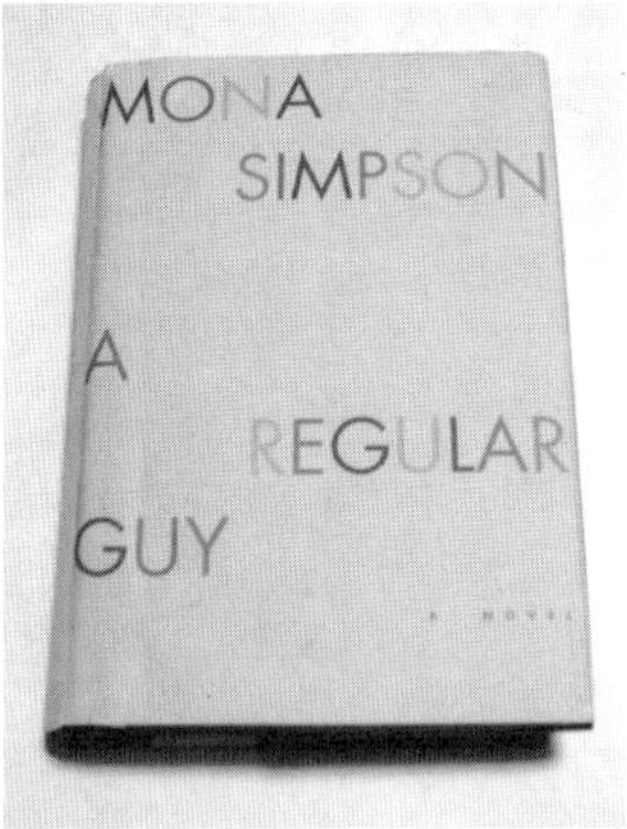


モナ・シンプソンの小説『ア・レギュラー・ガイ』

モナ・シンプソンのスティーブ・ジョブズに関連した小説。概して彼女の小説は長く、アンチ・クライマックスに推移する

レギュラー・ガイ』は本書のカバーする範囲と重なる所があるが、事実と虚構が入り混じっていて読みにくい。ただスティーブ・ジョブズは、この本の25％は、自分のことを書いたと言っている。

◆ウォルター・アイザックソン『スティーブ・ジョブズⅠ』邦訳429頁。

## 朝食はオートミールでシロップかけ

スティーブ・ジョブズは、台所には5種類の野菜だけ、バターやミルクなどの乳製品は粘液となって血管を詰まらせるとして許さなかった。カリフラワー、アスパラガスなど6週間続けて食べたこともあるという。

こういう偏食をすると、奇妙な肥り方をするようだ。スティーブ・ジョブズの顔写真を見ていると、卵形の時と三角おむすび形の時期が入り乱れていて、どうも健康には良くなかったのではと思わせる。

寿司はよく食べた。肉食は忌避したが、魚は食べた。日経ＢＰ社出版局 編、佐久間俊雄・佐久間恵子 取材協力の『ジョブズの料理人：寿司職人、スティーブ・ジョブズとシリコンバレーとの26年』を見ると、寿司には、新香巻き、かっぱ巻き、梅しそ巻き、ウナギから入門し、トロ、サーモン、ハマチ、穴子などと進歩したようだ。ここまでくると肉食と大して違わないのではと思う。海老の天ぷら、カボチャ、赤坂青野の饅頭も食べたようだ。小豆（１３５頁）にも関心があった。

モナ・シンプソンは１１０頁で、トム・オーウェンスの実父は中東の出身であると言わせている。しかし、実母については、アリゾナの出身とか（１２５頁）カモフラージュしている。モナ・シンプソンの実母でもあるからだろう。

リサについても、モナ・シンプソンが非常に親切にしたのは、実は小説の取材のためだったと、スティーブ・ジョブズが激怒し、もめたこともある。リサは、この小説に相当傷ついたようだ。

スティーブ・ジョブズは、いつも同じ型の車を3台持っていたという記述が3か所ほどある。また『ア・レギュラー・ガイ』によれば、スティーブ・ジョブズは、気に入ったものを大量に備蓄したようで、お気に入りのシャンプー15本、石鹸、歯磨き20個、歯ブラシ10本を備蓄していたが、使われた形跡はなかったという。スティーブ・ジョブズの足のサイズは大きく、幅が狭かったので、自分に合うサイズの靴を見つけると、10足から12足ほど大量に購入したという。小説の話だが実話のように思う。

他にも次のような話題に触れている。スティーブ・ジョブズの実話に即している。

・30歳の誕生パーティ
・スケート・ボードの話
・養子騒動（187頁）
・ティン先生の5ドルの逸話（131頁）
・常に食事代は部下に払わせた話
・アップル・コンピュータの株式の売却（318頁）

小説に索引を付けるという話は冗談にも聞いたことがないが、あえて冗談を言えばモナ・シンプソンの小説には索引を付けて欲しかった。付箋では対応しきれない。

さて、次の第3章は初読の際は飛ばしてもかまわない。先を急ぐ場合は、後で読んで頂いてかまわない。スティーブ・ジョブズ自身も、長く理解しなかったが、アップル・コンピュータの驚異的な大成功の秘密が、アップルのコンピュータの優秀さにあったのではなく、実はビジカルクというアプリケーション・ソフトウェアにあったということを多少克明に描いたものである。

## 「スティーブ・ジョブズ」は本当は何と読むか

これは案外難しい。米国人のふつうの発音では、ジョーブズあるいはジョウブズと聞こえる。しかし、一九八〇年代の早い時期から、アップル・コンピュータ・ジャパンが、ジョブズと表記してくれと注文を出していて、それが定着してしまった。私も仕方なく従った。

しかし、一体、これはどういうことか、根拠は何だろうかと長い間、疑問に思っていた。

アップル・コンピュータの初期のエバンジェリスト（伝道師）である日系のガイ・カワサキの『ザ・マッキントッシュ・ウェイ』（邦訳なし）という本がある。私は著者自身による挿絵が嫌いで、この本は長く私の本棚の飾りになっていた。仕事のアドバイスを求められて何度か会ったマイク・ボイチがしばしば登場するのと本書執筆のためでなければ、おそらく読破できなかったと思う。

ところが原著181頁に、正しい発音を学ぼうというコラムがある。そこにはJobsとは、robsと同じリズムで発音せよとあった。robsは何と発音するかは難しい問題であり、聞いていると、ロブスともわずかにロウブスとも聞こえる。ただローブスということではないようだ。

したがって日本語では、ガイ・カワサキ式に、ジョブズとカナ表記するのが適切なようだ。けれど、逆に日本語のカナ表記式にジョブズと発音したのでは、おそらく米国人には通じにくいと思う。

# 第3章
# ビジカルクと意外なアップルⅡの大成功

1961年、スティーブ・ジョブズは、マウンテンビュー市トンプソン・アベニュー460番地（Thompson Avenue, Mountain View）のモンタ・ローマ小学校に入学した。モンタ・ローマ小学校は、ジョブズの自宅から200メートルほどのすぐそばである（写真上）。

1966年11歳になったスティーブ・ジョブズは、マウンテンビュー市ロック・ストリート1701番地（1701 Rock Street, Mountain View）にあるクリッテンデン中学校に進んだ。いじめられ泣かされて学校に行くのは嫌だとメソメソ泣いて両親を困らせたようだ（写真下）。

ビジカルクの登場で、僕らの事業は急成長した。アップルⅡのユーザーも、それまでゲームで遊ぶマニアが中心で〈中略〉ビジカルクをさっとロードしたいビジネスマンへと急激に変わっていった。それから2、3か月のうちに、ユーザーの90%とかがビジネス系の人になった。

『アップルを創った怪物』スティーブ・ウォズニアック

スティーブ・ウォズニアックが語っているように、アップルⅡの売上げを急加速したのは、ビジカルクという表計算ソフトであった。それまでアップルⅡは、月に1000台ベースの売上げだった。たとえば一九七八年にアップルⅡは2万台を売り上げていた。ところがビジカルクの登場によって月1万台ベースに急成長した。一九八〇年には世界で初めて100万台のコンピュータを売り上げた企業になった。

さらにスティーブ・ウォズニアックは『ファウンダーズ・アット・ワーク』という本の中で語っている（原著42頁）。

「僕らは誰もみんなが、アップルⅡを本当に使いこなせる程に十分に技術に通じていて、自分でプログラムを書いて問題解決をできると考えていた」

ところが、実際は誰も問題解決のためにBASIC言語やアセンブリ言語でプログラムを書ける程の技術は持っていなかった。誰か専門家が代わりに便利なプログラムを書いてくれて、それを使わせてもらう方が楽だったのである。次第にプログラムは自分で書くものでなく、買ってきて使うだけのものとなっていく。

「アップル・コンピュータを設立した時でさえも、市場がどこで大きくなっていくかについて、ものすごく間違った考えを持っていた。僕らはビジカルクの出現を予想しなかった」

こうして、アップル・コンピュータは、それまでのホビースト相手の企業から、突然、予想もしなかったビジネスマン相手の企業になった。ただし、正面切って大企業向けのコンピュータ会社になったわけではない。正確に言えば、個人としてのビジネスマン相手の企業になったのである。

ともかくアップル・コンピュータは、偶然の僥倖《ぎょうこう》でビジネスマン相手の企業になったのだが、ビジネスマン相手となると、アップルⅡの機能には十分でない部分もあった。それをビジカルクの開発の歴史を通して探ってみよう。さらにビジカルク開発の歴史自体も、新資料の出現によって、見直しが必要になってきた部分もある。

## ダン・ブリックリン

ビジカルクをめぐっては、3人の男が登場する。まず1人目の登場人物は、ダン・ブリックリンだ。

一九七八年の春、ハーバード・ビジネス・スクールのMBA（マスター・オブ・ビジネス・アドミニストレーション：経営管理学修士）コースにダン・ブリックリンという学生がいた。本名はダニエル・ブリックリンで、一九五一年七月一六日、ペンシルベニア州フィラデルフィアに生まれた。

ダン・ブリックリンの実家は、祖父の代から零細な印刷業に携わっていたようである。ダン・ブリックリンは、資金があれば、いつか起業したいと子供の頃から考えていたという。

ハーバード・ビジネス・スクールは、チャールズ川を挟んで、いわゆるハーバード大学キャンパスの反対側の南岸にある。ハーバード・ビジネス・スクールでMBAの学位を取得することは、米国のビジネス界で出世をするための必須の条件と言っても過言ではない。

ダン・ブリックリンは、高校在学中からプログラミングを始めた。ダン・ブリックリンは、一九六九年、MIT（マサチューセッツ工科大学）に進学し、当初、数学を専攻したが、自分の数学の適性の限界を感じたらしく、電気工学・コンピュータ・サイエンス（略称EECS）に移った。

ダン・ブリックリンは、コンピュータ・サイエンスには才能があったらしく、コンパイラやコンピュータの授業では、クラスで一番になった。そこでダン・ブリックリンは、一九六三年から始まったMITのMAC計画に関係していたフェルナンド・コルバトを訪ねて、コンピュータ関係の仕事をしたいと言った。

MACと言ってもマッキントッシュとは何の関係もない。MACとは、Multiple Access Computer（多重アクセス・コンピュータ）の略であるとか、Machine Aided Cognition（マシン・エイデッド認識）の省略形と言われている。どちらかとは言い切れない。

MAC計画は、主にAI（人工知能）関係の計画であったが、タイム・シェアリングOS（時分割オペレーティング・システム）やLISPなどの人工知能用の言語開発などにも関係していた。

フェルナンド・コルバトは快諾し、MULTICS（マルチクス）関係なら仕事はあると言った。MULTI

CS計画は一九六四年から始まっており、このタイム・シェアリングOSから奇妙な形で派生したのが、有名なOSであるUNIX（ユニックス）である。LINUX（リナックス）は、さらにこれから派生した。

こうしてダン・ブリックリンは、パートタイムでMULTICSの開発に携われるようになったが、正規の研究員だったわけではない。ダン・ブリックリンは、最初にMULTICS用の電卓アプリケーションを書いた。

ダン・ブリックリンに最初に与えられた仕事は、ボブ・フランクストンが卒業論文で取り組んだテーマを仕上げることだったという。

またダン・ブリックリンは、MULTICSのコマンド・システムのユーザー・インターフェイスの改良や、MULTICS用のAPL言語の開発・実装をしたり、LISP言語を使ったアプリケーションを書いたりした。ただしMULTICS周辺の仕事が主で、OS本体の開発に関わったわけではない。

◆MITのMAC計画やフェルナンド・コルバトについてもう少し知りたい方は、拙著『インターネットを創った人たち』（青土社 刊）61頁あたりを参照されたい。

ダン・ブリックリンは、一九七三年、MITで学士号を取得した。ふつうダン・ブリックリンは、ハーバードのMBA出身と紹介されるが、文科系だけでなく、このようにコンピュータ関係の専門的知識に富んでいたのである。

## ボブ・フランクストン

２人目の登場人物は、ロバート・M・フランクストン（以下ボブ・フランクストン）である。

ボブ・フランクストンは、一九四九年にニューヨーク市ブルックリンに生まれた。子供の頃、父親の手伝いをしてTV受像機の部品を箱に詰めて、ラジオシャックなどに売っていたというから、父親は電子部品の零細な製造に関係していたように思われる。

ボブ・フランクストンは、一九六三年、14歳の中学校時代からハンター・カレッジのIBM １６２０というコンピュータに触れて、プログラミングを学んだ。母親がハンター・カレッジにいたようである。さらにニューヨークのスタイベサント高校に進むと、ニューヨーク大学の有名なクーラン研究所で大型コンピュータに触れることができた。ここでは一九六六年からオンライン・サービスを始めていたようである。

ボブ・フランクストンは、高校卒業後、MITにすんなり入れなかったようで、一九六六年から一九六七年にかけてニューヨーク州立大学ストニーブルック校に1年通い、大学院のコンピュータ言語のクラスも選択した。一九六七年にMITに転校した。MITでは数学とコンピュータ・サイエンスを専攻した。

ボブ・フランクストンは、一九六六年から一九六九年にかけて、大学に通いながらホワイト・ウェルド社（後にインタラクティブ・データ・コーポレーションと改称）で働いた。ホワイト・ウェルド社は、オンラインで財務情報サービスを提供しており、ＳＤＳ ９４０という大型コンピュータを使用していた。このコンピュータは第5章以降に出てくる。

ボブ・フランクストンはSDS 940上で、QEDという対話型エディタ（対話型編集プログラム）を使った。後のUNIX用のviという対話型エディタの前身である。またFFL（ファースト・ファイナンシャル・ランゲエッジ）の仕事もした。これは大型コンピュータ用のスプレッド・シート用のプログラミング言語であった。ただしFFLは、WYSIWYG（見たままが出力される）ではなかった。

ホワイト・ウェルド社では、ダン・ブリックリンの兄弟のジョナサンも働いていた。バトラー・ランプソンも働いていた。バトラー・ランプソンはFFLの設計者の一人であった。バトラー・ランプソンも第5章で登場してくる。

ボブ・フランクストンは、一九六八年頃から、MITのMULTICS計画にも参加していた。その関係からか、卒業論文の指導教官は、フェルナンド・コルバトであった。卒業論文の題目はリミテッド・サービス・サブシステムに関するものであった。これをその後、ダン・ブリックリンが仕上げた。そして、ボブ・フランクストンは、このシステムを学生向けのオンライン情報サービスに使ったという。このあたりでボブ・フランクストンとダン・ブリックリンの関係が芽生えたようである。

ボブ・フランクストンは、一九七〇年に学部を卒業し、大学院に進もうとしたが、一度は落ちて、フェルナンド・コルバトの推薦をもらって再度挑戦して大学院に進学した。

一九七四年、多少時間がかかったが、MITのコンピュータ・サイエンス学科の大学院で修士号を取得した。修士論文は「コンピュータ・ベース・サービス市場用のコンピュータ・ユーティリティ」であった。大学院には一九七六年まで在学していた。ここで後にゼロックスＰＡＲＣでイーサネットというＬＡＮを発明する有名なロバート・メトカルフェに出会ったりした。

当時、ＭＩＴには有名なリチャード・ストールマンがいた。リチャード・ストールマンは、ハッカー文化を体現したなんとも表現しようのない怪物的な存在だが、きちんとした業績も残している。リチャード・ストールマンは、当初ＴＥＣＯ（Text Editor and COrrector：テキスト編集・修正プログラム）上でＥｍａｃｓ（Editor MACroS：エディタ用マクロ）を実装した。Ｅｍａｃｓは、テキスト・エディタとして使われるようになった。

◆リチャード・ストールマンについて、もう少し知りたい方は、拙著『ＬＩＮＵＸがＷｉｎｄｏｗｓを超える日』（日経ＢＰ社刊）36頁以降を参照されたい。

ボブ・フランクストンは、一九七七年から一九七八年にかけてＥＣＤ社に在籍し、６５０２というＣＰＵを複数個使用したマルチ・プロセッサ・システム用のＢＡＳＩＣを開発した。ＥＣＤ社は、コスト割れで製品を販売し、そのため倒産した。単に安くしただけでは会社は存続できない。これはボブ・フランクストンには良い教訓となった。

こうして見ると、ボブ・フランクストンは、十分なコンピュータ専門知識と技術を持った人であった。

## ワープロWPS－8

ダン・ブリックリンは、一九七三年、MITを卒業した。数学の科目の成績の可や不可が邪魔して大学院に進学するのは難しかったので、就職することにした。

友人がディジタル・イクイップメント・コーポレーション（DEC）のコンピュータ言語グループの試験を受けて落ちたが、ダン・ブリックリンなら向いているのではと言われたので、今度はダン・ブリックリンがDECの試験を受けに行った。

偶然そこにMULTICS計画で一緒に働いていたマイケル・スピアーがいた。そこで半ば強引にダン・ブリックリンは、電算写植機のグループに連れて行かれ、面接試験を受けた。祖父や父も印刷業に関わっていたので、電算写植機の仕事は歓迎すべきものだった。

DECからの採用通知は、コンピュータ言語グループから来てしまうという頓珍漢なエピソードはあったが、ともかくダン・ブリックリンは、一九七三年にDECの電算写植機グループに就職した。

ダン・ブリックリンに当初与えられた仕事は、DECのミニコンピュータPDP－10を使ったタイプセット－10グループを率いることだった。タイプセット－10グループは、全世界の英語圏の出版社や新聞社などから通信回線経由で送られてくるデータを変換して、すぐに写植機に入れられるようにデータを変換していたのである。

その後いくつかの仕事の後、ダン・ブリックリンは、ＤＥＣのＰＤＰ－８を組み込んだＷＰＳ－８というワード・プロセッシング・マシンの開発に従事した。写植機の仕事からは、自然な流れであった。ＷＰＳ－８という名称は、ＤＥＣのミニコンピュータＰＤＰ－８を使用していたからである。ＰＤＰ－８は、後にデータゼネラルを創業するエドソン・デ・カストロが設計の指揮を執った名機である。

日本語ワープロの場合には、日本語入力という問題があったが、日本語の文字の幅は一定で、ある意味で楽であった。ところが英文ワープロの場合には、文字の幅が1字1字違うので、美しく印刷するには非常に面倒な計算が必要である。

当時の電算写植機やワープロでは、出力は打ち出してみないと分からないものが多かった。いわゆるＷＹＳＩＷＹＧ（見た通りに出力が得られる）ではなかった。しかしＷＰＳ－８は、ＶＴ５２やＶＴ１００という80字×24行、あるいは１３２字×24行のディスプレイを備えており、対話的にワード・プロセッシングができ、ＷＹＳＩＷＹＧになっていた。ＤＥＣのＶＴ１００は、特にデザインに優れた美しいディスプレイ端末であった。

ダン・ブリックリンの作ったワープロは、ＤＥＣメイトⅡという製品名で売られることになった。

一九七六年、ダン・ブリックリンは、ＤＥＣを離れて、ファスファックス社に転職する。ダン・ブリックリンは、ＤＥＣがニューハンプシャー州に移転するのを嫌って転職したと言っているが、ファスファックス社もニューハンプシャー州オシッピーにあるのが不思議である。

ファスファックス社は、ファースト・フード業界向けにマイクロ・プロセッサを使った電子式キャッシュ・レジスタを作っていた会社であった。ここでダン・ブリックリンは、アセンブリ言語や高級プログラミング言語FORTHなどに馴染んだ。

ある日、50歳を過ぎたプログラマーが解雇されたのを見て、腕一本のプログラマーでは、歳をとると、つぶしが利かないと思ったダン・ブリックリンは、一九七七年、1年勤めただけでこの会社を去る。ダン・ブリックリンは、ハーバード・ビジネス・スクールのMBAコースに入学し、一九七九年にMBAを取得する。技術者でなく経営幹部を目指す道を選んだ。

## アルドリッヒ・ホールでの白日夢

ダン・ブリックリンが、電子式スプレッド・シートのアイデアに遭遇したのは、ハーバード・ビジネス・スクールのMBAコースにいた一九七八年春である。その日、ダン・ブリックリンは、ハーバード・ビジネス・スクールのアルドリッヒ・ホールの108号室で、白日夢を見たという。少し大袈裟な表現だと思うが、はっと思い至ったのだろう。

ダン・ブリックリンは、ハーバード・ビジネス・スクールの大企業のケース・メソッド（事例研究の授業）で、電卓を使って大量のデータ処理をやらされていた。

ケース・メソッドでやらされていた計算は、現在のエクセルでの計算を思い浮かべればよい。何年分かの経営データを分析し、パラメータを変えて何度も計算し直す。エクセルの表の、縦横すべてを電卓で計算するとなると、うんざりする。1つでも間違えると終わりである。学問としての経営学では、「大体このくらい」ということは許されない。きちんと正確に数字で示さなければならない。つらい単調な作業の繰り返しである。

このつらさから逃れるために、ダン・ブリックリンは、ヒューレット・パッカード（ＨＰ）やテキサス・インスツルメンツ（ＴＩ）が販売していた、ありきたりの電卓ではなくて、もっと進んだ対話型の個人用機器が欲しいと思った。必要は発明の母である。

ダン・ブリックリンの持っていた電卓は、ＴＩが一九七六年から販売していたビジネス・アナリストというシリーズの電卓である。ＨＰの電卓に比べて、高級な関数機能は不足していたが、価格が35ドルと安く、学生達に人気があった。

ダン・ブリックリンは、ＴＩの電卓の代わりに、マウスとヘッドアップ・ディスプレイ（戦闘機などに使われる風防ガラス上にデータを表示する装置）を備えた個人用のスプレッド・シート用機器の開発を思いついた。

スプレッド・シートは、すでに大型コンピュータでは使われており、全くの独創ではなかったが、個人が手近な物として使えるパーソナルな製品は存在していなかった。また大型コンピュータ用のスプレッド・シートは、一括バッチ処理方式であって、対話型ではなかった。

対話型のインターフェイスを目指すダン・ブリックリンがマウスを使いたいと思ったのは、ダグラス・エンゲルバートのマウスのデモを見たことや、ＭＩＴにいた友人のデイビッド・リードが、ゼロックスのＡＬＴＯというワークステーションを持っていたので、それに付属していたマウスを見たからである。西海岸のゼロックスＰＡＲＣ（パロアルト研究所）で開発されたＡＬＴＯが、この当時すでに東海岸のＭＩＴにあったということは驚きである。ALTOについては本書第7章を参照されたい。

一九七八年の夏に、ダン・ブリックリンは、マーサズ・バインヤード島を自転車で走っている時に、この着想を製品化し、卒業後に販売しようと考えたという。なぜ、マーサズ・バインヤード島なのかと思うが、実際にそうであったのだから仕方がない。

またこの一九七八年の夏、ダン・ブリックリンは、プライム・コンピュータで働いていたという。アルバイトだろう。

## ダン・フィルストラ

3人目の登場人物は、ダン・フィルストラである。家柄は良かったらしい。

ダン・フィルストラ、本名ダニエル・フィルストラは、一九五一年、西海岸のカリフォルニア州に生まれた。高校卒業後、東海岸のMITの電気工学・コンピュータ・サイエンス学科（EECS）に入学した。

ダン・フィルストラは、初期の『バイト』誌の編集に携わり、また『コンピュータ・ディーラー』誌の編集にも関わった。ダン・フィルストラは、ピーター・ジェニングスのマイクロチェスというプログラムに好意的な紹介記事を書いた後、欧州に渡り、ESA（欧州宇宙機関）で働いたが、ESAの官僚的な体質に嫌気がさして米国に戻り、ハーバード・ビジネス・スクールに入学し、一九七七年にMBAを取得する。

ダン・フィルストラは、一九七七年には、6502を使ったKIM-1というシングル・ボード・コンピュータを使っていた。

その後、ダン・フィルストラは、マイクロチェスで知り合ったピーター・ジェニングスとパーソナル・ソフトウェア社を設立した。恋人で後に妻となる女性の実家が、出版に関係していたことも影響したようだ。

最初ダン・フィルストラは、ジェニングスのマイクロチェスをタンディのTRS－80モデルⅠ用に売ったが、ダン・フィルストラは、アップルⅡも好きだったので、アップルⅡ用のマイクロチェスも販売した。マイクロチェスは、5万本売れた、当時としては大ヒット商品だった。

ダン・フィルストラは、編集者の特権を活かして、スティーブ・ジョブズからアップルⅡを割引価格で買った。

## スプレッド・シートのプロトタイプ

一九七八年の春、すでにダン・ブリックリンは、ハーバード・ビジネス・スクールにあったミニコンピュータPDP－10のタイム・シェアリング・システムに接続された端末を使って、BASICでスプレッド・シートのプロトタイプ（試作品）を作っており、いろいろなアイデアを盛り込んでいた。

ダン・ブリックリンは、後にビジカルクとなるスプレッド・シート・プログラムのコマンドとして、自分に馴染み深い電算写植機のコマンドのスタイルに似たものを採用した。

さらにダン・ブリックリンは、ハーバード・ビジネス・スクールの関係者に、プロトタイプを見せて助言を求めた。彼らの助言は次のようだった。

大企業ではもっと大きなスプレッド・シートが使われている。
ユーザー・インターフェイスを褒めた。
後にマイクロソフトの取締役会の役員になった。
財務予測に使えそうだ。
スケジューリングや製造業者の予算作成などに使える。
家庭用には50ドルで売れる。ビジネス用には数千本売れる。
割引現在価値、表検索機能、内部利益率などの財務関数を付加すべきだ。

- ロジャー・シュメナー教授
- ジム・キャッシュ教授
- バーバラ・ジャクソン教授
- ジェフ・ミラー教授
- ブキャナン教授
- ロバート・グラウバー教授

概ね好意的だったが、すでに大型コンピュータ用にスプレッド・シートが存在するのに個人用スプレッド・シートのニーズがあるのかどうかが問題となった。ここで財政学のチャールズ・ケスロ教授が、パソコンに詳しいダン・フィルストラに意見を聞くようにと紹介してくれたようだ。

ダン・ブリックリンは、ダン・フィルストラに会うため、九月二二日にマサチューセッツ州ボストン市ワイツ・ストリート22番地（22 Weitz Street, Boston, Mass）を訪ね、自分の構想を説明した。この後、バーバラ・ジャクソン教授に相談に行ったようだ。

## アップルⅡを選択する

一九七八年一〇月四日、ダン・ブリックリンは、アップルⅡのマニュアルを10ドル50セントで買った。ダン・ブリックリンは、何としてもスプレッド・シートを実現するためのハードウェアが欲しかったのである。

本当は、以前に勤めていたDECのミニコンピュータを入手したかったようだ。DECのミニコンピュータ用にスプレッド・シートのプログラムを開発するから、DECのミニコンピュータを貸与して欲しいと掛け合ったのだろう。こういうことは当時よくあったことで、たとえばPCCのボブ・アルブレヒトは、DECのために本を書く条件でDECのミニコンピュータPDP－8を貸与してもらった。

◆これについては『スティーブ・ジョブズ　青春の光と影』287頁参照。

不幸なことにダン・ブリックリンの場合は、DECのミニコンピュータの借り出しはうまくいかず、あきらめざるを得なかった。そこで、ダン・ブリックリンは、ダン・フィルストラが休暇で出かけている週末に、彼のアップルⅡを使わせてもらい、アップルBASICⅡで、スプレッド・シートのプロトタイプを作ることにした。

アップルⅡが選ばれたのは、スティーブ・ウォズニアックが開発したアップルⅡ用の高速大容量の外部記憶装置であるフロッピー・ディスク装置の存在も忘れてはならないだろう。

開発開始当時には、ダン・ブリックリンは一九七八年七月に出荷されたフロッピー・ディスク装置は持っていなかったが、フロッピー・ディスク装置が利用できることは大きな魅力であった。ただスプレッド・シート開発開始当時は、カセット・テープレコーダーを外部記憶装置として利用していた。

アップルⅡにはマウスが付いていなかったが、スティーブ・ウォズニアックがゲーム用に用意したゲーム・パドルがあった。ゲーム・パドルを使えば、パドルに付いているダイアルを回すだけで、カーソルを左右の水平方向に動かすことができ、「ファイヤ」ボタンを押せば、切り替わってカーソルは上下の垂直方向に動かせた。当初、カーソルの移動をゲーム・パドルで実行することになった。

しかしゲーム・パドルの反応は遅く、また機構は原始的で、スプレッド・シート上での位置決めが難しかった。そこでさらにまた妥協が計られ、アップルⅡの矢印キーを使うことになった。ここで問題となったのは、アップルⅡのキーボードには矢印キーが2つしかなかったことである。そこでスペースバー・キーを「ファイヤ」ボタンの代わりに使い、水平方向と垂直方向の切り替えに使うことにした。現実の制約の前にどんどん夢はしぼんでいく。

ビジカルクを使うにはマウスが必須であり、これがかなわないとなれば矢印キーが必要だが、左右の矢印だけでなく、上下の矢印キーが必要であった。アップルⅡにはそれらがなかった。だから、将来も引き続いてビジネス分野でアップルが成功するためには、アップルはマウスも4方向の矢印キーも備えたきちんとしたキーボードを持つ新しいパソコンを開発することが必要となったのである。

## いつのまにかソフトウェアに

スプレッド・シートを実現するための最初のプロトタイプは、アップルⅡ上でアップルBASICで書かれた。一九七八年一〇月八日頃には、すでにできていたようであり、ダン・フィルストラに見せていたようだ。この時点では、低速で機能も限られていた。さらに一〇月一四日には、ダン・ブリックリンは、ボブ・フランクストンと共に、再びダン・フィルストラに見せに行っている。

ダン・ブリックリンは、正確なプログラム設計のために、どのキーを押せばどういう状態になり、続いてどのキーを押せばさらにどういう状態になるかを示す状態遷移図を17インチ（43センチ）×11インチ（28センチ）ほどの大きさの紙に書いた。いわばソフトウェアの設計図である。

この状態遷移図は、現在もインターネット上で見ることができるが、手書きの上に画像の品質が劣悪で、なかなか判読しがたい。またダン・ブリックリンが書いた『ブリックリン・オン・テクノロジー（技術について）』という本の430、431頁にもあるが、わずかに鮮明になっている程度で判読しづらい。確かにダン・ブリックリンが一例として言及している「＜－＞」、「Ａ－ＺＺ」、「Ｒｅｔ」は、目を凝らすと、431頁の下半分になんとか見い出せるが、ふつう情報通信工学で言う状態遷移図とは多少趣が異なる。「コマンド・ツリー（命令の樹状構造）」と本人も言っているが、その方が適切なように思う。

この状態遷移図は『実録！天才プログラマー』（マイクロソフトプレス編、岡和夫訳、アスキー刊）の152

頁、１５３頁でも見ることができるが、虫メガネでもないと判読できないと思う。

プロトタイプができて、アイデアの現実化を目指すとなると、どんどん妥協が進行する。

まず戦闘機に使用されているヘッドアップ・ディスプレイを使用することは放棄され、通常のディスプレイを使用することになった。マウスを使う夢もはかなく消えた。

さらにスプレッド・シートの専用ハードウェアの構想自体が消滅する。ダン・フィルストラが、「専用ハードウェアなど作らずとも、爆発的な普及の兆候を見せているパソコン用にソフトウェアを開発するだけで良いのでは」とアドバイスしたという。

こうして当初のスプレッド・シートを動かすハードウェアを開発する構想が、いつのまにかパソコンすなわちアップルⅡ上で動くソフトウェアの開発になってしまった。

ダン・ブリックリンの『ブリックリン・オン・テクノロジー』

なぜ他のパソコン、たとえばラジオシャックのＴＲＳ－80やコモドールのＰＥＴではなく、アップルⅡかという問題が残る。これはダン・ブリックリンにとって一番手近なパソコンだったからだろう。ダン・ブリックリンとボブ・フランクストンは、当時、お金のあるような、ないような生活をしていた。

## ビジカルクの本格的開発始まる

ボブ・フランクストンはその当時、フリー・ランサーであった。つまり定職はなかった。

ダン・ブリックリンは、ハーバード・ビジネス・スクールで忙しく、結局、ボブ・フランクストンが本格的な開発をすることになった。ダン・ブリックリンは、プログラム・コードを書くより、得意のユーザー・インターフェイスを担当することになった。

ダン・ブリックリンとボブ・フランクストンは、その後一一月一一日、ダン・フィルストラのパーソナル・ソフトウェア社とケンブリッジのジョイス・チェンのレストラン（中華料理店）で契約した。印税率は35・7％であった。35・7という数字はＴＩのビジネス・アナリストという電卓が35ドルであり、ビジカルクの価格が100ドルであったことから出てきた数字という。ＭＢＡ取得者にしてはずいぶん杜撰《ずさん》な算定根拠である。

また３人とも、ハーバード・ビジネス・スクールの出身者であったにも関わらず、契約はきわめて曖昧なもので、将来に禍根を残すことになる。たとえば最も重要な印税率についても。売上げに対してなのか、利益に対してなのかが曖昧だった。またビジカルクの販売もダン・フィルストラから流通業者を通しての販売に限られるのか、それともダン・ブリックリンから流通業者を通さず小売店や消費者への直接販売も許されるのかも曖昧だった。

スプレッド・シートのプログラムは、最初はカルク・レッジャーという名称だったが、最終的にダン・フィルストラの主張でビジカルクに決まった。ビジカルクはビジブル・カルキュレータの略である。ビジカルクのスペルはVisiCalcであり、途中に大文字のCが入るビジカルクに決まったのは、ビックのエッグ・オン・ワンというレストランであったという。

ビジカルクのプログラム開発は一九七八年一一月末にボブ・フランクストンが借りていたボストン郊外のアーリントン市ブロードウェイ231番地（231 Broadway, Arlington, Mass.）のアパートで始まった。

ビジカルクは、BASIC言語でなく、アップルⅡのCPUである6502用のマクロ・アセンブラを使ってアセンブリ言語でプログラミングされた。このためBASICで書かれた場合より、ずっと高速であった。高速であることは重要なことで、ビジカルクに続くロータス1‐2‐3がマイクロソフトのマルチプランに初期において勝利を収めた理由である。ロータス1‐2‐3はアセンブリ言語で書かれていたが、マルチプランはC言語で書かれていたため相対的に低速であったからである。ロータス1‐2‐3はIBM PCに絞っていたが、マルチプランの開発はIBM PC向けだけでなく、アップルⅡ向けも意識しており、移植性の乏しいアセンブリ言語で書くことをためらったからである。

ビジカルクは、また構造化プログラミングを採用していた。GOTO文をなるべく使わず、IF THEN ELSE文を使った。分かりやすく言えば、管理しやすいプログラミング・スタイルを採用していたということである。

ボブ・フランクストンが使ったマクロ・アセンブラはＭＩＴのＭＵＬＴＩＣＳタイム・シェアリング・システム上で動いていた。ボブ・フランクストンは、モデム経由でＤＥＣ ＬＡ－１２０端末をＭＵＬＴＩＣＳシステムと接続した。

夜間の方が利用料金が安かったので、ボブ・フランクストンは昼間寝ていて、夜間プログラミングをした。ボブ・フランクストンを起こすのはハーバード・ビジネス・スクールのクラスから帰って来たダン・ブリックリンの仕事であった。

面白いのは、プログラム開発をアップルⅡ上でおこなわず、大型コンピュータ上のＭＵＬＴＩＣＳシステムでおこなったことだ。この当時、成功したアプリケーションやプログラミング言語の開発は、ほとんど大型コンピュータやミニコンピュータ上でおこなわれた。ビル・ゲイツのマイクロソフトＢＡＳＩＣにしても同じ手法が採用された。

ボブ・フランクストンは、アップルⅡのフロッピー・ディスク装置用のファイル・システムのリバース・エンジニアリングをおこなった。どのようにアップルⅡがフロッピー・ディスク装置を動かしているかを調べ、アップル・コンピュータの著作権に抵触しないようにしたのである。

アップルⅡでの割り込みのサポートはなく、リアリタイム・クロック（ＲＴＣ）もなかった。

## ソフトウェア・アーツ社の設立

一九七九年一月二日、ダン・ブリックリンとボブ・フランクストンは、ケンタッキー・フライド・フィッシュという店で、ソフトウェア・アーツ社の設立に合意した。店の本当の名前は別にあったようだが、ボブ・フランクストンが冗談でそう呼んでいたようだ。ソフトウェア・アーツの本社は、ボブ・フランクストンが借りていたマサチューセッツ州アーリントン市ブロードウェイ２３１番地のアパートに置いた。ボブ・フランクストンは、アパートの屋根裏部屋で作業をしていた。

ボブ・フランクストンがプログラム・コードを書き、ダン・ブリックリンがレファレンス・カードをＩＢＭセレクトリック・タイプライターで書いた。

一九七九年一月、最初にできたビジカルクは、白地のL字型のフレームが見えるのを特徴としていた。またセルは左詰めで、固定小数点がなかった。左詰めでは位取りが分からなくて不便である。

ビジカルクの関数にサイン（正弦関数）、コサイン（余弦関数）などを入れて欲しいという要求が出てきた。これを苦手とするボブ・フランクストンは難儀したが、ダン・フィルストラの友人のカール・ヘルマーが解決してくれた。また割り算にバグがあって、これは社員のスティーブ・ローレンスが解決してくれた。

ビジカルクは、10進数12桁の精度を持つようにした。10の12乗すなわち1兆までの数字を扱えるようにした。つまり1兆ドルすなわち１００兆円程度までの数字を扱えるようにしたのである。これによって米国の国家予算でも扱えたという。このあたりが整数型ＢＡＳＩＣでおよそ−32000から+32000までの数字が使えればよいと考えたスティーブ・ウォズニアックとは違う点である。小数についても配慮を加えた。これもスティーブ・ウォズニアックの苦手としたところである。商用計算に関して実践的な経験を積んだボブ・フランクストンとの違いである。

ビジカルクは、当初16Ｋバイトに収める予定だったが、最終的には32Ｋバイトになった。メモリの制約から対話型のヘルプを削った。ヘルプを使えるようにするには、16Ｋバイトのメモリの内、２Ｋバイトのメモリを必要としたからである。そこでダン・ブリックリンは、レファレンス・カードを作った。紙媒体のヘルプを作ったのである。この印刷には印刷屋をやっていた父親が手伝ってくれた。

## ビジカルクの初舞台

ビジカルクの初舞台は、ダン・ブリックリンが、ペプシコーラのケース・スタディに使った場合のようである。このハーバード・ビジネス・スクールに提出したレポートは、ジョン・スカリーのペプシ・チャレンジという市場キャンペーンを分析したものであった。ダン・ブリックリンは、ボブ・フランクストンの屋根裏部屋でビジカルクを使い分析をおこなったという。当時のビジカルクには印刷機能もシートの保存機能もなかったので、ダン・ブリックリンはデータを筆写してクラスに持って行った。この分析は非常に克明で、関数電卓では不可能なくらいのもので、非常に強い印象を与えたようだ。ただし、その時点では、まだ割り算機能がなかった。是非レポートを読んでみたいものだが、初めの十数行の写真しか公開されていない。

なおダン・ブリックリンには一九七八年一二月にハーバード・ビジネス・スクールのステファン・グレイザー教授に提出した『カルク・レッジャー』というレポートがある。本人は自信満々のようだが、読んでみると、必ずしも文才には恵まれていない人だったようだ。

## ビジカルクの登場と大成功

一九七九年五月、パーソナル・ソフトウェア社は、東海岸のボストン近郊から、西海岸のカリフォルニア州サニーベールに本拠を移した。なお同月『バイト』誌にビジカルクの最初の広告が出たし、ビジカルクは、サンフランシスコで開かれたウエスト・コースト・コンピュータ・フェア（ＷＣＣＦ）に出品された。

◆ウエスト・コースト・コンピュータ・フェアについては『スティーブ・ジョブズ　青春の光と影』３７２頁、４２０頁を参照されたい。

ビジカルクは、一九七九年六月、ニューヨークで開催されたナショナル・コンピュータ・コンファレン

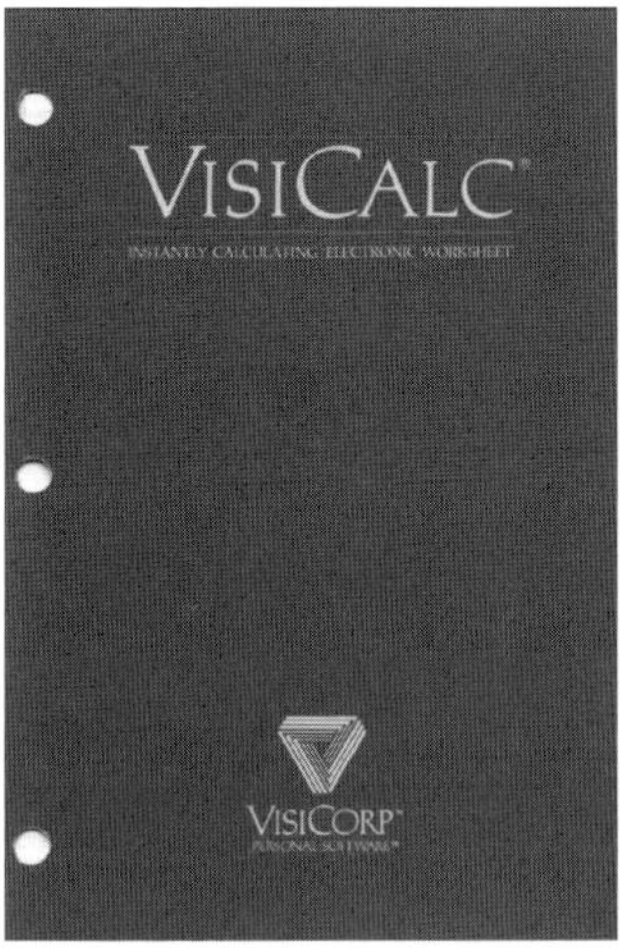

ビジカルクのマニュアル。これは1981年のIBM用のマニュアル。アップルⅡ用のマニュアルは入手が難しい

ス（NCC）で正式に発表された。といっても、発表会場に集まったのは、友人と家族親戚がほとんどで、身内でない本当の参加者は2名だけだったと言われる。価格は99・5ドルであった。高めの設定であった。

アップル・コンピュータのマイク・マークラは、ビジカルクを全く評価しなかった。自分が作ったチェックブック・バランシング・プログラム（小切手帳出納プログラム）を見せた。プログラム的な技量では雲泥の差があったし、誰もマイク・マークラの小切手帳出納プログラムは評価しなかった。

モルガン・スタンレーのベン・ローゼンが「エレクトロニクス・レター」でビジカルクを高く評価してくれた。ベン・ローゼンは、後に業界の仕掛人になった人だ。私も日本のコンパックの起業のお手伝いをして、来日したベン・ローゼンに会ったことがある。笑みを絶やさず、気配りに優れた、したたかな男であった。

前渡し分の印税が入ったので、パーソナル・ソフトウェア社は、マサチューセッツ州ケンブリッジのセントラル・スクエアのジョン・ストレイホーンのルネサンス・コンピューティングの事務所の地下室を借りた。雨が降ると床に雨水がたまり、トイレが逆流し、床下を走っている地下鉄が通ると激しく揺れたそうだ。

パーソナル・ソフトウェア社は、親族や銀行からの融資を受けて、5万ドルでプライム・コンピュータのミニコンピュータを買った。先述のように一九七八年にダン・ブリックリンがプライム・コンピュータでアルバイトをしていたことにも関係があるのかもしれない。プログラム開発用にボブ・フランクストンがアセンブラやリンカーというプログラムを書き、ダン・ブリックリンがエディタのプログラムを書いた。

## 契約書

この頃、ソフトウェア・アーツ社とパーソナル・ソフトウェア社の最終契約書が作成されたが、ダン・フィルストラがニュー・オーリンズで開かれるコンファレンスに出席するため時間がなかったうえ、基本的なオフィス用事務機が揃っていなかった。契約書はＩＢＭのセレクトリック・タイプライターで印字されたが、多数の修正が入ってつぎはぎだらけになり、結局、近所の電算写植機を使って印字された。またゼロックスのコピー機もなく、契約書の写しは、下から電球によって照らして感熱紙のような紙で作った。すべてがそのような滅茶苦茶な混乱下にあり、まともな契約など望めるわけもなかった。

この契約書の全文は入手できないが、ＵＣＬＡのリチャード・Ｐ・ルメルト教授が書いた「ビジコープ１９７８－１９８４」というレポートで主要部分だけを見ることができる。全文を収録していてくれたらと思う。

第1項には排他的独占契約であることが明記されている。第2項は契約の期限だが、特段のことがなければ自動継続という通常のものだ。

第6項は保守義務で、ソフトウェア・アーツ社は、パーソナル・ソフトウェア社に対し保守の義務があり、ビジカルク出荷後1年以内に指摘されたエラーを修正することになっている。ビジカルクのプログラムの複雑さから、全くエラーがないとは言えないとしている。

第8項はマーケティングで、パーソナル・ソフトウェア社はマーケッティングに最大の努力をすることになっている。

第10項は支払いで、パーソナル・ソフトウェア社は総売上げの35・7％をソフトウェア・アーツ社に支払うことになっている。これは本来、純利益の何％とすべきだったのではないだろうか。

第12項は新しいバージョンについてであり、パーソナル・ソフトウェア社は、ソフトウェア・アーツ社に対して、アップルⅡ以外の新しいマシンに対してビジカルクを要求できることになっている。むろん、パーソナル・ソフトウェア社は前払い金を支払い、必要なコンピュータを提供することになっている。

こうして見ると、どちらかといえば、第10項にあるように金銭的にはソフトウェア・アーツ社に有利なような気がする。しかし、第12項は、読み方によっては、パーソナル・ソフトウェア社がソフトウェア・アーツ社に、どんなマシンに対してもビジカルクを提供しなければならないように見える。この点が問題になり、激しい訴訟合戦になってしまうことになる。

## アップル・コンピュータの大躍進

一九七九年秋、ビジカルクのマニュアルも完成したので、一〇月二〇日にビジカルクが発売された。

ビジカルクは、一九七九年の発売時点では月５００本、一九八一年には月1万２０００本が売れた。２年半はビジカルクが独占的な力を振るった。パーソナル・ソフトウェア社の売上げの推移を次に示してみよう。ほとんどがビジカルクによる売上げである。

・一九七九年　　８８万ドル
・一九八〇年　３７０万ドル
・一九八一年　１４００万ドル
・一九八二年　２２６０万ドル
・一九八三年　２３６０万ドル

一九八一年春には、ビジカルクの累積出荷本数は10万本に達したという。ビジカルクの価格は、当初１００ドルだったが、あまりに売れるので１５０ドルにした程であった。

これに続いてアップル・コンピュータの売上げも表にしてみよう。

・一九七七年　　７７万ドル
・一九七八年　７８８万ドル
・一九七九年　４７９３万ドル
・一九八〇年　１億１７９０万ドル

単なるホビースト向けのマシンでは、これほど爆発的には売上げは伸びない。メモリを増強し、フロッピー・ディスク装置を搭載したアップルⅡは、数千ドルもする非常に高価なマシンであったが、売れに売れ続けた。この結果、アップル・コンピュータは、というよりスティーブ・ジョブズは、客観的な見通しを誤ることになる。アップル・コンピュータは無敵と勘違いしたのである。単なる僥倖《ぎょうこう》に過ぎなかった。

## 特許を取らなかった失敗

さてビジカルクは、どうして特許を取らなかったのだろうか。拙著『アマゾン・コムの野望 ジェフ・ベゾスの経営哲学』（東京電機大学出版局 刊）で詳しく説明してあるが、米国の特許法のもともとの精神は次のようであった。

「科学的真理や、それの数学的表現（数式）は特許可能な発明にはならない。ただし科学的真理の知識の助けを借りて創造された新規で有用な構造は特許可能である。アイデアはそれだけでは特許にならない」

これに基づいて、

「与えられた数学の問題を解く手順（プロシージャ）はアルゴリズムとして知られている。つまり、ある数値の表現を別の表現に変換するという数学の問題を解くためのプログラムを一般化して定式化したものである」

コンピュータのプログラムつまりプロセスは、ある物を確定的に別の状態や別の物に変換するわけではない。だから、コンピュータのあらゆるプログラムは特許の対象にならないということになった。

さらに単なるアイデアは特許にならない。プロセスが特許になるためには実用的な応用を示さないといけないということになった。

プロセス特許が下りるためには、特定の機械や特定の装置に関係しなければならず、プロセスによってある物が別の状態や別の物に変換されることが重要だということになった。

そこで、コンピュータのストアド・プログラムの制御下で実行されるステップは法的主題とならないとした。分かりやすく言えば、プログラムやソフトウェアには特許は下りないということである。

これが一九七九年頃の、コンピュータのプログラムやソフトウェアの特許に対する考え方であり、ソフトウェア・アーツやパーソナル・ソフトウェアから相談を受けた弁護士事務所は、ビジカルクは特許を取れないとして、あきらめさせた。

ところが、しばらくして、米国最高裁は、コンピュータによって実行されるステップ、すなわちプログラムやソフトウェアであっても有用であれば、法的主題となり得るとした。またプロセスのいくつかのステップにおいて、数学の方程式が使われていようと、プログラムされたデジタル・コンピュータが使われていようと結論は変わらないとした。

だから、ビジカルクが、とりあえず特許を申請しておいて、様子を見ていれば特許が下りる可能性も無きにしも非ずだったのである。

ところがビジカルクは、特許を申請しなかったため、ロータスの1－2－3やマイクロソフトのEXCELに真似され、追いつかれ、追い越されることになる。

一九八二年パーソナル・ソフトウェア社は、ビジコープと名前を変えた。ビジカルクが主力商品になったため、それに合わせて社名を変更したのである。

ところがビジコープは、ソフトウェア・アーツ社と一九八三年九月に激しい訴訟合戦に突入してしまう。もともとの契約が曖昧だったからである。このため訴訟に精力を割かれ、ビジコープの開発力は低下し、一九八一年八月に登場するＩＢＭ ＰＣ用のビジカルクの開発に出遅れ、結局スプレッド・シート市場における覇権を失った。その訴訟の話は興味深いものがあるが、アップル・コンピュータの歴史には直接関係がないので省略する。

ソフトウェア・アーツは、一九八五年にロータスに買収される。

# 第4章
# 悲運のアップルIII

1966年、どう工面したのか分からないが、ジョブズ夫妻は、スティーブの苦情を受け入れて、ロスアルトスのクリスト・ドライブ2066番地（2066 Crist Drive, Los Altos）の家に引っ越した。1952年に建てられた家で、ベッドルームが3つ、バスルームが2つ付いている。166平方メートル、50坪くらいの平屋である。厳密に言えば、ロスアルトスというより、サウス・ロスアルトスにある。スティーブ・ジョブズ物の映画の撮影によく使われる家である（写真上）。

ロスアルトスに引っ越した12歳のスティーブ・ジョブズは、サニーベール市サウス・ベマルド・アベニュー1650番地（1650 South Bemardo Avenue, Sunnyvale）にあるクパチーノ中学校に入学した。この時代の記録もほとんどない（写真下）。

アップル・コンピュータのアップルⅡは、ビジカルク・ブームに乗って大成功を収めていたが、最初の設計以来数年を経過していたので、後継機の開発が必要であると思われていた。途方もなく大成功したアップル・コンピュータは、資金を潤沢に持っており、経験豊富で優秀な人材を多数集めることが可能になった。これらの人々によって、アップルⅡの後継機が開発されるのだが、それは、なかなか大変な道のりであった。

## トム・ウイットニー

一九七八年、アップル・コンピュータは、トーマス・マイケル・ウイットニー（以下トム・ウイットニー）を技術担当執行副社長として採用した。トム・ウイットニーの社員番号は15である。スティーブ・ジョブズは、少年時代にヒューレット・パッカード（HP）の教室に通ったり、デイビッド・パッカードの紹介で夏休みに実習に行ったりしたことから、HPが好きで、したがってHP出身者を採用するのが大好きだった。

トム・ウイットニーは、一九三九年、アイオワ州ウォータールーに生まれた。アイオワ州のオーレリア高校を卒業した後、アイオワ州立大学電気工学科に入学した。一九六一年に学士、一九六二年に修士、一九六四年に博士号を収得している。通常より速いペースなので優秀だったのだろう。

トム・ウイットニーは、一九六七年にHPに入社し、電卓HP‐35の開発に関わったことで有名である。この電卓には35個のボタンがあったから、その名前が付いた。

トム・ウイットニーは、一九七四年七月から一九七八年一〇月まで、HPのエンジニアリング・マネージャであった。面白いことにHPではスティーブ・ウォズニアックの上司でもあった。

トム・ウイットニーは、HPの方式をアップル・コンピュータに持ち込んだ。プロジェクト・リーダーを選定し、設計仕様に関する会議を開いた。またアルファベットを組み合わせた省略語を多用した。トム・ウイットニーは、「私はゲーム会社で働くことに興味はない」と言明して、高踏的で官僚的な態度を取った。もともとアップル・コンピュータに合うようなタイプではなかった。

トム・ウイットニーは、アップル・コンピュータに26か月間いただけで、一九八〇年一二月のアップル・コンピュータの株式上場では4890万ドル相当の株式を手に入れた。幸運なように見えるが、実はアップルⅢ開発失敗の責任を問われ、株式上場後、すぐに馘《くび》になったのである。さらに気の毒なことにトム・ウイットニーは一九八六年に亡くなっている。お金を使う時間がなかった。

実はアップル・コンピュータは、技術担当執行副社長としてチャック・ペドルも同時に採用していた。チャック・ペドルは、トム・ウイットニーと職が重なるので、まもなく退社した。

◆トム・ウイットニーについては拙著『スティーブ・ジョブズ　青春の光と影』463頁を参照されたい。また、チャック・ペドルについては同書310頁以降を参照されたい。

## アップルⅢ　本格的ビジネス用コンピュータが必要だ

一九八〇年一一月、アップル・コンピュータは、証券取引委員会（SEC）に株式上場の申請をした。アップルⅢの開発動機は、アップルⅡの寿命の終わりが近いと勘違いしたことにあったが、株式上場を目指して、アップル・コンピュータには本格的ビジネス用を目指す次の製品もあると株主を納得させるということにもあった。しかし、アップル・コンピュータにとって、米国の企業に売り込めるようなコンピュータを開発して売り込むのは容易ではなかった。

まずアップルⅡの状況を見ておこう。

## アップルソフトBASICのROM化

一九七六年三月、アップルⅠが出荷されると、浮動小数点演算の必要性が叫ばれた。

整数型BASICでは、およそ−32000から+32000までの整数しか扱えなかった。これでは不便である。多少凝った広大な宇宙空間での戦争ゲームなどできない。スティーブ・ウォズニアックの開発した浮動小数点演算ルーチンは、整数型BASICのROMの中に入ってはいたが、ふつうの人には使うのが難しかった。スティーブ・ジョブズがいくら督促しても、スティーブ・ウォズニアックは浮動小数点演算ルーチンを使いやすく組み込むことをしなかった。ちょっとやればできるとなると、スティーブ・ウォズニアックのやる気は起きないのである。

そこで一九七七年八月にアップル・コンピュータは、マイクロソフトと契約し、マーク・マクドナルドの書いた浮動小数点演算の付いた6502BASICを買い取った。これは大したBASICではなかったのだ

コール・コンピュータ跡。きわめて零細である

が、ともかく浮動小数点演算ができたのである。

　これをアップル・コンピュータのランディ・ウィギントンがアップルⅠの低解像度グラフィックスと整合性がとれるように改造することになった。これをアップルソフトＢＡＳＩＣという。当時のアップル・コンピュータには開発システムが何もなく、ＴＳＳ（タイム・シェアリング・システム）サービスを提供していたコール・コンピュータのクロス・アセンブラを使用した。一九七七年一一月、コール・コンピュータのシステムの故障で、すべてのデータが消えてしまうといういくぶん漫画的な大事件も起きた。

◆これらについては拙著『スティーブ・ジョブズ　青春の光と影』４２７頁以降を参照されたい。

　ともかく一九七八年一月には、10キロバイトのカセットテープ版のアップルソフトＢＡＳＩＣの発売にこぎつけた。実際にはカセットからロードしてスタートさせるのを楽にするために整数型ＢＡＳＩＣの直後にアップルＢＡＳＩＣが書き込まれていた。カセットテープからのロードには数分間かかり、しかもロードしている際中にRESETキーを押すと、すべてのロード・データが消えてしまうことがあった。さらにもう１つ問題があった。アップルⅡでは、高解像度グラフィックスが使えたが、これがアップルソフトBASICの使用するメモリと衝突してしまうのである。

もしアップルソフトBASICをROMに焼き付けて使えるようにすれば、カセットテープのようにロードに時間がかかることはなくなる。またアップルソフトBASICのRAMへの常駐部分を減らすことができ、高解像度グラフィックスを使いやすくできる。

## ジョン・アークレー

ここでジョン・アークレーが登場する。ジョン・アークレーは、パロアルトのコントロール・データ・システムズに勤めていたが、サンフランシスコの銀行に勤め、IBMシステム／370を扱っていた。一九七七年にアップルⅡが発売されると、基板だけを買って組み立てた。ジョン・アークレーは、アップルⅡが大文字だけしか扱えないことに不満を持っていた。そこでキーボードの配線を変更して、大文字だけでなく小文字も扱えるようにした。もちろんアップルⅡのROMに載っているシステム・モニターを変更することが必要であった。システム・モニターは一九七七年に、スティーブ・ウォズニアックとアレン・バウムが書いていた。

ジョン・アークレーは、６５０２のアセンブリ言語を学び、IBMシステム／370上で動作する６５０２アセンブラを作った。このアセンブラにアップル・コンピュータの一九七八年一月版のアップルⅡリファレンス・マニュアル（レッドブック）の76〜90頁に載っていたシステム・モニターのソースコードを入力して、システム・モニターのコードを変更することができた。

参考のためにレッドブックのソースコードの一覧を次に記しておこう。

・アップルⅡシステム・モニター　Ｓ・ウォズニアック、Ａ・バウム　76〜90頁
・アップルⅡミニ・アセンブラ　Ｓ・ウォズニアック、Ａ・バウム　91〜93頁
・アップルⅡ浮動小数点ルーチン　Ｓ・ウォズニアック　94〜95頁
・アップルⅡ擬似マシン・インタープリタ　Ｓ・ウォズニアック　96〜99頁

ジョン・アークレーは、スティーブ・ウォズニアックに改造した自分のアップルⅡを見せた。スティーブ・ウォズニアックは、ジョン・アークレーをアップル・コンピュータに雇った。一九七八年八月のことである。そしてジョン・アークレーは一九七八年一一月にはアップルⅡのオートスタートＲＯＭのコードの改訂を任された。ただしアップルⅡプラスは小文字表示に手をつけなかったので、ジョン・アークレーの小文字表示のアイデアは活かされなかった。

アップルⅡは、電源投入後、ＲＥＳＥＴ《リセット》キーを押す必要があったが、ＲＥＳＥＴキーを不適切なタイミングで押すと、メモリ上のプログラムが消えてしまうという問題があった。これらの問題をジョン・アークレーは解決し、一九七九年の早い時期には、オートスタートＲＯＭのコードの変更は、一応終了していた。

スティーブン・ウェイリッチの『ソフィスティケーション＆シンプリシティ』には、先述のコール・コンピュータの事故のあおりで、貴重なソースコードはすべて失われてしまった。そこでジョン・アークレーは最初からやり直すことになり、今度はザイログＺ８０Ａを使ったノーススター・ホライゾンのコンピュータ上でクロス・アセンブラを使って開発作業を進めたとある。しかし、コール・コンピュータのシステムの故障は一九七七年一一月であって、時間的に合わないような気がする。

ともかくジョン・アークレーが改訂したコードは、一九八一年版のアップルⅡリファアレンス・マニュアルに載っている。オートスタートＲＯＭリスティング（ソースコード自体にはアップルⅡモニターⅡとなっている）で、１３６～１５４頁であり、著作権者はスティーブ・ウォズニアックであり、修正したのがジョン・アークレーということになっている。

続いてモニターＲＯＭリスティング（ソースコード自体にはアップルⅡシステム・モニターとなっている）が１５５～１７１頁に載っている。著作権者はスティーブ・ウォズニアックとアレン・バウムになっていて、ジョン・アークレーの名前はない。

参考のためにソースコードの一覧を次に記しておこう。

- アップルⅡモニターⅡ　S・ウォズニアック、ジョン・A　１３６～１５４頁
- アップルⅡシステム・モニター　S・ウォズニアック、A・バウム　１５５～１７１頁

比較して分かるように、この版からは、スティーブ・ウォズニアックのアップルⅡミニ・アセンブラ、アップルⅡ浮動小数点ルーチン、アップルⅡ擬似マシン・インタープリタのソースコードが消えている。整数型BASICは外され、アップルソフトBASICだけになったのである。

## アップルソフト・ファームウェア・カード

アップル・コンピュータは、一九七八年にアップルⅡ用にアップルソフト・ファームウェア・カードを発売した。このカードはROMカードで、アップルソフトBASICのROMとオートスタートROMを搭載したものである。アップルソフト・ファームウェア・カードはスロット0に差し込んで使うものである。スロット0は特別なスロットであり、それまでのカードはスロット1からスロット7に差し込んで使うことになっており、スロット0に差し込んで使うカードはアップルソフト・ファームウェア・カードが初めてである。

アップルソフト・ファームウェア・カードの回路図が手に入らないので、カードの写真をインターネットからダウンロードして、研究してみた。これはROMカードで、24ピンのシナテック2316BタイプのROMが6個並んでいる。シナテック2316Bはインテル2716と同等品である。全部挿してあれば12キロバイトである。写真で見れるものには製造年は一九七八年と書いてある。

ROMには名前が付いていて、左からD0、D8、E0、E8、F0、F8となっている。これはアドレスだろう。たとえばF8とあればF800番地からFFFF番地を指す。最初の5個にはアップルソフトB

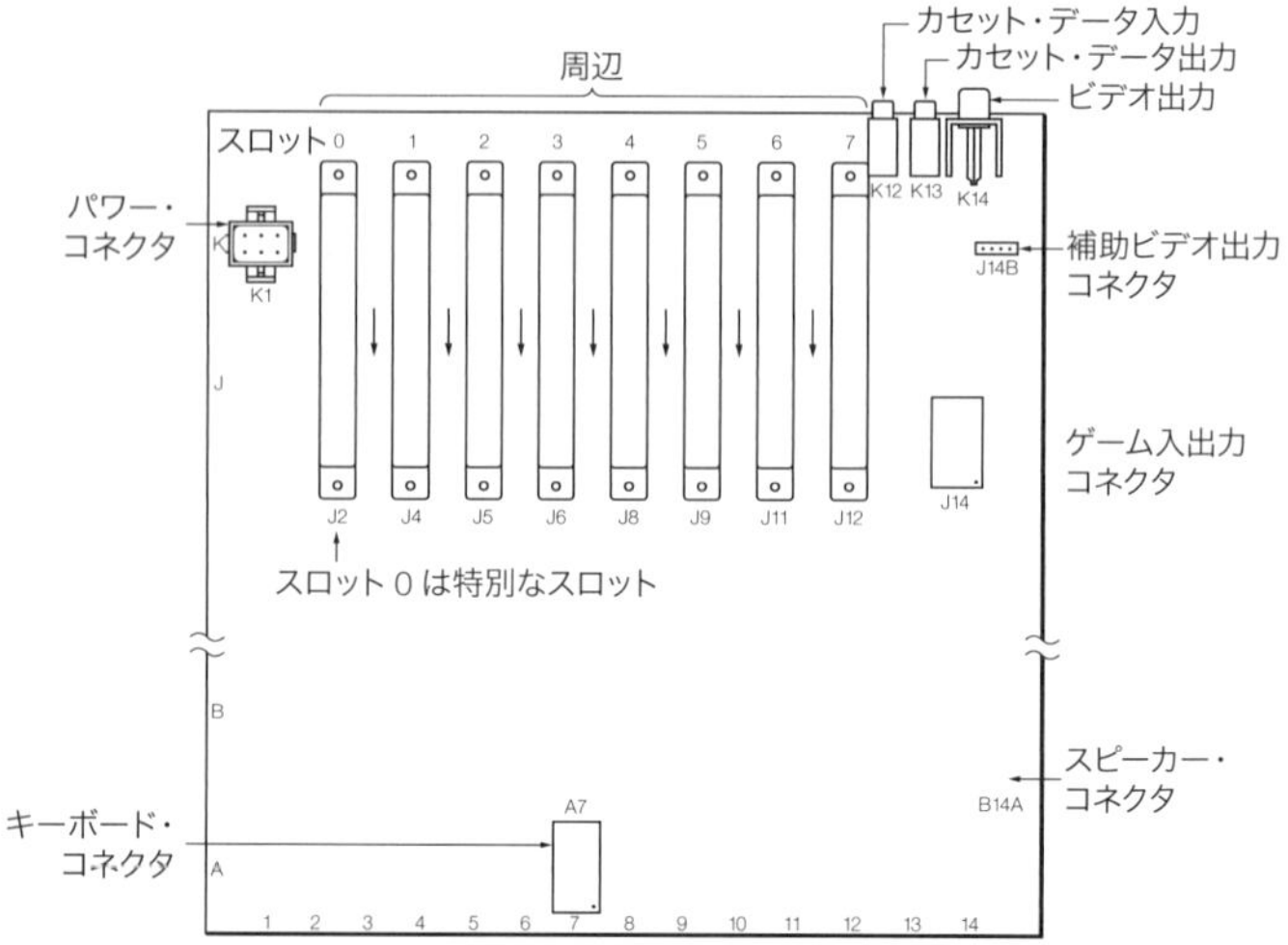


アップルⅡの基板とスロット配置

ＡＳＩＣのＲＯＭであり、６番目のＲＯＭはアップルⅡシステム・モニターのＲＯＭだろう。

アップルソフト・ファームウェア・カードがスロット０に挿入されていると、アップルソフト・ファームウェア・カードのアップルソフトＢＡＳＩＣと、マザーボード上の整数型ＢＡＳＩＣを切り替えて使えるようである。どちらのＢＡＳＩＣも同じＲＡＭ領域を使うので、同時に使うことはできない。

スロット０は特別なスロットである。アップル・ファームウェア・カードやアップルⅡランゲージ・カードはスロット０に挿す。

先の話だが、スロット０はアップルⅡｅで消滅する。アップルⅡｅでは、増設メモリ・カード用の60ピンの補助スロット（Auxiliary Slot）が登場する。

通常のカードはスロット1からスロット7を使う。スロットの使い方については、アップル・コンピュータが推奨した次のような暗黙の決まりがあった。

・スロット1　プリンター・インターフェイス・カード用
・スロット2　モデム・カード用
・スロット3　80カラム（桁）テキスト・カード用
・スロット4　マウスまたは増設メモリ・カード用
・スロット5　ディスク・コントローラ・カードまたはマウス用
・スロット6　ディスク・コントローラ・カード用
・スロット7　ディスク・コントローラ、カードまたはマウスまたはアップルトーク・カード用

## アップルⅡプラス

アップル・ファームウェア・カードで自信をつけたアップル・コンピュータは、マザーボードにアップルソフトBASICのROMと新しいアップルⅡシステム・モニターを積んだアップルⅡプラスを一九七九年六月に発表した。価格は1195ドルであった。

アップルⅡプラスからは、スティーブ・ウォズニアックの整数型BASIC、アップルⅡミニ・アセンブラ、アップルⅡ浮動小数点ルーチン、アップルⅡ擬似マシン・インタープリタ（スイート）が消えている。

RAMの価格が一九八〇年から一九八一年に低下してきたので、ほとんどのアップルⅡプラスは、工場出荷時で48キロバイトのRAMを装備できるようになった。6502は64キロバイトまで使えるはずではない

かと思うのは自然だが、事情があった。拙著『スティーブ・ジョブズ　青春の光と影』380頁で述べたように、アップルⅡのメモリ配置は次のようになっていた。

- 0～48キロバイト　RAM（ランダム・アクセス・メモリ）
- 48～50キロバイト　I／O（入出力）
- 50～52キロバイト　I／O　ROM（入出力ROM）
- 52～64キロバイト　ROM（リード・オンリー・メモリ）

したがって48キロバイトから64キロバイトのメモリ空間は入出力やROMに使われていて、単純にRAMに割り当てることはできなかったのである。

**アップルⅡランゲージ・カード**

ここでアップル・コンピュータは、アップルⅡランゲージ・カードを発売した。これはRAMを16キロバイト搭載した増設RAMカードである。スロット0にアップルⅡランゲージ・カードを挿せば、RAMは、16キロバイト増設できる。

48キロバイトから64キロバイトのアドレス空間はROMと入出力領域に取られているが、バンク切り替えを使う。

そうすると、48＋16＝64キロバイトのメモリ空間が確保できる。

これによって64キロバイトのRAMを要求していたUCSDパスカルが動作することになった。もっともそのためには、BIOS（基本入出力システム）を工夫することなどが必要になったが、ビル・アトキンソンはやり遂げた。リサの開発は、アップルIIランゲージ・カードを挿したアップルII上でパスカルを使っておこなわれた。64キロバイトでは不足しているのでビル・アトキンソンが困っていると、バレル・スミスがバンク切り替えを使う80キロバイトのランゲージ・カードを開発した。実際このカードが使われたが、すぐには市販されなかったようだ。この件でバレル・スミスはビル・アトキンソンに認められ、マッキントッシュ・グループに推薦された。

RAMの価格が低下してくると、80カラム（桁）テキスト・カードが出現した。これはスロット3に挿して使う。ボードの写真を見ると、64キロバイトのRAMカードである。

## ウェンデル・B・サンダーとアップルIII

一九七八年、アップル・コンピュータは、アップルIIの後継機について漠然とした計画しか持っていなかった。アップルIIの後継機については、スティーブ・ウォズニアックが担当しており、カスタム・チップのビットスライス・プロセッサを使ったPASCALシステムを搭載した拡張版アップルIIであったと言われる。

ところが、スティーブ・ウォズニアックが会議ばかりで、1日に自分の自由になる時間が2時間しかない

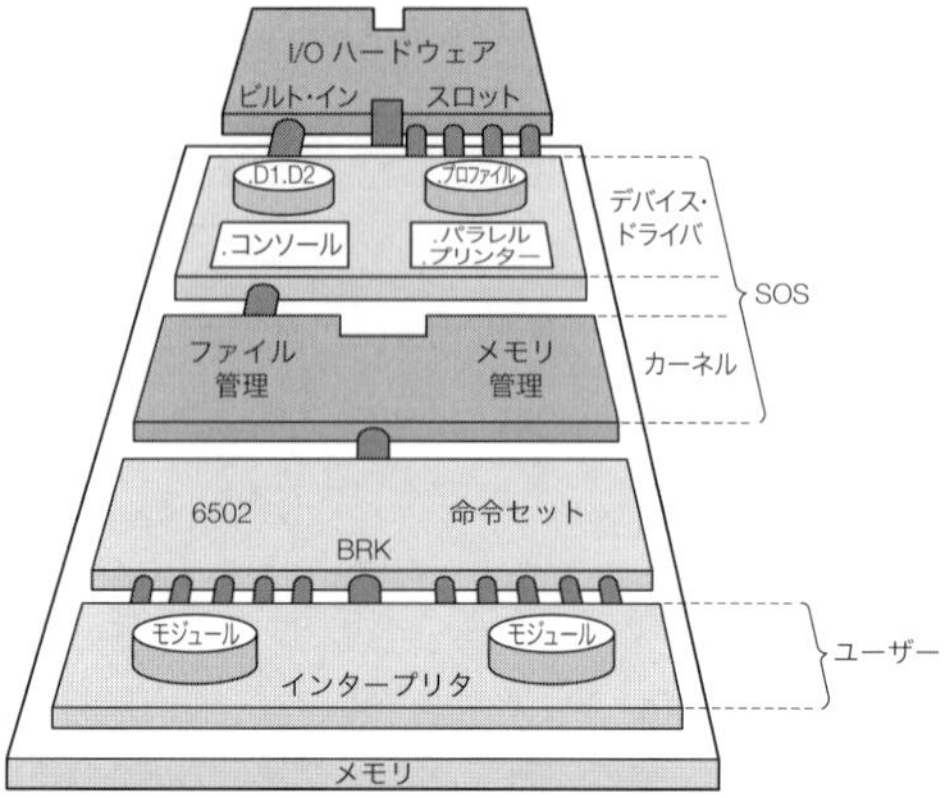


アップルIIIのSOSとアブストラクト・マシン。SOSは救難信号だろうと皮肉られ、スティーブ・ジョブズはソースと発音するのだと反論した

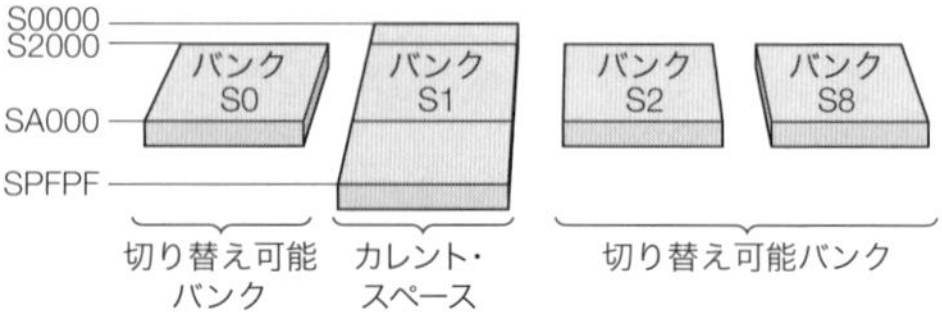


アップルIIIはバンク切り替えを採用して256キロバイトまでのメモリを使えるようにした

と文句ばかりを言って開発が進まず、頓挫したのである。

アップルIIの本格的後継機のプロジェクトは、ウェンデル・B・サンダー（以下ウェンデル・サンダー）によって率いられた。プロジェクト名はサラ（正式名称はアップルIII）である。サラは、ウェンデル・サンダーの娘の名前という。ウェンデル・サンダーについては、いくら調べても、出生の場所、年齢が分からない。わずかに分かるのは、ウェンデル・サンダーが、一九五九年にアイオワ州立大学電気電子工学科に入学し、一九六三年に博士号を取得したことだけである。

一九六四年、ウェンデル・サンダーは、フェアチャイルド・セミコンダクター（以下フェアチャイルド）に入社した。一九六八年にはフェアチャイルドのR&Dラボラトリーに名を連ねている。もともとはLSIゲート・アレイと半導体メモリの専門家であった。

◆フェアチャイルド・セミコンダクターについては拙著『シリコンバレー　スティーブ・ジョブズの揺りかご』第9章以下を参照されたい。

一九七七年、ウェンデル・サンダーは、アップル・コンピュータに社員番号15（16という説もある）の社員として入社した。ウェンデル・サンダーは、トム・ウイットニーとアイオワ州立大学で同級生であった。ウェンデル・サンダーは、アップル・コンピュータ入社後、アップルⅡの周辺機器を開発した。

一九七九年、アップル・コンピュータの上層部は、ウェンデル・サンダーに、次のように多数の注文をつけたうえに、1年以内にアップルⅢを開発するように命じた。アップルⅢの狙いはホビースト向けではなく、ビジネスマン向けのコンピュータであった。

- 画面に80桁の文字を表示できるようにする（アップルⅡは40桁）。
- 大文字だけでなく小文字も表示できるようにする（アップルⅡは大文字だけ）。
- 容量143キロバイトのシュガート製フロッピー・ディスク装置を内蔵式にする。
- アップルⅡのソフトウェアが動くようにする（エミュレーションにより下位互換性を確保する）。
- CPUにモステクノロジーのクロック周波数2メガヘルツのMPS6502Aというマイクロ・プロセッサを使用する（アップルⅡの6502のクロック周波数は1メガヘルツ）。

- 過去のアップルⅡのソフトウェアが動作し、さらに新しい機能を持つオペレーティング・システム（OS）であるSOS（ソフィスケイテッド・オペレーティング・システム）を開発する。
- バンク切り替えを使ってメモリを256キロバイトまで使えるように増強する（アップルⅡは64キロバイトまで）。当初は96キロバイトから128キロバイトであったが、その後増強されることになる。
- 伝票入力に便利なようにキーパッドを付けることにした。
- 4個の内蔵スロットを設ける。

アップルⅢのアーキテクチャの設計は、委員会方式で決定された。このやり方を採用すると、妥協的で最小公倍数的になり、非個性的で、ぶかぶかしたものになりがちだ。

スティーブ・ウォズニアックは、アップルⅢの開発を手伝わなかった。筐体（ケース）の中にねずみを放り込むなどのいたずらをして、むしろ邪魔をした。

アップルⅢの失敗は、スティーブ・ジョブズが最初に筐体の寸法を決めてしまったことと、FCCの電磁漏洩規制をクリアできるように、厚いアルミ・ダイキャスト製の筐体を採用したことである。この結果、非常に重くなり、持ち運びが苦しく、熱が逃げなかった。おまけにスティーブ・ジョブズは、コンピュータにファン（換気扇）は付けないと狂信的な信念を持っていた。これはジェリー・マノックによるアップルⅢの筐体の設計をきわめて困難にした。

この筐体の製造は、スペインのトレドに本拠を置く自動車パーツメーカーのドーラー・ジャービス

**United States Patent** [19]　　[11] **Des. 268,584**

**Jobs et al.**　　[45] ** **Apr. 12, 1983**

[54] **PERSONAL COMPUTER**

[75] Inventors: **Steven P. Jobs,** Los Gatos; **Jerrold C. Manock,** Palo Alto; **Dean A. Hovey,** Los Altos; **David M. Kelley,** Palo Alto, all of Calif.

[73] Assignee: **Apple Computer, Inc.,** Cupertino, Calif.

[**] Term: **14 Years**

[21] Appl. No.: **203,502**

[22] Filed: **Nov. 3, 1980**

[51] **Int. Cl.** ........................ **D14—02**
[52] **U.S. Cl.** ........................ **D14/106**
[58] **Field of Search** .............. D14/100, 101, 102, 103, D14/105, 106, 107, 111, 113, 114; 364/419, 708, 709, 900; 340/365 R; D18/7

[56] **References Cited**

U.S. PATENT DOCUMENTS

| | | | |
|---|---|---|---|
| D. 218,933 | 10/1970 | Cook | D14/106 |
| D. 229,945 | 1/1974 | Santulli | D14/106 |
| D. 252,086 | 6/1979 | Calverly | D14/106 |

*Primary Examiner*—Susan J. Lucas
*Attorney, Agent, or Firm*—Blakely, Sokoloff, Taylor & Zafman

[57] **CLAIM**

The ornamental design for a personal computer, substantially as shown.

**DESCRIPTION**

FIG. **1** is a perspective view of the personal computer showing our new design;
FIG. **2** is a top view thereof;
FIG. **3** is a front elevational view thereof;
FIG. **4** is a right side view thereof;
FIG. **5** is a left side view thereof;
FIG. **6** is a rear elevational view thereof; and,
FIG. **7** is a bottom view thereof.

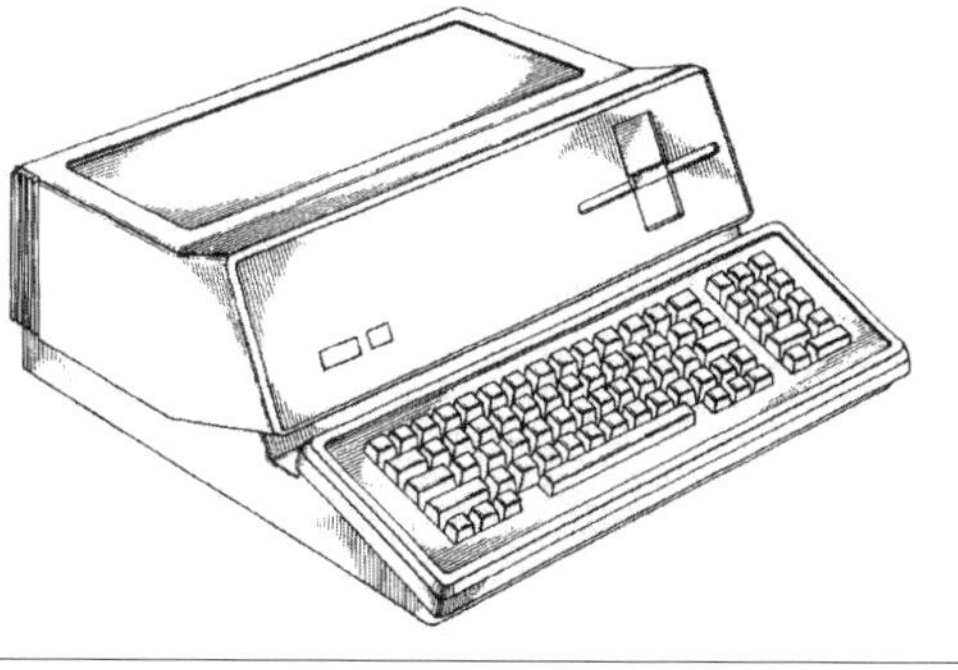

アップルⅢの筐体。スティーブ・ジョブズ他により米国デザイン特許268584になっている

(Doehler Jarvis) 社に任された。

アップルⅢの筐体そのもののデザインは一九八〇年一一月三日にスティーブ・ジョブズ、ジェリー・マノック、ディーン・ホービー、デイビッド・ケリーの4人の名前で特許申請され、一九八三年四月一二日に特許が下りている。明らかに筐体を先に作ってしまったのは失敗だった。小さすぎて通常のやり方では、全部の部品が収容できなくなったからである。

**United States Patent** [19]　　　[11] **4,383,296**

**Sander**　　Best Available Copy　　[45] **May 10, 1983**

[54] **COMPUTER WITH A MEMORY SYSTEM FOR REMAPPING A MEMORY HAVING TWO MEMORY OUTPUT BUSES FOR HIGH RESOLUTION DISPLAY WITH SCROLLING OF THE DISPLAYED CHARACTERS**

[75] Inventor: **Wendell B. Sander**, San Jose, Calif.

[73] Assignee: **Apple Computer, Inc.**, Cupertino, Calif.

[21] Appl. No.: **150,630**

[22] Filed: **May 16, 1980**

[51] **Int. Cl.**[3] .......... **G06F 13/06**; G06F 3/14

[52] **U.S. Cl.** .......... **364/200**; 340/726; 340/799

[58] **Field of Search** ... 364/200 MS File, 900 MS File; 340/726, 798, 799; 358/17

[56] **References Cited**

U.S. PATENT DOCUMENTS

| | | | |
|---|---|---|---|
| 3,821,730 | 6/1974 | Carey et al. | 340/799 X |
| 3,893,075 | 7/1975 | Orban et al. | 340/799 X |
| 3,903,510 | 9/1975 | Zobel | 340/726 X |
| 3,980,992 | 9/1976 | Levy et al. | 364/200 |
| 4,136,359 | 1/1979 | Wozniak | 358/17 |
| 4,150,364 | 4/1979 | Baltzer | 364/900 X |

FOREIGN PATENT DOCUMENTS

| | | |
|---|---|---|
| 1351590 | 5/1974 | United Kingdom . |
| 1482819 | 8/1977 | United Kingdom . |
| 1496563 | 12/1977 | United Kingdom . |
| 1524873 | 9/1978 | United Kingdom . |

*Primary Examiner*—Raulfe B. Zache
*Attorney, Agent, or Firm*—Blakely, Sokoloff, Taylor & Zafman

[57] **ABSTRACT**

A microcomputer system with video display capability, particularly suited for small business applications and home use is described. The CPU performance is enhanced by permitting zero page data to be stored throughout the memory. The circuitry permitting this capability also provides a pointer for improved direct memory access. Through unique circuitry resembling "bank switching" improved memory mapping is obtained. Four-bit digital signals are converted to an AC chroma signal and a separate luminance signal for display modes. Display modes include high resolution modes, one of which displays 80 characters per line.

**22 Claims, 9 Drawing Figures**

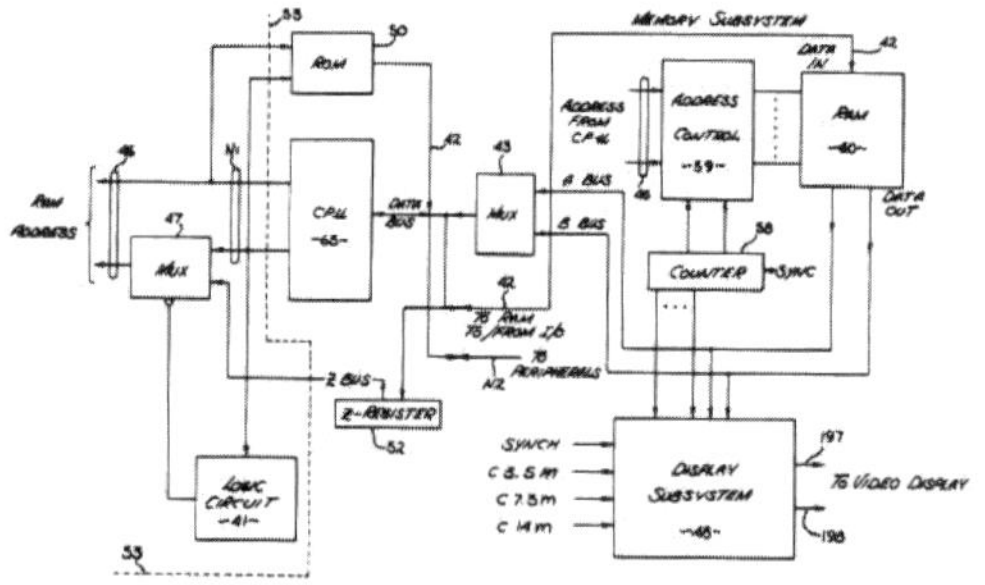


アップルⅢの米国特許4383296。ウェンデル・サンダーの単独名になっている

ともかく、なんとかでき上がったアップルⅢの仕様は、一九八〇年五月一六日、170頁の文書にまとめられ、ウェンデル・サンダーの単独名で特許申請された。これは一九八三年五月一〇日、米国特許4383296として認められた。この文書は現在でもダウンロードできる。回路図もソースリストも載っているが、写真がないのが残念だ。ソースリストは、かすれていて読みにくい。

一九八〇年五月一九日、

カリフォルニア州アナハイムで開かれたナショナル・コンピュータ・コンファレンス（NCC）でアップルⅢが発表された。ディズニーランドを一晩借り切り、NCCの参加者７０００人をダブルデッカー（ロンドンの2階建てバス）で運び入れた。華々しい門出であった。

アップルⅢは2種類の構成で販売され、価格は４３４０ドルから７８００ドルと決定されていた。当初、アップルⅢの出荷は七月と予告されていた。しかし、製造上の問題に悩まされ、出荷は秋に延ばされた。それでも、かなり無理な出荷予定であった。スティーブ・ジョブズが開発指揮を執ったが、朝令暮改で、言っていることがしょっちゅう矛盾していたからである。

またSOSは、ソフィスケイテッド・オペレーティング・システムではなくて、救難信号ではないかというジョークもあったくらいである。スティーブ・ジョブズは、SOSは、エス・オー・エスではなくてソースと発音するのだとして回避を図った。

## アップルⅢの悲惨な失敗

一九八〇年一一月末に実際にアップルⅢが発売されると、故障続きで、ユーザーからの苦情が絶えなかった。またナショナル・セミコンダクターが内蔵クロック用デバイスを提供すると約束したのに、それができなかった。

一九八一年二月一〇日、アップルⅢは、今後内蔵クロックやカレンダーをサポートしないと発表して、アッ

ドン・デンマンによるアップルⅢ用ビジネスBASICの資料。きれいに印刷されたソース・コードが載っている

プルⅢの価格を４１９０ドルに下げ、すでにアップルⅢを購入していたユーザーに50ドルの払い戻しをして、これを切り抜けようとした。

一九八一年三月に、本格的な量産出荷が始まると、恐るべき災禍がアップルⅢを襲った。

アップルⅢは、あらゆる要件を取り入れた欲張りすぎの設計であったうえに、筐体を先に決定してしまったために、筐体にすべてを収容するのが難しくなった。そこでプリント基板のパターンをきわめて細くして詰め込んだが、収まりきれず、メモリ基板を本体基板の上に載せる設計になった。そしてアップル・コンピュータは、部品の品質検査にほとんど注意を払っていなかった。

プリント基板のパターンの線間距離を７ミクロンと詰めすぎたためにショートする事態も発生した。ネジの位置が悪く、ネジを差し込むと、パターンを傷つけてしまうこともあった。また本体基板とメモリ基板を結ぶコネクタの金メッキが不十分で、ショートしたり、接続できなかったり、コネクタが十分挿さらなかったりした。チップ自体の信頼性も低かったが、チップがコネクタのソケットに十分挿さらなかったりした。また、連邦通信委員会（ＦＣＣ）の電磁漏洩の基準をパスするために、厚く重いアルミ・ダイキャスト製の筐体を採用したことから取り扱いが不便であった。

ダン・コトケは故障したアップルⅢを、たまたま3インチほど上から落としたところ、故障が直ったので、コネクタに原因があることに気付いた。ただダン・コトケはスティーブ・ジョブズから、株式上場に際して低級技術者と蔑まれ、株式を分けてもらえなかったので、自分のような低級技術者が口をはさむことではないとして、上には報告しなかったという。ダン・コトケのささやかな復讐である。

現場では、ひそかに3インチ上からアップルⅢを落とすという冗談のような解決法が採られた。これは私の子供の頃の、ラジオやテレビが故障した時の対処法として、叩いたり落としたりして接触不良を直したのと同じで、根本的な解決法にならない。

アップルⅢのアプリケーションも少なかった。当初はワードプロセッサ、ビジカルク、ビジネスBASICくらいしかなかった。

一九七九年七月、アップル・コンピュータに入社したドン・デンマンを中心とするグループが、アップルⅡ用のアップルソフトBASICをアップルⅢ用のビジネスBASICにポーティング（移植）するのに従事した。新しいOSであるSOSに適合させる必要があったのである。一九八〇年にリリースされている。このソース・コードは、220頁ほどの資料として現在ダウンロードできる。きれいに印字されたソース・コードである。

アップル・コンピュータの内部文書によれば、アップル・コンピュータでは、ランディ・ウィギントンとドン・デンマンがＢＡＳＩＣⅢと呼ばれるＢＡＳＩＣを開発していたという。しかし、アップル・コンピュータは、マイクロソフトとの関係もあり、本格的採用を見送り、アップルⅢのビジネスＢＡＳＩＣに使用した。

アップルⅢは、きわめて不評で、最初売り出した1万４０００台が回収され、取り替えられることになった。このため、先述のようにアップルⅡ、アップルⅢを扱うパーソナル・コンピュータ事業部（ＰＣＳ）の責任者トム・ウイットニーの責任が問われ、一九八〇年一二月アップル・コンピュータの株式上場後に馘首《かくしゅ》された。

## アップルⅢプラス

アップルⅢの設計上の欠陥が明らかになると、ただちに新設計のプリント基板が製作された。このプリント基板には、低消費電力の回路、幅の広いプリントパターン、改良されたＩＣソケットなどが織り込まれた。そして一九八三年一一月九日、アップル・コンピュータは改良型のアップルⅢプラスをひっそりと発表した。価格は３４９５ドルだった。アップルⅢプラスには、最高２５６キロバイトのメモリ拡張、オプションとして5メガバイトのハードディスク装置が付けられることになった。また、販売済みだった1万４０００台のオリジナルのアップルⅢは回収されて、新品のアップルⅢプラスに交換された。ただし、この数字にも諸説はある。

こうしてアップルⅢの欠陥は一九八一年一一月頃には直っていたが、一度失われた信用を回復することは難しかった。私も最後まできちんと動かなかったと思い込んでいたが、マイケル・Ｓ・マローンが『インフィニット・ループ』のまえがきで、自分は最初の数冊の本はアップルⅢで書いたと述べていたので、最後は動いたのだと理解した。確かにきちんと再設計して作り直せば克服できないものではなかった。

不幸は重なる。一九八一年八月にＩＢＭがＩＢＭ　ＰＣを発表したことは、アップルⅢにとって致命的打撃であった。さらに一度失墜した信用は取り戻せるものではなく、発売後3年たってもアップルⅢは6万5000台しか売れなかったという。

マイケル・S・マローンの『インフィニット・ループ』。とても面白い本だが邦訳が出なかったのが残念。少し厚すぎたのかもしれない

## ウェルカムＩＢＭ

一九八一年八月十二日、ＩＢＭは自社初のパーソナル・コンピュータＩＢＭ ＰＣを発表した。これに対し、一九八一年八月二四日、アップル・コンピュータは、ウォール・ストリート・ジャーナルに不敵で挑戦的な広告を載せた。

奇妙な言葉の使い方があり、文章の論理的連関が唐突で、訳しにくい文章だが、言いたいことは分かるし、満々たる自信と騎士道的な精神も感じられ、当時、評判になった。ＩＢＭの怖さや、ものの恐さを知らない若者の溌剌《はつらつ》とした文章である。これはシャイアット・デイ社が担当した広告という。『シャイアット・デイ　初期の20年』（邦訳なし）の112頁にも収録されている。

スティーブ・ジョブズは、アップルⅢの出荷に目途がつくと、リサの開発の方に転進し、リサ・グループを他の部門から分離して完全に上位に立たせた。リサ・グループはバンドリー2号館（Ｂ２）に入ったが、特別なオレンジ色のバッジを付けないと、他の部門のアップル・コンピュータ社員は入れなかった。

一九八三年六月、アップルⅢの製品マネージャのデイブ・フラーディンに、アップルⅡ事業部のマーケティング・マネージャのアイダ・コールが声をかけた。社長のジョン・スカリー、製造担当のデル・ヨーカム、財務担当のジョー・グラジアーノとアイダ・コールが開いた会議で分かったことだが、世界中にアップルⅢ用の部品在庫が１８００万ドル分あるというのである。当時のアップル・コンピュータにとっては巨額であっ

# Welcome, IBM.

# Seriously.

Welcome to the most exciting and important marketplace since the computer revolution began 35 years ago.

And congratulations on your first personal computer.

Putting real computer power in the hands of the individual is already improving the way people work, think, learn, communicate and spend their leisure hours.

Computer literacy is fast becoming as fundamental a skill as reading or writing.

When we invented the first personal computer system, we estimated that over 140,000,000 people worldwide could justify the purchase of one, if only they understood its benefits.

Next year alone, we project that well over 1,000,000 will come to that understanding. Over the next decade, the growth of the personal computer will continue in logarithmic leaps.

We look forward to responsible competition in the massive effort to distribute this American technology to the world. And we appreciate the magnitude of your commitment.

Because what we are doing is increasing social capital by enhancing individual productivity.

Welcome to the task. apple

ウェルカムIBM。騎士道的だが挑発的・戦闘的な文章にスティーブ・ジョブズのあふれるばかりの自信がうかがわれる。原文には対数関数的な跳躍とあるが、指数関数的な跳躍の間違いだろう。対数関数だと伸びが鈍化してしまう

**ウェルカムIBM。衷心より（Welcome, IBM. Seriously.）**

35年前にコンピュータ革命が始まって以来、最も刺激的で重要な市場へようこそ。

御社初のパーソナル・コンピュータをお祝いします。

個人の手に本物のコンピュータ・パワーが与えられたことにより、人々は自分の働き方、考え方、学び方、情報伝達の仕方、余暇の過ごし方を改善するようになっています。

コンピュータ・リテラシーは、急速に読み書き同様に基礎的技能になりつつあります。

最初のパーソナル・コンピュータ・システムを創り出した時、当社は人々がその便利さを理解しさえすれば、世界中で1億4000万人以上の人々が1台購入することを良しとすると予測しました。

来年1年間だけで、当社は1000万人を超える人々が、そうした判断に至るものと見積もっています。今後10年間に渡って、パーソナル・コンピュータの成長は、指数関数的な跳躍を継続していくでしょう。

この米国の技術を世界に広げるという巨大な取組みにおいて、当社は責任ある競争を期待します。そして当社は、IBM参入の重要性を深く認識しています

我々が実行している事業は、個人の生産性を高め、社会資本を増大させるからです。

この仕事にようこそ。

アップル・コンピュータ

た。なんとかしなければならなかった。

一九八三年一二月、アップルⅢの起死回生の一策としてアップルⅢプラスが発売され、同時に改良型のアップルⅢの販売が打ち切られた。アップルⅢプラスの価格は2995ドルだった。アップルⅢプラスには確実に動く内蔵クロック、インターレース・ビデオ、標準化された背面ポート・コネクタ、標準で256キロバイトのRAM、そして新たに設計されたキーボードが搭載されていた。SOSはバージョン1・3になっていた。初期型のアップルⅢの所有者は、新型のロジックボードを保守用部品として入手できた。また、アップルⅢプラスへのアップグレード・キットと銘打たれたキーボード・アップグレード・キットも購入できるようになっていた。

一九八三年一二月に月間4400台を売り上げていたアップルⅢは、一九八四年一月のリサの発表後、当然のことだが、月間2000台の売上げに落ちた。一九八四年四月二四日、アップル・コンピュータはアップルⅢの生産を中止する。もう生産されないのだから、後は在庫の処理だけである。アップルⅢの敗戦処理に当たったのは、デイブ・フラーディンであった。

## デイブ・フラーディン

デイブ・フラーディンは、デトロイトに生まれた。一九六九年ミシガン大学工学部機械工学科に入学し、一九七三年に卒業しているが工学学士号とマイナーMBAを取得したという。

本人の語る経歴では、一九六九年から一九七二年にかけてミシガン大学飛行士クラブの会長を務め、一九七〇年から一九七五年まで米国超音速輸送機（FASST）の社長となり、一九七五年から一九八〇年ミネソタ環境バランス・アソシエイションの執行副社長となり、ここまでは多少首をひねるような経歴である。

デイブ・フラーディンは、一九八〇年から一九八二年にかけてヒューレット・パッカードのプロダクト・マネージャとPRディレクターを務めた。デイブ・フラーディンのアップル・コンピュータ入社は一九八二年で、ビジネス・ユニット・マネージャ、グループ・プロダクト・マネージャ、マスストレージ・プラニング・マネージャを歴任している。

デイブ・フラーディンは、ディスクⅡとツイッギーを担当し、アップルⅢも担当した。デイブ・フラーディンは、独立の損益センターを設立すべきと述べた。これらすべての混乱の原因はアップル・コンピュータの在庫管理システムに原因があった。在庫が正確に把握できないので販売予測が滅茶苦茶だったのである。

一九八四年七月中旬、ジョン・スカリーとデイブ・フラーディンがアップルⅢの将来について話し合った。ジョン・スカリーは、人員削減がおこなわれた後に、アップルⅢを支援するとした。これはもう終わりということを婉曲に言っただけである。実際、アップル・コンピュータは一九八五年九月にアップルⅢ系列を製品リストから外した。アップルⅢは、ここに終焉を迎えた。

アップルⅢの総販売台数は、6万5000台とも言われている。別の数字では12万台である。このように数字がデタラメなためにアップル・コンピュータでは適切な販売予測ができず、失敗を繰り返すことになる。

## リサとケン・ロスミューラー

アップルⅡのもう1つの後継機は、リサである。スティーブ・ジョブズとクリスアン・ブレナンの間に生まれた薄幸の少女のリサ・ブレナン・ジョブズの名前が付いたコンピュータである。

リサがスティーブ・ジョブズの娘の名前と正式に認知されたのは、スティーブ・ジョブズが亡くなる少し前の二〇一一年に出版されたウォルター・アイザックソンの伝記『スティーブ・ジョブズ』（原著93頁）の中でのことである。それまでは公的には、レジス・マッケンナ社が用意したローカル・インテグレイテッド・システム・アーキテクチャと無理な語呂合わせが通用させられていた。

リサの開発は、一九七九年から始まっている。リサの開発指揮は一九七九年から一九八〇年まで、ケン・ロスミューラーが執っていた。ケン・ロスミューラーは、どこにも足跡を残したくない人らしく、生年、出生地など全く分からない。どうやらケネス・リー・ロスミューラーが本名らしく、一九四三年生まれだろうと米国の公文書記録からは推測できるが、断定はできない。名字からするとドイツ系ないしハンガリー系と思われる。

ケン・ロスミュラーは、カリフォルニア州サンルイス・オビスポのカリフォルニア・ポリテクニックの電気工学科を卒業し、アリゾナ州立大学の電気工学科・コンピュータ・サイエンス学科の修士課程を修了した。職歴としては、ミニコンピュータの開発に従事した後、ヒューレット・パッカードに入社し、ＨＰ３０００というＲＩＳＣコンピュータの開発に当たったというくらいしか分からない。

ケン・ロスミュラーは、一九七八年頃、アップル・コンピュータに入社し、一九七九年七月にリサのプロジェクト・マネージャとなった。彼が引き継いだ時にはリサは曖昧な仕様があっただけで具体的には何もできていなかった。

ケン・ロスミュラーは、リサのＣＰＵをモトローラの16ビット・プロセッサＭＣ６８０００に選び、テキスト・ベースのインターフェイスを使用した。ＯＳもＵＮＩＸを独自に改良したような設計であった。ヒューレット・パッカード流の良く言えば堅実で、悪く言えばスローな開発ぶりに、スティーブ・ジョブズはいらいらした。

## ビル・アトキンソン

この時代に目立ったのは、ビル・アトキンソンだろう。

ビル・アトキンソンは、一九五一年にアイオワ州に生まれた。1歳になる前に一家はカリフォルニア州に引っ越したので、アイオワ州の記憶はないという。育ったのはカリフォルニア州ロスガトスである。

ビル・アトキンソンは、少年時代、ボード・タイプのコンピュータもどきを作ったらしい。次にオルテア８８００を製作した。実際にオルテア８８００が入手できるようになったのは一九七五年後半からと言われているから、15歳で組み立てたのだろう。１キロビットのメモリ・チップ、インテル２１０２を自分でハンダづけしたという。

◆オルテア８８００の詳しいことについては拙著『ビル・ゲイツⅠ　マイクロソフト帝国の誕生』52頁以降、『スティーブ・ジョブズ　青春の光と影』２４５頁以降を参照されたい。

続いてビル・アトキンソン本人が語るところでは、20本のスロットを持つＩＭＳＡＩ８０８０に進み、16枚のメモリ・カードを差し込み、１メガバイトのＲＡＭを実現したという。少しこの話は変だなと思うのはインテル８０８０では64キロバイトまでのメモリしか搭載できないはずで、もっと増やすにはバンク切り替えなどの仕組みが必要になる。またメモリ・カード自体が４キロバイト、８キロバイト、16キロバイトしかなかったはずで、16キロバイトのメモリ・カードを16枚にしてバンク切り替えをしても、最大２５６キロバイトにしかならない。

私が感心するのはビル・アトキンソンの財力で、ＣＰＵカード以外に、周辺インターフェイス・カード、メモリ・カード16枚ともなれば、電源の強化を除いても何百万円はかかったと思う。母親が産婦人科の医者をしていたと語っているから、そういうことが可能だったのだろう。

ビル・アトキンソンは、カリフォルニア州立大学サンディエゴ校に入学し、化学と生化学を専攻した。この時、ジェフ・ラスキンの研究室に出入りしてミニコンピュータに触れていたらしい。

卒業後、シアトルのワシントン大学大学院に入学して脳神経科学を研究した。コンピュータを研究の手段として使っていたが、その内、コンピュータの魅力に取り憑かれてしまった。手段が目的に変わってしまったのである。ところがビル・アトキンソンは研究成果が発表されると、自分の貢献が正当に評価されていないことに気付いて失望した。

ジェフ・ラスキンは、ビル・アトキンソンの能力を高く評価していた。アップル・コンピュータでマッキントッシュ・プロジェクトを開始したジェフ・ラスキンは、優秀なスタッフを必要としていた。そこでビル・アトキンソンをリクルートすることにした。

一九七八年、ジェフ・ラスキンは一計を案じ、ビル・アトキンソンにシアトルとサンフランシスコ間の払い戻し不可の周遊航空券を送りつけた。換金できず、無駄にもしたくない周遊航空券なので、ビル・アトキンソンは、一九七八年アップル・コンピュータのジェフ・ラスキンを訪れた。

ビル・アトキンソンは、ジェフ・ラスキンを恩師などとは考えていなかったようで、単に知り合いくらいに考えていたようだ。

アップル・コンピュータで、ビル・アトキンソンは、スティーブ・ジョブズと出会った。

ウォルター・アイザックソンの『スティーブ・ジョブズ』（原著94頁）によれば、スティーブ・ジョブズは、次のように言ったという。

「僕らはここで未来を創っているんだ。波の先端でサーフィンをするのを想像してごらんよ。本当にうきうきするだろう？　でも、波の後ろを犬かきでついて行くのを想像してごらん。面白いなんて言えないはずだ。ここに来て宇宙に衝撃を与えてみないかい？」

この殺し文句でビル・アトキンソンは、アップル・コンピュータに社員番号51の社員として入社することになった。スティーブ・ジョブズは、リクルートの名手であったと言える。

当初ビル・アトキンソンは、アプリケーション・ソフトウェア部門に配属された。意外なことに、ビル・アトキンソンは、当時はソフトウェアよりハードウェアの方が好きだったようだ。

ビル・アトキンソンは、レジス・マッケンナが作成した2頁のアップルⅡの宣伝広告写真の中に写っている、まだ実在しなかったダウ・ジョーンズの株価検索プログラムを実際に作り上げた。デジタルリサーチのゲアリー・キルドールが、実在していないプログラムを実在するように主張しているのは、やらせではないかと猛烈に噛みついたので、アップル・コンピュータとしては困っていたのである。

◆これについては拙著『スティーブ・ジョブズ　青春の光と影』４２３頁を参照されたい。

## PASCALの移植

ビル・アトキンソンの次の仕事は、カリフォルニア州立大学サンディエゴ校（UCSD）版PASCAL（パスカル）を、アップルⅡ用にポーティング（移植）することだった。

一九七八年カリフォルニア州立大学サンディエゴ校のインスティチュート・フォー・インフォメーション（IIS）は、ニクラス・ヴィルトのPASCALコンパイラに基づいたUCSD p–システムを開発した。これはマシン依存性のないp–コード（pseudo code：シュード・コードと読む。擬似コードのこと）を作り出すだけでなく、プログラミング環境のファイル管理をおこなえるオペレーティング環境のようなものだった。UCSD p–システムは、16ビットのLSI–11上で開発された経緯もあり、16ビットCPU用であったが、アップルⅡは8ビットなので8ビット用に書き直す必要があった。

スティーブ・ジョブズは、次のように言った。

「僕らの顧客はBASICとアセンブリ言語で満足している。僕らとしてはこの上何も望まないが、もし2週間で（6日という説もある）PASCALをアップルⅡ用に移植できるなら、考えを変えるかもしれない」

そこでビル・アトキンソンは、2週間かからずにPASCALをアップルⅡにポーティングしたという伝説がある。

アップルソフトＢＡＳＩＣには、局所変数（ローカル変数）がなかった。これではブロック化して大きなプログラムは作りにくい。また変数名の最初の2文字だけしか有効でなかったので、プログラミング上、制約が大きかった。ビル・アトキンソンが移植したＰＡＳＣＡＬには、変数名は２５６文字までとか、文字列操作関数がないとか、浮動小数演算ルーチンがないなど、まだ制約はあった。しかし、ともかくＰＡＳＣＡＬが使えるようになったのは、アップル・コンピュータにとって非常に強力な戦力となった。

リサの開発が始まった一九七九年頃、リサのハードウェアが固まっていなかったので、リサのソフトウェア開発チームは、アップルⅡ上でＰＡＳＣＡＬを使ってプログラム・コードを書いた。

リサの価格は依然として２０００ドルに据え置かれ、出荷予定は一九八一年三月であった。これは不可能だし、マウスを付けろと言うスティーブ・ジョブズの要求は理不尽とケン・ロスミュラーは抵抗し、一九八〇年中に更迭された。つまり馘首されたのである。後任はジョン・カウチになる。

ケン・ロスミュラーは、その後ヒューレット・パッカードに戻っている。

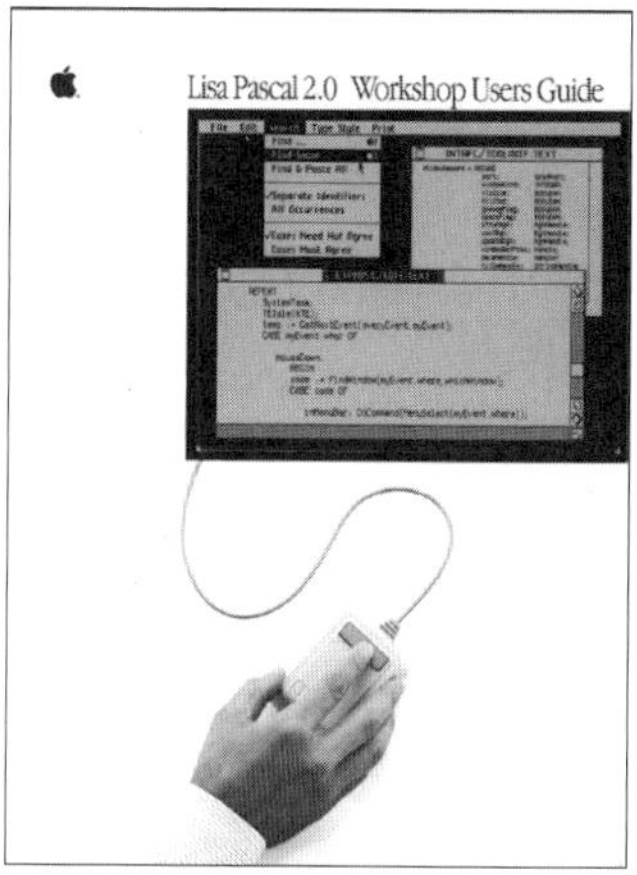

リサPASCALワークショップ・ユーザーズ・ガイド。このようなマニュアルはたくさんあった

## ビル・アトキンソンとロスガトス

20年以上前に、私は次のように書いた。今でもインターネットに残っている。

「伝えられるところによれば、ビル・アトキンソンは毎夜ロスガトスの丘を徘徊し、深遠な闇に輝く星々を仰いで傷ついた心を慰めたという。ビル・アトキンソンの哲学には宇宙、挫折、漂泊、放浪、徘徊、陰影といった語彙がふさわしい」

私はロスガトスに行ったことがなく、ずっと長い間、気になっていた。今回の取材旅行を機に現地を訪ねた後、さらに調べ直してみた。

ロスガトスとは、スペイン語でザ・キャット（猫）という意味だ。今では絶滅種に近くなっているが、マウンテン・ライオンという猫科の大型のライオンが多く生息していたために、付いた名前らしい。それほど未開の地であったのである。

ロスガトスをスペイン人の探検家が初めて訪れたのが一七六九年、フランシスコ派の宣教師が訪れたのが一七七七年である。そこにスペイン人が入植し、ランチョ・リンコナーダ・デ・ロスガトス（無理に訳すと「猫のコーナーの農園」）を切り開いたらしい。元はスペイン領だ。

一八五〇年代には米国人が入ってくる。一番有名なのがジェームズ・アレクザンダー・フォーブスという人で、ロスガトスに小麦の製粉所を作った。彼はすぐに破産して次々に所有者が代わった。ロスガトスが本格的に開けるのは、一八七〇年代にサウス・パシフィック・コースト・レールウェイという狭軌の鉄道が開通してからである。オークランドからニューアーク、さらにサンノゼを経てロスガトスにたどり着いた。さらにロスガトスからフェルトンを経てサンタクルーズにもつながった。サンタクルーズ山脈を横切るための架橋工事やトンネル開削工事には、多くの辮髪《べんぱつ》の中国人労働者が活躍したらしい。写真が残っている。ただし、鉄道は一九六四年までにすべて廃止された。自動車がないと行きにくい。

ロスガトスは、芸術家もしくは芸術家気取りの人達に気に入られた街で、特に山側は成功者の住む地帯となっている。スティーブ・ジョブズは、ロスガトス市ウエスト・ロード１５９００番地（15900 West Road, Los Gatos, CA）に邸宅を持ち、スティーブ・ウォズニアックは、ロスガトス市サンタローザ・ドライブ３００番地（300 Santa Rosa Dr., Los Gatos, CA）に邸宅を持っていた。

さてビル・アトキンソンの家はどこだろう。アンディ・ハーツフェルドの『レボリューション・イン・ザ・バレー』邦訳１８０頁に、ビールとハンバーガーがメインのようなロスガトスの古いレストランで、ビル・アトキンソンがハム（Hamm's）ビールの看板を見ていたとある。ロスガトスのバーガー・レストランで検索すると、ロスガトスの中心のロスガトス・ブールバードとブロッサム・ヒル・ロードの交差するあたりに10軒ほど固まっている。したがって、この近くだろうと推測できる。

ビル・アトキンソンについて調べる場合、難しいのは、フルネームが分からないことだ。さんざん努力した結果、ウィリアム・D・アトキンソンであることが分かった。となれば、公的記録の検索によって、この物語で扱っている頃は、ロスガトス市ロス・ローブルス・ウェイ１７０５５番地（17055 Los Robles Way, Los Gatos, CA）に住んでいたのだろうと思う。

今は、ビル・アトキンソンは写真の仕事のために、そこにはいない。ポルトラバレー市ヘイフィールド・ロード90番地（90 Hayfields Road, Portola Valley, CA）という山奥に住んでいるようだ。

# 第5章
# ゼロックスとパロアルト研究所

1969 年スティーブ・ジョブズは、ホームステッド高校に入学した。ホームステッド高校は、クパチーノ中学校から 400 メートルほどのクパチーノ市ホームステッド・ロード 21370 番地（21370 Homestead Road, Cupertino）にある。ここでスティーブ・ジョブズは、初恋の人クリスアン・ブレナンと出会う（写真上）。

1970 年、高校 2 年生になったスティーブ・ジョブズは、週末と夏休みに、エレクトロニクスショップのハルテッドでアルバイトをした。スティーブ・ジョブズは、電子部品の知識を身につけ、得意の交渉術と組み合わせただけでなく、サンノゼのフリー・マーケットに出かけては価値の高いチップや部品が載っている中古回路基板を安く買い叩き、それをハルテッドのマネージャに売って利益を上げるようなこともしたという。そういうことにこそ才能があったらしい。ハルテッドは移転し、残っているのは旧店舗だが、雑草に覆われて、夏草や……という感じであった（写真下）。

本章では、アップルⅡのもう１つの後継機リサに強い影響を与えたＡＬＴＯ（アルトと読む）というコンピュータを発明したゼロックスという企業について見ていこう。

## ゼロックスのコピー事業の独占と不安

乾式コピー技術の発明者のチェスター・カールソンは、自分の発明した技術をエレクトロフォトグラフィと呼んでいた。しかし、ハロイド社の社長ジョー・ウィルソンが、ギリシャ語の教授に頼んで、ギリシャ語の「乾いた（ξηρός）」のゼロスと、「書く（γράφω）」のグラフォを結び付けて、ゼログラフィ（Xerography）という造語に変えた。逆にゼログラフィア（ξηρογραφία）というギリシャ語ができているようである。最終的にジョー・ウィルソンは、ハロイドという社名をゼロックス（Xerox）に変えた。

一九六〇年三月に登場したコピー機ゼロックス９１４は大当たりで、一九五九年には３２００万ドルしかなかった売上げを９年後の一九六八年には11億２５００万ドルに押し上げた。奇跡の大成功である。

ゼロックスは、毎年拡大に次ぐ拡大を繰り返していた。コピー機市場は、ほぼ完全な独占状態であった。ただ危険であったのは、ゼロックスはコピー機のゼロックス９１４に頼りすぎていたことである。ＩＢＭが経営戦略コンサルティング会社のアーサー・Ｄ・リトル社を雇って、コピー機市場の市場調査を始めたという情報も流れていた。

そこで社長のピーター・マッカローは、コピー機依存からの脱却を図るため、コンピュータ分野への進出を目指した。また経営陣の強化のため、フォード、ＩＢＭ、ＧＥから経営幹部を雇った。

ゼロックスは、自前の部隊を育成するよりはコンピュータ会社の買収を選んだ。買収先についてはＧＥやＤＥＣなど考えられたが、いろいろ紆余曲折の後、ゼロックスは、カリフォルニア州エル・セグンド・サウス・アビエーション・ブールバード５５５番地（555 South Aviation Boulevard El Segundo, Los Angeles, CA）に工場があったサイエンティフィック・データ・システムズ（ＳＤＳ）を買収しようとした。

ゼロックスの株主達は、ＳＤＳ買収を「ピーター・マッカローの愚行」と非難した。これに対し、ピーター・マッカローは、ゼロックスはＳＤＳと協力して「未来のオフィス」を作り、情報のアーキテクチャをコントロールするのだと反撃した。ややもやしていて多少曖昧な説明である。

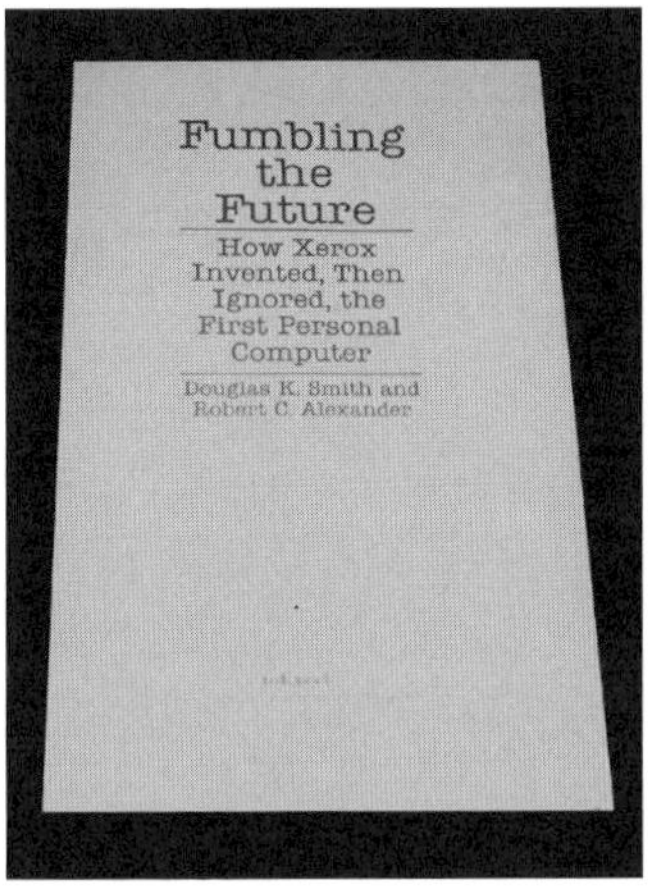

ダグラス・スミス、ロバート・アレクサンダーの『ファンブリング・ザ・フューチャー』
ゼロックスは最初のPCをいかにして発明し無視したかという副題が面白い

一九六九年二月、買収提案が認められ、ゼロックスは、ＳＤＳを９億２０００万ドルで買収した。支払いは１株２６９ドルのゼロックスの株式３５０万株でおこなわれた。この結果、ＳＤＳの社長マックス・パレフスキーは、ゼロックスの最大の個人株主となり、役員会に出席できることになった、これがのちのち、問題を引き起こす。

買収以後、ＳＤＳは、ゼロックス・データ・システム（ＸＤＳ）と改称された。ただゼロックスの内部ではＸ

DSというよりSDSで通っていたようである。DECやデータゼネラルのミニコンが人気となっていたのに、SDSは古いアーキテクチャの科学技術計算用のコンピュータを作る会社であった。またゼロックス本社にあったコンピュータはといえば、給与計算用のユニバックが1台あるだけだった。

コンピュータに関する知識が不足しているのに、ゼロックスは競争の激しいコンピュータ業界に飛び込んだ。SDSを買収してみると、幹部は皆抜け出し、社長のマックス・パレフスキーが残っているだけだった。会社はもぬけの殻になっていたのである。

ゼロックスにはニューヨーク州ロチェスター郊外のウェブスターに研究所はあったが、コンピュータの最新技術についての研究開発はおこなわれていなかった。コピー機開発に必要なコンピュータ技術が利用されているだけだった。またマックス・パレフスキーは次のようにうそぶいたともいう。

「死にかけた馬が地面に倒れる前に売りつけてやった」

そこでSDS買収の数か月前にフォード自動車からゼロックスにチーフ・サイエンティストとして雇われたヤコブ・E・ジャック・ゴールドマン（以下ジャック・ゴールドマン）が新しい基礎研究所設立の構想を提案した。ところが新たにゼロックスの役員になったマックス・パレフスキーが激しく反対した。新研究所に投じる予算はSDSに投下すべきとしたのである。マックス・パレフスキーは、SDSで新しくシグマ・シリーズを作りたかったのである。しかしピーター・マッカローは動ぜず、新研究所は開設されることになった。

## ゼロックスＰＡＲＣ

こうして有名なゼロックスのパロアルト研究所（ＰＡＲＣ）が一九七〇年六月に設立されることになった。初代所長は、ジョージ・ペイクというセントルイスのワシントン大学の教授で固体物理学者であった。ジョージ・ペイクは、ジャック・ゴールドマンのウェスチングハウス研究所での戦時研究時代の旧友であった。ペイクはコンピュータについては何も知らなかった。といって、ジョージ・ペイクは、全くコンピュータに無縁であったわけでもない。ジョージ・ペイクは、ワシントン大学にいた頃、ＭＩＴを追い出されて、ラボラトリー・インスツルメント・コンピュータ（ＬＩＮＣ）の開発のパトロンとなってくれる場所を求めて全米を放浪していたウェスレイ・クラークのグループを引き取るのに寄与した。人によってはＬＩＮＣをパーソナル・コンピュータの祖ということもある。

ワシントン大学に居を定めたウェスレイ・クラークのグループは、ＡＲＰＡのＩＰＴＯの副部長ロバート・テイラーから資金援助を受けようとした。このことがきっかけになって、ジョージ・ペイクは、ロバート・テイラーと親しくなった。

一九七〇年七月、ゼロックスＰＡＲＣが、パロアルト市ポーター・ドライブ３１８０番地（3180 Porter Drive, Palo Alto）の貸しビルに開設された。数年前にはエンサイクロペディア・ブリタニカが使っていたビルである。現在のＰＡＲＣは、フットヒル・エクスプレスウェイを越えた南側のパロアルト市コヨーテ・ヒル・ロード

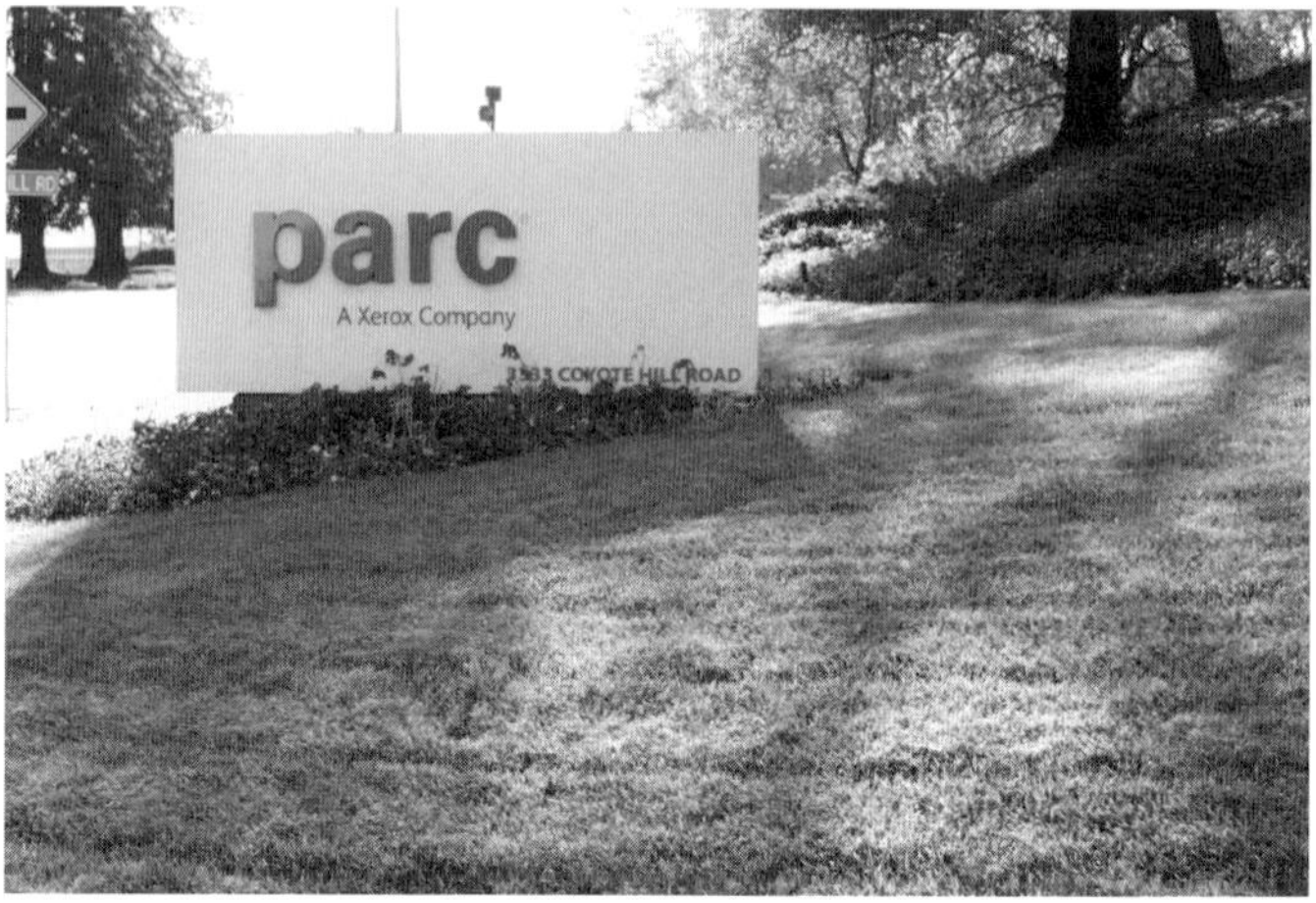


ゼロックス・パロアルト研究所（PARC）。アップルの本社同様、自動車がないとなかなかたどり着けないだろう

PARCの玄関。意外なことに、こちらの側が正面玄関で、中に入ると次第に下がっていく

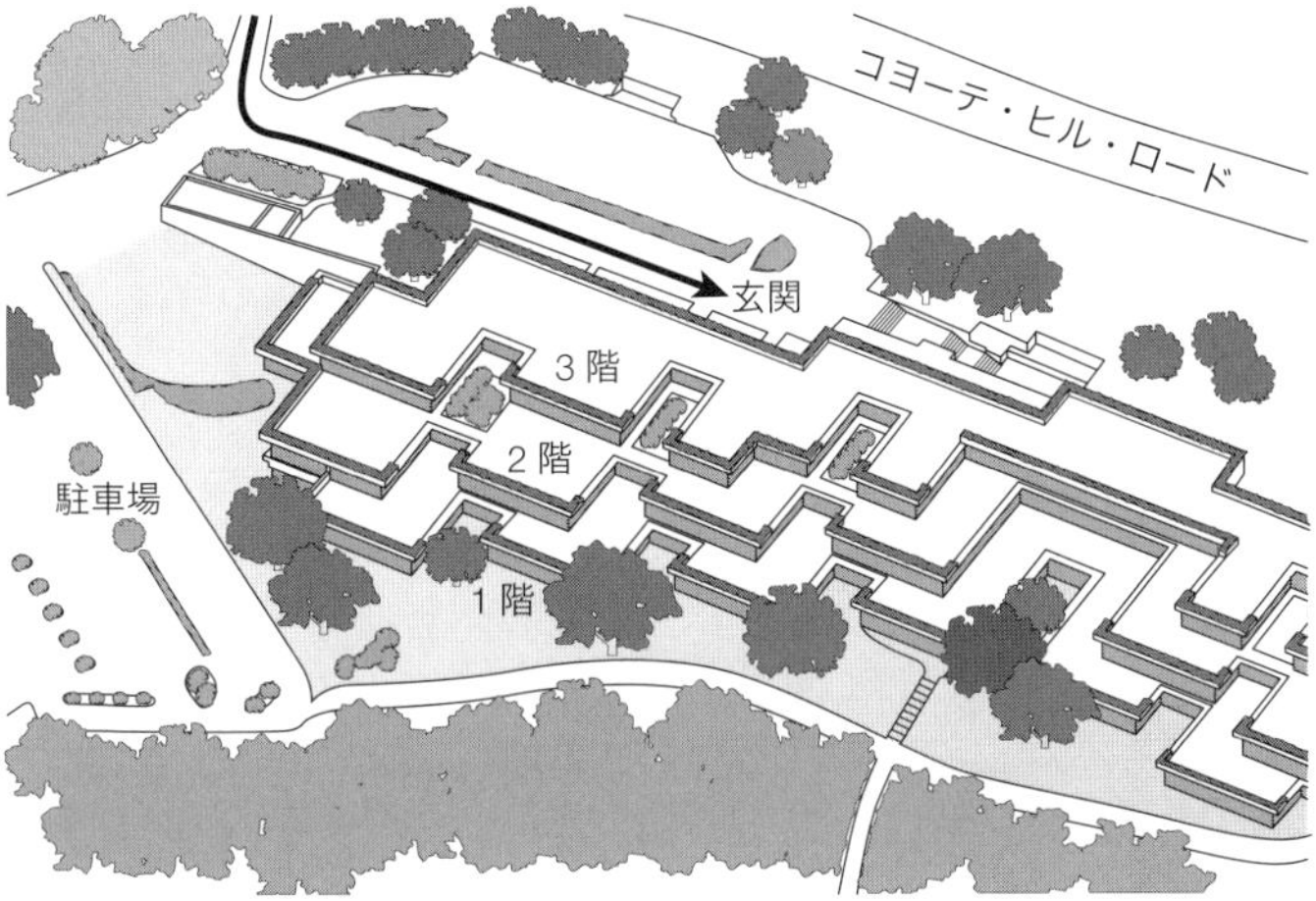

PARCの鳥瞰図

3333番地（3333 Coyote Hill Road, Palo Alto）にある。

私が裏口と思っていたところが正面玄関であって、これも意外である。正面玄関は管理スタッフのいる3階にあって、中に入ってCSL、SSLのある2階、GSL、OSL（光科学研究室）のある1階へと降りていくことになる。ギョー・オバタの設計になる不思議な作りだ。丘の斜面に作ったからである。

当初、PARCの研究員は50人程度を想定し、次のように3つの研究室を設けた。

- ジェネラル・サイエンス研究室（GSL）
  物性材料や光学などの基礎科学技術の開発
- コンピュータ・サイエンス研究室（CSL）
  オフィス情報システムの主にハードウェア開発
- システム・サイエンス研究室（SSL）
  オフィス情報システムのアプリケーション開発

ここでいうオフィス情報システムとは、当初は暗に大型コンピュータを想定していたようである。

## ロバート・テイラー

次に研究員を集める必要があった。これには人脈に通じ、適切な助言ができる参謀格の人間が必要であった。ここでロバート・ウィリアム・テイラー（以下ロバート・テイラー）が登場する。

ロバート・テイラーは、一九三二年テキサス州に生まれた。生後まもなくメソジスト派の牧師の家に養子として引き取られた。スティーブ・ジョブズと同じく幼年時代に両親から養子であることを告げられた。ただ、それがスティーブ・ジョブズ程には強く影響しているようには思えない。選別され、聖別された存在として自己を意識するようになったことは似ている。

当時は大恐慌の後で、教会は牧師を2年ごとに転勤させる方針をとっていた。ロバート・テイラーの父レベレンド・レイモンド・テイラーは、テキサス州の貧しい地区を転々とした。第二次世界大戦直前にサン・アントニオのメソジスト大学で哲学と宗教を教えるようになった。

度重なる転勤はロバート・テイラーの性格に刻印を残した。新しく移った地区では新しい友達ができた。ロバート・テイラーは、そうした子供達の社会の階層の中で、自分がどこに位置するかを明らかにしなければならなかった。ロバート・テイラーの場合、自己の存在証明の方法は喧嘩であったように思われる。ロバート・テイラーは、喧嘩っ早い戦闘的な性格の子供であった。この性格は大人になっても残った。

高校を卒業したロバート・テイラーは、サザン・メソジスト大学に進学したが、すぐに朝鮮戦争が勃発した。ロバート・テイラーは、ダラスの海軍ダラス航空基地に海軍予備士官として赴任した。

戦争が終わると、ロバート・テイラーはＧＩビル（復員兵援護法）によって、一九五七年テキサス州立大学に入学した。心理学専攻であった。数学も専攻したようだ。学部卒業は一九五六年か一九五七年のようである。続いてテキサス州立大学大学院に進学し、心理音響学の論文を書いた。当時コンピュータ・サイエンスはまだ存在せず、コンピュータの入門教育もなかった。コンピュータを使うことはあったが、そう頻繁にというわけでもなかった。

ロバート・テイラーは、しばらく友人が経営していたフロリダ州オーランドの寄宿学校の教師を務めたが、子供が３人になって経済的に苦しくなったので、軍用機メーカーのマーチン社（後のマーチン・マリエッタ）に就職した。当時マーチン社は、移動式のパーシング・ミサイルを製造していた。翌年ロバート・テイラーは、軍のためにフライト・シミュレータを製造するメリーランドの会社に移った。

こうした経歴を経て、さらにロバート・テイラーは、一九六一年、ＮＡＳＡ（米航空宇宙局）に就職し、先進研究技術部のプログラム・マネージャになった。ＮＡＳＡはロバート・テイラーのフライト・シミュレータ開発の実績を高く評価して採用したのである。こうしてメソジスト派の牧師の息子は29歳にして、ＮＡＳＡのかなり枢要な地位に到達した。

ロバート・テイラーは、ＮＡＳＡで、有人飛行制御、表示、シミュレーション技術研究に資金提供をする仕事に就いた。ロバート・テイラーは、ＳＲＩのダグラス・エンゲルバートの研究に資金援助した。

一九六三年ロバート・テイラーは、ARPAのIPTOの部長J・C・R・リックライダーが開いたコンピュータ・プロジェクトのプログラム・マネージャの非公式委員会に招かれた。ロバート・テイラーが30歳の時のことである。テキサス大学でのロバート・テイラーの指導教官は、J・C・R・リックライダーの友人で崇拝者でもあったから、ロバート・テイラーは、J・C・R・リックライダーのことを知っていた。ロバート・テイラーは、J・C・R・リックライダーの論文を読んで尊敬していた。

この委員会の席上、J・C・R・リックライダーは、ロバート・テイラーの論文を知っていると持ち上げた。この一言でロバート・テイラーは、J・C・R・リックライダーの子分になった。J・C・R・リックライダーは、まことに人の心を捉える術に長けた人である。J・C・R・リックライダーにはカリスマ的な個人的魅力もあったのだろう。またJ・C・R・リックライダーとロバート・テイラーに共通した性格は、鷹揚で大雑把なことであり、このあたりで意気投合したように思われる。ロバート・テイラーは、J・C・R・リックライダーの委員会に加わることになり、J・C・R・リックライダーとより親しく付き合うことになる。

一九六五年、ロバート・テイラーは、ARPAのIPTOの第2代部長アイバン・サザーランドから、NASAを辞めてARPAに来るように誘われた。ロバート・テイラーは、これを間接的なJ・C・R・リックライダーからの誘いと解釈し、ARPAに入り、アイバン・サザーランドの補佐役になった。ロバート・テイラーは、J・C・R・リックライダーに傾倒あるいは心酔していた。後々までもJ・C・R・リックライダーに対する敬愛の念は変わらない。

ロバート・テイラーは、こう言い切っている。

「コンピュータ技術の大いなる進歩の多くはJ・C・R・リックライダーの思想を単に外挿・補間したものに他ならない」

一九六六年、アイバン・サザーランドがARPAを去ったため、ロバート・テイラーが34歳で第3代IPTO部長になった。このあたり、J・C・R・リックライダーの人脈作りのうまさは水際立っている。

ロバート・テイラーは、J・C・R・リックライダーの論文を読んで、バンネバー・ブッシュの論文の存在を知って、これを読み、感動した。ロバート・テイラーのもともとの研究分野は心理音響学であったが、次第にコンピュータの研究の方に傾斜していくことになる。

ARPAのIPTOの部長在職期間中の一九六八年、ロバート・テイラーは、J・C・R・リックライダーと共著で『通信装置としてのコンピュータ』という論文を書いた。

ロバート・テイラーは、3年間、ARPAのIPTO部長に在職中、毎年3000万ドル程度の多額の予算を各地の大学や研究機関に配った。これによってロバート・テイラーは、研究者達に絶大な影響力を持った。

ロバート・テイラーは、首都ワシントンの通りを、思い切り派手なコルベット・スティングレーで走り回った。国防総省のペンタゴンにいながら、白いタートルネックを着て、机の上に足を投げ出し、もうもうとパイプをふかしていた。いずれも軍属には、あるまじき行為である。

軍服を着ずに白いタートルネックを着ていたのは、反軍的な拗《す》ねと思っていたが、最近気が付いたのは、多少の不良っ気はあったにしても、軍服を着ると階級が露見してしまうからかもしれない。

前任者のアイバン・サザーランドも陸軍軍人としては単なる中尉であり、将官ではなかった。そのため軍服は着なかったという。サザーランド博士とサザーランド中尉では、絶対的階級社会である国防総省の中での待遇が違う。周囲はアイバン・サザーランドの階級をひた隠しにしたらしい。

プロジェクト・ジニーでは、ＳＤＳ ９３０をバトラー・ランプソン達がTSS用のマシンに改造した。これをロバート・テイラーは高く評価し、ＳＤＳの社長マックス・パレフスキーをARPAに呼びつけて、積極的に販売するように説いた。しかし、マックス・パレフスキーは頑固に拒否した。このためロバート・テイラーは怒り出し、「貴様は俺の時間を無駄にしている。さっさと出て行け」と怒鳴った。

しかし、マックス・パレフスキーの部下がとりなし、結局ＳＤＳ ９３０のTSS型は、ＳＤＳ ９４０として販売されることになり、ＳＤＳの稼ぎ頭となった。だがロバート・テイラーがゼロックスのPARCに移るとなると、マックス・パレフスキーがゼロックス本社の役員になっており、地位が逆転して多少具合の悪いことになる。

ロバート・テイラーの部屋の前には次の聖書からの引用が掛けてあった。何となく彼の思想がうかがえる言葉である。

「あなたがたの言葉は、ただ、しかり、しかり、否、否、であるべきだ。それ以上に出ることは、悪から来るのである。」（マタイ伝　第五章37）

## マンスフィールド修正条項

スプートニクショックの頃の米国軍部に悲壮感はあったものの、意識的にソ連の脅威をあおった部分があったと言われている。当時のソ連にそれほど多数の戦略核ミサイルは存在していないことを米国軍部は知っていたらしい。米国軍部にとっては国防費の引き出しそのものの方が重要であり、J・C・R・リックライダーの研究費の配分状況を見ても分かるように、使途そのものにはかなり杜撰《ずさん》なところがあった。基礎研究という名目で、国防そのものには無関係な研究に大盤振る舞いがおこなわれた。当時、科学の基礎体力を付けることが国防の基礎だという考え方がなされていたのである。米国の民主主義の勝利は、科学の基礎体力の充実にありとした。熱核戦争による米国の危機をあおりながら、実際には米国が負けるという意識は希薄だった。米国としては、社会主義国ソ連に先端技術の分野で追い越されたことの方が問題だった。

米国軍部は国防関係予算の大幅な増額に関心があった。だからこそ、インターネットの構築を担当するARPAのIPTOの予算を北米防空の本義から離れた研究に使うこともできた。だが、時代の変化と共にそれも苦しくなる。

一九六八年頃、ベトナムの戦局は圧倒的に米軍に不利で、米軍の増派が決定され、年末には米軍の派遣兵力は50万人になった。それでも勝利の見込みは全くなかった。このため米国内では反戦運動が激化した。また厭戦《えんせん》気分が蔓延しマリファナや各種の麻薬がはびこり、国論も分裂した。反戦運動の中心は国防総省が多大の援助を与えていた大学が中心であった。これは軍部と保守派を怒らせた。

この頃、ロバート・テイラーは燃え尽きていた。ＡＲＰＡの局長は、ロバート・テイラーにベトナムに行き米国の四軍の報告が食い違う現状について調査するように命令した。ロバート・テイラーは、軍属ではあったが、軍人ではなかった。現地の軍からは必ずしも協力は得られなかった。それで准将待遇であることを使って、タンソンニャット（新山一）空軍基地にマスター・コンピュータを設置し、四軍が別々に報告することをなくすようにした。しかし、二度三度とベトナムを訪ねるうちにベトナム戦争そのものに疑問を感じるようになった。

一九六九年マンスフィールド修正条項が成立する。国防総省は今後ＡＲＰＡへの援助を国防目的の研究にのみ限定され、基礎研究への援助という名目でのばらまきを禁止された。ＡＲＰＡが援助していた研究には軍事に関係ないものもたくさんあった。以後、直接、軍事研究だけに援助をおこなうことが決まった。したがってＡＲＰＡからＩＰＴＯへの予算配分は半分に削られた。

こうした風潮を受けて一九七二年三月、ＡＲＰＡ（先進研究計画局）の名称もＤＡＲＰＡ（国防総省先進研究計画局）に変更される。国防を冠に付けて、ＡＲＰＡが国防研究のための組織であることが明確にされた。ＡＲＰＡネットの名称も、正式にはＤＡＲＰＡネットと変更された。

ロバート・テイラーに交代したのがローレンス・ロバーツである。ロバーツは一九六九年から一九七三年まで第四代ＩＰＴＯ部長になる。この時代にＡＲＰＡネットの構築が始まる。

Ｊ・Ｃ・Ｒ・リックライダーは、一九六八年にＭＡＣ（Machine Aided Cognition, Multi Access Computer）プロ

ジェクトのディレクターとなるため、MITに戻った。また一九七四年にはARPAに戻って第五代IPTO部長となる。J・C・R・リックライダーは、その後再びMITに戻って一九八六年に退職するまで留まった。結局J・C・R・リックライダーの派閥は、五代十数年の長きに渡ってARPAのIPTOの職を独占し続けたのである。

## 研究員集め

PARCの初代所長ジョージ・ペイクは、ユタ大学にいたロバート・テイラーをスカウトし、一九七〇年九月、コンピュータ・サイエンス研究室（CSL）の副室長として雇うことにした。ロバート・テイラーは、研究実績がないのでCSLの室長になるのは難しいと考えたのである。研究員集めをさせながら、室長にさせないというのは過酷な人事である。

室長人事は次のようになった。

- コンピュータ・サイエンス研究室（CSL）室長　ジェリー・エルキンド
- システム・サイエンス研究室（SSL）室長　ビル・ガニング
- ジェネラル・サイエンス研究室（GSL）室長　ジョージ・ペイク

ロバート・テイラーは、博士号を持っていないというので、ゼロックスのPARCの上層部から執拗な虐めにあった。不思議なことに、これは身内のはずのＡＲＰＡのコミュニティにもあった。エドワード・ファイゲンバウムはＡＲＰＡから多大の援助を受けていた。だがファイゲンバウムは奥歯に物の詰まったような言い方でこんな風に嫌味を言っている。

「その頃、我々はボブ・テイラー（ロバート・テイラー）の時代と呼ばれる過渡的な時代を通過しなければならなかったのです。あなたは、ボブ・テイラーがゼロックスのＰＡＲＣできわめて有名になったことなどに関係した、（いわば）改ざんされた歴史から学ばれるのでしょうが、当時の彼は（ＩＰＴＯの）オフィスでは例外的人物と見なされていたのです。博士号も持たずコンピュータ・サイエンスのバックグラウンドも持たないような誰かさんがＩＰＴＯの部長に昇進させてもらっていたんですよ」（ＣＢＩ　ＯＨ１５７による）」

これにはあっけにとられる。なるほど、本当の敵というのは身内にいるものである。

さてロバート・テイラーの研究員の募集が始まった。

まずＮＡＳＡ時代に資金援助をして貸しのあったダグラス・エンゲルバートのスタンフォード研究所（ＳＲＩ）から、エンゲルバートのグループのビル・イングリッシュ、ジェフ・ラリフソン、ビル・パクストン、スモーキー・ウォーレス、ボブ・ベルビル達を引き抜いた。彼らはオンライン・システムズ（ＮＬＳ）を分散ネットワーク上で実現したかったのだが、エンゲルバートはタイム・シェアリング・システム（ＴＳＳ）上で実現することにこだわったからである。彼らは、ＣＳＬでなく当初ＳＳＬのオフィス・コミュニケーション・グループに配置され、ミニコンピュータのノバ８００（ＮＯＶＡ ８００）のネットワーク上でＰＡＲＣオンライン・オフィス・システム（ＰＯＬＯＳ）を作ろうと希望していた。この内、ボブ・ベルビルは、後にアップル・コンピュータに移り、マッキントッシュの技術開発指揮を執ることになる。

次にユタ大学からはＡＲＰＡ時代に資金援助をしていた強みもあって、ボブ・フリーガル、ジム・カリーを引き抜いた。アラン・ケイもロバート・テイラーが引き抜いたと言ってよいだろう。

さらに一九七一年一月、ロバート・テイラーは、ＢＣＣから６人を引き抜いた。バトラー・ランプソン、チャック・サッカー、ピーター・ドイッチ、エドワード・フィアラ、ジム・ミッチェル、リチャード（ディック）・シャウプであった。これらの人々は非常に重要であるので説明しておこう。

## バトラー・ランプソン

バトラー・ランプソンは、一九四三年ワシントン特別区に生まれている。父親のエドワードは第二次世界大戦中、陸軍にいた。戦後もトルコ、ドイツに駐留した後、帰国した。

バトラー・ランプソンは一九六〇年にニュージャージー州のエリート校であるローレンスビル高校を卒業した。プリンストン大学から10キロほどのところにあった。高校在学中の一九五八年にはすでにプリンストン大学のＩＢＭ ６５０に触っていた。高校を卒業すると、バトラー・ランプソンは、ハーバード大学の物理学科に進学した。在学中、サバティカル休暇でハーバード大学に来ていたケン・アイバーソンからＡＰＬ言語を教わった。また、ＤＥＣのミニコンＰＤＰ−１にも触れた。

一九六四年、バトラー・ランプソンは、ＵＣバークレー大学院で物理学を専攻した。一九六五年、バトラー・ランプソンは秋季ジョイント・コンピュータ・コンファレンスでＭＩＴから来ていたスティーブ・ラッセルに出会い、コリー・ホールでひそかにおこなわれていたプロジェクト・ジニーについて教えてもらった。バトラー・ランプソンは、人気のないコリー・ホールでピーター・ドイッチに出会い、物理学からコンピュータに強く惹かれていくことになる。

プロジェクト・ジニーは、Ｊ・Ｃ・Ｒ・リックライダーが部長を務めていたＡＲＰＡのＩＰＴＯからの援助で、カリフォルニア州立大学バークレー校（ＵＣバークレー）で実施された。代表者はデイビッド・エバンス教授である。彼を大学院生のメル・パーティがサポートしていた。

デイビッド・エバンスは、後にユタ大学に移り、ＡＲＰＡのＩＰＴＯのロバート・テイラーから多額の援助を受けて、グラフィックスの研究をおこなうことになる。有名なアラン・ケイの博士論文の指導に当たったのもデイビッド・エバンスである。ユタ大学は一八五〇年にソルトレイク・シティに創立された私立大学であり、一九五七年にユタ州ローガンに創立されたユタ州立大学とは別の大学である。

プロジェクト・ジニーは、サイエンティフィック・データ・システムズ（ＳＤＳ）社のＳＤＳ　９３０というコンピュータをタイム・シェアリング・システム（ＴＳＳ）に変えようとするものであった。これをＳＤＳは後にＳＤＳ　９４０として発売することになる。ゼロックスにＳＤＳが買収されてからはＸＤＳ　９４０になる。バトラー・ランプソンとピーター・ドイッチがＯＳを担当し、メル・パーティがハードウェアを担当した。バトラー・ランプソンは、このプロジェクト・ジニーでアルバイトをしていた学部の女子学生と知り合う。この女子学生が将来の妻ロイスとなる。８年後、彼女はUCバークレーで博士号を取得する。

## ピーター・ドイッチ

ピーター・ドイッチは、一九四六年マサチューセッツ州ボストンに生まれた。父親はドイツ系ユダヤ人でMITの物理学教授のマーチン・ドイッチである。ポジトロニウムの発見で有名である。ピーター・ドイッチは、11歳の時、父親が家に持って帰ったハーバード大学のケンブリッジ・エレクトロン・アクセラレータ（電子加速器）の設計のためのプログラミングのメモを見て、コンピュータのプログラミングに興味を持った。

『コーダーズ・アット・ワーク』。天才的なプログラマーのインタビュー集

ピーター・ドイッチは、東海岸のMITとは反対側の西海岸のUCバークレーに入学した。15歳でLISP言語のマニュアルを読んで、PDP－1用のLISPインタープリタを数百行のアセンブリ言語でプログラミングしたという。インターネットから彼が読んだというLISP1・5のマニュアルがダウンロードできるので目を通してみたが、やはり天才というのだろう。ピーター・ドイッチは、バークレー入学早々、プロジェクト・ジニーのOSのカーネルを書いていた。途中からバトラー・ランプソンが

協力する。

◆ピーター・ドイッチについてのインタビューは『コーダーズ・アット・ワーク』というインタビュー集に採録されている。読んでみると天才にインタビューするのは難しいと感じさせる。

## チャック・サッカー

チャールズ・サッカー（以下チャック・サッカー）は、一九四三年カリフォルニア州パサデナに生まれた。父親は電気の技術者であった。両親は彼が幼い頃に離婚した。高校はパサデナの南西にあるハイランド・パークのフランクリン高校だった。高校時代はアマチュア無線に熱中した。大学進学までは、ほぼロサンゼルス地域で育った。当初カリフォルニア工科大学、次にしばらくUCLA、さらに一九六三年、UCバークレーの物理学科に落ち着いた。卒業は一九六七年である。一九六八年、UCバークレーでおこなわれていたプロジェクト・ジニーに参加した。その後バトラー・ランプソンと共にBCCを設立する。

一九六四年、学生結婚をしていたので、大学院に進みたかったが断念し、オールバニーのバークレー・インスツルメンツで働いた。学部卒業だったことが後にハンディキャップになる。米国は学歴社会である。一九六八年、プロジェクト・ジニーが人を募集していたので、これに応募し、ジュニア・エンジニア（準技術者）として採用された。

プロジェクト・ジニーが終わった後、ピーター・ドイッチとバトラー・ランプソンは、ダグラス・エンゲルバートとBBNのためにLISPの仕事をし、さらにバトラー・ランプソンはダグラス・エンゲルバートのためにSNOBOLⅢ言語とSNOBOLⅣ言語の仕事をする。

一九六九年、UCバークレーは、IBM７０９０を2台のCDC６４００に更新する。この購入費用は、全米科学財団（NSF）の援助を受けた。1台はTSS化することになった。

ここでバトラー・ランプソンは、CALタイム・シェアリング・システム（CAL-TSS）を、ジム・グレイ、チャールズ・シモニー、ブルース・リンゼイらと開発する。CAL-TSSは、ケイパビリティ（Capability）ベースのOSであった。アラン・ケイには、CAL-TSSは、かなりオブジェクト指向的に見えた。例外処理も優れていた。不満であったのは大きくて低速なものだけがオブジェクトとして扱われ、小さくて高速なものはオブジェクトとして扱われていないことだった。

## バークレー・コンピュータ・コーポレーション（BCC）

こうして自信をつけたバトラー・ランプソンらは、一九六九年バークレー・コンピュータ・コーポレーション（BCC）を設立した。バトラー・ランプソンは、システム開発担当ディレクターになった。BCCにはメル・パートルもいた。チャールズ・シモニーは、一九七〇年から一九七一年にかけてBCCでアルバイトをした。アルバイトに追われて、大学の講義は最低限しか出席しなかったから、成績はあまり良くなかった。

フレデリック・ブルックス・ジュニアの『人月の神話』によれば、2番目のプロジェクトは、とかく肥大しやすいと言われている。御多分に漏れず、機能を欲張りすぎたＢＣＣ－５００は金食い虫であった。ＢＣＣは１００人もの技術者を使っていたから、たちまち資金が尽き、一九七〇年一一月に４００万ドルの赤字を出して倒産する。ロバート・テイラーはＢＣＣの最も優秀な技術者をゼロックスＰＡＲＣのＣＳＬに引き抜いたのである。

ＢＣＣが製作した唯一のコンピュータはＢＣＣ－５００だったが、このマシンはロバート・テイラーの推薦により、ＡＲＰＡに買い上げられた。ＡＲＰＡはこのマシンをハワイ大学に貸与した。これがイーサネットの祖先と言われるＡＬＯＨＡネットの研究に使われた。縁は不思議なものである。

ＢＣＣの倒産後、メル・パートルは、バトラー・ランプソンらとは別れて、米航空宇宙局（ＮＡＳＡ）のエイムズ研究センターでイリアックⅣ（Illiac Ⅳ）という64個のプロセッサを持つ並列計算機の開発に従事した。

## ジェローム・エルキンド

一九七一年七月、空席であったＣＳＬの室長にＢＢＮ出身のジェローム（ジェリー）・エルキンドが就任した。ジェリー・エルキンドは一九五七年以来のＢＢＮの社員で、情報科学部門の副社長にまで昇進していた。引き抜きはロバート・テイラーが担当した。ジェリー・エルキンドはゼロックス本社向けのミスター・アウトサイド（研究室代表）、ロバート・テイラーはミスター・インサイド（研究室内管理）と、役割分担をした。この人事の問題は、ＡＲＰＡ時代は上位に立っていたロバート・テイラーが、ジェリー・エルキンドの下位に就く

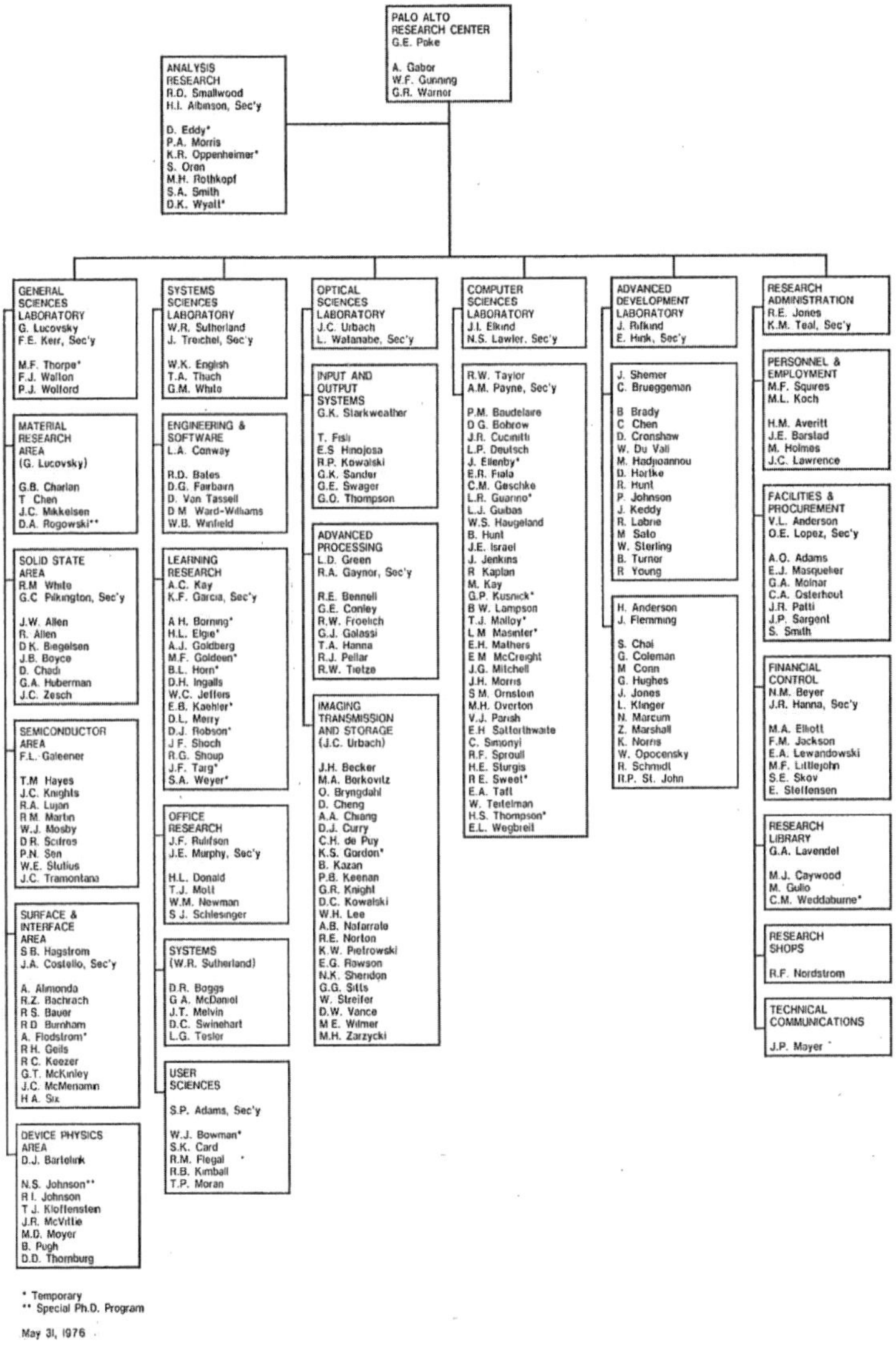


1976 年 5 月のゼロックス PARC の組織図。目をこらすと、本書に登場する多くの人々の名前が見える

という不自然さをはらんでいたことである。

ジェリー・エルキンドは、ＢＢＮからＬＩＳＰ言語の専門家ダニー・ボブロウ、ウォーレン・テイテルマンを雇い、ＣＳＬに配属した。また、セベロ・オルンスタインもＢＢＮから引き抜いた。ところがセベロ・オルンスタインは、すぐにロバート・テイラーのシンパになってしまう。

さらに一九七五年、ＡＲＰＡのＩＰＴＯ第２代部長アイバン・サザーランドの弟バート・サザーランドをＢＢＮからスカウトして、システム・サイエンス研究室（ＳＳＬ）に配属した。その上、カーネギー・メロン大学の人工知能（ＡＩ）研究の専門家アレン・ニューウェルを非常勤のコンサルタントに据えた。これは効果があり、アレン・ニューウェルの弟子のスチュアート・カード、トム・モランがＰＡＲＣに入所してきた。この２人はＳＳＬのオフィス・コミュニケーションズに配属された。

こうして見ると、ゼロックスＰＡＲＣは、ＡＲＰＡコミュニティであったと言える。アラン・ケイもそう言っている。

# 第6章
# アラン・ケイ

1972 年の夏が終わると、スティーブ・ジョブズは、オレゴン州ポートランド市ウッドストック・ブールバード 3203 番地（3203 SE Woodstock Blvd., Portland, Oregon）にあるリード・カレッジに進学した。リード・カレッジは、1908 年に設立された私立のリベラルアーツ大学である。大学に進学させるのが、スティーブ・ジョブズの養子縁組の条件であった。しかし早くも 1972 年 11 月にはリード・カレッジをドロップアウトした。入学してわずか 2 か月である。後年には両親に経済的負担をかけたくなかったと講演しているが、勉強が嫌いだったというのが本当のところだろう。

リード・カレッジは、私も訪れてみると閑静な大変素晴らしい環境の大学であった。

本章では、リサに大きな影響を与えたアラン・ケイの2つの大きな業績、ダイナブックとスモールトークについて述べる。

## MAXC

さて、ゼロックスPARCにコンピュータ・サイエンス研究室（CSL）ができると、当然、研究設備を充実させなければならない。CSLにとっては、コンピュータの選定は重要である。ところがロバート・テイラーの考えでは答は1つしかなかった。

それはゼロックスのライバルDECのPDP－10であった。ARPAネットでつながれたネットワーク環境では情報の交換が進み、ソフトウェアも頻繁にやり取りされるようになった。DECのPDP－10は、その設計の優秀さから全米の大学が好んで採用するようになっていた。ビル・ゲイツやポール・アレンが愛したコンピュータもPDP－10であった。

ARPAネットを経由してソフトウェアを互いに交換するには、みんなが持っているのと同じコンピュータを持たざるを得ない。ARPAネットにつながれていたゼロックスのXDS 940は、どんどんDECのPDP－10に置き換えられていた。たちまちゼロックスのSDS部門は大幅な赤字を出した。

ゼロックスは買収したSDSの科学技術用コンピュータを商用計算用に転向させ、無謀にもIBMへ挑戦しようとした。ところがSDSに商用言語COBOLの準備もなく、IBMには全く歯が立たなかった。

新しい分野への転進は不可能だった。むしろ、自分の分野を侵してくるDECのPDP－10が最も危険な敵であった。それでもロバート・テイラー率いるCSLは、ゼロックス本社にDECのPDP－10購入の要求を出した。これはできない相談であった。したがって東海岸のゼロックス本社の経営幹部の怒りを買って、ただちに却下された。ゼロックス本社からは、DECのPDP－10ではできて、ゼロックスの新型コンピュータであるシグマ7ではできないことを示せと要求が出た。ロバート・テイラー率いるPARCのCSLは、これに答えなかった。

そこでゼロックスのCSLは、奇策で応じることにした。PDP－10を買ってもらえないなら、PDP－10のコピーを作ってしまえばよいというものだった。PDP－10のOSであるTOPS－10は、テネックス（TENEX）を改良して作られた。TENEXはARPAの援助を受けて作られていたから、建前上は一応オープンであった。ハードウェアさえできればOSはなんとかなる。

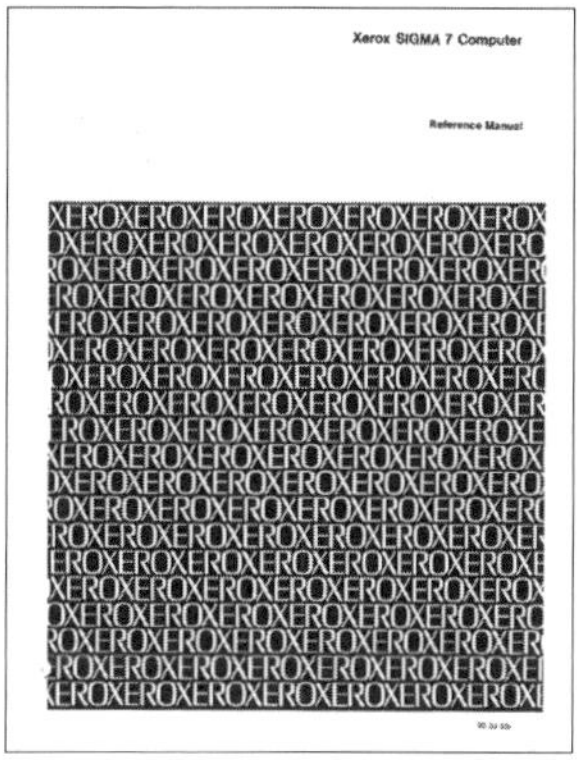

ゼロックスのシグマ7のマニュアル

PARCのコンピュータ・サイエンス研究室（CSL）は、一九七一年二月から、ありとあらゆる新技術を投入してPDP－10のコピー製作に乗り出した。そして翌年一九七二年九月には本物より優秀なマルチプル・アクセス・ゼロックス・コンピュータ（MAXC）を完成させた。MAXCはマイクロコード技術を駆使してPDP－10をエミュレートした。写真が残っているが、ずいぶん大きなコンピュータである。

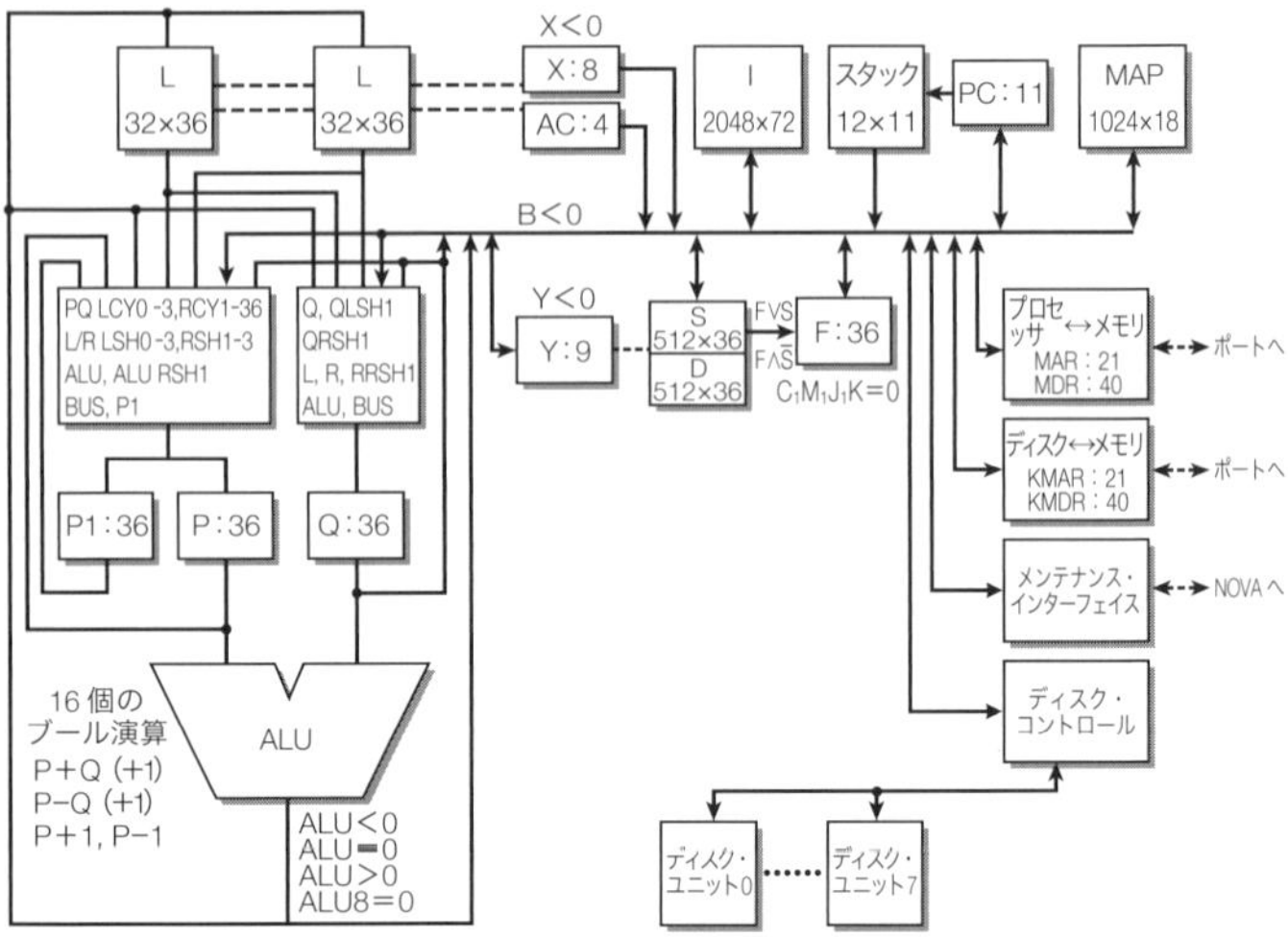


MAXCのプロセッサの構成。PDP-10のコピーだが、ずいぶん粗っぽい作りである。早く作ることが最優先だったのだろう

MAXCを作ったのは、BCC出身のバトラー・ランプソン、チャック・サッカー、エドワード・フィアラ、それにジム・ミッチェルのカーネギー・メロン大学大学院時代の友人でボーイング出身のエドワード・マクライトである。BCC－500を作った経験があったからできたことだろう。MAXCは元SDSの社長マックス・パレフスキーをからかう言葉としても思いついた名前らしい。

エドワード・マクライトはディスク・コントローラを改良し、マルチタスクを可能にした。

エドワード・フィアラは浮動小数点数回路を担当し、PDP－10のバグを見つけたが、これを正しく直したところ、滑稽なトラブルが発生した。これについては『ディーラーズ・オブ・ライトニング』邦訳174頁を参照されたい。

MAXCは初めてインテルのダイナミックRAM（DRAM）インテル・i1103を使ったコンピュー

タの1つであったが、この容量1キロビットのi1103の動作は不安定であった。チャック・サッカーは、誤り訂正システムを入れてなんとかこの欠陥を克服しようとした。またメモリ・ボードをカナダのマイクロシステムズ・インターナショナル・リミテッド（MIL）に外注したためにトラブルが続発した。しかし、なんとか乗り切った。

◆インテル・i1103については拙著『シリコンバレー　スティーブ・ジョブズの揺りかご』498頁を参照されたい。

MAXCのメモリ・ポートは、プロセッサを通すものとディスク・コントローラを通すものがあった。チャック・サッカーはプロセッサを通す方はチェックしていたが、ディスク・コントローラを通す方はチェックしていなかった。これをロバート・メトカルフェに指摘された。この後、いくぶん意地悪なロバート・メトカルフェは、度々チャック・サッカーをいじめることになる。博士号を持っているというロバート・メトカルフェの優越意識が、学部卒のチャック・サッカーにつらく当たったのである。

チャールズ・シモニーは、当初MAXCの開発に投入された。TENEXというOSをMAXCに合うように改造するように言われた。先述のようにPDP－10用のTOPS－10というOSは、TENEXをPDP－10用に改造したものであり、TENEXは国家機関であるARPAの援助を受けてBBNが開発した。だからオープンなはずであり、コピーは許されるという論理である。しかし、これもそんなことをしてよいものだろうか。厳密には知的所有権には抵触しそうだ。

初期のPARCのCSLは、軍属出身のロバート・テイラーに率いられ、理想の追求には手段を選ばず、海賊行為も気にかけない荒くれ男達の集まりだったとも言える。勇ましいと言えば勇ましい。

## アラン・ケイ

アラン・カーティス・ケイ（以下アラン・ケイ）は、一九四〇年マサチューセッツ州スプリングフィールドに生まれた。母方の祖母は教師で、マサチューセッツ大学の創始者の1人だという。祖父はイラストレータ、写真家、音楽家、文筆家だったという。母親は芸術家で音楽家であった。父親はオーストラリア出身の生理学者で、義足や義手の設計に従事していた。一九四一年、アラン・ケイが1歳半の時に、オーストラリアに移住した。

一九四四年、太平洋戦争の激化に伴い米国に帰り、母方の祖父であるクリフトン・ジョンソンが住んでいたマサチューセッツ州ハドレーに移住した。そこには蔵書が5000冊あった。アラン・ケイは就学前に2000冊以上の本を読んでいたという。

一九四九年、父親がニューヨークの病院に職を得たため、一家はニューヨークに移り、アラン・ケイはブルックリン・テクニカル・ハイスクールから、ロングアイランドのポート・ワシントンの公立高校に通った。高校時代は音楽、とりわけギターとキーボードに熱中していたらしい。デキシー・ジャズを得意としていたという。素行不良で停学を食らったこともある。大学はウエスト・バージニア州のベサニー・カレッジの生物学科に進んだ。数学も学んだ。大学のユダヤ人入学者割り当てに対して差別だと抗議した。そのため学長からしばらく停学処分にされた。停学期間中はコロラド州デンバーの楽器店で働いており、高校時代の友人と部屋をシェアしていた。友人はある日、勤務していたステープルトン国際空港の近くにあったユナイテッド航空の全米予約センターにアラン・ケイを招待した。そこでアラン・ケイはIBM 305 RAMACコンピュータに出会った。

一九六一年、アラン・ケイは、ベトナム戦争に徴兵されそうになったので、陸軍に採られるのを嫌い、空軍に志願し、ジェームズ・コンウェイ空軍基地に配属された。空軍では表向きはさほど反抗的ではなかったものの、従順な兵隊ではなかったようだ。ポーカーに明け暮れしていたらしい。適性検査に合格して空軍訓練部隊（ATC）のIBM 1401コンピュータのプログラマーになった。バロースB220というコンピュータにも触れた。B220のファイルは、ポインター、手続き（プロシージャ）、データ・レコードの3つの部分からできていた。ポインターはプロシージャを指し示すようになっていた。

まもなくATCはB220をB5000に更新した。B5000では、高級言語プログラムのコンパイルは、プログラム参照テーブル、プロシージャ・インターフェイス、モジュールという順におこなわれた。これはB220のファイル・システムに似たところがあった。アラン・ケイはB5000を高く評価している。

アラン・ケイは空軍訓練部隊には4年いたようだ。一九六五年に中断していた学業を再開することにし、コロラド大学に中途入学した。この年、ゴードン・ムーアの、半導体の集積度は18か月ごとに2倍になるというムーアの法則に出会って感動する。在学中は劇と音楽に熱中したが、国立大気研究センター（NCAR）の膨大な気象データの検索システムのプログラミングにも励んだ。またシミュレーションにも興味を持ち、

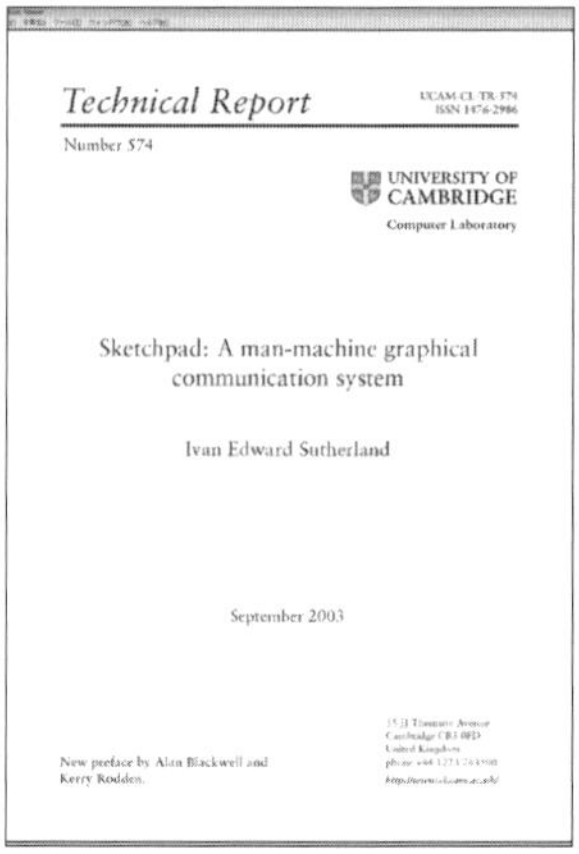
Technical Report
UCAM-CL-TR-574
ISSN 1476-2986
Number 574
UNIVERSITY OF CAMBRIDGE
Computer Laboratory

Sketchpad: A man-machine graphical communication system

Ivan Edward Sutherland

September 2003

New preface by Alan Blackwell and Kerry Rodden.

アイバン・サザーランドの有名な論文『スケッチパッド』

スーパー・コンピュータＣＤＣ ６６００でビット・フィールドのブロック転送（Bitblt）をシミュレートした。

一九六六年、アラン・ケイは、コロラド大学の学部を卒業した。数学と分子生物学の学位を取得したという。コロラド大学には、博士号を取得できるコースがなかったので、ユタ大学の大学院に進んだ。一九六六年当時、アラン・ケイはＡＲＰＡについても、そのプロジェクトについても知らなかったという。

アラン・ケイは、仕事を求めてデイビッド・エバンス教授のところに行った。デイビッド・エバンスは、アイバン・サザーランドの一九六三年の伝説的なスケッチパッドの論文「スケッチパッド：マン・マシン（人間と機械の）グラフィカル・コミュニケーション・システム」を読むように指示した。この論文は、昔はなかなか入手できなくて私も閉口していたが、インターネットの普及で読めるようになった。全文１４９頁である。プログラムの羅列と想像していたが、きちんとした数学が使われている美しい論文である。正直なところ驚いた。

アラン・ケイが解読に苦戦したというプログラムは、論文とは別に存在していたようだ。アラン・ケイは、スケッチパッドのユニバック１１０８用のＡＬＧＯＬ言語で書かれたプログラムに苦戦した。特にその込み入ったデータ構造に手を焼いたという。スケッチパッドでは、プロシージャにポインターを埋め込み、ルーチンに飛ぶために逆インデキシングというプロセスを使っていた。これはB220のファイルのデータ構造に似ていた。スケッチパッドではクリッピングやズーミングが可能であった。その内、アラン・ケイはシミュレーション用言語のシミュラ（SIMULA）言語に出会い、目を開かされた。スケッチパッドではマスターとインスタンスという概念が使われていたが、SIMULAではアクティビティとプロセスの概念が使われていた。

アラン・ケイは、数学では抽象代数学を研究し、多くの代数構造に演算を施すことに注力した。生物学では細胞の代謝と大規模な形態形成を研究した。単純なメカニズムで複雑なプロセスをコントロールできることと、細胞を必要な器官へと差別化できることを研究した。

アラン・ケイは、B220のファイル・システム、B5000のコンパイル・システム、スケッチパッドのデータ構造、SIMULAには同じアイデアが使われていることに気付いた。

再帰的設計の基本原理は、部品が全体と同じ能力を持たせるようにすることである。ここでアラン・ケイは、ライプニッツの単子論やプラトンの思想に思いを馳せた。

アラン・ケイの文科系の教養は深い。論文『スモールトークの初期の歴史』の中にも、さりげなく、トーマス・ホッブス、アルトゥル・ショーペンハウアー、ゴットフリード・ライプニッツ、プラトン、ルドルフ・カルナップ、チェーザレ・パヴェーゼ、トーマス・ペイン、ジョン・デューイ、サミュエル・テイラー・コールリッジなどが引用されている。『プログラミング言語の歴史』（Addison-Wesley）には、この論文の付録の文献表がきちんと収録されている。ただ文科系の思想家の著作のどこから引用したのか、せめて書名くらい書いてあれば探しやすいのだが、残念ながら、文科系の文献の表はない。コンピュータ関係の文献表は完備している。

## FLEXマシン

一九六七年にアラン・ケイは、デイビッド・エバンスにエド・チードルを紹介された。アラン・ケイは、エド・チードルと小型のコンピュータ、つまりパーソナル・コンピュータについて研究を始めた。アラン・ケイはパーソナル・コンピュータにとっては、ダイナミックにシミュレートし拡張できることが必要であると感じていた。それは一九六〇年一一月にRAND社で開発されたJOSS（ジョニアック・オープン・ショップ・システム）言語のできることではなかった。ジョニアックは有名な数学者ジョン・フォン・ノイマンに由来している。またSIMULA言語は小型のコンピュータには入りきらなかった。ニクラス・ヴィルトがALGOL言語の影響を受けて開発したオイラー（EULER）言語も検討した。こうした流れの中からFLEX言語が生まれて来た。FLEXとはフレキシブル・エクステンダブル・ランゲージ（柔軟な拡張可能な言語）の略である。

この年、ダグラス・エンゲルバートがユタ大学を訪ねて来た。彼はARPAの援助を受けてオンライン・システムズ（NLS）を開発していた。NLSは人間の知性の増幅器であり、概念空間の中の思考ベクトルでナビゲートする対話型のビークル（Vehicle：乗り物）であった。アラン・ケイはNLSのアイデアをFLEXマシンに取り入れた。

FLEXマシンでは、オブジェクトの参照はB5000のディスクリプタ（記述子）の一般化として実現された。FLEXのディスクリプタは2つのポインターを持っていた。1つはオブジェクトのマスターへのポインターであり、もう1つはオブジェクトのインスタンスであった。このあたりでアラン・ケイは哲学者のルドルフ・カルナップの『意味と必要性　セマンティックスとモーダル・ロジックの研究』から影響を受けた。

アラン・ケイは、オブジェクト指向システムとは、各オブジェクトがそれに対して送られたメッセージに対応して動作するようなシステムと考えた。

博士課程在学中にアラン・ケイは、有名な人工知能学者マービン・ミンスキーに出会った。ミンスキーは伝統的な教育の方法を激しく批判し、教育や学習について考え直すことが必要だと説いた。アラン・ケイは、ミンスキーを通じて子供の教育についてジャン・ピアジェやシーモア・パパートを知った。これが元になって、ジェローム・ブルーナーやマリア・モンテッソーリに対して関心を持つようになる。

一九六八年夏、アラン・ケイは、FLEXマシンをARPA主催の大学院生の会合で披露した。FLEXマシンは、オブジェクト構造、コンパイラ、バイトコード・インタープリタ、入出力ハンドラ、簡単なテキスト・エディタを詰め込んでいた。

後年、アラン・ケイは、一九六九年九月にARPAの資金援助を受けてRAND社でトム・エリスを中心とするグループによって開発されたグラフィカル・インプット・ランゲージ（グラフィカル入力言語：GRAIL）システムを見て衝撃を受けた。GRAILはJOSSのグラフィックス版とも言えた。

一九六八年、アラン・ケイがユタ大学に提出した修士論文の表題は『FLEX　柔軟で拡張可能な言語』である。FLEXマシン、フラット・パネル・ディスプレイ、GRAIL、思想家マーシャル・マクルーハン、シーモア・パパートのLOGOなどが渾然《こんぜん》と交じり合って、パーソナル・コンピュータはどうあるべきかという構想ができ上がっていくことになる。

一九六九年、アラン・ケイがユタ大学に提出した博士論文の表題は『リアクティブ・エンジン』である。17世紀にチャールズ・バベッジがコンピュータの遠い始祖であるアナリティカル・エンジン（解析機関）を作ったが、エンジンと呼んだことに倣《なら》ったと思われる。

## ダイナブック

アルダス・パイウス・マヌティウス（以下アルダス・マヌティウス）は、15世紀のベニスの印刷業者であった。印刷技術の発明者グーテンベルクは大型の本を作ったが、頁番号を振らなかった。アルダス・マヌティウスは、本を8つ折版に小型化した。これによって本が持ち歩けるようになった。またノンブル（頁番号）を採用した。これで参照が容易になった。

アラン・ケイは、アルダス・マヌティウスに刺激を受けて、パーソナル・コンピュータはノートブック程度の大きさでなければならないとした。これがダイナブックの思想に成長していく。ダイナブックとは、大体次のコンセプトに集約される。

- 携帯型で、ふつうのノートブック程度の大きさと形で、個人用で、それだけですべてが備わった知識の操作機であり、視覚にも聴覚に対しても訴えられる十分な能力を持ち、記憶したり変更したいと考えられる、あらゆるデータを蓄えるのに十分な記憶容量を持っている。

・そのための具体的な要請として、アラン・ケイによれば、まず50万ピクセル程度の高解像度画面が必要である。次にいろいろなフォントを持つことが必要である。編集能力、描画ペイント能力、アニメーション、音楽の能力も必要である。また特にシミュレーション能力が重視されている。

アラン・ケイのダイナブック構想を支える独特な部分に、メタメディア論がある。多少抽象的だが、紹介しておこう。

・あらゆるメッセージは、何らかの意味で、あるアイデアのシミュレーションである。それは、具体的にも抽象的にも表現される。メディアの本質は、メッセージの埋め込まれ方、加工のされ方、見られ方に依存する。

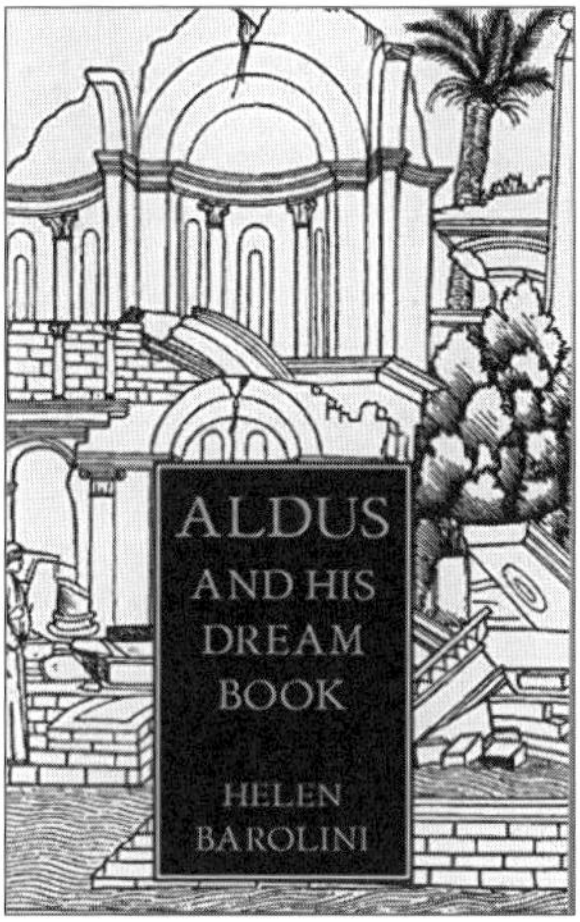


ヘレン・バロリーニの『アルダスと彼の夢の本』。アルダス・マヌティウスの凝った印刷術を見ることができる

・デジタル・コンピュータは、もともと算術計算のために設計されたが、どんな記述的なモデルの詳細に対してもシミュレートできたということは、コンピュータをメディアそのものと見なせば、メッセージの埋め込まれ方、加工のされ方、見られ方が十分であれば、あらゆるメディアとなり得るということである。

ここが、最も難解で独特な思想である。

・さらにこうしたメタメディアは能動的である。それは質問や実験に答えることができる。したがってメッセージは学習する人を双方向の会話に巻き込む。こうした特質は個々の教師というメディアを通してでは、これまで得られなかったものである。

つまり、文字処理能力だけでなく、高度の音声処理能力や画像処理能力を伴えば、一方的でなく、パソコンとの対話的なコミュニケーションができるということだろう。

今では当たり前となった要求仕様だが、一九七七年当時、こうしたダイナブックの思想はまだ実現に程遠いものだった。ダイナブックは、夢だと思われた。

アラン・ケイによれば、「あらゆる情報に関する必要性を満たし、ノートブック程度の大きさで、誰でも所有でき、あらゆるデータを記録できる個人用のダイナミックメディアがダイナブックである」という。

一九六九年、アラン・ケイはユタ大学で博士号を取得した。一九六九年アラン・ケイはバトラー・ランプソンのCAL-TSSの講演を聴いて感動した。オブジェクト指向OSと思った。そして一九六九年七月、スタンフォード大学人工知能研究所（SAIL）に移った。ジョン・マッカーシーの研究所である。パロアルト市アラストラデロ・ロード1600番地（1600 Arastradero Road, Palo Alto）にあった。スタンフォード大学の裏手で恐ろしく辺鄙《へんぴ》なところだ。グーグルの航空写真でご覧になれる。ジョン・マルコフの『パソコン創世第3の神話』（服部桂 訳）の123頁に出てくる。GTEの直流電力ビルである。

現在SAILはスタンフォード大学構内のゲイツ・コンピュータ・サイエンス・ビルディング内にある。スタンフォード・セラ・モール353番地（353 Serra Mall, Stanford, CA）である。

マッカーシーのSAILでアラン・ケイはLISP言語を本当に理解したと言っている。面白いことに、アラン・ケイはSAILで人工知能に興味を持ち、影響も受けたが、人工知能研究には距離を置いた。

アラン・ケイのSAILからPARCへの異動がいつだったのかは特定しにくい。

アラン・ケイは一九七一年六月以前にゼロックスPARCに入所している。それはアラン・ケイの『トランスデューサーズ』という論文がPARCの所属で出ていることからも分かる。

またアラン・ケイがPARC入所を決めたのは、BCCが一九七〇年一一月三日に倒産し、BCCの6人のグループがPARCに一九七一年一月に入所した後である。したがって一九七一年一月か二月頃にPARCに入所したものと思われる。

このあたりでアラン・ケイは、前から抱いていたキディコンプ（KiddyKomp）というノート型コンピュータのアイデアをミニコム（miniCOM）に変えた。これはデータゼネラルのNOVA 1200のようにビットスライス的なアプローチだった。またスモールトーク言語のアイデアを出した。

## 未来を予測する最良の方法

アラン・ケイは、一九七一年ゼロックスのPARCに移った。PARCでは、システム・サイエンス研究室（SSL）の下のラーニング・リサーチ・グループ（LRG）を創って、そこを率いることになった。アラン・ケイは、当時ゼロックスのコーポレート・プランニング・ディレクターを務めていたドン・ペンドリーに我慢がならなかった。ドン・ペンドリーはPARCでおこなわれている研究を監視するような立場にあった。ドン・ペンドリーはアラン・ケイの言っていることを全く理解せず、世の中のトレンドと、未来はどうなるのかにしか関心がなく、ゼロックスはどう備えたらよいかしか考えていなかった。世の中の流れについて行くだけの受動的な考え方にアラン・ケイは腹を立てて言った。

「未来を予測する最良の方法は、未来を実現してしまうことです。他の人がどう考えようと煩わされることはありません。今はほとんどどんな明確なビジョンだって立てられる時代なんです」

この言葉は多くの人に愛されている。たとえばアンディ・ハーツフェルドの『レボリューション・イン・ザ・バレー』のパート1の表紙（2頁と3頁）に引用されている。よほど強い印象を与えたのだろう。

アラン・ケイは、ディスプレイ・トランスデューサーを提案したが、しかし、ドン・ペンドリーはアラン・ケイの言っていることが全く分からなかった。

一方でアラン・ケイも浮世離れしていた。当初SSLのオフィス・コミュニケーション・グループを仕切っていたビル・イングリッシュがアラン・ケイの擁護に回って、SSLにラーニング・リサーチ・グループを創らせた。そして君は予算を獲得しなければならないと言った。アラン・ケイの返事がふるっている。

「予算って何です？」

## スモールトーク

アラン・ケイの率いるグループは、有名なオブジェクト指向言語のスモールトーク（Smalltalk）を開発する。アラン・ケイによれば、スモールトークとはインド・ヨーロッパ語族の神がゼウス、オーディン、トールなどと、はったりの利いた名前を付けられているのに反発したからだという。

アラン・ケイは、マービン・ミンスキーのロゴ（LOGO）という子供の教育用に作られた言語に強い関心を持った。LOGOは子供の自発性や主体性、創造性を引き出すことを狙った言語であると言われている。特にタートル・グラフィックスが有名である。この言語を開発したシーモア・パパートは、この言語で金持ちになりたかったらしいが、そういう意味では必ずしも成功しなかった。

アラン・ケイはLOGOにいたく心を動かされ、マイクロワールドとか知的増幅装置という考え方に到達したと言われ

バイト誌のスモールトーク特集号

バイト誌のロゴ特集号

ている。スモールトークをはじめとするアラン・ケイの一連の業績は、ＬＯＧＯの影響を受けている。

スモールトークは次のように発展している。

スモールトーク71（一九七一〜一九七二年）
スモールトーク72（一九七二〜一九七四年）
スモールトーク74（一九七四〜一九七六年）
スモールトーク76（一九七六〜一九七八年）
スモールトーク78（一九七八〜一九八〇年）
スモールトーク80（一九八〇〜一九八三年）

順次見ていくことにしよう。

## ダン・インガルス

アラン・ケイがスモールトークの父なら、ダニエル・インガルス（以下ダン・インガルス）は、スモールトークの生みの親と言える。

ダン・インガルスは、一九四四年ワシントンＤＣに生まれた。一九六二年ハーバード大学の物理学科に入学した。ハーバード大学ではＦＯＲＴＲＡＮ言語プログラミングとアナログ・コンピュータのコースを取った。一九六六年スタンフォード大学大学院の電気工学科に入学した。専攻は無線科学であったようだ。ドン・クヌースのコースを取った。

ダン・インガルスは、修士課程在学中に一度起業しようとして失敗。復学して修士号を取得し、再び起業しようとして失敗した。プログラム中にカウンターを入れてFORTRANプログラムの動作測定をする性能解析ツールを作成した。COBOLに対しても性能解析ツールを作った。CDCのサービス・ビューローで言語認識にFORTRANを使っている技術者と知り合いになった。それがPARCのメディア・コンバージョン・グループで働いていたジョージ・ホワイトだった。

そのツテでダン・インガルスはPARCに入り、SDSのシグマ3でFORTRAN用の対話型環境を作り、テキスト・エディタも作った。ダン・インガルスは、それまでにPL／I用の半対話型環境やAPLの対話型環境の経験があった。不思議なことにLISPの対話型環境は扱わなかったという。ともかくダン・インガルスは、アラン・ケイのグループに参加することになる。

スモールトークの実装は、ほとんどすべてダン・インガルスがやったようだ。アラン・ケイは、アイデアと方針を示しただけだったようだ。

■スモールトーク71

スモールトーク71の実装では、何と驚くべきことにBASIC言語でプログラミングした。1000行という大きさのプログラムで、本人の言では6の階乗（6!）を計算させただけだったという。

この場合、動的検索プロセスと新しいスタック・フレームやガベッジ・コレクションの参照カウントを工夫する必要があったというが、どこのＢＡＳＩＣで、どうやったのだろうと興味は尽きないが詳細は分からない。

## ■スモールトーク72

2か月後にＮＯＶＡ上で、スモールトークのアセンブリ言語によるプログラムが書かれた。これがスモールトーク72である。スモールトーク72の特長は、オブジェクトの格納管理、プログラム・コードのトークン表現、クラスの非明示的な導入、テキストの表示、タートル（亀）・グラフィックスなどが特徴である。トークンの動的検索が非効率的だったという。

一九七三年四月、ＡＬＴＯができ上がると、すぐさまＮＯＶＡからＡＬＴＯに移植された。命令形式はＮＯＶＡとＡＬＴＯは同じであるから、比較的順調だったろう。

## ■スモールトーク74

ここではアラン・ケイの提案したオーバーラッピング・ウィンドウに必要なビットブリット（BitBlt）技術が導入された。当初、ビットブリットは、スモールトークのプログラムで走らせ、次にアセンブリ言語のプログラムで走らせ、次にＡＬＴＯ用にマイクロコード化したという。カーネルをすべて書き直し、グラフィックスはすべてビットブリットを使うように変更したという。

メモリの制約が厳しかったことからバイトコードが採用された。ピーター・ドイッチの開発したＬＩＳＰ

用のバイトコードにヒントを得たという。

スモールトーク74では、仮想記憶を実現するオブジェクト指向ゾーンド環境（OOZE：ウーズ）ができた。この仮想記憶によって1メガバイト程度にメモリ空間を拡張できたというが、効率はあまり良くなかったと思われる。

またスモールトーク74では、オブジェクト指向が明確になった。クラスが明示的に導入され、クラスの階層性と継承性が導入された。メッセージ・ストリームの定式化がおこなわれ、メッセージのディクショナリ（辞書）が導入された。さらにマイクロコードによるエミュレータが高速化された。

スモールトーク72のインストラクション・マニュアル

■スモールトーク76
スモールトーク76の実装もアセンブリ言語でおこなわれた。この時、オブジェクト指向に必須のクラスの考え方が本格的に導入された。このあたりで、スモールトークはアラン・ケイが最初に考えていたシステムと乖離しつつあった。アラン・ケイは、いっそスモールトークのディスクパックを焼き払おうとまで言った。ダン・インガルスは苦い顔をした。スモールトークはアラン・ケイの思想から離れつつあったのである。

■スモールトーク78

スモールトーク78は、インテル８０８６に対応した。これがノートテイカーに搭載されることになる。インデックス付けされたオブジェクト・テーブル、リファレンス・カウントなどが特長である。

■スモールトーク80

スモールトーク80は、不思議なことにC言語とアセンブリ言語で実装され、スモールトーク80で実装されたのではなかったという。オブジェクト指向言語を非オブジェクト指向言語で実装するのは不思議だ。それならC言語でなくC＋＋言語で実装すればよさそうなものだが、C＋＋言語の登場は一九八三年であり、まだ存在していない。

またこの時点でスモールトークの仮想機械のシステムが書かれた。多様なメーカーのマシンへの移植性を高めるためである。ダン・インガルスはデイブ・ロビンソンと一緒にバイトコード・インタープリタのスモールトーク・エミュレータを書いた。またテッド・ケーラーがスモールトークでシステム・トレーサーというプログラムと仮想記憶システムを書いた。

◆これらの詳しい話は先述の『コーダーズ・アット・ワーク』というインタビュー集にあるので、興味のある方は参照されたい。

スモールトークは、ＡＬＴＯと切り離しては考えられない。ＧＵＩとスモールトークがあってＡＬＴＯの環境ができ上がるのだが、マッキントッシュが実現していたのはＧＵＩ環境だけで、スモールトークのオブジェクト指向がマッキントッシュの世界に進出するには、かなりの時間がかかっている。ウィンドウズにしても、GUI環境は比較的簡単に真似ができたが、スモールトークのオブジェクト指向がボーランドC＋＋やビジュアルC＋＋として入ってきたのはかなり後である。形だけ真似て、オブジェクト指向は取り入れていなかったのである。

## アデル・ゴールドバーグ

アデル・ゴールドバーグは、一九四五年オハイオ州クリーブランドに生まれた。姉がいて双子であった。都合、3人の女姉妹であった。アデル・ゴールドバーグの父親が3歳の時、ゴールドバーグの祖父が死亡したので、彼女の父親の学歴は高校卒であった。彼はインダストリアル・エンジニアとして多くの職場で働いた。アデル・ゴールドバーグの母親は大学の数学科を卒業して高校に勤めた。教師というより秘書的な仕事をしていたようだ。アデル・ゴールドバーグが生まれると子育てに専念した。一家は彼女が11歳になるまでクリーブランドにいて、それからイリノイ州シカゴに移った。シカゴの北部だったらしい。アデル・ゴールドバーグは、子供の頃から数学が好きだった。

一九六三年、アデル・ゴールドバーグは、ミシガン州アナーバーのミシガン大学に入学した。多少不幸なことに気候も食べ物も合わなかったようだ。アデル・ゴールドバーグは数学を専攻した。非常に強い記憶力があり、一度見た証明は目を閉じると鮮明に再現できたという。ゴールドバーグという姓はドイツ系のユダヤ人に多い姓で、この記憶力の話からも優れた能力を持つユダヤ人だったのではないかと思う。

　またアデル・ゴールドバーグは、コンピュータのプログラムのコースを取って、ＩＢＭシステム／３６０でプログラミングも学び始めた。３年修了時、ドイツのミュンヘンの大学に行ったが、世話をしてくれた人が住まいの手配を忘れていた。数週間、家探しをしたが見つからない。そこで自宅に電話してユーレイル鉄道パスを手に入れ、半年かけてヨーロッパ、中東の各地を回り、最後にイスラエルまで行って米国に戻った。ヨーロッパ各地でＩＢＭの文字の付いた大きなビルを見つけたことが強く心に残ったようだ。

　アデル・ゴールドバーグは、帰国して父親にＩＢＭのことを話した。父親は勤務先の会社でＩＢＭのコンピュータを使っていた関係で、どこかに手を回して、一九六六年の夏、ＩＢＭのインストレーション・センターでアルバイトをできるようにしてくれた。仕事はＩＢＭ ４０７会計機に関係するもので、プログラムはコントロール・ボードでワイヤーの配線でおこなうものだった。昔の電話の交換機のプラグ・ボードを想像すればよい。夏で仕事もあまりなかったので、アデル・ゴールドバーグは、センターに備え付けのマニュアルを片っ端から引き出して読んでＩＢＭ ４０７の操作を自習した。このマニュアル類はインターネットからダウンロードできるが、歯車とモーターが中心のものすごい電気機械式のマシンである。プログラミングの仕方は『ＩＢＭリファレンス・マニュアル ４０７アカウンティング・マシン（IBM Reference Manual 407 Accounting Machine）』というマニュアルに書いてある。丁寧に書いてあるが、そう簡単ではない。

　あるとき、客先でＩＢＭ ４０７が故障したので、アデル・ゴールドバーグが修理した。当時、若い女性がＩＢＭの会計機のコントロール・ボードの配線を操作できるとは想像もできないことであって、みんなが驚いたらしい。

一九六七年、４年生の春学期、アデル・ゴールドバーグはアルバイトを探して、カール・ジン率いる学習と教育法の研究センター（CRLT）で働くことになった。ここではＩＢＭ １５００上でコースライターⅡというソフトウェアを動かしていた。アデル・ゴールドバーグはドイツ語が話せたのでドイツ人向けのクラスで教えられるので重宝された。ここで教育にコンピュータ技術を使うことと、プログラミングに関してより深いレベルの理解を得た。

海外を見たから米国内も旅行しなければということで、デンバー、コロラド、ニューヨークと回り、最後にサンフランシスコに着いた。ここでは友人の女性のＵＣバークレーの寮に滞在した。ここでまたＩＢＭのサンフランシスコ・ビジネス・オフィスを訪ねて夏期のアルバイトをさせてくれと頼み込んで成功した。時は一九六七年。ベトナム戦争の真っ只中で、アデル・ゴールドバーグは、サマー・オブ・ラブやヘイト・アシュベリー地区のヒッピーなどにカルチャー・ショックを受けた。

◆この当時のことは、拙著『スティーブ・ジョブズ　青春の光と影』１０３頁あたりに書いてある。関心のある方は参照されたい。

アデル・ゴールドバーグは、ＩＢＭには入社せず、シカゴに戻ってシカゴ大学大学院の情報科学学科に入学した。２年間で修士号は獲得できそうだった。次は博士課程ということになるが、博士課程に進むには奨学金が必要だった。当時は女性が工学分野で活躍することは想定されていなかったので、難しいと思われた。それでも一九六八年アデル・ゴールドバーグは筆記試験を受け、口頭試験に臨んだ。博士課程で何を研究するつもりかと聞かれて、教育工学と答えた。当時のシカゴ大学は原子力委員会の委託による原子力の研究が中心で、教育工学を専攻する大学院生に出せる奨学金の余裕はなかった。だが、ローマン・ワイル教授がスタンフォード大学から来ていたパトリック・サッペス教授に助けを求めた。パトリック・サッペスはスタンフォード大学の社会科学における数学的研究院（IMSSS）のディレクターの1人であった。ローマン・ワイルがパトリック・サッペス歓迎ディナー・パーティを開き、アデル・ゴールドバーグも招待された。その席でアデル・ゴールドバーグが教育にコンピュータを使っている現場に参加したいので、スタンフォード大学に1年程招待してもらえないかと聞くと、瞬時にＯＫが出た。そこで一九六九年アデル・ゴールドバーグはシカゴ大学に籍を置いたまま、スタンフォード大学の客員研究員になった。

パトリック・サッペスは、オンライン・システムを使った数学の公理系の証明の問題に取り組んでいた。アデル・ゴールドバーグは機械的な定理証明機のアイデアを出した。最終的には完全性の証明の問題となり集合論を使って証明したという。原論文を見られないので詳しいことは分からない。ともかく博士号は取得したらしく、一九七二年にはブラジルのリオ・デ・ジャネイロの大学で教えていた。

一九七三年六月、アデル・ゴールドバーグは、アラン・ケイに誘われて、ゼロックスのＰＡＲＣのシステム・サイエンス研究室（ＳＳＬ）のラーニング・リサーチ・グループ（ＬＲＧ）で身重のまま働き始めたという。

アラン・ケイは、スモールトークは子供にも使えるほどシンプルな言語であることを証明したがっていた。そこでアラン・ケイとアデル・ゴールドバーグは、一九七三年、パロアルト市ノース・カリフォルニア・アベニュー７５０番地（750 North California Avenue, Palo Alto）にあるジョーダンロード中学校の7年生を相手に、

ＰＡＲＣのビルディング34でスモールトーク72の教室を開いた。

この当時のスモールトークは、子供向けということもあってか、絵文字を多用していた。エジプトの象形文字のようなプログラムである。スモールトークが本格的なビジネス言語に成長していくに従って絵文字は次第に消されていく。さらにアラン・ケイとアデル・ゴールドバーグは、ＰＡＲＣに無断でジョーダンロード中学校にＡＬＴＯを持ち出してしまった。これでアラン・ケイは叱責を受けた。それでもＡＬＴＯは回収されることはなく、そのまま設置されていた。

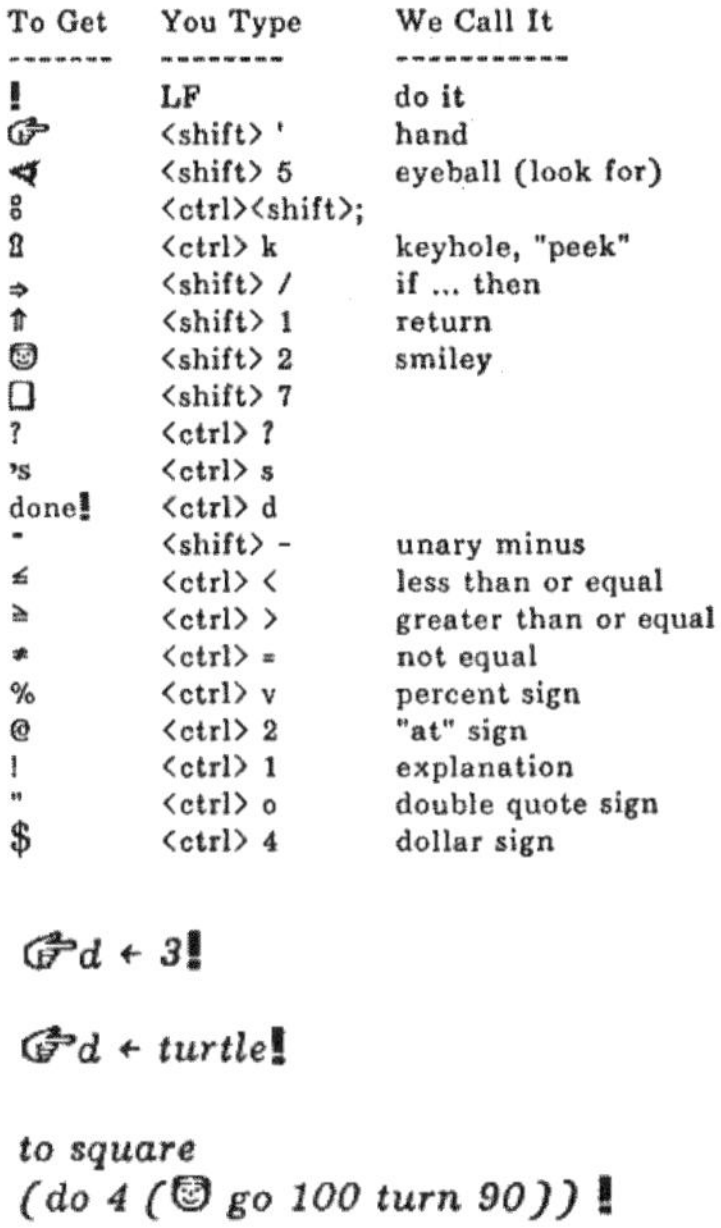

| To Get | You Type | We Call It |
|---|---|---|
| ! | LF | do it |
| ☞ | <shift> ' | hand |
| | <shift> 5 | eyeball (look for) |
| | <ctrl><shift>; | |
| | <ctrl> k | keyhole, "peek" |
| ⇒ | <shift> / | if ... then |
| ⇑ | <shift> 1 | return |
| ☺ | <shift> 2 | smiley |
| □ | <shift> 7 | |
| ? | <ctrl> ? | |
| 's | <ctrl> s | |
| done! | <ctrl> d | |
| - | <shift> - | unary minus |
| ≤ | <ctrl> < | less than or equal |
| ≥ | <ctrl> > | greater than or equal |
| ≠ | <ctrl> = | not equal |
| % | <ctrl> v | percent sign |
| @ | <ctrl> 2 | "at" sign |
| ! | <ctrl> 1 | explanation |
| " | <ctrl> o | double quote sign |
| $ | <ctrl> 4 | dollar sign |

```
☞d ← 3!

☞d ← turtle!

to square
(do 4 (☺ go 100 turn 90)) !
```

スモールトーク72で使われた絵文字

アデル・ゴールドバーグは一九七九年にはシステム・コンセプト研究室（ＳＣＬ）のマネージャになった。一九八四年にはアソシエイション・フォー・コンピューティング・マシナリー（ＡＣＭ）の会長になっている。一九八七年にはアラン・ケイ、ダン・インガルスと共にソフトウェア・システムズ・アワードを受賞している。一九八八年にＰＡＲＣをスピンオフして、ＰＡＲＣプレイス・システムを設立し、最高経営責任者兼会長になった。

アデル・ゴールドバーグは、スモールトーク80の解説書を執筆した人として有名である。次のような本を書いている。

・『スモールトーク80　言語とインプリメンテーション』（青本）一九八三年刊　714頁
アデル・ゴールドバーグ、デイビッド・ロブソン著
・『スモールトーク80　対話型プログラミング環境』（赤本）一九八四年刊　516頁
アデル・ゴールドバーグ著
・『スモールトーク80　若干の歴史、助言』（緑本）一九八三年刊　344頁
グレン・クレスナー監修
・『スモールトーク80　言語』（紫本）一九八九年刊　608頁
アデル・ゴールドバーグ著

すごい分量の解説書群で、圧倒される。紫本以外はインターネットからPDFファイルでダウンロードできる。私も原著は持っているが、重くて持ち運びに難儀するので、PDFファイルを100頁ぐらいずつ印刷して読んだ。青本と赤本だけでも読むのは大変だった。きわめて真面目に書いてあって読みやすいが、分量が多く単調である。アラン・ケイのように微分係数の鋭さで勝負するのではなく、アデル・ゴールドバーグは積分量で勝負するタイプのようだ。

青本で驚くのは第20章から第25章にかけてシミュレーションに多大な頁が割かれていて、確率分布の初歩から論じ始めることである。離散分布では、ベルヌーイ分布、二項分布、幾何分布、ポアソン分布について論じ、連続分布では、一様分布、指数分布、ガンマ分布、正規分布について論じている。数学はせいぜい大学の初年次教育程度で説明も分かりやすいが、これは子供にはとても読めない。

スモールトーク80の解説書。青本、赤本、緑本、紫本の4種類がある

アラン・ケイが一九七六年頃、「スモールトークは自分の手を離れてしまった。子供達はプログラミングしなくなってしまった」と嘆いたのは無理もない。

青本のシミュレーションのプログラムは、グラハム・バートウィスルの『デモSIMULA上での離散事象モデリングの1システム(Birtwistle, Graham. "Demos-A System for Discrete Event Modelling on Simula")』(インターネットからダウンロードできる)を手本にしているようだが、私にはどちらかと言えば、SIMULAのプログラムの方がスモールトークのそれよりは読みやすい。

青本の仮想機械の章も面白い。バイトコードなども丁寧に説明されている。

赤本は当初できれば読まないつもりだったが、つい負けて斜め読みしてしまった。この本は、青本を先に読むか、４８０頁からのファイナンシャル・ヒストリーという名前のプログラム・リストを最初に読んでおかないと、理解できないと思う。

緑本は絶対に読まないつもりだったが、赤本から2か所ほど引用があり、またダン・インガルスの書いた第2章が非常に参考になったので、つい引きずられて読んでしまった。

ただ非常に残念なのは、予告されていた『ユーザー・インターフェイスとグラフィカル・アプリケーションの作成』という本がついに書かれなかったことだ。本当は青本や赤本でなく、この本にプログラムの入力の仕方でなく、体系的なプログラミングのノウハウを詰めて欲しかった。残念である。

## ラリー・テスラー

ラリー・テスラーは、一九四五年、ニューヨークのブロンクスに生まれ育った。ラリー・テスラーは一九五二年の大統領選挙の予測にユニバックIが使用された様子をテレビで見て、コンピュータに興味を持った。

一九五九年、ブロンクスの科学高校に入学したラリー・テスラーは、数学が得意であった。素数に関するフェルマーの定理を証明したと思っていた。それはすべての素数を計算できる公式のつもりであった。フェルマーの最終定理ではなく、フェルマーの小定理だったようだ。

ラリー・テスラーが得意になって、数学の教師に見せると、

「これは素晴らしいものだが、これはアルゴリズムであって、閉じた公式ではない。しかし、コンピュータにかければすべての素数を計算できるよ」

と言われた。そこでラリー・テスラーは質問した。

「アルゴリズムって何です？　それにどうしたらコンピュータにアクセスできるんです？」

すると数学の教師はＩＢＭ　６５０コンピュータの機械語のマニュアルを渡してくれた。食堂でラリー・テスラーがそのマニュアルを読んでいると、たまたま通りかかった1年上級のポール・シュネックがびっくりして聞いた。「どこからそれを手に入れたんだい？　どうしてそれを読んでいるんだい？」ポール・シュネックはコロンビア大学のコンピュータに隔週土曜日30分だけだが、ともかくアクセスできるように手配してくれた。こうしてラリー・テスラーはコンピュータの魅力に取り憑かれた。

一九六二年、ラリー・テスラーは、スタンフォード大学の数学科に入学した。当時はスタンフォード大学にはコンピュータ・サイエンス学科はなかった。両親の束縛から逃れたかったことと、ニューヨークのブロンクスは多少治安が悪かったので西海岸に逃げ出したという。ラリー・テスラーは、入学したその日からコンピュータに夢中になった。大学の寮で友人になった数学科の学生達はパロアルト高校の出身で、高校生の頃からコンピュータに触っており、スタンフォード大学のコンピュータにアクセスできた。友人の１人がラリー・テスラーをコンピュータ・センターに連れて行ってくれた。そこにＩＢＭ　６５０があり、教授が３人

いたが、次のように言った。

「好きなだけIBM 650にアクセスしてもかまわんよ。誰も使えないんだから」

数日して、ラリー・テスラーは、少し離れた部屋に周辺機器の完備したバロースB220というコンピュータが設置してあるのを見つけた。そこで彼はバロースB220に転向し、コンピュータ・オペレータとなって、コンピュータにどっぷり浸かった。この頃、スタンフォード研究所（SRI）の依頼で核爆弾の被害のシミュレーションをバロースB220を使ってSRIの研究員と共におこなった。当時はまだ冷戦のさなかであった。

大学2年生の時、ラリー・テスラーはカード・スタントとソフトウェア会社でアルバイトを始めた。ここでプログラムの腕を磨いた。

一九六三年、ラリー・テスラーは、スタンフォード大学の直近のパロアルト市ラモナ・ストリートにインフォメーション・プロセッシング・コーポレーションという従業員4人の小さな会社を設立した。続いて一九六五年、ラリー・テスラーはスタンフォード大学数学科を卒業した。さらに一九六八年、インフォメーション・プロセッシング・コーポレーションを辞めた後、四月から七月まで、サンタモニカのシステムズ・コンセプツという会社でソフトウェア技術者として働いた。

その後一九六八年、ラリー・テスラーは、スタンフォード大学人工知能研究所（SAIL）で働いた。SAILはラリー・テスラーの会社のいい得意先だった。SAILでは人工知能で有名なテリー・ビノグラードと知り合いになった。

一九六八年一二月九日、秋季ジョイント・コンピュータ・コンファレンスで、ダグラス・エンゲルバートが大デモンストレーションをおこなった。このデモをすべてのデモの母という。3つボタンのマウスが初めて使われた。コマンド・モードや編集モードの切り替えがマウスやキーボードでおこなわれた。SAILでラリー・テスラーは、関数型言語COMPELを設計した。

一九六七年から六八年頃、ラリー・テスラーはミッド・ペニンシュラ自由大学の運動に関わっていた。ここでラリー・テスラーはジム・ウォーレンと知り合った。

◈ジム・ウォーレンについては拙著『スティーブ・ジョブズ　青春の光と影』370頁以降を参照されたい。

一九六八年ラリー・テスラーは、自由大学で『どうすればIBMの独占をやめさせられるか、コンピュータの現状』というテーマでクラスを開いた。クラスには10人程度が集まったが、ほとんどがスパイに来たIBM関係者だったという。中には自分からIBM関係者と告白した人もいたという。

初年度のクラスが終了し、冗談交じりにIBMを独占禁止法違反で訴えようと言っていたところが、翌一九六九年一月一九日、司法省がIBMを独占禁止法違反で提訴したので、IBMのように強い奴は、司法省のように強い奴に任せておけばよいと手を引いた。ラリー・テスラーは新左翼かぶれだったようだ。

一方、SAILでの仕事は、次第に人工知能（AI）本来の未来志向のものとなっていった。ラリー・テスラーは、自分はもっと実際的な仕事がしたいと悩むようになった。そこで一九七〇年五月、25歳の時（本人は六月と言っているが計算が合わない）、仕事を全部放り出し娘を連れて、オレゴンの農場に小さな土地を買って出かけていった。ところがニューヨークのブロンクスの都会育ちのラリー・テスラーには野良仕事は向いていなかった。1か月で降参した。そこで近くの銀行に雇って欲しいと頼むと、出納係以外は必要なく、プログラマーなどいらないと断られた。仕方なくラリー・テスラーは、一九七〇年一〇月、悄然《しょうぜん》としてSAILに戻った。

ラリー・テスラーは同僚から、「アラン・ケイが君をゼロックスのPARCに推薦していたが、誰も君を見つけられなかったぞ」と言われた。ラリー・テスラーは、「PARCって何だ」と聞いたという。ゼロックスPARCはラリー・テスラーがオレゴンに発って数週間した一九七〇年六月一日に開所したばかりだった。

アラン・ケイは、一九六九年九月の博士論文通過後にSAILにやってきた。だからラリー・テスラーとは1年くらい、SAILに一緒にいたことになる。

アラン・ケイの推薦に意を強くして、ラリー・テスラーはPARCへ自分を売り込みに出かけて行った。しかし、なかなかうまくいかなかった。時期を外してしまったので、募集が一段落してしまったからである。仕方なく、ラリー・テスラーは、SAILでPUBという文書整形プログラムの仕事に従事した。PUBとはパブリッシングの略である。PUBはUNIXのRUNOFFに準拠していた。ラリー・テスラーはスタンフォード大学版のALGOLでプログラムを書く仕事に従事した。

ラリー・テスラーがPARCに入所できたのは一九七三年になってのことである。システム・サイエンス研究室（SSL）のオフィス・コミュニケーションズ・グループのビル・イングリッシュのPARCオンライン・オフィス・システム（POLOS）プロジェクトの要員として採用された。ただラリー・テスラーはPOLOSにはあまり興味を惹かれなかった。彼は、同じSSLでもアラン・ケイのラーニング・リサーチ・グループ（LRG）のスモールトークの方に強く惹かれた。

かなりの紆余曲折を経て、ラリー・テスラーは、アラン・ケイのグループに接近した。ビル・イングリッシュの方でもラリー・テスラーがPOLOSに興味がないのを理解したのだろう。別のプロジェクトに厄介払いをすることにした。

当時、ゼロックスは、ジン&カンパニー（以下ジン社）という出版社を買収していた。この会社のダーウィン・ニュートンという人が熱心で、一九七四年、PARCはジン社の入力業務に対して技術協力をしてやることになった。間を取り持ったのは、元SSLの室長でPARCと他の部門との仲立ち役に任命されていたビル・ガニングであった。ビル・ガニングからSSLのビル・イングリッシュに話があり、ビル・イングリッシュはSSLのPOLOSグループで浮いていたラリー・テスラーに目を付けた。ラリー・テスラーは、SAIL時代にPUBを経験しており、適材と言えた。またSAILからPARCに入所していた、かつての同僚ダン・スワインハートと共同で作業できることになった。ジン社からは若い英国人のティモシー・マットが派遣されてきた。ティモシー・マットの見る限りPOLOSは複雑すぎて、ジン社には向かなかった。単にワード・プロセッシングとページ・レイアウトができればよいのであった。

ラリー・テスラーは、ビル・イングリッシュの許可のもとで、POLOSでなくALTOでのプログラム開発に取り組むことにした。ALTOとイーサネットとレーザー・プリンターとブラボーの組合せである。

そこでラリー・テスラーは、ティモシー・マットと協力して、ブラボーのモーダル・ベースのユーザー・インターフェイスを取り去り、ＧＵＩベースのジプシーで置き換えることにした。モーダル・ベースとは、モードを切り替えて作業をおこなうものである。ブラボーでは編集モードとコマンド・モードを切り替えて作業をした。ユーザーは今どちらのモードにいるかをきちんと把握していないと、間違いを犯しやすい。

その後、ＰＯＬＯＳプロジェクトはうまくいかず、ＳＳＬの室長バート・サザーランドは、一九七五年に開発中止を命令した。ジプシーは一九七五年には一応完成した。一九七五年二月、ティモシー・マットはジン社に戻り、フィールド・テストをしてみた。結果はきわめて良好であった。一九七六年ティモシー・マットはＰＡＲＣのＳＳＬに採用された。

ラリー・テスラーは、後にアップル・コンピュータに入社することになる。

# 第7章
# ALTOの誕生

スティーブ・ジョブズが好きなボブ・ディランやビートルズに大きな影響を与えたのが反体制というよりドロップアウトのビート世代であり、アレン・ギンズバーグやジャック・ケルアックがその代表である。ビート世代に感化されて登場したのがビートニク（ビート族）であり、スティーブ・ジョブズの黒いタートルネック、リーバイスのブルージーンズ、丸眼鏡などは、ビート族の定番のモードであって、意識したかどうかは不明だが、その影響を強く感じさせる。
アレン・ギンズバーグがビート世代を代表する一大詩人となったのは、1955年10月7日サンフランシスコのフィルモア・ストリート3119番地（3119 Fillmore Street, San Francisco）のシックス・ギャラリーでの朗読においてである。これについては私の『スティーブ・ジョブズ　青春の光と影』164頁以降を参照されたい。書き過ぎたかなと思ったが、どの文学史にもそう書いてあるので、ほっとした。
実際に行ってみたが、映画『ダーティ・ハリー』に出てくるフィルモア・ストリートの坂は急峻で、自動車の前方座席に座っていた家内と次男が「あっ、道が消えた」と叫んだほどの断崖風である。そこを下るとシックス・ギャラリー跡に着く。アレン・ギンズバーグの朗読を記念した銘板が道路に設置されていて驚いた。今は『ダーティ・ハリー』の時代ほど危険な地帯ではない。

本章では、アップル・コンピュータのリサやマッキントッシュに大きな影響を与えたALTOというマシンについて、もう少し詳しく見ていくことにしよう。

## 「予算を持っていませんか」

一九七二年九月、MAXCを完成させたバトラー・ランプソンとチャック・サッカーは、システム・サイエンス研究室（SSL）のラーニング・リサーチ・グループ（LRG）のアラン・ケイを訪ねた。

前述のように2人はアラン・ケイに尋ねた。

「予算を持っていませんか」

アラン・ケイが、怪訝な顔をして答えた。

「SSLのNOVAにキャラクタ・ジェネレータを装備するための費用として、23万ドル持っているよ」

すると2人は言った。

「そのお金で小さなコンピュータを作らせてもらえませんか」

2人はIBMシステム360／65の能力に匹敵し、NOVAより10倍高速のコンピュータを500ドル以下で作りたいという夢を実現したいという。かなりのはったりである。

チャック・サッカーは、SDSに立ち寄った折、SDSの副社長のビル・ビーテクに向かって「3か月でコンピュータを作ってみせます」と大見得を切ってしまった。ワイン1本を賭けることになっていた。

男気のあるアラン・ケイは、23万ドルをこの奇妙な申し出のために用立ててやった。こうして伝説的なALTOが誕生することになった。

後づけの論理では分散パーソナル・コンピューティング環境を実現するために、多数の人間が利用できる大型のタイム・シェアリング・システムでなく、個人で使用できる分散型コンピュータを作るということである。ALTOは、初のパーソナル・コンピュータであるとアラン・ケイは主張するが、初のパーソナル・ワークステーションと呼んだ方が適切だろう。パーソナル・コンピュータと呼ぶには大きすぎる。なんとか机の下に押し込めるというだけである。

ALTOのハードウェア・マニュアルを読んでみると、主設計者はチャック・サッカーとエドワード・マクライトで、これにアラン・ケイやバトラー・ランプソンが加わったとある。またチャック・サッカーの書いた文献にはバトラー・ランプソンが主設計者とある。設計思想はバトラー・ランプソン、実際の設計はチャック・サッカーと、その補助にエドワード・マクライトがいたと考えてよいだろう。

SSLの予算でCSLがALTOを作るのは不自然だが、CSLの室長ジェリー・エルキンドがゼロックス本社に出かけていて数か月留守をしている隙におこなわれた。

ともかく一九七二年一一月二二日、チャック・サッカーはALTOの設計にかかった。3か月で作らねばならないということで、ALTOは手堅い設計となり、既存部品の転用や流用がおこなわれた。MAXCのメモリ・ボードやディスク・コントローラが転用された。

そうはいうものの新機軸もあった。ALTOではマイクロパラレル処理という並列処理機構が採用された。マルチタスクという言い方もある。これにはチャック・サッカーの力が大きかった。

## ＡＬＴＯの概要

バトラー・ランプソンの一九七二年一二月の「なぜＡＬＴＯか（Why ALTO）」というメモを参考に、ＡＬＴＯについてまとめてみよう。

ＡＬＴＯでは、８・５インチ×11インチのモノクロのビットマップ・ディスプレイが採用された。走査線は９０１本、水平方向６２０ピクセル、垂直方向８２５ピクセルであった。レター・サイズの紙をイメージしていた。

仕様は時間と共に変化していく。一九七六年のＡＬＴＯのハードウェア・マニュアルでは、走査線８７５本、水平方向６０６ピクセル、垂直方向８０８ピクセルになっている。一九七九年の「ＡＬＴＯ：パーソナル・コンピュータ」ＣＳＬ－79－11というマニュアルでは、走査線８７５本、水平方向６０８ピクセル、垂直方向８０８ピクセルになっている。あまり細かいことを言っても意味がないが、つまり仕様は流動的であった。

ＡＬＴＯでは、白地の紙の上に黒の文字が印字されるイメージを出すために、メモリに負担をかけることを承知で白黒反転表示をした。メモリは96キロバイトから１２８キロバイトであった。表示用に64キロバイトから96キロバイトがとられ、さらにアプリケーション・プログラムを収容するには32キロバイトしか余裕がなく、かなり負担がかかった。一九七七年以後には５１２キロバイトまで拡張できるように変更された。

チャック・サッカーは、「半導体の集積度は18か月で2倍になる」というゴードン・ムーアの法則をあまり考慮に入れていなかったために、メモリ容量の不足に泣かされることになる。先のことをよく見通すより、手っ取り早く、すぐに動かせるものを作るというのがチャック・サッカーの基本的な考え方だったようだ。ビットマップ・ディスプレイによってＧＵＩが可能になり、さらにビットマップ・ディスプレイとレーザー・プリンターがイーサネット（Ethernet）によって結合されることにより、ＷＹＳＩＷＹＧ（画面で見たままがプリンターで出力される）が可能になった。

ＡＬＴＯのキーボードには上下左右方向のカーソル移動キーや、数値入力のためのテン・キーは付いていなかった。オフィス機器の開発と言いながら、ビジネス用途は全く考えていなかった。この点ではアップルⅡと大差がない。

ALTO のマニュアル。CSL-79-11

キーボードの他に、ダグラス・エンゲルバートのＮＬＳの影響を受けて5本指入力のキーセットが用意されていた。使い方が難しくすぐに廃れてしまった。

ＡＬＴＯでは、キーボードの他に3つボタンのマウスが採用された。また2・5メガバイトのカートリッジ式のディスクが採用された。当初はディアブロの10メガバイトのディスクを使用する予定だったようだ。

ＣＰＵはマイクロ・プロセッサではなく、２００個のＩＣチップ

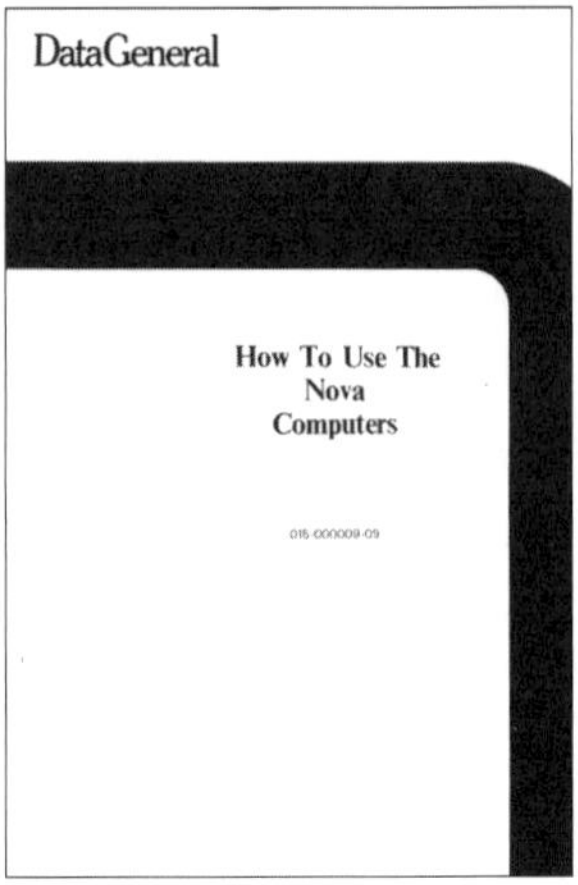

データゼネラルのミニコンNOVAのマニュアル

を載せた3枚の基板からできていた。そのため高速性は望めなかった。32個の16ビットのRレジスタのバンクが1つあり、32個の16ビットのSレジスタのバンクが8つあった。ALUはNOVA　1200の影響を受けて、4ビットのALU74181を4つつないで作られていた。

ALTOではNOVAの命令を実行できた。ということは、MAXCがDECのPDP-10互換機であったように、ALTOはデータゼネラルのNOVA互換機の側面も持っていた。命令の構成を比較してみると、基本は同じである。ただALTOのメモリ空間はNOVAの2倍あったので、たとえばジャンプ命令などに変更が加えられているし、入出力命令なども独特なものが付け加わった。

ALTOでは32ビットのマイクロ命令を使って、BCPL、スモールトーク、MESA、LISPなどのプログラムをエミュレーションで実行できた。BCPLだけがPROMに格納されており、後の言語はRAMにロードされる方式になっていた。ただしALTOでLISPを実行するには能力が不足しており、MAXCが使われ続けたようである。

ALTOでは対話型機能が重視されたが、数学的計算については手薄だった。浮動小数点数演算ハードウェアなどは用意されていなかった。

## ALTOの誕生

ALTOの原型は、一九七三年四月には完成した。通常コンピュータの開発には数年かかるものである。ところがわずか6か月で最初の2台のALTOが完成した。信じられないほどの短期間である。最初の2台のALTOには、J・R・R・トールキンの『指輪物語』の登場人物であるビルボとガンダルフという愛称が付けられた。アラン・ケイは非常に喜んで暫定ダイナブック（InterimDynabook）と呼んだ。でき上がった最初のALTOのビルボの画面には、セサミ・ストリートのクッキーモンスターの画像が表示された。ALTOの完成に驚喜したアラン・ケイは、彼なりの独特なやり方で祝った。2台のオルガンを購入し、音を録音し、デジタル化し、オルガンからの入力に応じて、メモリに入っている波形を表検索で探し出し、D／Aコンバータから出力させるシンセサイザーを作ったのである。なかなかうまく動作したようだ。

当初、ALTO用のOSはなかったので、プログラムはNOVAから送り込んだという。こういうことはNOVAとの互換性がないとできない。MAXCがPDP－10のコピーであったように、ALTOのハードウェアは、NOVAをCSL流にマイクロ命令を使ってコピーしたものであるから、そういうことが可能だったのである。

つまりALTOは、SSLに多数置いてあったNOVAをCSL流にマイクロ・プログラムという手法を使ってコピーしたのである。このまま製品化した場合には、データゼネラルの知的所有権に抵触したのでは

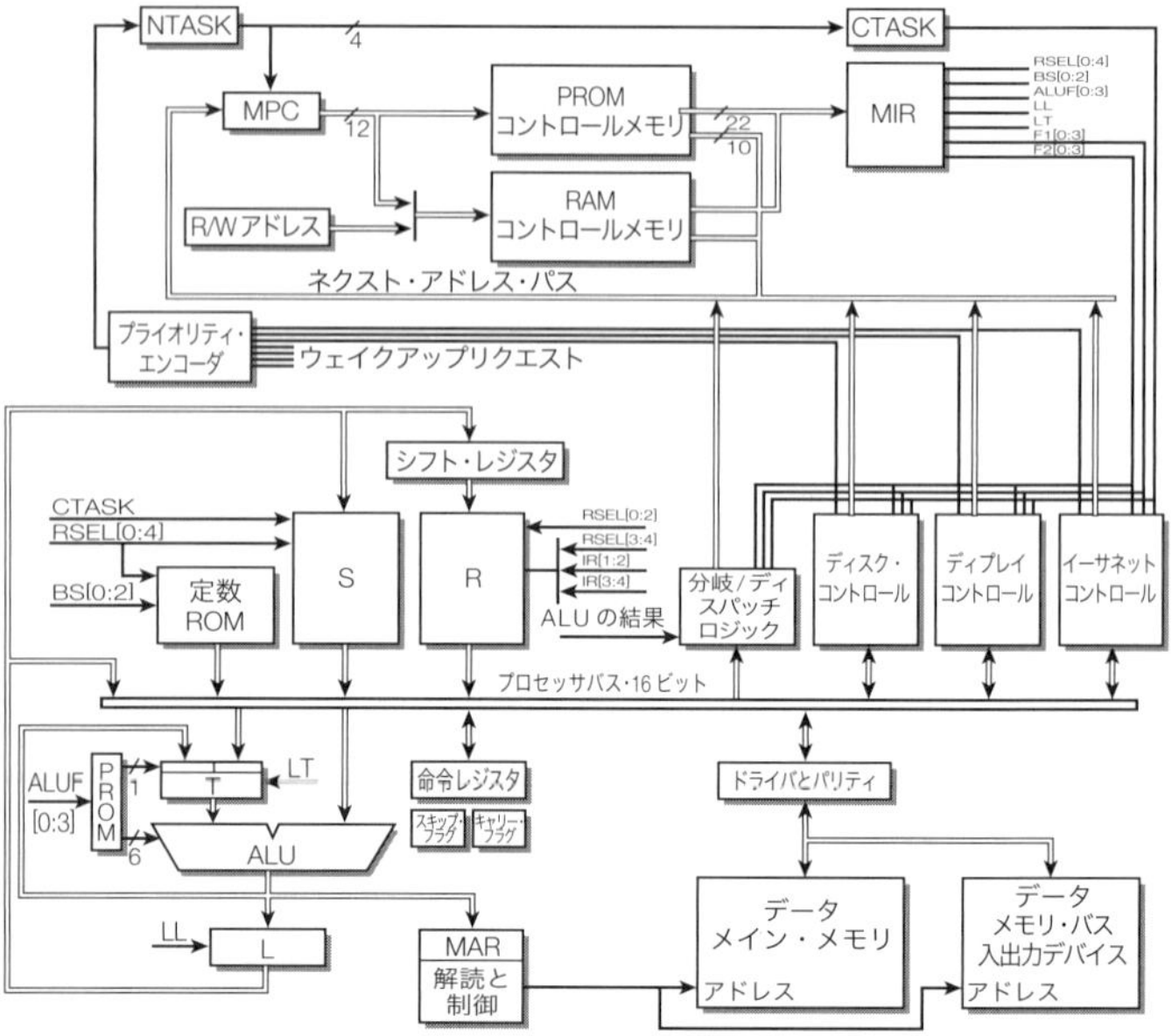


ALTO のブロック・ダイアグラム

ないかと思う。逃げの手としてはＮＯＶＡのエミュレータを作ったと言えばよいのかもしれない。ＮＯＶＡ用のソフトウェアは、ＡＬＴＯ上では大体動いた。

一九七三年七月三日付けのＣＳＬの内部メモによれば、ＮＯＶＡ用のＢＣＰＬ言語で書いたプログラムは問題なくＡＬＴＯで動いたようである。またアデル・ゴールドバーグによれば、ＡＬＴＯのスモールトークの本格的開発はＮＯＶＡ上のＢＣＰＬで始められたという。またチャールズ・シモニーのＢＲＡＶＯもＮＯＶＡ用のＢＣＰＬでＡＬＴＯ上で開発された。

一九七三年四月の段階では、ＡＬＴＯはイーサネットにはつながれていなかった。接続が可能になったのは一九七三年暮以降である。初めはＡＬＴＯは、スタンドアローンの

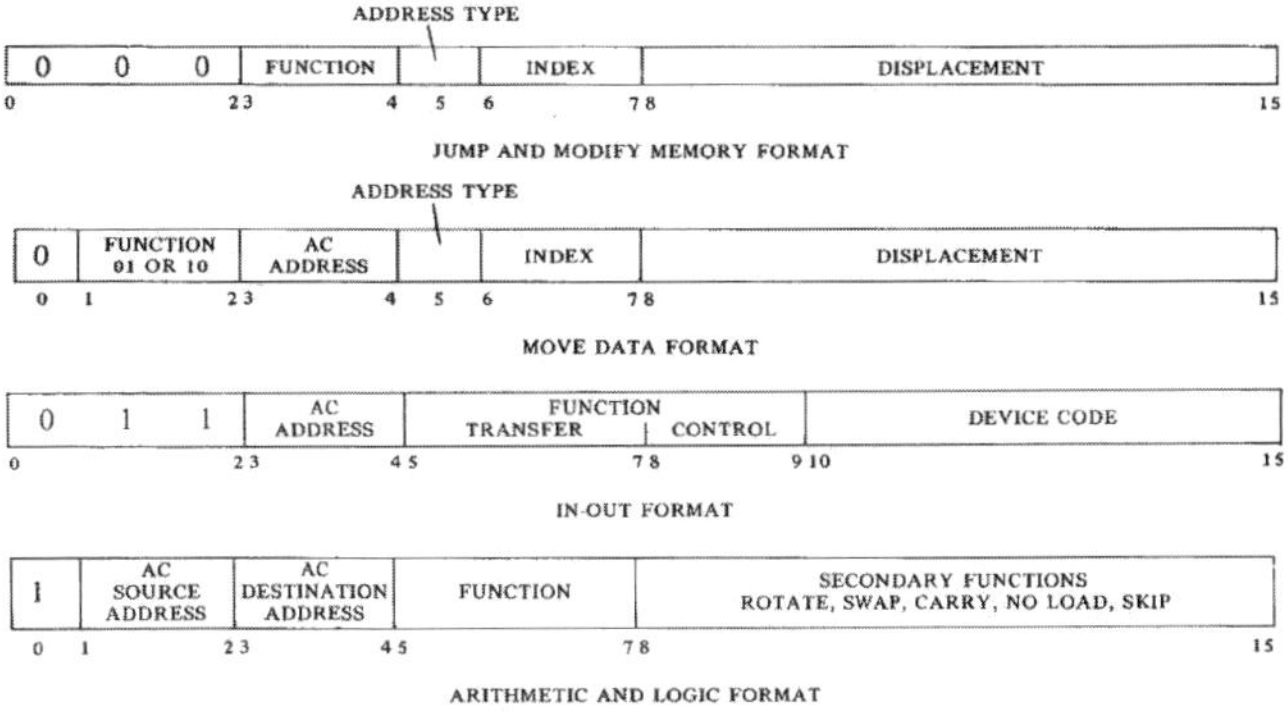


NOVA の算術演算フォーマット

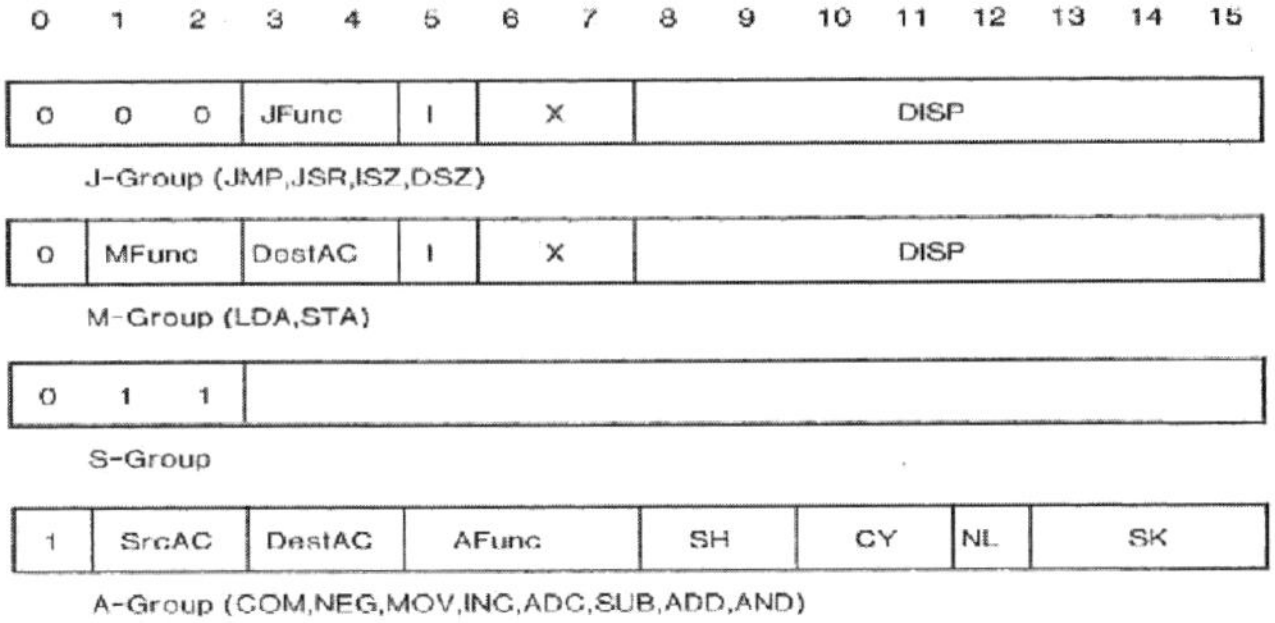


ALTO の算術演算フォーマット。NOVA とほとんど同じである。ALTO は NOVA のコピーの一面も持っている

ワークステーションだった。

チャック・サッカーの工夫は、タスク・ハンドリングにあり、それは一九七四年一〇月二九日に「マイクロ・プログラム化されたデバイスにおけるタスク・ハンドリング」として特許申請はされた。これは一九七八年七月二五日に「データ処理機器におけるタスク・ハンドリング」として、米国特許4103330として成立した。

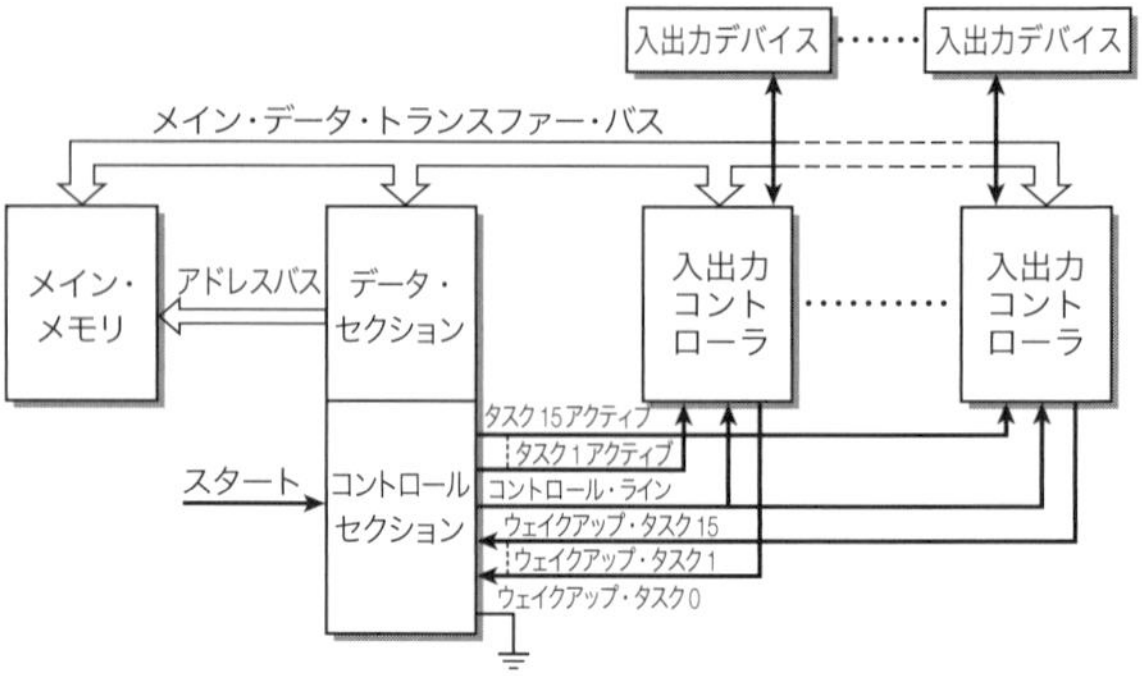


ALTO でのデバイス・ハンドリング

これは入出力機器ごとにタスクの優先度を割り当て、タスクの切り替えをおこなった。一種のマルチタスクである。後のゼロックスSTARなどにも、この手法は取り入れられている。

ＡＬＴＯのＯＳやソース・コードや関連資料についてはコンピュータ歴史博物館から公開されている。興味のある方は検索してご覧になるとよい。ただ多少の心得がないと読むのは難しいかもしれない。

一九七三年六月から七月にかけて、ＰＡＲＣもシステムズ開発部門（ＳＤＤ）もパロアルト市コヨーテ・ヒル・ロード３３３３番地(3333 Coyote Hill, Palo Alto) の新しい建物に引っ越した。ＰＡＲＣが正式に公開されるのは一九七五年三月になってからである。

## ジョン・エレンビーとＡＬＴＯⅡ

ＡＬＴＯは、当初30台製作する予定であったが、最終的には２０００台が製造された。当時としては驚くべき数である。ただし商品としては1台も売られなかった。これが奇妙なところである。ゼロックスはＡＬＴＯの商品価値を認めていなかった。

また、付け加えるべきことがある。ALTOが2000台も製造できたのは、当初の設計そのままであったからではない。一九七四年に、ジョン・エレンビーという英国人がCSLの室長ジェリー・エルキンドによって採用された。ジョン・エレンビーが採用された当時、ALTOは、PARCにはそう多くは存在していなかった。いろいろな人が様々な数字を挙げているが10台以下と思われる。

ALTOの製造は、エル・セグンドの元のSDSが担当することになっていた。SDSは、ゼロックスの戦略的方針の失敗から3年間連続で赤字を出し、累計損失は1億8000万ドルに及んだ。

一九七五年にオデッセイ委員会が組織され、SDSの現状を調査すると、将来の見込みは全くなく、どれほど安くしてもSDSには買い手がつかないだろうということになった。そこで一九七五年七月、13億ドルという多額の償却を計上し、SDSは解体された。この償却価格についてもいろいろな説がある。

行き場のないエル・セグンドの部隊の士気喪失は著しく、またエル・セグンドとパロアルトのPARCとの間の対立も激しかった。ジョン・エレンビーは一九七五年七月、これに調停者として介入し、エル・セグンドで滞っていた12台のALTOを完成させた。研究所から製造現場への技術移転に乗り出したのである。

続いて一九七五年秋、ジョン・エレンビーは、ALTOの製造に当たるエル・セグンドの技術者の中核をスペシャル・プログラムズ・グループ（SPG）として再編し、ALTOを設計し直させ、効率的に量産できるものにした。チャック・サッカーがALTOの設計で間に合わせ的に使用した近道をすべて取り替えた。またALTOでは省かれていたメモリの誤り訂正システムを付け加えた。これによって安いメモリ・チップを使用することが可能になり、製造コストを切り下げることもできた。またメンテナンスをしやすいように配置にも工夫を加えた。これをオリジナルのALTOと区別してALTOⅡと呼ぶことがある。これが最終的に2000台生産されたALTOである。またレーザー・プリンターをドーバー（DOVER）と名付け、ゼロックス内に提供した。

ALTOが完成した一九七三年四月、テキサス州ダラス・ウエスト・モッキンバード・レーン1341番地（1341 West Mockingbird Lane, Dallas, Texas）に、38歳のロバート・ポッターを長とするオフィス・システム部門が作られた。ロバート・ポッターは、ロチェスター大学で光学に関して博士号を取得し、IBMの研究所に長く勤めた後、ゼロックスに入社した。

ロバート・ポッターの使命はIBMの磁気テープ内蔵型セレクトリック・タイプライターをしのぐワードプロセッサを作ることであった。当初、ロバート・ポッターは、PARCのCSLに構想を示し助力を求めたが、ロバート・テイラーは、プログラム可能でない電気機械式ワードプロセッサなど意味がないと一笑に付した。

そこでロバート・ポッター率いるオフィス・システム部門は、デイジー・ホイールを使った電気機械式ワードプロセッサであるゼロックス800を一九七四年に完成させた。これは、表示装置のCRTもネットワーク機能も付いていなかったので、きわめて不評であった。そこでロバート・ポッターのオフィス・システム部門は、汚名返上のためにゼロックス850の開発にかかろうとしていたのである。

一九七六年、ジョン・エレンビーは、ALTOⅡの成功の余勢を駆って、ALTOⅢの設計に乗り出そうとした。エレンビーは、オフィス・システム部門のゼロックス850に代わって、ALTOⅢを供給することを提案した。ゼロックスのプランニング部門はこれに賛成し、ネットワークにイーサネットを採用するところまではいったが、ALTOの採用はオフィス・システム部門の強力な反対にあって挫折した。ロバート・ポッターは、ゼロックスの掲げる未来のオフィスは革命ではなく、漸進的改革であると規定しており、発想が平凡で保守的であった。

さらに不幸なことにALTOⅢは、SDDが計画しているALTOの後継のゼロックスSTARと衝突するとして握りつぶされた。ALTOはビジネス上の戦機を逸したのである。

しかし、ともかくゼロックスPARC内部にはALTOが行き渡り、それがロバート・メトカルフェの発明したイーサネット・ネットワークでPARC内部と自由に接続され、さらにARPAネットにつながって全米のコンピュータと自由にプログラムやデータを交換できることになった。

ALTOの上では、スモールトークやメサ（MESA）、BCPLなどの言語が使え、GUIが動いた。またALTO上で動くことになるワードプロセッサのブラボー・ジプシー、電子メールのローレル、回路図設計のSIL、ビットマップ描画ソフトのマークアップ、スプライン曲線描画のドロー、スプライン・フォントのフレッドなどは、後の時代に大きな影響を与えた。

## ローリング・ストーン誌事件

一九七二年一二月、ローリング・ストーン誌がスチュアート・ブランドの「スペースウォー！：コンピュータ・バム達の狂信的な生と象徴的な死」という記事を掲載した。面白いことに一九七二年五月にゼロックスの取締役会を去ったマックス・パレフスキーが資金を出し、ローリング・ストーンの取締役会長になっていた。この記事もインターネットのおかげで読めるようになった。またこれを採録した『Ⅱ（ツー）サイバネティック・フロンティアーズ』という本もアマゾンから入手できる。著者のスチュアート・ブランドは『ホール・アース・カタログ』の編集者として有名である。

◆『ホール・アース・カタログ』については拙著『スティーブ・ジョブズ　青春の光と影』274頁を参照されたい。

この記事は、スペースウォー！ゲームを縦糸とし、PARCとアラン・ケイをからませている。スチュアート・ブランドはロバート・テイラーの許可は得たが、ゼロックス本社やPARCの許可を得ないまま数週間、自由に取材を続けたようだ。本来、アラン・ケイはスペースウォー！というゲームには関係がないわけではないが、それほど深い関心を示していたとは思われない。それでいてアラン・ケイはかなり発言している。記事そのものは、かなり強引なこじつけのようにもに思われる。

しかし、この記事は大問題となった。多分、一番問題になったのは23歳の写真家アニー・レイボビッツが撮った写真だろう。アラン・ケイの写真は2枚あるが、1枚はビーンバッグ・チェアーにラフな服装で肘をついて、どちらかと言えばだらしなく座っている。ピーター・ドイッチは、長髪に髭を伸ばし、ヒッピーそのものである。部屋の壁にはポスターが2枚貼ってあり、自転車が置いてある。ロバート・テイラーは、ボタンダウンのシャツにラフなスタイルでパイプをふかしている。

これはゼロックスの期待する企業文化に合わない。写真に写っているのは、ゼロックスが巨費を投じて設立した最新の研究所にいる科学者というイメージではない。だらしなく放縦なヒッピーというイメージである。服装だけではない。思想的にもピーター・ドイッチは、サンフランシスコのリソース・ワンという反体制的な組織に出入りし、ＸＤＳ９４０のソフトウェア管理を引き受けていた。

◆リソース・ワンについては拙著『スティーブ・ジョブズ　青春の光と影』２９６頁を参照されたい。

ゼロックスが求めていたのは一流企業にふさわしいイメージの保持で、そのため役職者であろうと誰であろうと広報担当の許可なしには報道機関と接触してはいけないことになっていた。発言は事前に厳しく制限され、広報担当はすべての報道をチェックし、小さなことでもきわめて厳しく抗議していた。

ところが、ローリング・ストーン誌の取材は、全くゼロックスの広報担当の許可なしにおこなわれ、しかもゼロックスとしては許すべからざる内容であった。

そこでＰＡＲＣの全所員に身分証明バッジが渡され、ＰＡＲＣのすべての出入口にはセキュリティが配置された。訪問者はここですべて止められ、チェックを受け、機密保持誓約書（ＮＤＡ）に署名させられた。

またＰＡＲＣの全所員は、報道メディアとの接触を厳しく制限された。インタビューや取材はなかなか許されず、許された場合も広報の立会いのもとであった。通常のメディアに発表する場合はもちろん、学会に発表する場合でも法務部門のチェックが入り、特許に触れたりしていないか、機密漏洩がないか厳重に審査されるようになった。

『Ⅱサイバネティック・フロンティアーズ』

こうした意味では、ロバート・テイラーのPARCのイメージアップ作戦は、対ゼロックス本社で考えると完全に裏目に出た。ただし、スチュアート・ブランドの記事で32歳のアラン・ケイは一挙にコンピュータ世界のカリスマとなった。

アラン・ケイは、これに懲りてダイナブックの思想やスモールトークの発表などにも神経質すぎるようになったという。アデル・ゴールドバーグはそう言っている。

一九七四年に刊行された『Ⅱ（ツー）サイバネティック・フロンティアーズ』はスペースウォー!の記事だけでなく、グレゴリー・ベイトソンとのインタビュー記事も取り入れている。だからツー（2つ）なのである。

前半に取り入れられた記事はきわめて難解で、あらかじめグレゴリー・ベイトソンの『精神の生態学』や『精神と自然』くらいは読んでおかないと理解できないだろう。あるいは読んでも理解できないかもしれない。

後半のスペースウォー!の記事で違うのは付録2で、一九七二年のものは『スペースウォー!』のプログラムだけになっているが、一九七四年のものは図に置き換わっている。アラン・ケイの手書きと思われる。これをゼロックスの広報はチェックしたのだろうか？

一九七二年、ゼロックスは苦しんでいた。連邦取引委員会（ＦＴＣ）からは、独占禁止法違反で提訴された。一九七三年には全社の組織を次のように改組した。どこが違うのか分かりにくい名称だ。まして略称だけで呼ばれたら、何のことやらと思う。

- インフォメーション・テクノロジー・グループ（ＩＴＧ）
- インフォメーション・システム・グループ（ＩＳＧ）
- ビジネス・デベロップメント・グループ（ＢＤＧ）

## システムズ開発部門(ＳＤＤ)

一九七五年一月、ゼロックスのシステムズ開発部門（ＳＤＤ）が開設された。ＰＡＲＣのレーザー・プリンターやＡＬＴＯの技術移転のための組織である。初代の部門長はドン・レノックスである。

運営を担当するテクニカル・スタッフにはＰＡＲＣのシステム科学研究室（ＳＳＬ）の経験者のハロルド・ホールが任命された。１００人はスタッフをもらえると信じていたハロルド・ホールは、ドン・レノックスに10人だけと言われて驚いた。しかもその内６人はＳＤＳからの転籍であり、ハロルド・ホールの自由になるのは４人だけだった。そこで次のように選んだ。なかなかよい人選である。

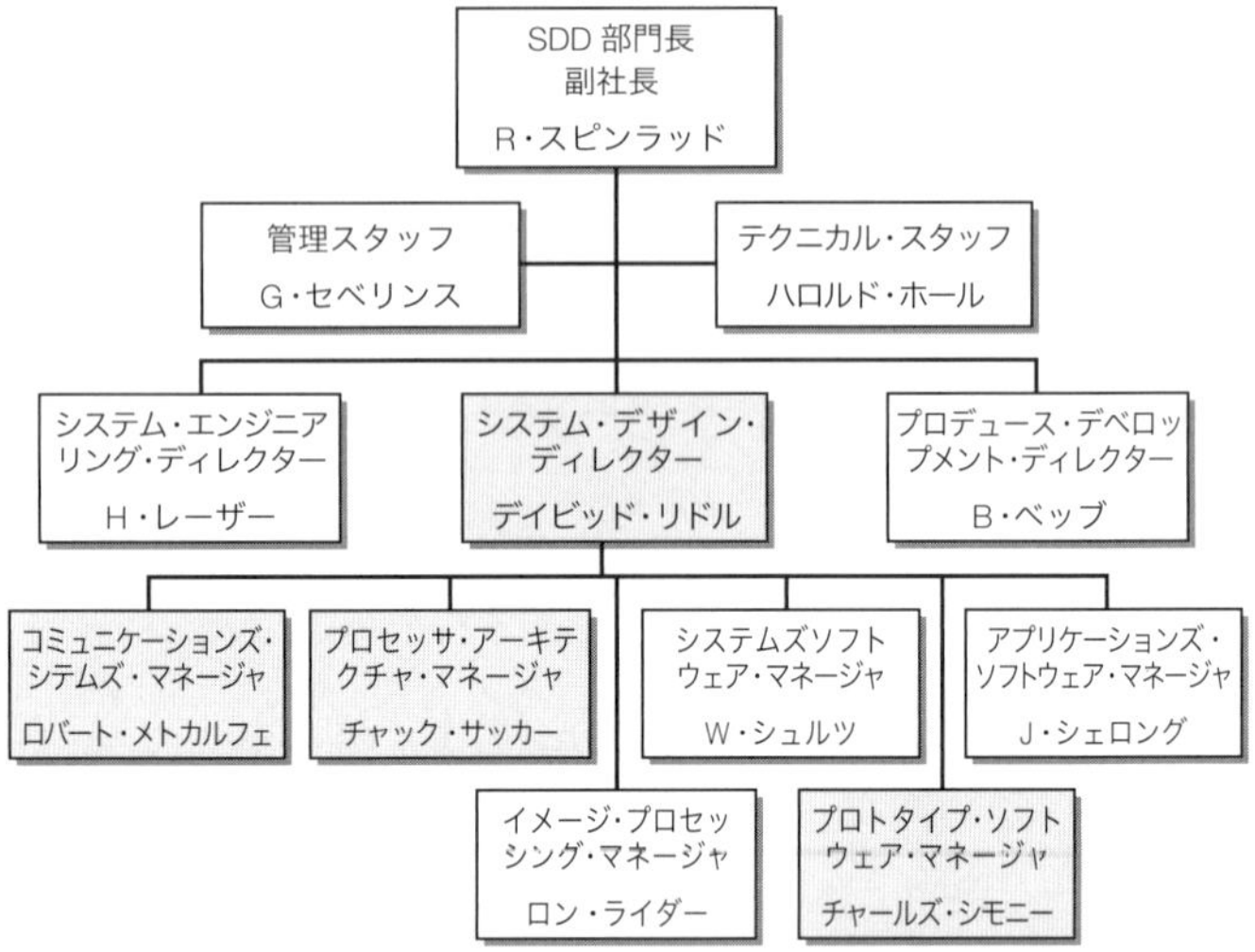

ゼロックスのシステムズ開発部門 SDD の最初の組織図。この後、次第に巨大になっていく

・システム・デザイン・ディレクター
　デイビッド・リドル
・コミュニケーションズ・システムズ・マネージャ
　ロバート・メトカルフェ
・プロセッサ・アーキテクチャ・マネージャ
　チャック・サッカー
・プロトタイプ・ソフトウェア・マネージャ
　チャールズ・シモニー
・イメージ・プロセッシング・マネージャ
　ロン・ライダー

チャールズ・シモニーのＰＡＲＣでの業績としては、一九七四年一〇月にバトラー・ランプソンが基本的なアイデアを出したブラボー（ＢＲＡＶＯ）が有名である。ＮＯＶＡ用のＢＣＰＬ言語を使い、ＡＬＴＯ上で開発された。実際のコーディング作業には、アルバイトで来ていたトム・マロイ以下、何人かの

人が関係していたようである。ブラボーは、すぐ後に出てくるＷＹＳＩＷＹＧを目指した最初のワープロ・ソフトと言われることが多い。画面で見たままがプリンターに出力されるという意味である。

## ＷＹＳＩＷＹＧ

ＷＹＳＩＷＹＧ（What You See Is What You Get）というこのまことに奇妙な言葉は、アフリカ系米国人のフリップ・ウィルソンという男優が作り出したジェラルディーン・ジョーンズという女装の人物が語ったセリフだそうである。目にしたものが手に入るものだという意味である。実際にユーチューブなどで動画を見ることができる。今の人のイメージと少し違う。

意外なことにブラボーは、洗練されたグラフィカル・ユーザー・インターフェイス（ＧＵＩ）を持っていなかったので、別途ラリー・テスラーとティモシー・マットがＧＵＩとしてジプシー（ＧＹＰＳＹ）を開発した。ブラボーのマニュアルを見ても文字ばかりで、図はほとんどない。キャラクタ・ベースの文書整形プログラムだったのだろう。

チャールズ・シモニーは、一九七六年、ＰＡＲＣからシステムズ開発部門（ＳＤＤ）に異動する。

５か月後、ドン・レノックスは転任し、ボブ・スパラチーノが所長になった。それから3年半で所長は３人が目まぐるしく交代した。ボブ・スパラチーノが半年、ロバート・スピンラッドが1年、ステフェン・ルカジックが2年であった。一九七八年にデイビッド・リドルが所長になる。これでずっと安定する。一九八一

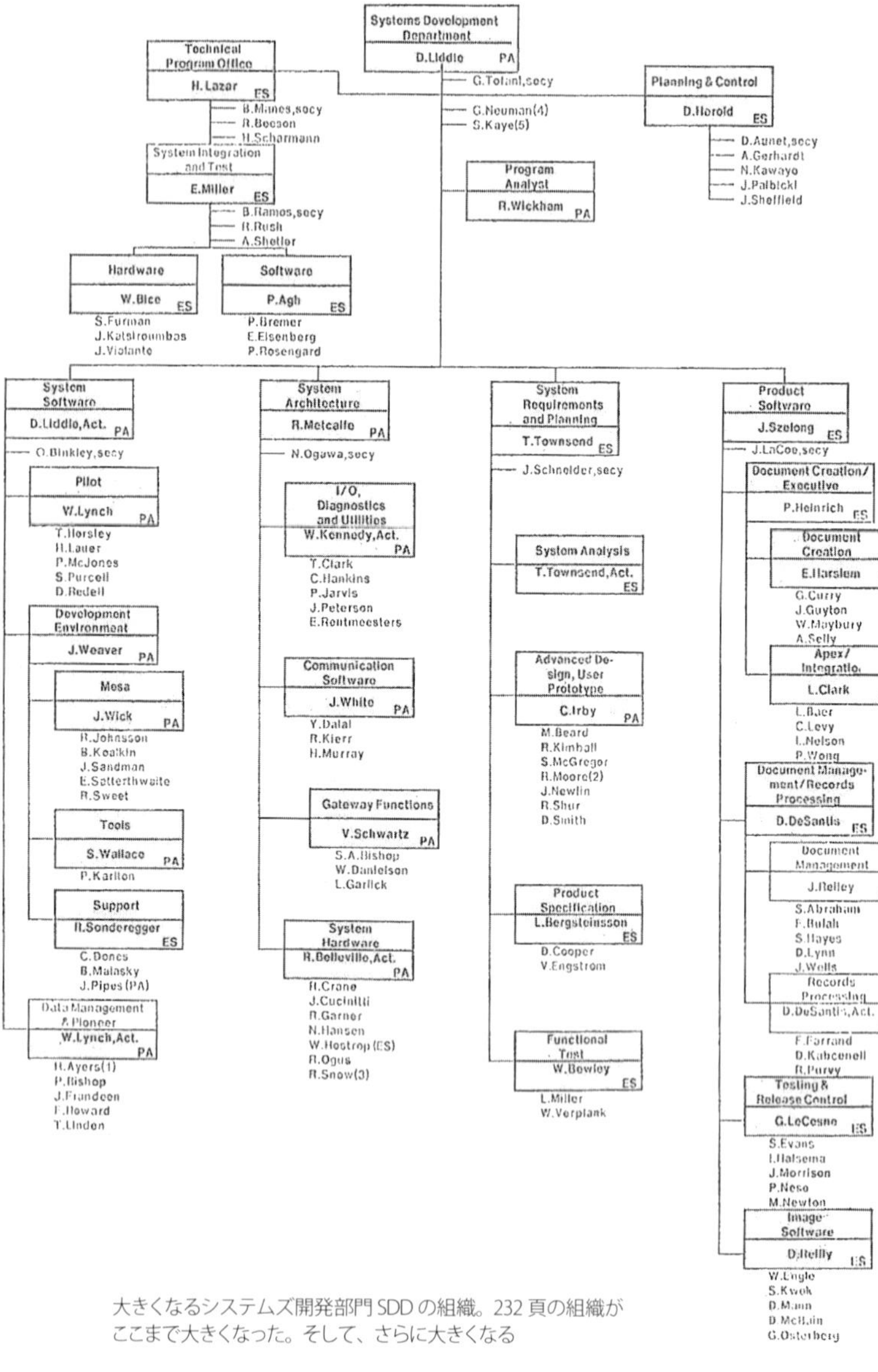


大きくなるシステムズ開発部門SDDの組織。232頁の組織がここまで大きくなった。そして、さらに大きくなる

年にはSDDは、パロアルトに180人、エル・セグンドに100人の技術者を抱える大きな組織になっていた。

## フューチャーズ・デイと先進システム部門（ASD）の発足

一九七七年一一月、ゼロックス世界会議がフロリダ州のボカラトンで開かれることになった、ALTOⅢの敗退によって気落ちしていたジョン・エレンビーは、レーザー・プリンターを改良し、ドーバー（DOVER）を完成して溜飲を下げた。実はドーバーの解像度は384dpi（ドット・パー・インチ）で、先行するEARSの300dpiより少し進んだ程度だったが、当時はあまり問題がなかった。

ゼロックス世界会議では特にフューチャーズ・デイが設定された。ジョン・エレンビーにフューチャーズ・デイを演出するように命令が出た。65名のスタッフが選抜され、PARCの最新技術が華やかにゼロックスの首脳陣に開示された。この様子はマイケル・ヒルツィックの『未来をつくった人々』に生き生きと描写されているので、省略する。会議は大成功であった。

この結果、後日ピーター・マッカローとゼロックスの首脳陣がPARCを訪問してきて、ALTOの講習を受けた。さらにALTOの商品化計画が一歩前進した。

CSLを率いていたのは、形式的にはジェリー・エルキンドであったが、実質的にはロバート・テイラーが率いていた。出世を目指して長期に渡ってゼロックス本社に出かけて、CSLを留守にしている間にジェリー・エルキンドのCSLにおける存在は希薄になっていた。ロバート・テイラーは、彼に忠実で優秀なお気に入りで固めた。彼らの結束は固く、グレイベアード（賢人）と呼ばれた。結局、浮き上がったジェリー・エルキンドは、CSLから追い出されてしまう形になった。そこで、ジェリー・エルキンドの行き先として、一九七八年一月、先進システム部門（ASD）が設置された。ジェリー・エルキンドは、ALTOを世界に送り出す権限を与えられたと考えていたかもしれないが、実は、ジェリー・エルキンドとロバート・テイラーとの確執の解決を図ったものである。

ASDのスタッフは、ジェリー・エルキンド、ジョン・エレンビー、ティモシー・マット、ダン・ボブロウ、ウォーレン・テイテルマン、ピーター・ドイッチ、チャールズ・シモニー、ロバート・メトカルフェなど優秀なメンバーであった。どちらかと言えばCSLのロバート・テイラーとそりが合わなくなった人達やSDDに居づらくなった人達であった。チャールズ・シモニーは商用ALTOに向けて書き直したブラボーにジプシー・インターフェイスを組み込んだブラボーXを開発した。これが後にマイクロソフトWORDになる。この開発を手伝ったのが、リチャード・ブロディである。

リチャード・ブロディは、一九五九年マサチューセッツ州ニュートン生まれで、ニュートン・サウス高校卒業後、一九七七年ハーバード大学の応用数学科に入学した。2年生の時、ハーバード大学を中退して、西海岸に職を求めた。方々回ったが採用されず、アップル・コンピュータでは大学中退ということで一笑に付されたという。なんとかチャールズ・シモニーに拾ってもらって、ゼロックスの先進システム部門（ASD）で働き始めた。ここにはPARCからシステムズ開発部門（SDD）に転出させられ、さらにASDに転出された形のチャールズ・シモニーがいた。リチャード・ブロディはブラボーXの実際のコーディングに当たった。

ASDは、ALTOを選択的に販売し、またリースした。まず、ジョン・エレンビーのスペシャル・プログラムズ・グループ（SPG）を吸収したので、そこで始まっていたスウェーデンの国営電話会社向けのワードプロセッサ開発計画も接収し、ALTOを納めた。また一九七八年、カーター大統領のホワイトハウス向けにブラボーXの走るALTOが納められた。すると上下両院もこれに倣《なら》った。さらにロサンゼルスのアトランティック・リッチフィールド（ARCO）社やボーイングのシアトル本社にも数台納めた。ただそこまでだった。

一九七八年、ジョン・エレンビーは、アップデート版ALTOにブラボーX、オフィストーク、レーザー・プリンターのペンギンを合わせて販売する計画を立てた。

ところがジョン・エレンビーの提案書は、正規のルートを経ずにフランク・ザウアーから重役のデイビッド・カーンズの手に渡ってしまった。これはゼロックスの中ではマネージメントの階層を無視した行為として問題になった。

これに失望したジョン・エレンビーは一九七九年（一九八〇年とも言われる）にゼロックスを去った。ジョン・エレンビーは、グリッド・システムズを設立した。ここで世界最初のラップトップ・コンピュータであるグリッド・コンパスが作られた。素晴らしい製品であったことを記憶している。私も雑誌に評価記事を書いた覚えがある。実は私はジョン・エレンビーの名前はグリッド・コンパスで記憶していたので、ゼロックス時代のことは全く忘れていた。ジョン・エレンビーは二〇一六年八月一七日に亡くなった。

## ノートテイカー

一九七六年、アラン・ケイは、アデル・ゴールドバーグとラリー・テスラーを誘って、ノートテイカーというパソコンの製作に乗り出した。ノートテイカーはALTOの直系子孫だが、CSL得意のハードワイヤーとマイクロコードのアーキテクチャを破棄した。CSLは協力を拒否したので、SSL単独で作ることになった。

ハードウェア設計は、ダグ・フェアバーンが担当した。ノートテイカーは、インテルのマイクロ・プロセッサi8086を3個使用していた。1つがメイン・プロセッサで、後の2つはサブ・プロセッサの非対称型マルチ・プロセッサである。

ノートテイカーは、特注の7インチCRT、タッチパネル、スピーカーとマイクロフォン、128キロバイトのメモリ、バッテリー、イーサネット・ボードなどが特徴だった。イーサネット・ボードはラリー・テスラーがロバート・メトカルフェの設計を簡略化し、ノートテイカーになんとか納まるようにした。ノートテイカーでは簡易版のスモールトーク78を走らせることができた。

アデル・ゴールドバーグは、アダム・オズボーンのオズボーンコンピュータ社が、ノートテイカーの外観デザインを模倣したと言っているが、誰がどう作っても同様な外観デザインになるのではないだろうか。

ノートテイカーは10台作られたが、結局、ゼロックス本社には認められず、アラン・ケイは傷心のうちに

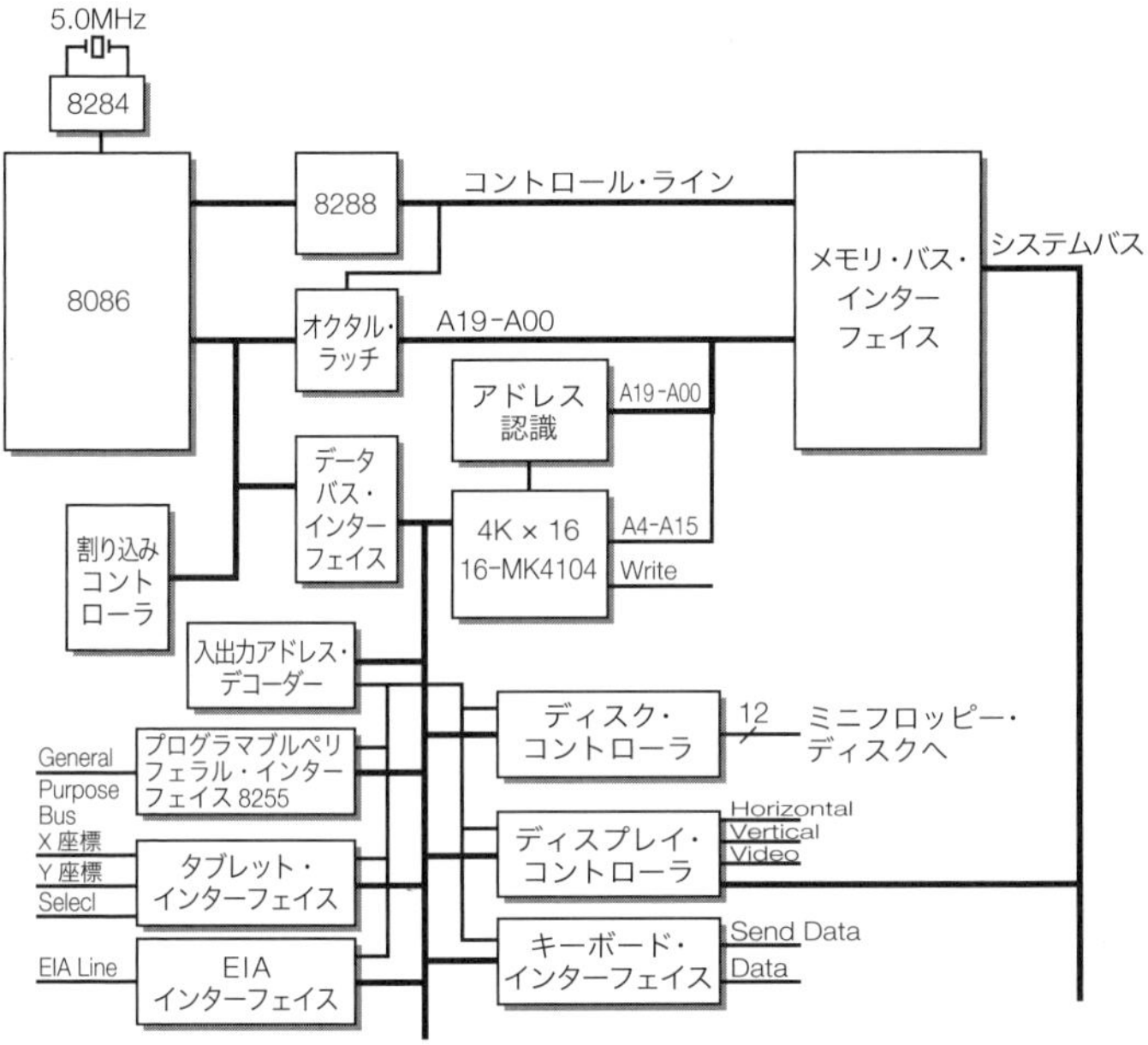


ノートテイカー入力システムのブロック図。ノートテイカーシステムマニュアルによる

サバティカル休暇を取ってPARCを去り、二度と戻ることはなかった。アラン・ケイはロサンゼルスでボニー・マクバードと結婚した。彼女は映画『トロン』の脚本を書いた。

アラン・ケイは、一九七七年、アデル・ゴールドバーグと「パーソナル・ダイナミック・メディア」という論文を書いた。これはインターネットからダウンロードできる。ただ何種か図版などが異なるバージョンがあるので、厳密に研究する人は注意が必要である。本の形態では『アラン・ケイ』（アスキー刊）や、『パーソナル・ワークステーションの歴史』（ACM刊）（邦題：『ワークステーション原典』アスキー刊）にも収録されている。

アラン・ケイは、その後一九八一年、

ゲーム機で有名なアタリに移っている。アタリでは大した成果も上げずに、3年後の一九八四年にアップル・コンピュータに移った。ここでもあまり業績は上げられなかったようだ。アップルの企業文化に合わなかったようだ。

アラン・ケイは一九八六年一月九日に『ザ・ダイナブック　過去、現在、未来』という講演をおこなっているが、ACMが出した『パーソナル・ワークステーションの歴史』という本には収録されなかった。アラン・ケイが収録させなかった理由は、文字化記録だけでは思想は伝達できないというものである。一九八七年、アラン・ケイはACMソフトウェア・システム賞を受賞した。

アラン・ケイは、あっちこっちへと不自然な動きをしている。先駆的な業績をいくつも残しているが、天才にありがちな飽きやすい性格のようだ。

アデル・ゴールドバーグによれば、アラン・ケイは顧客を持つことを嫌ったという。なぜなら顧客ができればサポートしなければならない。もしサポートするとなると、顧客の言うことを聞かねばならなくなる。そうすると自分のビジョンを実現する時間が減ってしまうという。ビジネスには不向きな人だ。

アデル・ゴールドバーグはアラン・ケイが去った後、一九八〇年にシステム・コンセプト研究室（SCL）を率いてスモールトーク80を完成させた。しかし、もうそこには夢はなく、手堅い実用的なプログラミング技術が残っただけである。彼女の書いた膨大なマニュアルを読むと、つくづくそう思う。

ベトナム戦争とヒッピー文化がアラン・ケイに与えた影響は小さくないと思う。ある意味で反体制的でありながら、現実逃避的で、自由で拘束されたくないという当時の若い人たちの考え方が強く表れている。徴兵されては危険だからと進んで志願し、それでいて軍の中では規則違反と反抗ばかりしているところが苦悩の表れだったのだろう。理想の研究所のように言われながら、実際には軍事研究出身者が主流を占めたPARCは、ヒッピー的な人々のたまり場であった。そういう曲折した環境の中でアラン・ケイの独特の思想は花開いた。

## ドラドの大艦巨砲主義

一方、CSLは一九七六年、ドラド（DORADO）という巨大なコンピュータの設計製作に入った。当時CSLではメサ（MESA）、インターリスプ（インターLISP）、スモールトークの3つの言語が使われていた。MESAとスモールトークはALTO上で使われ、インターLISPはMAXC上で使われていた。ALTOには少し重かったからである。いくつものコンピュータが使われるのは効率的でないとして、この状況を解決すべく、ハードウェアではドラドが、ソフトウェアではシダー（Cedar）が開発されたのである。

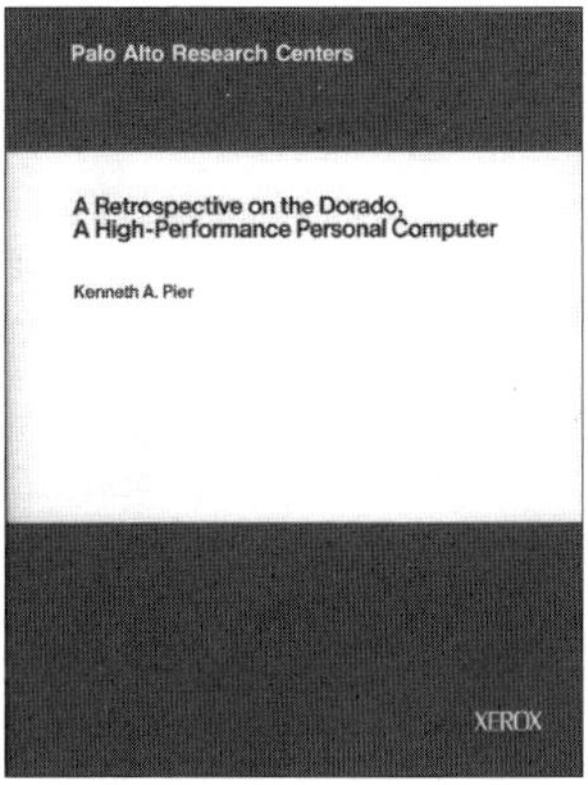

DORADOの開発回顧文書

ALTOの性能は次のようである。

- クロック速度５・55メガヘルツ
- ビットマップ水平方向６０８ピクセル×垂直方向８０８ピクセル
- メモリ１２８キロバイト
- ディスク２・５メガバイト
- 仮想記憶24ビット（16メガバイトに相当）

ドラドの性能は次のようである。

- クロック速度16・７メガヘルツ
- ビットマップ水平方向１０２４ピクセル×垂直方向８０８ピクセル
- メモリ２メガバイト（２０００キロバイト）
- ディスク32メガバイト
- 仮想記憶28ビット（２５６メガバイトに相当）

ドラドは、ＶＡＸ－11／７８０の３倍の性能を目指し、チャック・サッカーが設計した。エミッタ結合ロジック（ＥＣＬ）を使用した。ドラドは２・５キロワットと発熱がものすごかった。オフィスに置けるような代物ではなかった。

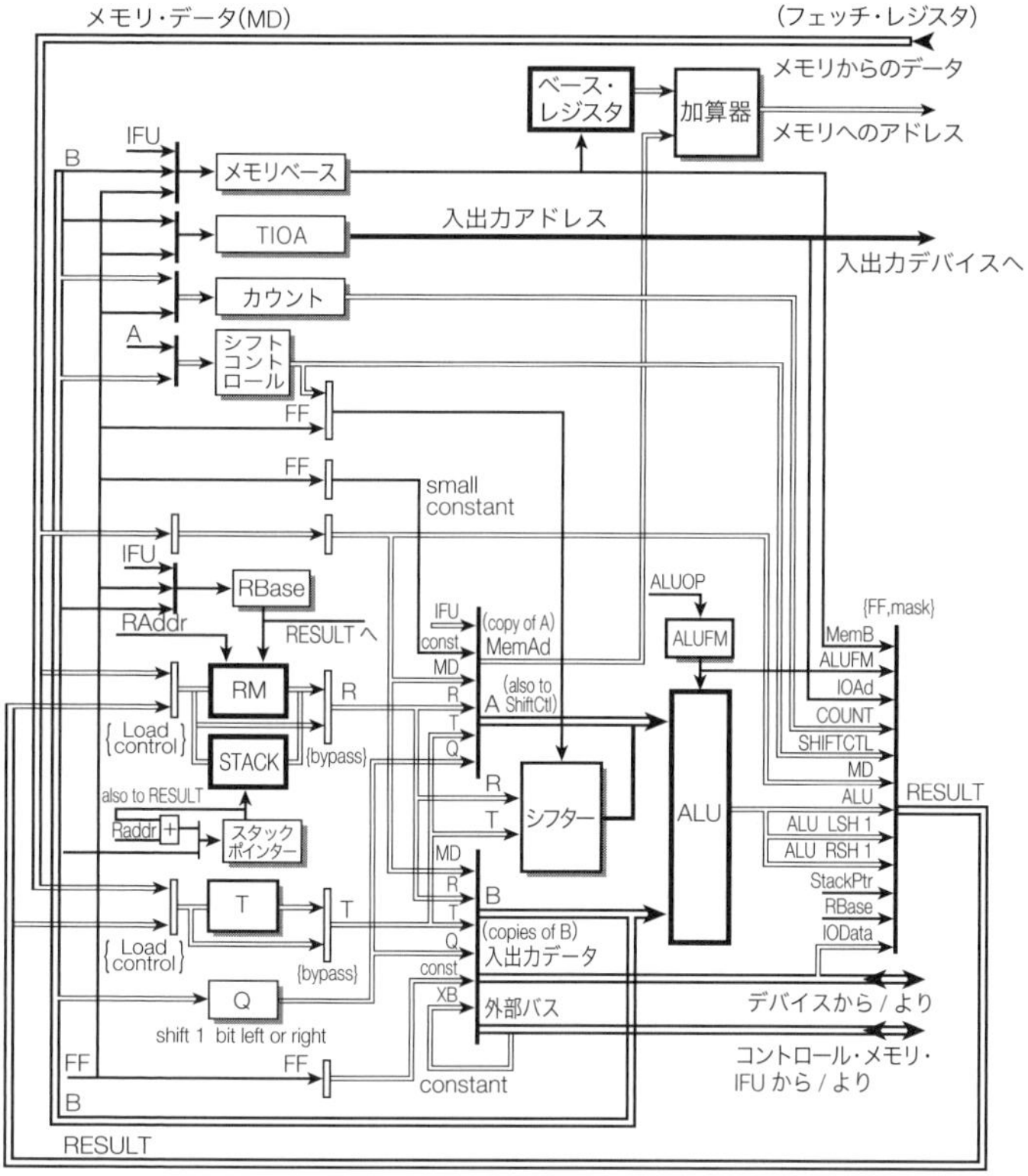


DORADO のブロック図

ドラドの開発は、一九七六年にいったんSDDに移されたが、コスト高でSDDにはふさわしくないとして一九七七年にCSLに返された。それでもなんとかまとめ上げたのはセベロ・オルンスタインである。

CSLは一種の大艦巨砲主義にとらわれており、見掛けの大きさに幻惑された観がある。コヨーテ・ヒル・ロード3333番地では組み立てる場所が確保できなかったので、1マイル北に丘を下ったハノーバー・ストリートに建物を借りた。一九七八年、2台のプロトタイプが完成した。

ドラドは、一九七九年に簡素化のための再設計がおこなわれ、一九八〇年に製作が始まった。

一九八二年ドラドは30台になり、一九八四年には75台に増えていた。メモリは16メガバイトまで増強された。クロック速度は、当時としては高速の16・7メガヘルツであったが、今から見ると何と遅いのだろうと思う。

## ドルフィン

一九七七年、チャック・サッカーは、ドルフィン（DOLPHIN）の設計を開始した。ALTOの後継というより、ドラドの後継だったと言われる。ドラドで懲りたせいだろうか、ドルフィンでは、手堅いトランジスタ・トランジスタ・ロジック（TTL）が使われた。ある意味で、ドルフィンは単純にALTOをスケールアップしたものだった。古い構成部品でできていた。本来は斬新なアーキテクチャが必要だった。

それでも面白いことにドルフィンはゼロックス5700エレクトロニック・プリンティング・システムやゼ

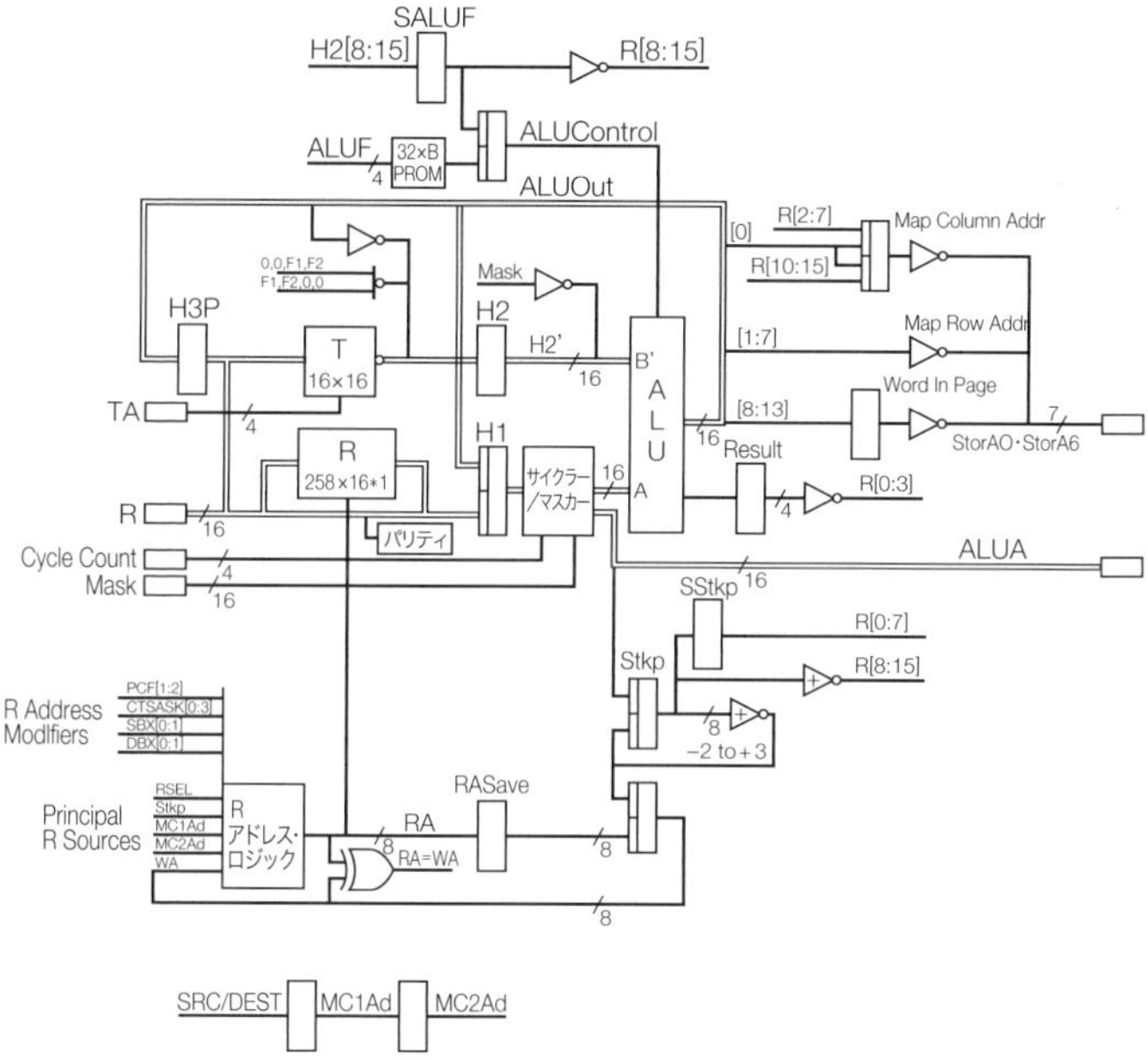


ドルフィンのブロック図

ロックス１１００サイエンティフィック・インフォメーション・プロセッサとして製品化された。ＰＡＲＣはドルフィンを50台生産したが、設計目標がはっきりせず中途半端な製品で人気が出なかった。

ロバート・メトカルフェは、ドルフィンの開発の進行状況をチェックするように言われていた。例のごとく皮肉を言い、足を引っ張るばかりだった。

この頃ダグラス・エンゲルバートのスタンフォード研究所（ＳＲＩ）から、ボブ・ベルビルが、ゼロックスのＳＤＤに移ってきていた。ボブ・ベルビルは、ロバート・メトカルフェと共にチャック・サッカーのドルフィン製作をチェックしていた。チャック・サッカーは、なんとかドルフィンをまとめ上げたが、疲れ

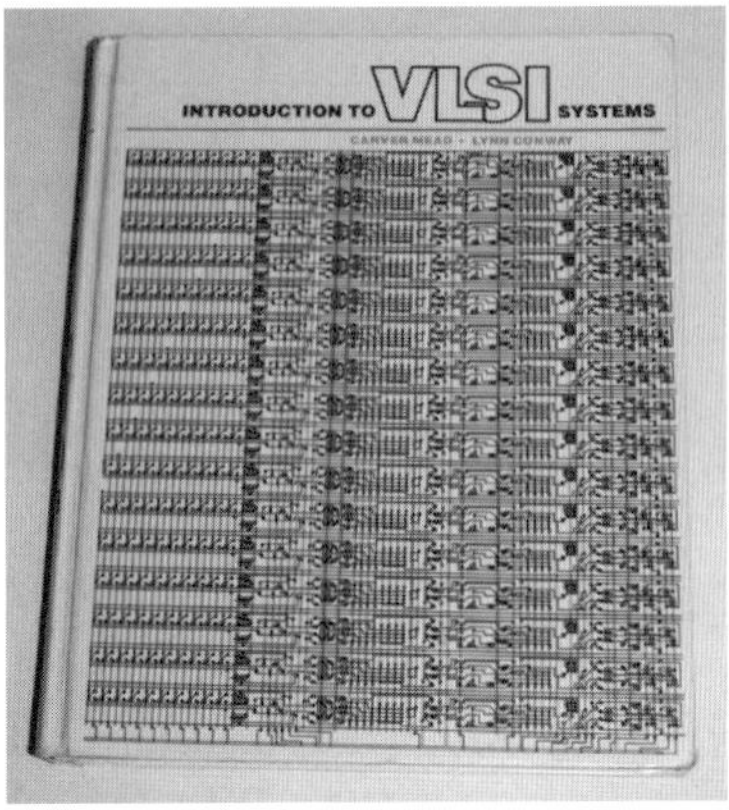

カーバー・ミードとリン・コンウェイの『VLSI入門』

切ってSDDを抜けて、PARCのCSLに戻った。ただ、このドルフィンでアデル・ゴールドバーグはスモールトークの開発をした。人工知能（AI）グループもドルフィンでインターLISP－Dシステムの開発をした。

一九七八年に完成したドラドは確かに当時としては強力で、シダー・オペレーティング環境と呼ばれるソフトウェア群を積み込むことができた。だが、CSLは、新しいLSI（大規模集積回路）技術やVLSI（超大規模集積回路）技術を無視し、MSI（中規模集積回路）技術程度でよいとした。そのためVLSIの権威カリフォルニア工科大学教授カーバー・ミードの業績に対しても否定的だった。またカーバー・ミードとSSLのリン・コンウェイやダグラス・フェアバーンとの協力作業に対しても否定的だった。

そこでリン・コンウェイはカーバー・ミードを説得してVLSIの教科書『VLSI入門』を書いた。ALTOとブラボーとレーザー・プリンターのドーバーを使って執筆したという。

一九七八年の時点で、CSLのかつては斬新だったアーキテクチャは陳腐化しており、テクノロジーに対する考え方は、もはや古く保守的であった。

CSLは、ドラド（DORADO）、ドルフィン（DOLPHIN）、ダンデリオン（DANDELION）を作った。バトラー・ランプソンによれば、ドラドはALTOの10倍、ドルフィンはALTOの2倍、ダンデリオンはALTOの3倍の性能であった。これ以外にも、CSLは、ディセントラ（DICENTRA）、ドラゴン（DORAGON）などのマシンを作った。これらは先頭にDの字が付くので、Dシリーズと総称することがある。

## ゼロックスSTAR

一九七九年、SDDは、ゼロックスの組織の中を転々とした後、ロバート・ポッターが監督しているテキサス州ダラスのオフィス・プロダクツ部門の下についた。すぐにロバート・ポッターは庇護者のアーチー・マカーデルと共にインターナショナル・ハーベスター社に転職した。

オフィス・プロダクツ部門の新しい責任者は、36歳のドン・マサロだった。ドン・マサロは、フロッピー・ディスク装置で有名なシュガート・アソシエイツの共同設立者だった。一九七七年にゼロックスがシュガート・アソシエイツを4100万ドルで買収した。赴任するやいなや、不評のワードプロセッサのゼロックス850に代えてゼロックス860を出し、ファクシミリ2機種を発表、イーサネットのサポートもすることになった。ドン・マサロは、デイビッド・リドル率いるSDDのSTARのサポートを発表した。

一九八〇年二月、STARの発表を一九八一年春とすることが決定された。

## ダンデリオン

ALTOの後継STARは、暗号名ダンデリオン（DANDELION）として開発が開始された。バトラー・ランプソンは、新たに4ビットスライス・プロセッサのAMDのAm2901を使うことを提案した。これはギリシャ悲劇のデウス・エクス・マキナ（ラテン語で機械仕掛けの神。ギリシャ語ではἀπό μηχανῆς θεός）のように唐突に出て来たものではなく、これもSSLにあったNOVA 1200の影響があったように思われる。アラン・ケイのミニコムもNOVA 1200の影響を受けていた。NOVA 1200は、ビットスライス方式を採用していた。有名な74181という4ビットのALUを4つつないで16ビットのALUを実現し、他に必要な回路を付けてプロセッサを実現していた。

◆74181については拙著『スティーブ・ジョブズ　青春の光と影』70頁を参照されたい。

Am2901は74181よりは進歩したものだが、4ビット単位であったから、16ビットCPUとするには4つつなげる必要があった。Am2900を理解するためには、Am2900のマニュアル以外にも、AMDのカスタマー・エデュケーションが出したレクチャー・ノートが2巻ある。数百頁ずつと分厚いが、説明が丁寧で読みやすい。NOVAの回路図と比較してみると、ダンデリオンはNOVAの影響を受けていることが分かる。しかし、この方式ではスピードは出ないだろう。

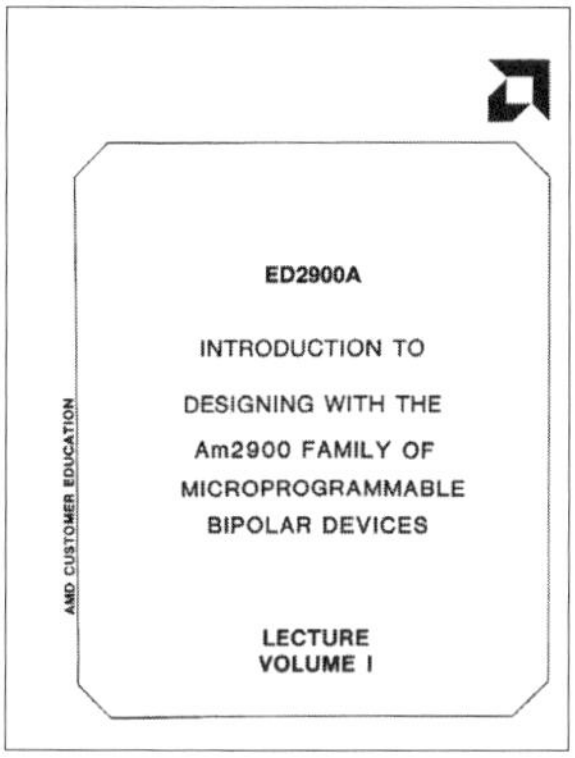


Am2900のレクチャー・ノート。懇切丁寧である

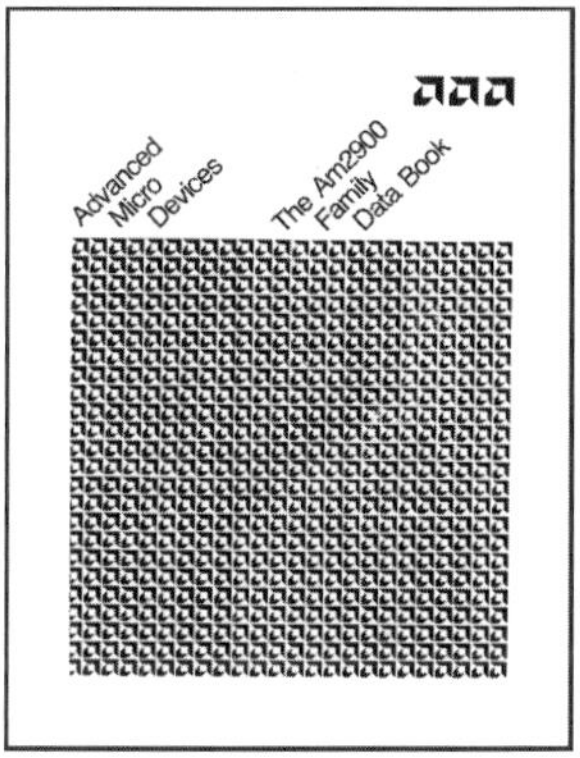


Am2900ファミリーのデータブック

一九八一年九月、ダンデリオンは、ゼロックスＳＴＡＲ、あるいはゼロックス８０１０として登場した。私自身もそうであったが、ＳＴＡＲはＡＬＴＯを生産に適した製品に仕上げたもので、ＡＬＴＯと大差がないように思われるが、必ずしもそうでもない。たとえば、外観的には画面の縦横比がＡＬＴＯとは完全に違っている。

ＡＬＴＯでは、画面は水平方向８・５インチ×垂直方向11インチで、可視部のビットマップは水平方向６０８ピクセル×垂直方向８０８ピクセルで縦長である。

ＳＴＡＲでは、17インチのビットマップ画面を採用したが、表示画面は水平方向12・8インチ×垂直方向10インチで、可視部のビットマップは水平方向１０２４ピクセル×垂直方向８０８ピクセルで横長である。スケーリングを施すことによって、縦横比８・５インチ×11インチの紙２枚を縮小して表示することもできた。17インチ必要なものを12・8インチに、つまり75％程度に縮小するから、細かい字は多少つぶれたのではないだろうか。

一九八二年三月のダンデリオン・ハードウェア・マニュアルを読

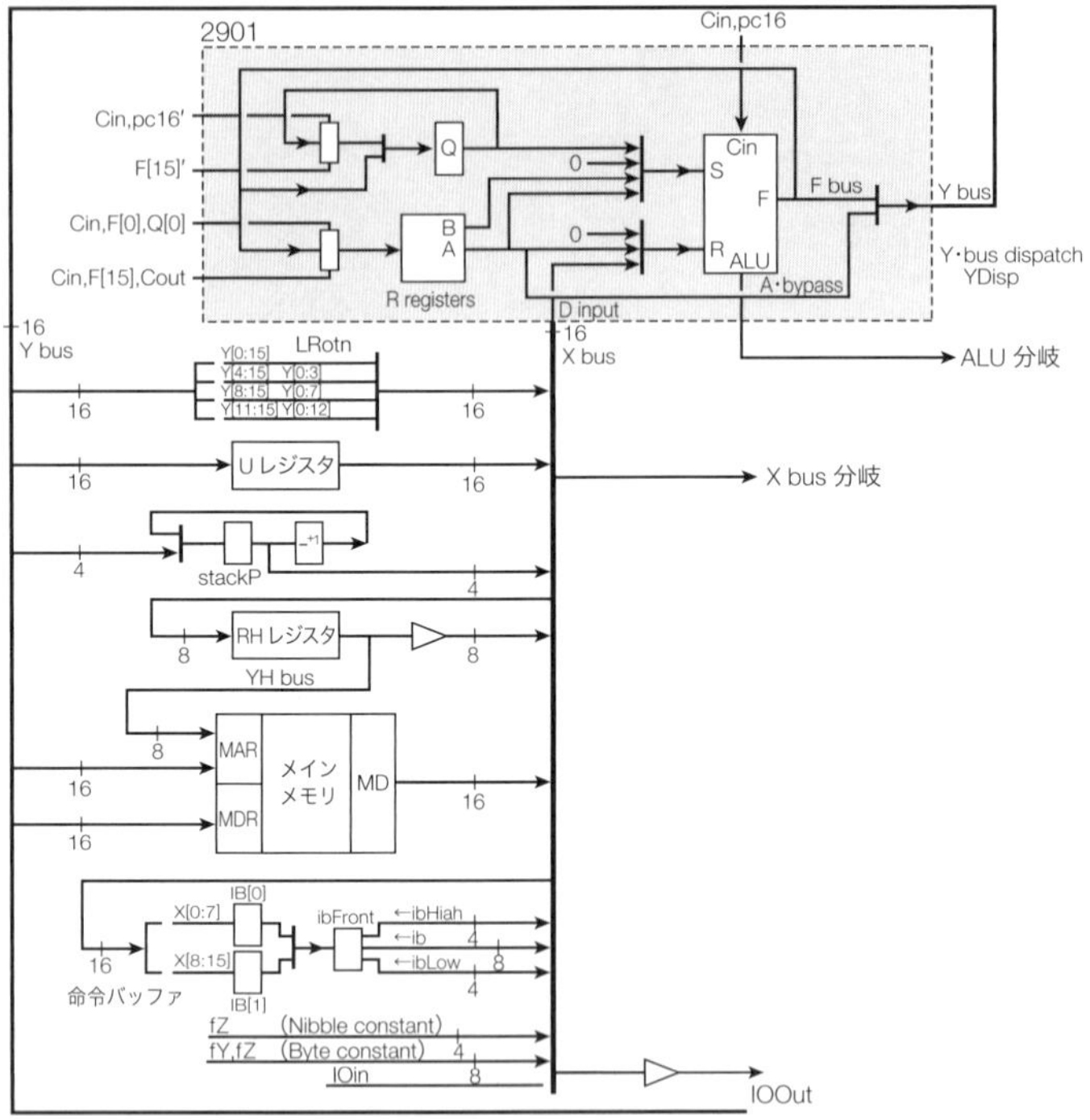


ダンデリオン（ゼロックスSTAR）のCPUのブロック図

むと分かることだが、ＳＴＡＲはセントラル・プロセッサ（ＣＰＵ）とインプット・アウトプット・プロセッサ（入出力プロセッサＩＯＰ）に分かれている。この思想はチャック・サッカーが出したものの継承だが、ＩＯＰには、なんとインテル８０８５が搭載されているのである。ＣＰＵとアーキテクチャの違うＩＯＰを使うのはすごいことだが、本当に必要だったのだろうかと思う。

　またＳＴＡＲはマイクロ命令で作られているが、ＡＬＴＯのマイクロコードが32ビット形式であったのに対し、ＳＴＡＲは48ビット形式になっている。これでプログ

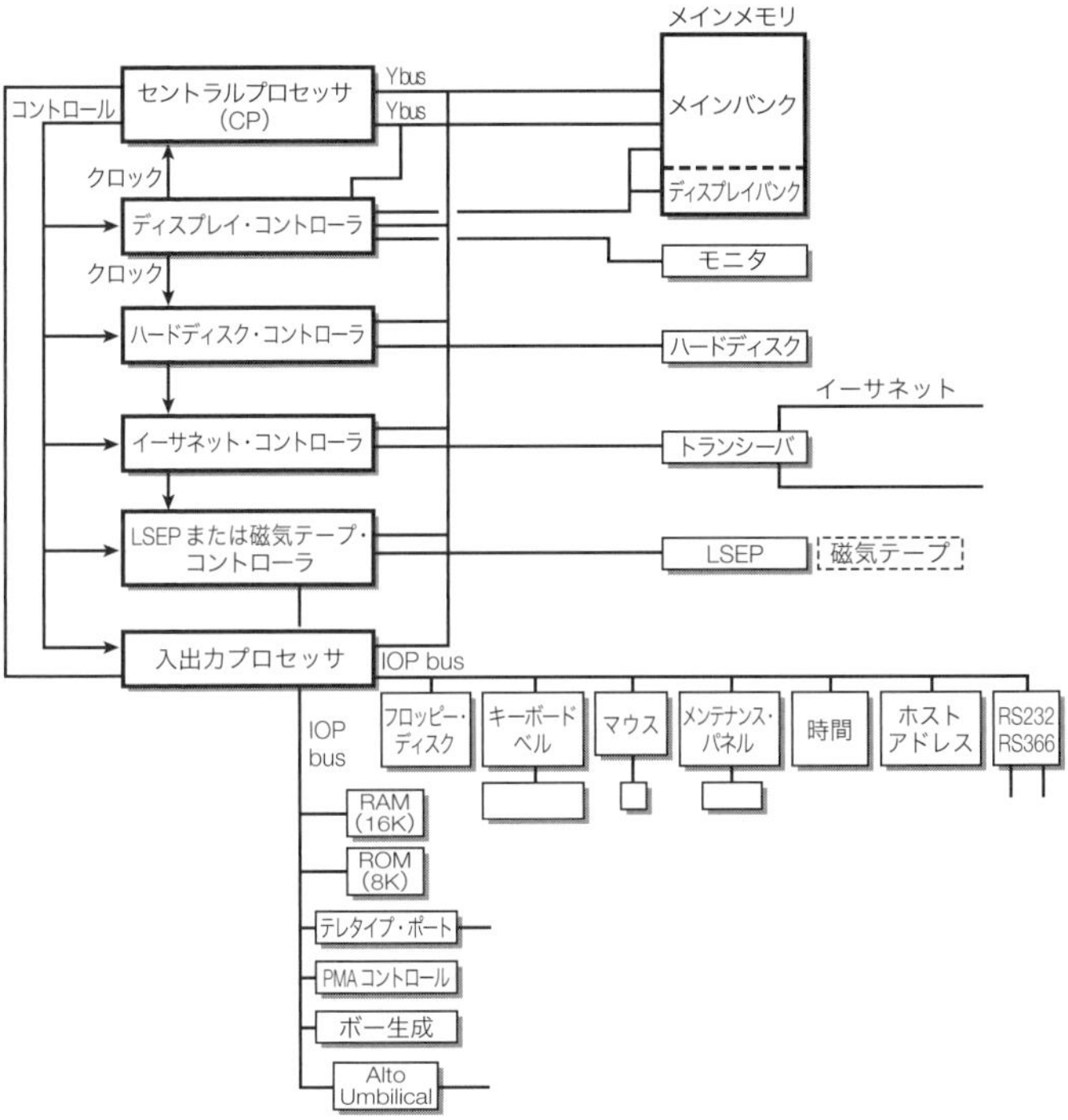


ダンデリオン（ゼロックスSTAR）のブロック図

ラムをコーディングするのは楽ではない仕事のはずである。ALTOのメモリは、64キロワード（128キロバイト）から256キロワード（512キロバイト）まで拡張可能であったが、64キロワードでは、かなり制約が厳しかったと言われる。

STARの当初のメモリは、16キロビット・メモリを使ったものと64キロビット・メモリを使ったものの2種類があり、64キロワード（128キロバイト）から768キロワード（1536キロバイト）まで選べた。

一九八八年頃には512キロバイトが標準になり、256キロバ

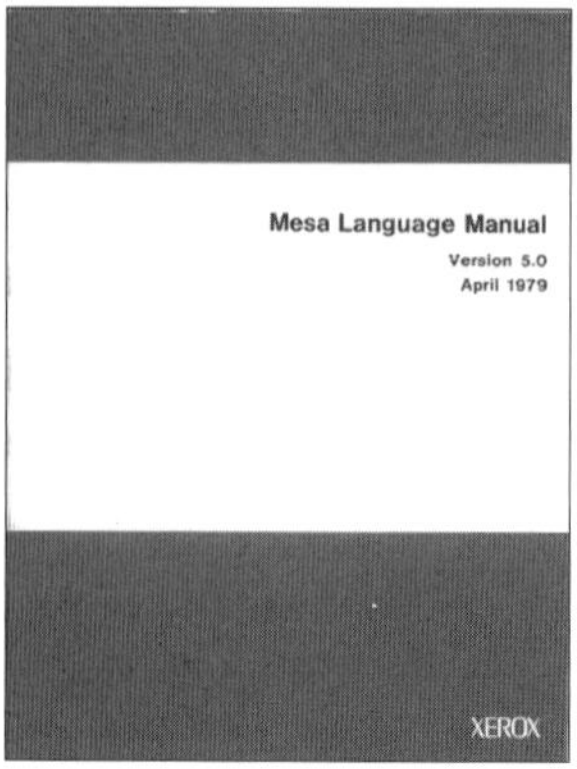

MESA言語のマニュアル

ゼロックスSTAR（ゼロックス8010）のハードウェア・リファレンス・マニュアル

イトずつ増やせるようになっていた。しかし、これでも厳しかっただろう。ゴードン・ムーアの半導体の集積度は18か月ごとに倍増するという法則をよく理解していなかったと言えるだろう。

STARのメモリは、MCC（メモリ・コントロール・カード）とMSC（メモリ・ストレージ・カード）を使った込み入ったシステムである。

STARでは20ビットの実アドレスが指定でき、原理的には1024キロワード（2048キロバイト）まで使えた。また22ビットないし24ビット・アドレスの仮想記憶もサポートされた。ハードディスク装置の制約もあり、それほど大きな仮想記憶空間ではない。

ALTOの外部記憶装置は、ディアブロ31（ないし44）カートリッジ・ディスク・ファイルで、容量は2・5メガバイトであった。

STARの外部記憶装置は、ハードディスク装置はシュガートのSA1000（8・38メガバイト）あるいはSA4000（23・17メガバイト）であった。

一九八八年頃には10メガバイト、29メガバイト、42メガバイトになっているが、小さすぎるように思う。また8インチ・フロッピー・ディスク装置も使用できた。磁気テープの使用も考えていたようだ。STARのマウスは2ボタン・マウスである。

ALTOのイーサネットは3メガbpsであったが、STARのイーサネットは10メガbpsに速度が向上した。

STARのハードウェア・マニュアルを読むと分かることだが、何を見ても手の込んだ複雑なシステムである。読むといろいろ勉強にはなる。しかし、もう少し新しいテクノロジーを使えば、もっと簡素化できたのではないかと思う。またユーザーが自分でデバイスを接続するのは相当難しかっただろう。

STARのプログラミングは、MESA言語中心で、細かい制御となればマイクロ命令を使うことになる。いずれにせよ、そう簡単には手がつけられる代物ではなかった。

結局、STARはスピードが遅く、コストも高く、またクローズド・システムという評価になった。

未来のオフィス・システムをうたいながら、STARには、ビジネス用には必須のトランザクション・システム、データベース・ソフト、スプレッド・シートなどがなかった。帳票データ入力に必須なテン・キーも付いていなかった。→、←、↓、↑などのカーソル・キーもなかった。

PARCは研究環境であり、ビジネス環境でなかったので、そうしたものの必要性や重要性が分かりにくかったと言える。STARはエリート重役の使うシステムではなく、どちらかと言えば、技術者向けのワークステーションであった。STARは総計3万台程度の出荷に留まり、大ヒットにはならなかった。ただ、それでもビル・ゲイツは、ゼロックスSTARとレーザー・プリンターを購入した。けちんぼうのスティーブ・ジョブズは購入を拒否した。

一九八二年、ドン・マサロとデイビッド・リドルはゼロックスを去って、メタファー・コンピュータを設立した。モトローラのMC68000をCPUに採用したゼロックスSTARに良く似たマシンを製造して成功したが、5年後にIBMに買収された。

ロバート・テイラーは、一九八三年九月にPARCを辞める。ウィリアム・J・スペンサーに追い出されたというのが正確かもしれない。すぐさまロバート・テイラーをDECが拾う。パロアルト市リットン・アベニュー130番地（130 Lytton Avenue, Palo Alto）にあったDECシステム研究センター（SRC）である。

ゼロックスPARCからはチャック・サッカー、バトラー・ランプソンを含む15名の研究者がロバート・テイラーに合流した。

こうして、アラン・ケイも去り、ロバート・テイラー、バトラー・ランプソン、チャック・サッカー、チャールズ・シモニー、ラリー・テスラーもPARCを去った。一九八三年をもって、ゼロックスPARCは1つの時代を終えたと言ってよいだろう。コンピュータの中心は、古い技術にとらわれない若い世代にバトンタッチされたのである。

こうして見てくると、PARCのALTOに結実したグラフィカル・ユーザー・インターフェイス（GUI）、スモールトークのオブジェクト指向、イーサネット、レーザー・プリンターなどの革新的新技術を開発しながら、レーザー・プリンターを除いて一切商品化できなかったゼロックスとは何と愚かしい会社であったかと思われるかもしれない。しかし、そのような評価を下すことは多少残酷な一面がある。

# 第8章
# スティーブ・ジョブズの PARC訪問

1972年6月27日、サンタクララ市スコット・ブールバード2962番地（2962 Scott Boulevard, Santa Clara）にアタリが設立された。ノーラン・ブッシュネルと妻のポーラ、テッド・ダブニーと妻のジョアンの4人が創立メンバーであった（写真上）。奇妙なことに登記された会社の住所は、テッド・ダブニーの家の住所であるサンノゼのブラックストーン・アベニュー1425番地（1425 Blackstone Avenue, San Jose）になっている（写真下）。1973年8月、アタリは、シリコンバレーのずっと南のロスガトス市ウィンチェスター・ブールバード14600番地（14600 Winchester Blvd., Los Gatos）に移転した。
1974年2月、スティーブ・ジョブズはアタリを訪問し、ぐしゃぐしゃの髪とよれよれの服に驚く受付に対し、「雇ってくれるまで帰らない」と宣言する。この辺の話もまちまちである。アル・アルコーンは、スティーブ・ジョブズを時給5ドルで技術部の電気技術課に採用した。
1975年春、スティーブ・ジョブズは、インド旅行から帰国してロスガトスに戻り、アタリに復職していた。周囲の人間とうまくいかないのは従来通りだったので、ノーラン・ブッシュネルは、スティーブを再び夜勤で使い、正職員でなく、コンサルタントにした。
スティーブ・ジョブズは、この時期、ロスガトスに住んでいたが、それがどこだったのかは資料が不足していて分からない。ただ後にスティーブ・ジョブズが自動車で10分ほどのロスガトス市ウエスト・ロード15900番地（15900 West Road, Los Gatos, CA）に屋敷を買ったところをみると、よほどロスガトスには思い入れがあったのだろう。

## エイブ・ザレム

マイケル・ヒルツィックの『ディーラーズ・オブ・ライトニング　ゼロックスPARCとコンピュータ時代の黎明』（邦訳『未来をつくった人々　ゼロックス・パロアルト研究所とコンピュータエイジの黎明』（エ・ビスコム・テック・ラボ 監訳、鴨澤眞夫 訳、毎日コミュニケーションズ 刊））によれば、一九七九年四月二日、ウエストハリウッド市サンセット・ブールバード９２００番地（9200 Sunset Boulevard, West Hollywood）で、ゼロックス・ディベロップメント・コーポレーション（XDC）のエイブラハム・ザレム（以下エイブ・ザレム）とスティーブ・ジョブズが会見した。

ゼロックスは、一九六二年エイブ・ザレムのエレクトロ・オプティカル・システムズ（EOS）を買収した。この買収によってエイブ・ザレムは、ゼロックスの最大個人株主となった。ゼロックスは、エイブ・ザレムに手を焼き、ベンチャー投資部門のXDCを創設し、彼をその重役につけた。エイブ・ザレムは、アップル・コンピュータに投資したがっていた。

マイケル・ヒルツィックによれば、エイブ・ザレムとスティーブ・ジョブズの仲介に当たったのは、意外にもジェフ・ラスキンであったという。ジェフ・ラスキンは、ゼロックスのPARCに友人がいて、PARCの技術に通じていた。そこでジェフ・ラスキンはスティーブ・ジョブズを説得して、ゼロックスからの投資の申し込みに応じるように説得したという。

しかし、マイケル・ヒルツィックの本には、スティーブ・ウォズニアックに関する記述で「スティーブ・ジョブズと彼の高校の同級生（正しくは上級生）のスティーブ・ウォズニアック」という誤りがあり、また同じ頁には、ジェフ・ラスキンに関する記述に「アップルⅡの設計を助けるためにアップルに入った」などという誤りもある。マイケル・ヒルツィックの記述がすべて本当に正しいかどうか疑問な部分もある。

スティーブ・ジョブズは、PARCを見学させるという条件で、一九七九年八月九日には1株1・3125セントでゼロックスに10万株を譲った。この数字はアップル・コンピュータの上場目論見書（Prospectus）29頁による。マイケル・ヒルツィックは1株10・50ドルと記している。この数字は高すぎると思う。アップル・コンピュータの正式な上場目論見書と整合が取れないように感じる。

◆このあたりの事情については拙著『スティーブ・ジョブズ青春の光と影』458頁参照。

マイケル・ヒルツィックの『ディーラーズ・オブ・ライトニング』

『ディーラーズ・オブ・ライトニング』という書名はエドワード・O・ソープの『ビート・ザ・ディーラー：ア・ウィニング・ストラテジー・フォー・ゲーム・オブ・ツウェンティ・ワン』（邦訳『ディーラーをやっつけろ！』増田丞美監修、宮崎三瑛 訳、パンローリング 刊）に基づくものだ。ブラックジャック必勝法の本だ。

## スティーブ・ジョブズのPARC訪問

ともかく一九七九年一一月から一二月にかけて、スティーブ・ジョブズが二度に渡ってPARCを訪問する。しかし、この話ほど有名でありながら、全くの藪の中でわけの分からない話もない。いつ誰がPARCの代表としてスティーブ・ジョブズに会ったのか、スティーブ・ジョブズと同行したアップル・コンピュータの技術者が誰なのか、PARCがスティーブ・ジョブズに見せたコンピュータや技術が何であったか、人によってまるで証言が違うのである。

おそらく確実にその場にいたと思われるのは、次の3人ずつである。あとは全く藪の中である。

| ゼロックスPARC側 | アップル・コンピュータ側 |
|---|---|
| ・アデル・ゴールドバーグ | ・スティーブ・ジョブズ |
| ・ダン・インガルス | ・ビル・アトキンソン |
| ・ラリー・テスラー | ・マイク・スコット |

ゼロックス側には、テッド・ケーラーを加えたいが、ルーク・ドーメルの『ジ・アップル・レボリューション』に載っているだけだ。

また、当時アラン・ケイは、サバティカル休暇を取って、PARCのSSLにはいなかったはずなのだが、本人は当日いたと主張する。さらにいなかったはずのアラン・ケイによれば、スティーブ・ジョブズが見たのは、ＡＬＴＯではなくドラドだというのだが、これはおかしい。そこにはなかったはずだからだ。

ＣＳＬは、ドラドを完成していたが、スモールトークに否定的でシダー（Cedar）を開発していた。これは横長でＡＬＴＯより解像度の高いＣＲＴを使っていた。またシダーはオーバーラップ型ウィンドウではなく、タイル型ウィンドウを使っていた。

アデル・ゴールドバーグとラリー・テスラーが操作したとなれば、ドラドでなくＡＬＴＯⅡのはずである。スター（ＳＴＡＲ）ではありえない。ＳＴＡＲは、ＳＤＤの所管になっており、発売を控えて機密保持が厳しく、ラリー・テスラーでさえ、アップルに入社してからＳＴＡＲのデモを徹底的に見に行って、自分が知らない部分を吸収していたからである。

スティーブ・ジョブズが二度ＰＡＲＣを訪れたことは間違いないが、それ以外は藪の中である。間違って伝えている人、真実を語っていない人、神話を作り出そうとした人が大勢いるようだ。

またスティーブ・ジョブズが、ＰＡＲＣに対して「我々が見たいものを見せてくれていない」と主張したため、ＰＡＲＣがゼロックス本社に対して許可を求め、開示したことになっている。しかし、これも変な話である。これまで述べてきたように、当時、ＡＬＴＯには秘密など存在しなかったのである。

ゼロックスは、すでに一九七九年九月には『ＡＬＴＯユーザーズ・マニュアル』を製作しており、また全米の有名大学にＡＬＴＯⅡを配っていた。

一九七八年には、すでにＭＩＴにＡＬＴＯⅡが配られており、ビジカルクを開発したダン・ブリックリンが

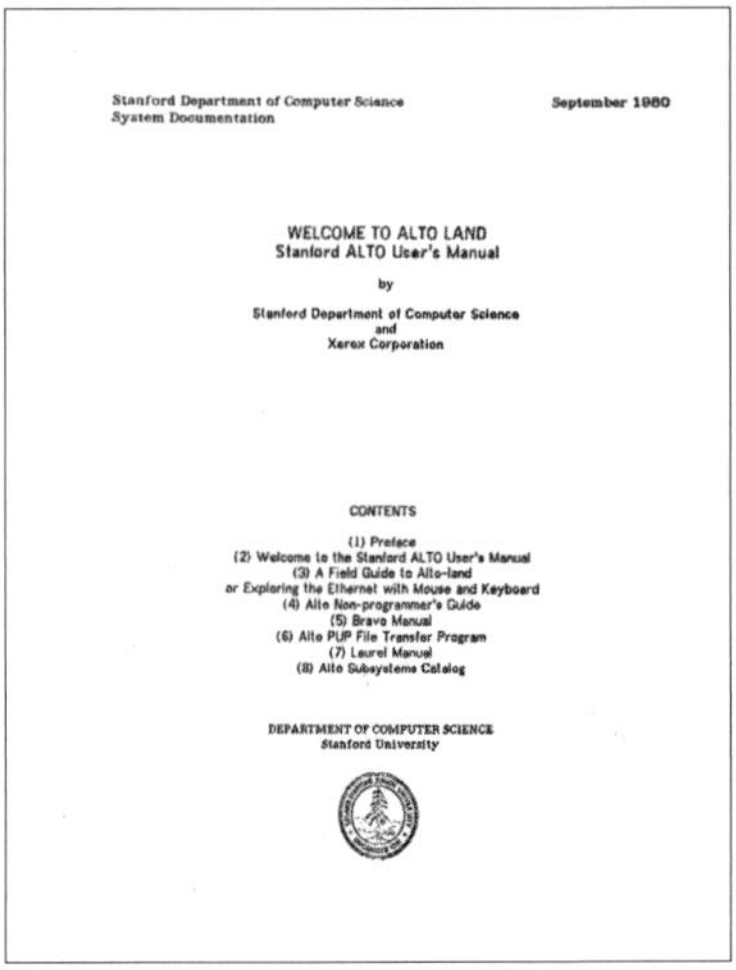
Stanford Department of Computer Science
System Documentation
September 1980

WELCOME TO ALTO LAND
Stanford ALTO User's Manual

by

Stanford Department of Computer Science
and
Xerox Corporation

CONTENTS

(1) Preface
(2) Welcome to the Stanford ALTO User's Manual
(3) A Field Guide to Alto-land
or Exploring the Ethernet with Mouse and Keyboard
(4) Alto Non-programmer's Guide
(5) Bravo Manual
(6) Alto PUP File Transfer Program
(7) Laurel Manual
(8) Alto Subsystems Catalog

DEPARTMENT OF COMPUTER SCIENCE
Stanford University

スタンフォード大学ALTOユーザーズ・マニュアル
『ようこそALTOランドへ』(1980年9月)

マウスを使いたいと思ったのは、MITの友人のデイビッド・リードがALTOⅡを使っており、それに付属していたマウスを見たからである。

また地元のスタンフォード大学には当然ALTOⅡが配られていたが、一九八〇年九月には、スタンフォード大学は16台のALTOⅡを運用し、『ようこそALTOランドへ　スタンフォードALTOユーザーズ・マニュアル』というマニュアルまで製作していた。

だからスティーブ・ジョブズがPARCを訪問した頃には、もう秘密などなかった。このレベルになっていながらALTOⅡを知らなかったと言えば、よほど迂闊な会社である。ビル・アトキンソンをはじめとするアップルのエンジニアは当然熟知していた。知らなかったのはスティーブ・ジョブズだけだったろう。

ALTOの技術は次の3本柱で支えられていた。

- グラフィカル・ユーザー・インターフェイス(GUI)
- スモールトークのオブジェクト指向技術
- イーサネット

しかし、ビジュアルで、目に見えるものしか評価しない傾向のあるスティーブ・ジョブズは、GUIにだけ感激を受けた。あとの2つの技術は後回しにされた。

ゼロックス訪問の意義は、スティーブ・ジョブズがALTOⅡのデモを見て、GUIに感動し、何が何でもアップル・コンピュータのリサに盛り込もうと決意させたことにあるだろう。つまり、一九七九年一二月の時点でスティーブ・ジョブズは、アップルⅢに興味を失い、見限ったのである。

## トリップ・ホーキンス

スティーブ・ジョブズは、一九八〇年の早い時期にトリップ・ホーキンスにリサの仕様を全面的に変更させた。GUIを採用し、マウスを採用した。できればLANやレーザー・プリンターやファイル・サーバーを採用させることにしたかったのだろうが、当初は目もくれなかった。最終的に採用されなかったのは、オブジェクト指向言語スモールトークである。

トリップ・ホーキンスは、一九五三年、南カリフォルニアに生まれ育った。ゲーム好きの少年だったといわれている。順調にハーバード大学に進み、一九七二年、ハーバード大学在学中、19歳でフットボール作戦ゲームを作った。このゲームは、コンピュータを使わない卓上ゲームである。マイクロ・プロセッサが登場していない時代のことだ。

トリップ・ホーキンスは、父親から5000ドルを借りて、アキュスタットという会社を作り、通信販売で自分の作ったゲームを売った。この時は、あまりうまくいかず、すぐに会社を畳んだようだ。

トリップ・ホーキンスは、ハーバード大学ではゲーム戦略を専攻した。卒業研究は第三次世界大戦のシミュレーションであった。卒業成績は次席であったということだが、成績は一貫して優秀だったようだ。

一九七六年、東海岸のハーバード大学を卒業すると、トリップ・ホーキンスは、西海岸のスタンフォード・ビジネス・スクールに行った。米国で出世するための理想的なキャリアである。

トリップ・ホーキンスは経営学修士（ＭＢＡ）を取ると、最初の仕事として、フェアチャイルドのためにマーケット・リサーチをした。次の仕事はクリエイティブ・マーケット・リサーチでのパソコン業界の動向予測であった。これがアップル・コンピュータのスティーブ・ジョブズとマイク・マークラの目に留まり、アップル・コンピュータへの就職を勧誘された。

一九七八年、トリップ・ホーキンスは、アップル・コンピュータに入社する。従業員番号69であった。トリップ・ホーキンスは、アップル・コンピュータが雇った最初のＭＢＡである。当然、厚遇され、アップル・コンピュータの全株式の０・５％を与えられた。この株式は一九八〇年には７５０万ドルの価値になった。後にトリップ・ホーキンスは、この株式を売却して独立の資金を得る。

トリップ・ホーキンスは、アップル・コンピュータ時代、アップルⅡプラスのマーケティングや、ビジカルクの契約、リサのプランニングに関与した。どう寄与したかを記録で見つけるのは簡単ではないが、トリップ・ホーキンスがホービー・ケリー社のディーン・ホービーに、最初のマウスの設計を頼んだことが記録に残っている。

辛辣かもしれないがただそれだけのことのようだ。

一九八二年一月一日、かねてから計画していたように、トリップ・ホーキンスはカリフォルニア州サンマテオにエレクトロニック・アーツ社を設立した。この年を選んだのはトリップ・ホーキンスが29歳であり、30歳になる前に自分の会社を作りたいという夢を実現するためであった。

トリップ・ホーキンスは、アップル・コンピュータにおいて、プログラマーはソフトウェア・デザイナーでありアーティストであることを学んだ。トリップ・ホーキンスは、それをさらに進めて、エレクトロニック・アーツ社をレコード会社のような会社にした。

トリップ・ホーキンスは、ゲーム・ソフトウェアのプログラマーをアーティストと呼んで厚遇した。ゲーム・ソフトウェアのジャケットをレコード・アルバムのように派手に作り、アーティストの名前を刷り込んだ。またアーティストのためのツアーや宣伝もやった。

こういうことは、プログラマーは単なる下働きのアルバイターとしか考えていなかったゲーム・ソフトウェア業界では珍しいことであった。こうしてエレクトロニック・アーツ社は順調に成長していき、ゲーム・ソフトウェア業界でナンバー・ワンの地位を占めるようになった。二〇一四年頃、税金で問題を起こしたようだが、なんとかなりそうな雰囲気である。しかし、エレクトロニック・アーツ社設立以後、トリップ・ホーキンスはアップル・コンピュータに基本的には関係がない。

## アップル・バリューズ

アップル・バリューズは、アップルの価値観もしくは世界観を簡潔に表現したものである。ジェイ・エリオットやトリップ・ホーキンスの名前が出ているが、アップル・クォリティ・オブ・ライフ・プロジェクトという委員会方式で決めたというから、誰がということはないのだろう。ただし、スティーブ・ジョブズの思想をとり込んだと言われている。訳はあまり原文から離れない程度に直訳風にした。

ここにある以外にアップル・コンピュータの物の考え方として有名なものが2つある。

1つは「我々が標準を設定する（We set the Standard）」であり、これはマイクロソフトにも共通している。業界標準をサポートしたがらず、自分達の製品を標準としたがり、協調性がなく独善的と指摘される。

もう1つも同じようなものだが、「ここで発明されたものでない。（Not Invented Here）」というのがある。NIHと短く言って、他人の作ったものを使いたがらないし、見向きもしない一面がある。独創性につながることもあるが、独善性につながることもある。

アップル・バリューズ

①　1人に1台のコンピュータを。
②　私達はそれを求めてアグレッシブなゴールを設定する。
③　私達はみんな一緒に冒険をする。
④　私達は自分の信ずる製品を作る。
⑤　私達は社会に積極的な違いを創出し、また利益を出すため、ここにいる。
⑥　1人ひとりは大切だ。各人には機会があり、違いを創出する義務がある。
⑦　勝っても負けても私達はみんな一緒だ。
⑧　私達は熱狂的だ。
⑨　私達は創造的で、私達が（業界の）ペースを設定する。
⑩　私達が一緒にする冒険をみんなで楽しみたい。
⑪　私達は自分の行動に気を付ける。
⑫　私達はアップルの価値観が花咲く環境を作りたい。

## ジョアンナ・ホフマン

ダニー・ボイルが監督した『スティーブ・ジョブズ』という映画がある。スティーブ・ジョブズ物の映画には、唖然とさせられることが多いのだが、この映画には驚嘆した。

冒頭、アーノルド・シュワルツェネッガーに似たオールバックの茶髪の長身の男（マイケル・ファスベンダー）が登場する。これがスティーブ・ジョブズなのだと理解するのには、多少時間がかかった。せめて髪の色は似せるべきだと思うし、一九八四年のシーンでは髪形もあんなに額は出すべきではなかった。もう少し研究したら良かったのにと思う。

そして眼鏡の女性が登場するのだが、誰を想定しているのだろうと思った。これがジョアンナ・ホフマンを想定していると分かった時は、びっくりした。そんなに表に出たはずのない人だったからだ。

アーロン・ソーキンの脚本は、いかにもハリウッド映画の脚本らしく、全く事実を無視していて、こんなに創作してしまってよいのだろうかと思った。モデルとなった実在の人物はほとんど全員が不快感を表明していてもっともだと思う。監督のダニー・ボイルも撮影風景を見ると、まるではしゃいでいるだけで、実に残念だった。

映画は、基本的に次の3つの発表会を中心に構成されている。2番目までは実際に発表会がおこなわれた会場を使った。3番目は2番目と同じシンフォニー・ホールを使っている

・一九八四年のマッキントッシュの発表会　　フリント・センター　（クパチーノ）
・一九八八年のネクスト・キューブの発表会　シンフォニー・ホール　（サンフランシスコ）
・一九八九年のｉＭａｃ発表会　　　　　　　フリント・センター　（クパチーノ）

こういうプロットを考えたのは、アーロン・ソーキンとしては大得意だったろうが、そのために事件の時系列を無視したり、分かりやすくするために事実を曲げたり創作せざるを得なかった。ただし、写真でしか見られなかったロスガトスの旧スティーブ・ジョブズ邸でのシーンもあり、正確でない部分も多いが、興味深いシーンもある。

心配になったのは、この映画に出て来たような事実はあったのだろうかということで、チェックしてみた。ほとんどがフィクションである。また実際のジョアンナ・ホフマンは、マーケッティングで二流であって、ほとんど業績を残さなかった。映画は、まるで空想の世界だ。現実歪曲空間の最たるものだ。

ただケイト・ウィンスレットは、インタビューで、ウォルター・アイザックソンの原作には、ほとんどジョアンナ・ホフマンは出て来ないと言っていて、分かっているのだと思った。そしてジョアンナ・ホフマンに実際に会って話を聞き、喋り方や発音の癖を勉強したという。そこは安心した。

ケイト・ウィンスレット演ずるジョアンナ・ホフマンは、非常によく似ているので、役作りがうまいなと思った。これが『タイタニック』に出ていたケイト・ウィンスレットだと分かった時は、また本当に驚いた。女優というのは大したものだと思った。

映画が、これだけジョアンナ・ホフマンを前に出してしまうと、ジョアンナ・ホフマンが昔の仲間とうまくやっていくのは大変難しいだろう。他の人が納得するほどの活躍をしていれば誰も文句は言えないが、実際は必ずしもそうでないからだ。スティーブ・ジョブズに怯えずに苦言を呈しただけだ。この映画は、自分が脚本家だったら誰を前面に出すかを考えるのに良いのかもしれない。

ジョアンナ・ホフマンは、アップル、ネクストとスティーブ・ジョブズについて行ったが、一九九〇年代にはジェネラル・マジックの副社長になった。

結婚して引退したが、パロアルトに700万ドルの豪邸を構えていると報道されている。実際にパロアルト市カウパー・ストリート1247番地（1247 Cowper Street, Palo Alto, CA）の家を見ると、それほどには見えない。パロアルトの土地価格が高騰しすぎているのだ。スティーブ・ジョブズのパロアルトの屋敷までは、1・3キロ、自動車で3分である。

# 第9章
# リサの開発と悲劇

1975年3月5日、メンローパーク市18番アベニュー614番地（614 18th Ave., Menlo Park, CA）でホームブリュー・コンピュータ・クラブの第1回集会が開かれた。マイクロ・コンピュータ革命の始まりである。スティーブ・ウォズニアックも参加していた（写真上左）。第2回目の集会はスタンフォード大学人工知能研究所（SAIL）のコンファレンス・ルームで開かれた。第3回目の集会はメンローパーク市ペニンシュラ・ウェイ920番地（920 Peninsula Way, Menlo Park）のペニンシュラ・スクールの講堂で開かれた（写真上右）。第4回目からはスタンフォード大学線形加速器センター（SLAC）で開かれた（写真下）。
スティーブ・ウォズニアックは、ホームブリュー・コンピュータ・クラブの活動にきわめて熱心であったが、スティーブ・ジョブズは、距離を置いていた。ビジネスにならない内は関心を持てなかったのだろう。しかしスティーブ・ウォズニアックがアップルIを開発すると、スティーブ・ジョブズはそれでお金儲けをしようと、俄然張り切りだした。

## ジョン・カウチの登場

一九八〇年から一九八二年にかけてのリサのアーキテクトは、ケン・ロスミュラーからポール・ベイカーに代わった。混同しやすいのだが、リサのアーキテクトと、リサ事業部の責任者は違う。

一九八〇年八月、アップル・コンピュータの新体制がマイク・スコット、マイク・マークラから発表された。事業部制になったのである。拡大というより肥大を続けるアップル社には大企業としての方法論と組織論が欠如しており、人事管理体制、計画的なマーケティング戦略、開発・製造・販売戦略、製品サポート体制がなかった。そこで株式上場を見越した新組織体系が作られたのである。

- パーソナル・コンピュータ・システム事業部（ＰＣＳ）　責任者トム・ウイットニー
　アップルⅡ事業部、アップルⅢ事業部
- プロフェッショナル・オフィス・システム事業部（ＰＯＳ）　責任者ジョン・カウチ。リサ事業部
- アクセサリ事業部（ＡＳ）　責任者ジョン・バーナード

パーソナル・コンピュータ・システム事業部、プロフェッショナル・オフィス・システム事業部といった名称や略号は、あまり馴染まなかったようである。分かりにくいＰＣＳやＰＯＳやＡＳより、製品名を付けた事業部名の方が流通していたようだ。

スティーブ・ジョブズは、リサ事業部に口出ししすぎるとして、会長に祭り上げられ、リサ事業部からは退けられた。この組織体系の本当の目的はスティーブ・ジョブズの排除にあったように思われる。代わってリサ事業部の責任者には、ジョン・カウチが就任した。

ジョン・カウチは、一九六九年カリフォルニア州立大学バークレー校のコンピュータ・サイエンス学科を卒業した。一九七〇年に同大学電気工学科・コンピュータ・サイエンス学科の修士課程を修了している。博士課程には2年いたようだが中退して、ヒューレット・パッカード（HP）に入社した。HPの管理職を務めながら、カリフォルニア州立大学サンノゼ校の大学院の講義をした。コンパイラの講義をしたようで、教科書も書いている。その後一九七八年、スティーブ・ジョブズにスカウトされて入社した。アップル・コンピュータ最初のソフトウェア担当副社長であり、副社長兼POSのジェネラル・マネージャとなった。

一九八〇年一二月のアップル・コンピュータの上場で、ジョン・カウチは、1360万ドルを手中にした。一九八四年に退社している。つまり、リサの事業部長としてのジョン・カウチとリサのアーキテクトのポール・ベイカーがいる。

## リサのソフトウェア開発

リサのソフトウェアは、アップルⅡのように外部に開発してもらうのではなく、リサのソフトウェア開発部隊が開発した。

まず、リサ・オフィス・システムに関係した人から見ていこう。

| 製品名 | 担当者 |
| --- | --- |
| ・リサドロー | **マーク・カッター** |
| ・リサライト | **トム・マロイ**、**ブラッド・シルバーバーグ**、ジョン・マクミラン<br>ルジ・シャーリー、**リック・チベリ** |
| ・リサプロジェクト | デブラ・ウィレット |
| ・リサカルク | ジャニス・バロン、ロッド・パーキンス、リチャード・ムーア |
| ・リサターミナル | ダン・ベノリア、プリシラ・ウォーランド |
| ・リサグラフ | スティーブ・ヤング |
| ・リサリスト | エド・バース、マーク・デッペ、クリス・フランクリン、<br>マリアン・カテラン・カウイット、ラリー・ローゼンスタイン |
| ・リサガイド | ジェフ・ブラウン |
| ・デスクトップ・マネージャ | ダン・スミス、フランク・ルドルフ、**ビル・アトキンソン**、<br>ケン・クルーガー |
| ・カルキュレータ | ロッド・パーキンス |
| ・クロック | フランク・ルドルフ |

どの人も重要であろうが、太字にした人物は特に重要である。
マーク・カッターは、リサドローを構造化された作図プログラムとしてスティーブ・ジョブズに気に入られた。
ブラッド・シルバーバーグは、アップルではあまり頭角を現さず、マイクロソフトで大活躍する。ブラッド・シルバーバーグについては拙著『ビル・ゲイツⅡ　そしてライバルは誰もいなくなった』を参照されたい。リック・チベリは、ゼロックスの先進システム部門（ASD）からアップル・コンピュータに来た。

トム・マロイは、スタンフォード大学でコンピュータ・サイエンスの学士号と修士号を取得した。さらにトム・マロイは、ゼロックスのPARCでチャールズ・シモニーを手伝って、文書整形ソフトウェアとブラボー（BRAVO）のプログラムをコーディングした。トム・マロイはチャールズ・シモニーのハンガリアン記法に深く染まっていたので、プログラムをハンガリアン記法で書いた。

ハンガリアン記法は分かりやすく一世を風靡したが、一九八〇年代当時のコンパイラは変数名や手続き名を8文字以下に制限していたので、困ったトム・マロイは、ヘブライ語の聖書のように母音を省いて子音ばかりにしたので、他人には何と発音してよいかが分からなかった。そこでバド・トリブルはすべて読みやすく書き直した。昔のように何でもかんでもハンガリアン記法で書けというのも行きすぎだが、最近のマイクロソフトのビジュアルC#のテキストに「ハンガリアン記法は絶対に駄目」とあるのも行きすぎのように思う。

つまり、トム・マロイはALTOで動くワープロの実質的な担当者であり、そのノウハウをリサライトに活かしたのである。

リサのユーザー・インターフェイスは、ビル・アトキンソンとラリー・テスラーが担当した。

次にデスクトップ・ライブラリに関係した人を見てみよう。

| 製品名 | 担当者 |
| --- | --- |
| ・クイックドロー | **ビル・アトキンソン** |
| ・イベント・マネージャ | リサライト・チーム、**ビル・アトキンソン**、**ラリー・テスラー** |
| ・アラート・マネージャ | **ラリー・テスラー** |
| ・メニュー・マネージャ | **ビル・アトキンソン** |
| ・ウィンドウ・マネージャ | **ビル・アトキンソン** |
| ・ダイアログ・マネージャ | ロッド・パーキンス、**ラリー・テスラー**、リサライト・チーム |
| ・プリント・マネージャ | **オーウェン・デンズモア**、**スティーブ・キャップス**、<br>ジェフ・パリッシュ |
| ・クリップボード・スクラップ・マネージャ | **ブルース・ダニエルズ**、スティーブ・ヤング |
| ・フォント・マネージャ | ジェフ・パリッシュ |
| ・シングル・ライン・テキスト・エディタ | マリアン・カテラン |
| ・ＳＡＮＥ | デイビッド・ホフ、クレイトン・ルイス、ジム・トーマス、<br>**ジェローム・クーネン** |

ここではラリー・テスラー、オーウェン・デンズモア、ジェローム・クーネンについて説明しておこう。

ラリー・テスラーは、先述のようにゼロックスのPARCでノートテイカーを作ったが、上層部に全く認められなかったことに失望していた。スティーブ・ジョブズの直感的な理解の鋭さに惹きつけられたという。

フィリス・コールは、一九七六年ピープルズ・コンピュータ・カンパニー（PCC）でボブ・アルブレヒトから編集を引き継いだが、一九七八年秋にアップル・コンピュータに社員番号32の社員として入社した。

フィリス・コールは、ラリー・テスラーをリサのプログラム・マネージャのジョン・カウチに紹介した。実はその頃、リサ・チームは、スティーブ・ジョブズのPARC訪問の際に、スモールトークのデモをしたダン・インガルスの引き抜きに力を入れていたが、ダン・インガルスは「イエス」と言わなかった。そこでと言ってはラリー・テスラーに気の毒だが、ラリー・テスラーがアップル・コンピュータに入社することになった。

そして一九八〇年七月一五日、ラリー・テスラーは、リサのアプリケーション・ソフトウェア・チームのマネージャとなった。ラリー・テスラーは、アップル・コンピュータで、以前PARCの同僚だったトム・マロイと遭遇した。つまりリサ・チームにはゼロックスのPARCのALTOの技術を熟知した人間がかなりいたのである。

オーウェン・デンズモアは一九四二年生まれで、少年時代をフィラデルフィアの西十数マイルにあるペンシルベニア州メディア市ウォーリングフォードで過ごした。そしてフロリダ州サン・レオにあるサン・レオ予備学校を一九六〇年に卒業している。さらに一九六四年ジョージア工科大学で数学と物理の学位を取得した。アフリカで2年間平和部隊に参加し、一九六八年シラキュース大学大学院で物理の修士号を取得した。さらにオーウェン・デンズモアは一九七二年、ニューヨーク州のゼロックス・ウェブスター研究所に入所した。最初の仕事はシグマ7上で全社的な特許のデータベースを構築することであった。その後、レーザー・プリンターのハードウェアとソフトウェアを設計する研究に参加した。MIT・ゼロックス・カリフォルニア工科大学とのVLSIの設計と製造の共同研究がおこなわれており、BCPLやMESAなどの高級言語による最初のプリンティングのデバイス・アーキテクチャの構築も含まれていた。これらはALTO上で実行された。

一九八〇年、オーウェン・デンズモアは、訪れて来たアップル・コンピュータの技術者のためにセミナーをするように指示された。その中にビル・アトキンソンがいた。ビル・アトキンソンがいろいろ質問すると、オーウェン・デンズモアは、ビル・アトキンソンがビットマップの概念をよく理解していると思った。そこでアップル・コンピュータで働かないかと言われて、誘いを受けた。そこでオーウェン・デンズモアは、一九九〇年ゼロックスを辞職し、アップル・コンピュータに入社した。最初はリサ事業部で働いた。

オーウェン・デンズモアは、同じくゼロックスから来たスティーブ・キャップスと協力して、一九八一年半ばにはリサでレーザー・プリンターによる印刷を可能にした。また彼らはリサとマッキントッシュでドット・マトリクス・プリンターのイメージライターを使えるようにした。またリサでアップル・デイジーを使えるようにした。

さらにスティーブ・ジョブズの反対にも関わらず、オーウェン・デンズモアは、マッキントッシュでもレーザー・プリンターが使えるようにし、さらにマッキントッシュでもアップル・デイジーが使えるようにした。続いてマッキントッシュ・グループで働いた。オーウェン・デンズモアの仕事はプリンティングで、最初のWYSIWYGコンピューティング・システムを創り出した。

ジェローム・クーネンは、一九七一年から一九七五年にかけてイリノイ大学アーバナ・シャンペイン校の学部と大学院修士課程の数学科を優秀な成績で卒業・修了した。４年間で学部と大学院修士課程を卒業、修了できるかと疑問だが、そう経歴には記録されている。ジェローム・クーネンは一九七五年から一九八二年にかけてカリフォルニア州立大学バークレー校の博士課程を修了し、博士号を取得している。博士課程に7年いたというのがよく分からない。ジェローム・クーネンは、数値計算とコンピュータ演算を専攻したという。博士論文は『２進浮動小数点算術演算に対して提案された標準への寄与』である。一九七八年から一九八三年にかけては、カリフォルニア州立大学エクステンションで浮動小数点算術演算に関するIEEE標準７５４を研究していたようである。

アップル・コンピュータには一九八二年六月から一九九二年四月までの9年11か月在籍した。最初の仕事は、マッキントッシュ用のIEEE標準７５４準拠の２進浮動小数点演算ルーチンの開発だった。次にジェローム・クーネンは、一九八三年一月から、アップル・コンピュータのソフトウェア・マネージャとしてROM埋め込みコードとフロッピー・ディスク装置常駐型OSとアプリケーションの開発管理をおこなった。数値演算アルゴリズムに寄与した。また初期のアップル・コンピュータのレーザーライターに対して固定小数点演算と三角関数のサポートをして処理速度向上に寄与した。

少し分かりにくい記述をしたが、要するにジェローム・クーネンは、それまでのアップル・コンピュータを牽引していたアマチュア達と違って、本格的なコンピュータ教育を受けたコンピュータ学者であったということである。つまり、こういう人材を採用したということは、ボブ・ベルビルがアップル・コンピュータを本格的なコンピュータ会社にしたいという希望の現れだったと言える。

モニタ開発環境の担当者は次のようである。

| 製品名 | 担当者 |
| --- | --- |
| ・マウス・エディタ | ブルース・ダニエルズ |
| ・ノン・ウィンドウ・シェル | バリー・ハインズ |
| ・リサモニタ（暫定ＯＳ） | **リッチ・ペイジ** |
| ・ＰＡＳＣＡＬコンパイラ | シリコン・バレー・ソフトウェア（ＳＶＳ） |

ここではリッチ・ペイジが重要である。リチャード・ペイジ（以下リッチ・ペイジ）は、カリフォルニア州立大学で学部と大学院修士課程を修了したことしか分からない。かなり有名なのに生年も生まれた場所も分からないというのは不思議だ。リッチ・ペイジは、アップル・コンピュータに入社する前は、ヒューレット・パッカード（ＨＰ）で、ＲＩＳＣコンピュータのＨＰ３０００のマイクロコードの開発をしていた。この人もＨＰ出身である。

リサについてリッチ・ペイジは、ビットスライス・プロセッサからモトローラMC68000への変更を提案した。またUCSD PASCAL上で動作するリサモニタという簡易OSを書いた。さらにグラフィックス・ソフトウェア開発ツールによる功績でアップル・フェローになっている。

オペレーティング・システムの担当は次のようである。

| 製品名 | 担当者 |
|---|---|
| ・MMU（メモリ管理ユニット） | ウェンディ・ヘンリー |
| ・ファイル・システム | アート・ベンジャミン、クリス・マクフォール |
| ・プロセス・マネージャ | ユー・イン・チョウ、クリス・メーラー |
| ・デバイス・ドライバ | デイブ・オーウェン |
| ・スタートアップ・コード | ジェイ・ウォルトン |
| ・リサ・バグ | リッチ・ペイジ |
| ・環境ウィンドウ | マリアンヌ・シアン |

## リサのハードウェア開発

リサのハードウェアについては、次の人達の寄与が大きい。

| 製品名 | 担当者 |
|---|---|
| ・ＭＭＵ（メモリ管理ユニット） | **ポール・ベイカー**、**ゲアリー・マルテン**、ケン・オキン |
| ・ツイッギー（フロッピー・ディスク装置） | ジョン・バーナード、リチャード・ジョルダン、ウィリアム・ブル、ロバート・チアデラ、ロバート・ターガート、ジョン・ムーン、**ロッド・ホルト** |
| ・マウス | **ビル・アトキンソン**、ビル・ラプソン |
| ・筐体（ケース） | ビル・ドレッセルハウス、ケネス・キャンベル、クライブ・ツワイマン、ダグラス・デイトン |

なおＭＭＵについては、一九九〇年五月一五日、ポール・ベイカー、ゲアリー・マルテンに米国特許４９２６３１６が与えられている。

マウスについては、一九八四年八月七日、ビル・ラプソンとビル・アトキンソンに米国特許４４６４６５２が与えられている。

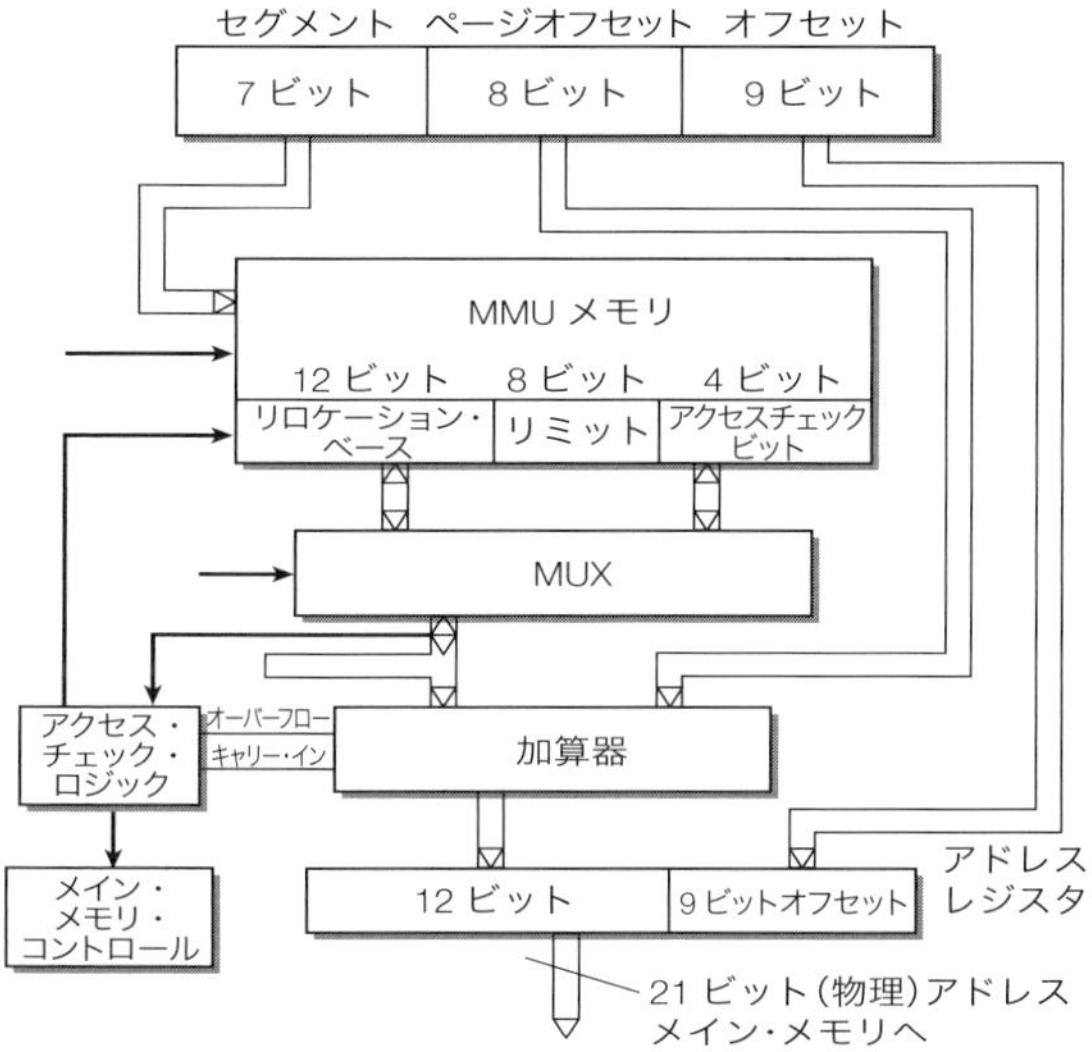


リサのMMUについての米国特許4926316。ポール・ベイカー、ゲアリー・マルテン

リサの筐体については、一九八五年二月一九日、ビル・ドレッセルハウス、ケネス・キャンベル、クライブ・ツワイマン、ダグラス・デイトンに米国特許277673が与えられている。リサの筐体の設計は、ジェリー・マノックに代わって、ビル・ドレッセルハウスがおこなった。

ビル・ドレッセルハウスの経歴は次のようで、なかなか屈折した経歴である。

一九六二年リンカーン・ノースイースト高校を卒業し、一九六二年ネブラスカ・リンカーン大学化学工学科に入学し、一九六七年に卒業した。続いて一九六七年アイオワ州立大学化学工学科大学院修士課程に入学し、化学工学を専攻し、一九六九年に修了した。さらに一九七二年スタンフォード大学工学部大学院機械工学科プロダクト・デザイン課程を一九七四年に修了した。一九七五年から一九七六年ケミカル・ラボラトリーズのプロダ

**United States Patent** [19]
**Lapson et al.**

[11] **Patent Number: 4,464,652**
[45] **Date of Patent: Aug. 7, 1984**

[54] **CURSOR CONTROL DEVICE FOR USE WITH DISPLAY SYSTEMS**

[75] Inventors: **William F. Lapson,** Cupertino; **William D. Atkinson,** Los Gatos, both of Calif.

[73] Assignee: **Apple Computer, Inc.,** Cupertino, Calif.

[21] Appl. No.: **399,704**

[22] Filed: **Jul. 19, 1982**

[51] **Int. Cl.**³ ............................................ **G09G 1/00**
[52] **U.S. Cl.** .................................. **340/710**; 340/709; 340/716; 74/471 XY
[58] **Field of Search** ............... 340/710, 709, 809, 810, 340/870.28, 870.29, 711, 716; 250/231 SE; 74/198, 471 XY; 358/183

[56] **References Cited**

U.S. PATENT DOCUMENTS

| | | | |
|---|---|---|---|
| 3,395,589 | 8/1968 | Gersten | 74/198 |
| 3,541,541 | 11/1970 | Engelbart | 340/710 |
| 3,625,083 | 12/1971 | Bosc | 74/471 XY |
| 3,835,464 | 9/1974 | Rider | 340/710 |
| 3,987,685 | 10/1976 | Opocensky | 340/710 |
| 4,245,244 | 1/1981 | Liljewski et al. | 358/183 |
| 4,310,839 | 1/1982 | Schwerdt | 340/709 |
| 4,369,439 | 1/1983 | Broos | 340/710 |
| 4,404,865 | 9/1983 | Kim | 74/471 XY |

FOREIGN PATENT DOCUMENTS

| | | | |
|---|---|---|---|
| 1526428 | 9/1978 | United Kingdom | 340/710 |

*Primary Examiner*—Gerald L. Brigance
*Attorney, Agent, or Firm*—Blakely, Sokoloff, Taylor & Zafman

[57] **ABSTRACT**

A cursor control device having particular application to a computer display system is disclosed. The cursor control includes a unitary frame, having a domed portion substantially surrounding and retaining a ball which is free to rotate. X-Y position indicating means are provided, such that rotation of the ball provides signals indicative of X-Y positions on the display system. The ball is free to "float" in the vertical direction within the dome, and thereby maintain good surface contact. X-Y positions are established by movement of the control device over a surface. A display system and method is disclosed for use in conjunction with the cursor control device, which permits a user to select command options simply by movement of the displayed cursor over a "pull-down" menu bar.

**13 Claims, 15 Drawing Figures**

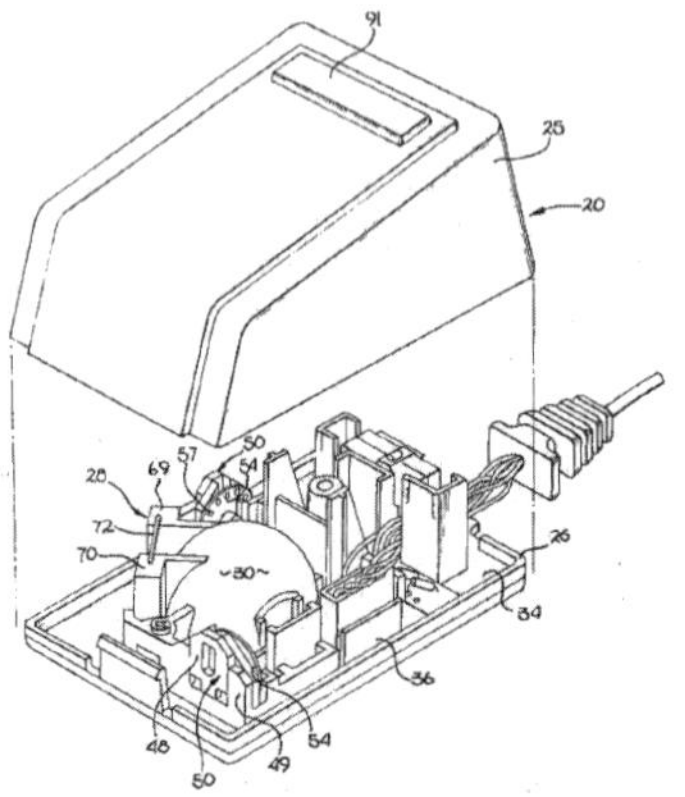

リサのマウスについての米国特許 4464652。ビル・ラプソン、ビル・アトキンソン。1ボタンマウスである

**United States Patent** [19]
**Dresselhaus et al.**

[11] **Patent Number: Des. 277,673**
[45] **Date of Patent: ** Feb. 19, 1985**

[54] COMPUTER

[75] Inventors: **William F. Dresselhaus**, Redwood City; **Kenneth S. Campbell**, Mountain View; **Clive R. Twyman**, Fremont, all of Calif.; **Douglas C. Dayton**, Cambridge, Mass.

[73] Assignee: **Apple Computer, Inc.**, Cupertino, Calif.

[**] Term: **14 Years**

[21] Appl. No.: **387,029**

[22] Filed: **Jun. 10, 1982**

[52] U.S. Cl. .................... **D14/106**

[58] **Field of Search** .................... D14/100–116; 340/700, 711, 720

[56] **References Cited**

U.S. PATENT DOCUMENTS

D. 218,436 8/1970 Morgan et al. .................... D14/108
D. 227,256 6/1973 Conway et al. .................... D14/106
D. 227,772 7/1973 Carroll et al. .................... D14/100

OTHER PUBLICATIONS

Infosystems, 5-1980, p. 61, Burroughs Word Processor.
Lanier ® Super No Problem ™ Typewriter Brochure © 1981, Word Processor.

*Primary Examiner*—Susan J. Lucas
*Attorney, Agent, or Firm*—Blakely, Sokoloff, Taylor & Zafman

[57] CLAIM

The ornamental design for a computer, substantially as shown.

**DESCRIPTION**

FIG. 1 is a perspective view of a computer showing our new design;
FIG. 2 is a front elevational view thereof;
FIG. 3 is a top plan view thereof;
FIG. 4 is a right side elevational view thereof;
FIG. 5 is a rear elevational view thereof; and,
FIG. 6 is a left side elevational view thereof.

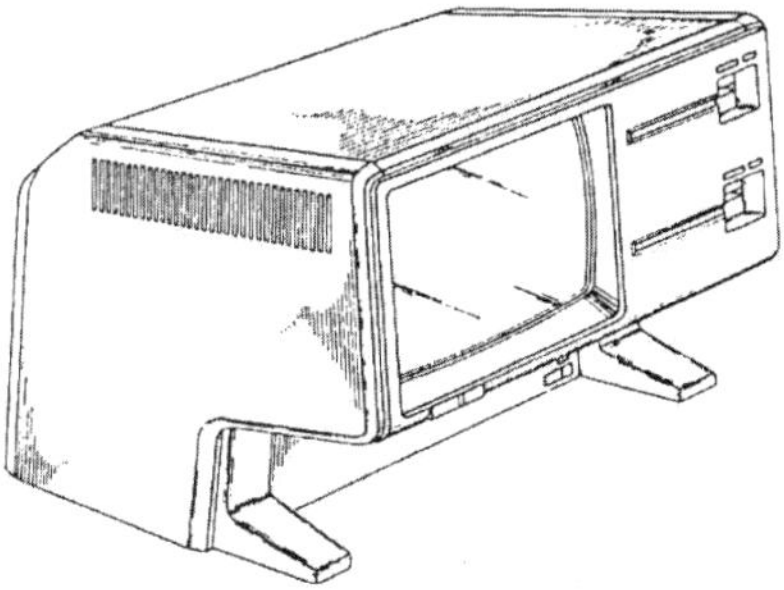

リサの筐体についての米国特許 277673。ビル・ドレッセルハウス他。特許の絵というのはどうも美的でないのが不思議である。リサの筐体もアルミ・ダイキャストのずっしりしたものだった。スティーブ・ジョブズは、リサの外観をクロマニヨン・ルックと評してからかった

クト・デザインのコントラクターとなった。一九七七年から一九七八年ピーター・エドワード&アソシエイツのアカウント・エクゼクティブになった。一九七九年ヒューレット・パッカードのプロダクト・デザイン・エンジニアとなった。ビル・ドレッセルハウスはさらに一九七九年四月、アップル・コンピュータに入社した。ジェリー・マノックは手一杯だったので、ビル・ドレッセルハウスをリサのプロダクト・デザイン・マネージャに推薦した。2人はスタンフォード大学大学院のプロダクト・デザイン課程出身ということでもつながっていたらしい。

## リサの出荷

リサは、一九八三年一月一九日に発表された。価格は9995ドルときわめて高価であった。一九八三年五月には出荷された。これについてはスティーブ・ジョブズとジョン・カウチの間で、リサとマッキントッシュの内、出荷が遅くなった方が5000ドルを支払うという賭けがあったが、ジョン・カウチが勝ち、5000ドルを手にした。ジョン・カウチによればリサの開発費用は総額5000万ドルに達し、ソフトウェアだけで2000万ドルかかったという。リサは当初1万2000台の注文を受けていた。順調に行けば、年間5万7000台を売り上げる予定だった。

しかし、リサが完成すると、一九八四年ジョン・カウチは、スティーブ・ジョブズによってお払い箱にされた。リサ事業部の責任者はウェイン・ロージングに代わった。

ウェイン・ロージングは、一九四六年生まれである。一九七〇年代にデータゼネラルとディジタル・イクイップメント・コーポレーション（DEC）にいて、一九八〇年34歳でアップル・コンピュータに入社した。ウェイン・ロージングは、DEC在職中、ゼロックスPARCの技術を使ってミニコンピュータを作ろうと提案したが否決されたのでDECを去った。アップル・コンピュータ退職後もサン・マイクロシステムズやグーグルに勤めていて優秀だということは分かるが、出生から青年時代のことはデータが何もなく、おそらくすべて抹消されていて何も分からない。

一九八三年一月一九日に発売されたリサは、前述の通り本体価格だけでも9995ドル、加えて次のようなリサ専用アプリケーションを買い揃えなければならなかった。

- リサライト（LisaWrite）
- リサカルク（LisaCalc）
- リサドロー（LisaDraw）
- リサグラフ（LisaGraph）
- リサプロジェクト（LisaProject）
- リサリスト（LisaList）
- リサターミナル（LisaTerminal）

またリサは、どのコンピュータとも互換性がなく孤立していた。

そしてスティーブ・ジョブズが「リサより高性能なマッキントッシュが一桁安い価格で近々発売される」と、そこらじゅうで吹聴していたのだから、売れるわけがなかった。

リサのコマーシャル・フィルム（CF）は、新しいライフスタイルに基づいて、訴えかけようとする。たとえば、『アローン・アゲイン』というCFでは、ほとんど人のいないコンピュータ・センターにアップル・コンピュータのアップルⅡをはじめとして多くのコンピュータが並んでいる。奥の部屋にガラス越しに若い男が何かに向かって座っているのが見える。床も天井も格子に白い曇りガラスが入っている。そこにリサが見える。ウィンダム・ヒル・レコードのニュー・エイジ・ミュージックの抒情的なピアノの演奏音楽が静かに流れている。ある意味でそれだけである。感性的に理解せよというのだろうが訴求力が弱い。

『アローン・アゲイン』という別ののCFでは、自転車に乗って愛犬を連れた若い男（ケビン・コスナー）がマンションに帰って来る。私服のビジネスマンという想定らしい。マウスを動かして机上のリサを操作する。リサの画面ではリサプロジェクトが動いている。電話がかかってきてそれに応える。それだけである。印象が薄い。

「もうすぐ2種類の人々になります。コンピュータを使う人とアップルを使う人です」

とも言うのだが、それがライフスタイルを示すのかどうか、論理に飛躍がありすぎて、どうも訴求力がない。このCFを見てリサを買いたいという気持になる人は少ないだろう。結局、これは一人よがりのCFで駄目であった。

# 第10章
# マッキントッシュの開発の始まり

1970年代、アレックス・カムラットは、マウンテンビューにタイム・シェアリング・サービスのコール・コンピュータという小さな会社を作った。カムラットは、マウンテンビュー市オールド・ミドルフィールドウェイ1961番地（1961 Old Middlefield Way, Mountain View）に会社を移した。スティーブ・ジョブズが小学校、中学校時代を過ごしたマウンテンビュー市ディアブロ286番地の家のすぐそばである。コンピュータ・コンバーサという小型端末の製作にスティーブ・ウォズニアックの力を借りようとしたが、ずぼらな彼はなかなか完成させられなかった。そこにスティーブ・ジョブズがつけこんだ。訪れてみると本当に小さな零細な会社であった（写真上）。

1976年9月コモドールは、MOSテクノロジーを買収した。会社の垂直統合を主張するジャック・トラミエルは、続いてパロアルトのサウス・カリフォルニア・アベニュー901番地（901 South California Ave., Palo Alto, CA）にあったオプティカル・ダイオード社を買収した。この建物の一角にコモドールの社長ジャック・トラミエルと技術担当副社長のアンドレー・スーザンがオフィスを持ち、チャック・ペドルもここにいて、新しいコンピュータを作り出そうとしていた（写真下）。
1976年10月、コモドールからチャック・ペドルと技術担当副社長のアンドレー・スーザンがスティーブ・ジョブズとスティーブ・ウォズニアックを訪ねた。コモドールはウォズニアックの技術が欲しかったので、アップル・コンピュータの買収を持ちかけたが、合意に至らなかった。

## ジェフ・ラスキン

ジェフ・ラスキンは、一九四三年ニューヨークで生まれた。ユダヤ系である。ラスキンとは、イディッシュ語のレイチェルのニックネームという。

ジェフ・ラスキンは、一九五七年ブレントウッド高校に入学し、一九六〇年に卒業した。高校時代はハードウェアに凝り、テクトロニクス製のオシロスコープを持っていたという。中古にしても、高価なテクトロニクスのオシロスコープを持っていたとはすごいものだ。

その後、一九六〇年ニューヨーク州立大学ストニーブルック校に入学し、数学を主専攻に物理学を副専攻に選び、一九六四年に卒業した。一九六四年、同校で哲学を主専攻に音楽を副専攻に選び、一九六五年に卒業した。ずいぶん変わった組合せだ。またジェフ・ラスキンは、ニューヨークの前衛芸術活動の反主流過激派に属していた。

この人のカリキュラム・バイチ（研究業績表）は、きわめて克明で23頁にも及ぶが、通常の採用試験ではカウントされないことまで書いてある。世間に認められないくやしさもあるのだろう。

ジェフ・ラスキンは、一九六五年、ペンシルベニア州立大学大学院コンピュータ・サイエンス学科の修士課程に入学し、一九六七年に修了した。ジェフ・ラスキンは、もともと数理論理学を目指したが、指導教官と意見が分かれたという。修士論文の内容はコンピュータ・ミュージックであった。博士課程は修了できたようだが、博士論文は受理されなかった。エキセントリックすぎたのだろう。

　その後、ジェフ・ラスキンは一九六八年頃からカリフォルニア州立大学サンディエゴ校の研究員をしていたようだ。さらに一九七〇年から一九七四年まで、カリフォルニア州立大学サンディエゴ校の助教を勤めた。夏期講座のようなものを除いて、正式な教授にはなれなかったようだ。

　一九七三年、ジェフ・ラスキンは、スタンフォード大学の人工知能研究所（SAIL）の客員研究員であった。ゼロックス・パロアルト研究所（PARC）にも出入りした。この間、ジェフ・ラスキンは、コンピュータ・コンサルタント業を始めた。

　ジェフ・ラスキンは、ドクター・ドブズ・ジャーナルに投稿しているが、調べて数えてみると25本もある。根っからのマイコン・マニアだったらしい。一九七六年から投稿を開始している。

　たとえば一九七七年三月号の22～29頁の"An 8080 Disassembler written in MITS 3.2 BASIC"（MITS3・2BASICで書いた8080逆アセンブラ）などは興味深い。これはビル・ゲイツがオルテア8800用に書いた12KマイクロソフトBASICを使った逆アセンブラである。おそらくテレタイプにつないだオルテア8800を持っていたように思われる。確かにジェフ・ラスキンは最古参のパソコン・マニアの1人であった。

　ジェフ・ラスキンは、一九七六年にアップルIIのBASIC言語のマニュアル制作を手がける会社バニスター・アンド・クランを設立する。

　ジェフ・ラスキンが、スティーブ・ジョブズやスティーブ・ウォズニアックと初めて出会ったのは、ウエスト・コースト・コンピュータ・フェア（WCCF）で、当時アップルIIがデビューしたばかりの頃であった。

ジェフ・ラスキンはスティーブ・ジョブズのガレージを訪れて、アップルⅡのマニュアルを1頁50ドルで請け負わせてくれと頼んだが、スティーブ・ジョブズに1冊で50ドルだと一蹴されたという。一九七八年、スティーブ・ジョブズは、ジェフ・ラスキンのマニュアル作りの才能を買ってジェフ・ラスキンの会社を買収した。この結果、ジェフ・ラスキンは、一九七八年、アップル・コンピュータに社員番号31の社員として入社し、出版部門の責任者、新製品の調査業務の仕事をを与えられた。

ジェフ・ラスキンは、アップルⅡが一般の人々には複雑すぎると考えていた。またジェフ・ラスキンにとって拡張スロットの存在は悪であり、ディスプレイやキーボード、可能であればプリンターも一体化し完結したポータブル・マシンを理想としていた。あらゆる点でジェフ・ラスキンと対立したスティーブ・ジョブズだったが、拡張スロット不要論では意見が一致した。

また、ジェフ・ラスキンは音楽と模型飛行機に強い興味と関心を持っていたようだ。趣味が強すぎた感もある。

ジェフ・ラスキンは、アップルⅢの開発中にも関わらず、一九七九年三月、マイク・マークラに新しいコンピュータ製品の開発許可を求めた。マイク・マークラは、ジェフ・ラスキンにアタリが作って成功していたような500ドル台のゲーム機（コードネーム：アニー）の担当をするように求めたが、ジェフ・ラスキンは拒否した。しかし、結局ジェフ・ラスキンの要求は受け入れられた。

ジェフ・ラスキンは、一九七九年九月にマッキントッシュ・プロジェクトを開始した。当初の開発名はアニーだったらしい。マッキントッシュはCPUにモトローラの8ビットCPUであるMC6809E、RAM

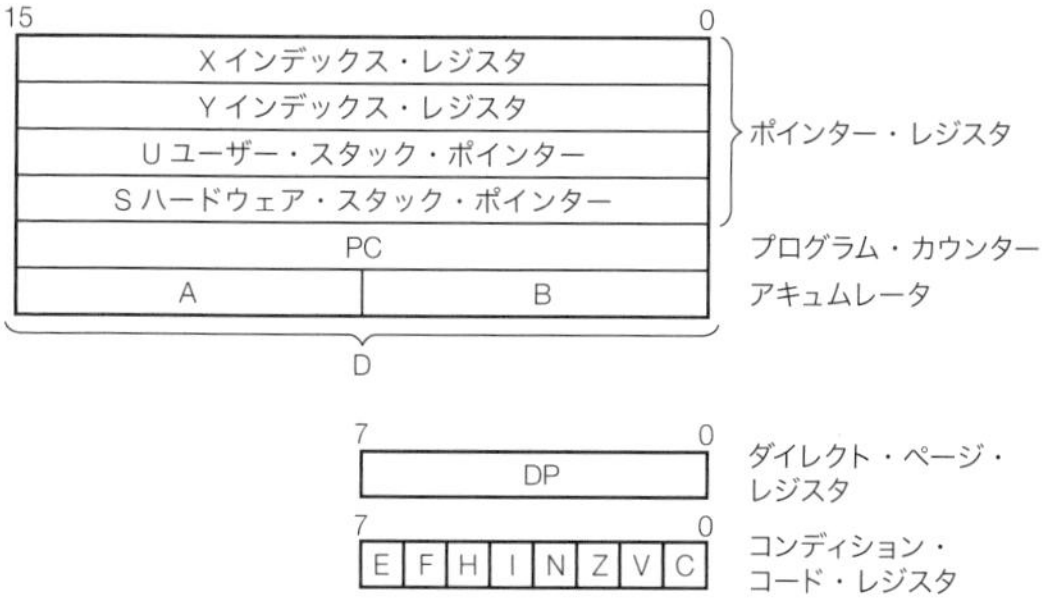


8ビットCPU。MC6809のアーキテクチャ。ずいぶん簡単なものである

64キロバイト、256×256ピクセルのビットマップ・ディスプレイを採用した設計であった。ジェフ・ラスキンは、ウィンドウもアイコンもマウスも使わなかったが、ビットマップ・スクリーンは採用した。

MC6809EとMC6809は別のマイクロ・プロセッサである。MC6809は内部に2相のクロック・ジェネレータを持っていたが（水晶は外付け）、MC6809Eは外部にクロック・ジェネレータを必要とした。Eはエクスターナル（外部）の意味だろう。

マッキントッシュという名称だが、本来McIntoshそのものは、カナダ産のリンゴを意味する。しかし、オーディオ・ファンならマッキントッシュ（McIntosh）という製品名を覚えているだろう。これは商標登録されているが、ジェフ・ラスキンは、スペルさえ変えれば製品ジャンルは違うし、トラブルを避けられると思った。そこでスペルを変えて防水外套（Mackintosh）に近いMacintoshにした。しかし、これは通用せず後にオーディオ・メーカーとも防水外套メーカーともトラブルになった。

## マッキントッシュの初期の開発グループ

一九八〇年当初、マッキントッシュの開発は、スティーブンス・クリーク・ブールバード２０８６３番地にあったグッドアース・ビルでおこなわれた。正式にそういうビル名があったわけでない。隣にグッドアース・レストランがあったのでマッキントッシュ・グループが勝手にそう呼んでいただけである。

マッキントッシュ開発チームは、ジェフ・ラスキン、ブライアン・ハワード、バド・トリブル、バレル・スミスの４人で始まった。ジェフ・ラスキンの主張でナーフ・ボールが飛び交う遊び心にあふれた職場であったらしい。

ブライアン・ハワードは、一九四四年マサチューセッツ州ケンブリッジに生まれた。育ったのはオクラホマ州ノーマンである。父親はオクラホマ大学の教授で、母親はピアニストだった。ブライアン・ハワードはスタンフォード大学の電気工学科に入学し、一九六七年に卒業した。

そこから経歴は少し分からない部分がある。しかし、ブライアン・ハワードは、ジェフ・ラスキンの会社バニスター・アンド・クランに入社している。2人だけの会社がアップル・コンピュータに買収されると、ブライアン・ハワードは、一九七八年一月アップル・コンピュータの社員番号32の社員になった。ジェフ・ラスキンは社員番号31である。最初の仕事はマニュアル製作であったが、マッキントッシュ・チームに加わると、次第にアーキテクチャの方に向いていく。バレル・スミスのアシスタントとして活躍した。

グッドアースビルの名前の元になった隣のグッドアース・レストランのビル（現在はホール・フーズ・マーケットのビル）。駐車場側からの写真

アップルのいうグッドアース・ビル。スティーブンス・クリーク・ブールバード 20863 番地にあった

バド・トリブル（ガイ・L・バド・トリブル）は、一九七五年カリフォルニア州立大学サンディエゴ校で、物理学の学位を取得した。在学中バド・トリブルは、ジェフ・ラスキンやビル・アトキンソンに会った。バド・トリブルは、ジェフ・ラスキンに口説かれてワシントン大学の医学部を1年間休学し、一九八〇年九月にマッキントッシュのプログラマーになった。バド・トリブルは、ビル・アトキンソンの家に下宿した。バド・トリブルは、MC6809Eを使ったマッキントッシュのプロトタイプ用にグラフィック・ルーチンを書き、またMC68000ベースのマッキントッシュ用の最初のデモ・プログラムを書いた。

その後バド・トリブルは、一九八三年ワシントン大学で生物物理学と生理学で医学博士号と哲学博士号を取得した。

## バレル・スミス

バレル・カーバー・スミス（以下バレル・スミス）は、背の低い金髪で丸顔の男だった。一九五五年一二月一六日生まれである。少年時代についてはよく分からない。ジュニア・カレッジで文学を専攻し、ユニバックのコンピュータに触れた。多少意外だがスティーブ・ジョブズと同じ年の生まれである。バレル・スミスが初めて製作した機器は、長距離電話代を払わずに長距離電話をかけるブルーボックスという電子装置である。バレル・スミスが初めてカリフォルニアを訪れた時は、悪名高きキャプテン・クランチ（ジョン・ドレイパー）の所に泊まったという。

◆ブルーボックスについての詳しい話は拙著『スティーブ・ジョブズ　青春の光と影』83頁以降参照。

バレル・スミスは、カリフォルニアに移住すると、医師や歯科医師相手のオフィス管理システムを作った。初めて買ったコンピュータは、コモドールPETだった。アップルⅡは高価すぎて手が出なかった。

バレル・スミスは、一九七九年二月から、アップル・コンピュータのサービス部門に技術者としてもぐり込んだ。バレル・スミスは、日中はアップルⅡの修理をし、夜には回路図の勉強をしたという。社員番号は282である。

リサの開発チームは、アップルⅡの上で動作するPASCALを使ってソフトウェア開発をしていたが、アップルⅡでは48キロバイトしかRAMが使えず、メモリのバンク切り替えを使う当時のランゲージ・カードを使っても64キロバイトが上限で困っていた。バレル・スミスは、バンク切り替えを使う80キロバイトのランゲージ・カードを開発した。

これに感動したビル・アトキンソンは、マッキントッシュの開発を始めていたジェフ・ラスキンにバレル・スミスを推薦した。これによって、バレル・スミスは、マッキントッシュ開発グループに入ることになる。名刺にはアンディ・ハーツフェルドのひそみに倣って、ハードウェア・ウィザード（ハードウェアの魔法使い）とした。

当時、アップル・コンピュータは創業時と違って、学歴や職歴が過度に重視されるようになっており、一九五五年生まれで高校卒業のバレル・スミスは、学歴不足ということでずいぶんいわれのない差別を受けた。

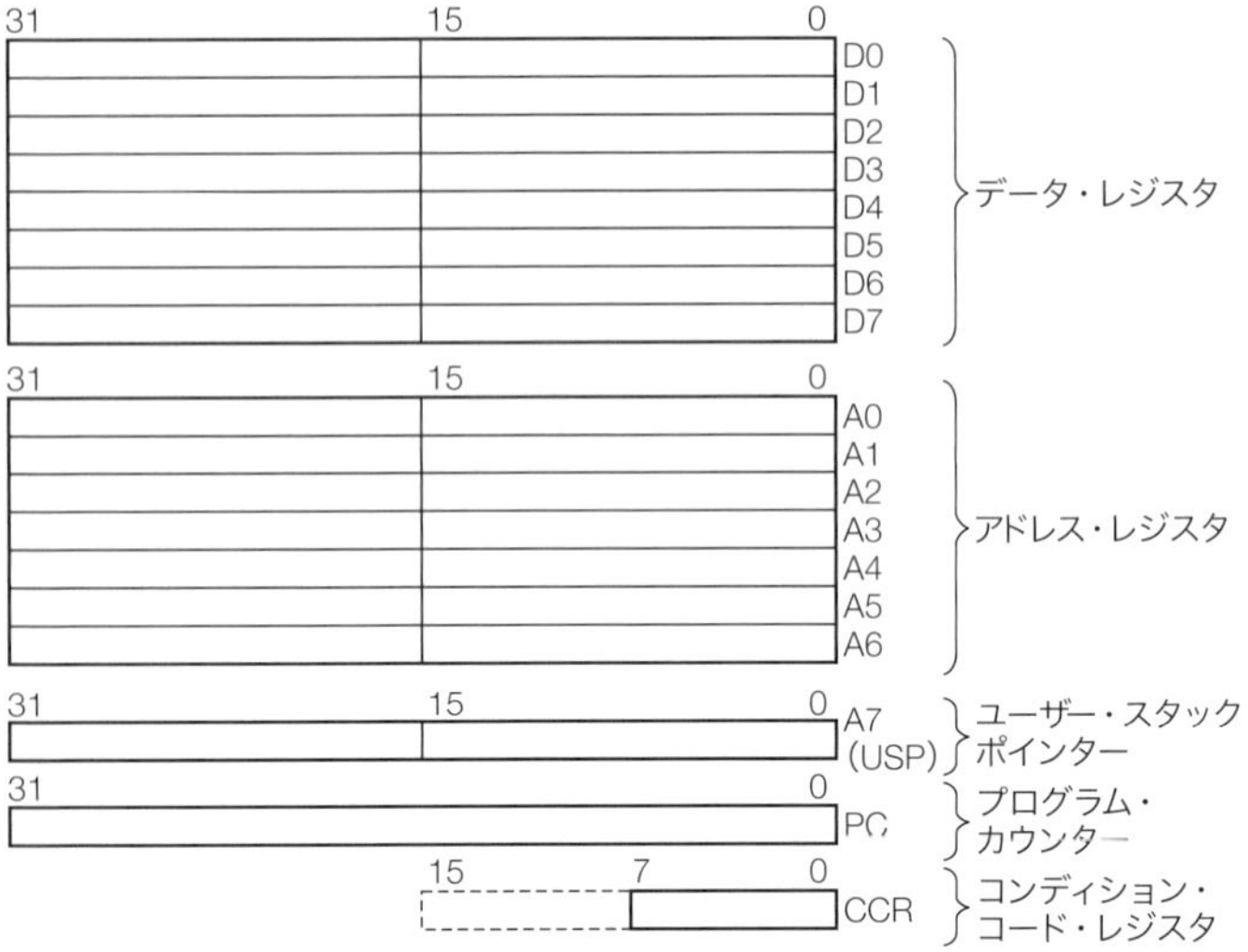


16ビットCPU MC68000のアーキテクチャ

スティーブ・ジョブズも高卒なのに気の毒である。

バレル・スミスの好物はブルガリア・ビーフサンドイッチ、パイナップル・ピザ、寿司と変化していった。

マッキントッシュの開発は、当初アップルⅡを母体としておこなわれた。ＭＣ６８０９Ｅ搭載の最初のマッキントッシュのプロトタイプ・ボードは、バレル・スミスによって、一九八〇年一月に完成した。64キロバイトのメモリ、２５６×２５６のビットマップ・グラフィックス・フレーム・バッファを備えていた。

アンディ・ハーツフェルドは、ボブ・ビショップがスキャンしたドナルド・ダックの画像を表示させた。

当初マーク・レブランドがソフトウェア担当になったが、彼はメモリの制約の強いＭＣ６８０９Ｅ版マッキントッシュに熱が入らなかった。そこで一九八〇年九月にバド・トリブルがマーク・レブランドに交代し、MC6809E用のグラフィックス・ルーチンを書いて、プロジェクトに息を吹き込んだ。

バド・トリブルは、マッキントッシュのCPUをMC6809EからMC68000に移行するようにバレル・スミスを説得した。そこで一九八〇年一二月、バレル・スミスは、リサの5メガヘルツのMC68000よりも高速の8メガヘルツのMC68000を使用したマッキントッシュ・ボードを開発した。バレル・スミスの設計はバス・トランスフォーマーを採用した独特の設計であった。

これに対してバド・トリブルは、オリジナルのブートROMの一部として68000ベースのマッキントッシュ用に最初のデモ・プログラムを書いた。

## スティーブ・ジョブズのマッキントッシュ乗っ取り

一九八〇年の組織改編によって、体よく会長に祭り上げられ、リサ開発チームを追われ、新型コンピュータ開発に関わりを持てなくなったスティーブ・ジョブズは、ジェフ・ラスキンのマッキントッシュに目を付ける。皮肉にもスティーブ・ジョブズは、それまでジェフ・ラスキンのマッキントッシュに徹底的に批判的であった。マッキントッシュ・プロジェクトでは、ハード担当がスティーブ・ジョブズ、ソフト担当がジェフ・ラスキンとなり、取締役であったスティーブ・ジョブズの働きで予算も開発メンバーも増えた。

新しくロッド・ホルト、ジェリー・マノック、ダン・コトケ、ランディ・ウィギントンなどスティーブ・ジョ

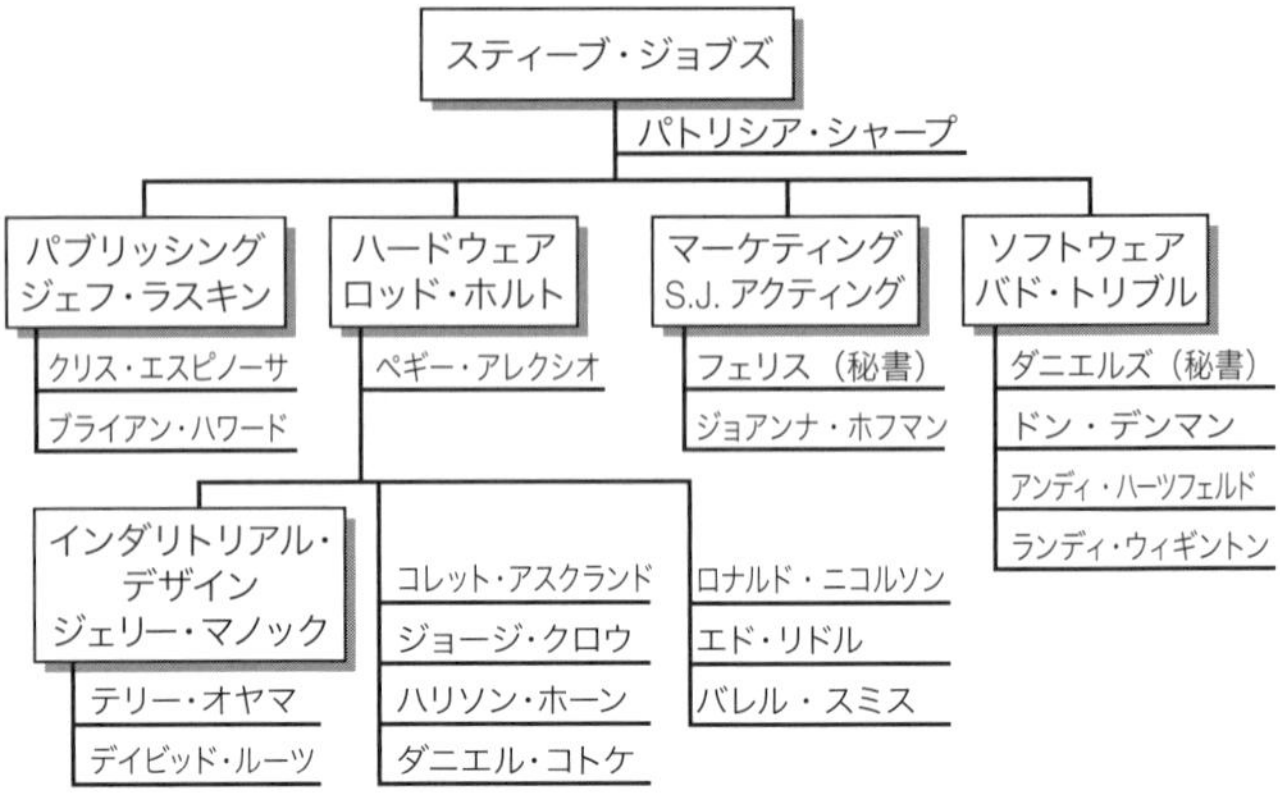


マッキントッシュ・グループ

ブズに近い古参グループが開発チームに加わった。ドン・デンマンも後から加わった。

◆ロッド・ホルト（社員番号５）については拙著『スティーブ・ジョブズ　青春の光と影』３７７頁以降、ジェリー・マノック（社員番号６）については３８２頁、またダン・コトケ（社員番号12）については１７９頁以降、ランディ・ウィギントン（社員番号６）については３５９頁以降を参照されたい。

ドン・デンマンについては情報が少ないが、ドン・デンマンは、オハイオ州イエロー・スプリングスに生まれ育った。イエロー・スプリングス高校を経て、イエロー・スプリングスのアンティオーク大学を一九七九年に卒業している。したがって一九五七年に生まれたと推測される。

ドン・デンマンがアップル・コンピュータに入社したのは一九七九年夏頃で、アンディ・ハーツフェルドとほぼ同時期のようだ。マッキントッシュ・グループに参加したのは一九八一年九月で、アンディ・ハーツフェルドの勧誘に乗った。最初はマッキントッシュ用のマックＢＡＳＩＣを開発していた。ブライアン・スターンズが手伝った。一九八三年にはマックＢＡＳＩＣはマッキントッシュの発売に間に合わないことがはっきりしたので、ドン・デンマンはマッキントッシュのデスク・アクセサリの開発に転用された。ドン・デンマンの欠点は、開発期限にいつも間に合わないことで、開発期限を遅らせてもまた間に合わないことの繰り返しであった。これが後に不幸の原因になる。

## 70／20の法則

スティーブ・ジョブズは、もしマッキントッシュがリサの機能の70％をリサの価格の20％で提供できれば人々は買うはずだと考えていたという。前述のようにスロットは不要と考えていた。スティーブ・ジョブズはクローズド・システム（閉じたシステム）に対して病的なまでにこだわった。絶対に他人に蓋を開けさせない。他人に自分の作品の中身を見られたくなかったのである。これにはスティーブ・ジョブズが好きなヒューレット・パッカードの計測器も、蓋を開けると修理はしないという原則を持っていたことに多少関係していたかもしれない。

マッキントッシュのメモリはリサに比べて極端に小さかった。

- リサ　　　　　　　　1メガバイト（1000キロバイト）
- マッキントッシュ　　128キロバイト（後に512キロバイト）

マッキントッシュにはハードディスク装置はなく、フロッピー・ディスク装置しかなかった。これはリサにもマッキントッシュにも共通した特徴であった。

・リサ　　　　　　　　　ツイッギー5・25インチ・フロッピー・ディスク装置2台
・マッキントッシュ　　　3・5インチ・フロッピー・ディスク装置1台

スティーブ・ジョブズがハードディスク装置を不要としていたのは、ハードディスク装置にはファンが必要になるからで、この音がうるさいとした。ファンを一切取り付けないというスティーブ・ジョブズのこだわりは、アップルⅢ、リサ、マッキントッシュの筐体の設計を著しく困難にした。スティーブ・ジョブズは意味のない細部にこだわりすぎた。また物理法則を完全に無視した狂信的とも思える部分があった。

リサでも基本的にはハードディスク装置は不要としていたから、マッキントッシュにハードディスク装置が付くわけがなかった。ハードディスク装置不要論はスティーブ・ジョブズがコンピュータをあまり使わなかったことにも関係しているのではないだろうか。

ジョン・スカリーの『スカリー』では、スティーブ・ジョブズの部屋にコンピュータがなかったのを不思議に思ったとある。そういえば、スティーブ・ジョブズのプレゼンテーションは、ほとんどホワイト・ボードに黒のフェルトペンで字を書いていた。コンピュータはあまり使わなかった。

しかし、ハードディスク装置がないと不便であるし、オフィスでも使えないということは次第にスティーブ・ジョブズも少しは理解したようで、アップルⅢでもリサでも後に本体上部に置くシーゲート社のST-506を使ったプロファイルという5メガバイトのハードディスク装置を用意した。リサ用のハードディスク装置は、リサ本体とは横幅が揃わないアップル・コンピュータらしくないデザインであった。もともとはアップルⅢ用だったらしく、この場合は横幅が合っている。

ハードディスク装置の筐体のデザインは、アップルのジェームズ・R・スチュワートがおこなった。彼の名義で一九八一年一一月一九日にデザイン特許が申請されている。一九八四年四月三日に特許が下りている。

スティーブ・ジョブズは、マッキントッシュにはハードディスク装置を採用しなかった。しかしスティーブ・ジョブズがアップル・コンピュータから追放された後、ハードディスク装置を実装することになる。

スティーブ・ジョブズの哲学は、エレガントなシンプルさを追求するミニマリズムと言えた。

「パソコンにはこれだけが必要で、これ以上何が必要か？」というセリフが繰り返されることになる。

その一例として、帳票データ入力用のテン・キーやカーソル・キーを省いたことがある。帳票データなど入力した経験のないスティーブ・ジョブズは、テン・キーやカーソル・キーには全く理解を示さなかった。カーソル・キーやテン・キーは不要、マウスを使えばよいとした。これはゼロックスのALTOやSTARでも同じである。

スティーブ・ジョブズは、プログラマーのラリー・ケニヨンにマッキントッシュの電源投入時の起動時間をあと5秒短縮するために、次のように説得した。

「もし起動時間を5秒短くできれば、数百万人のユーザーがマッキントッシュを使うとして、5秒×数百万だから、1年で50人分の人生くらいの時間にはなる。たった5秒削れれば、毎年50人の命を救う計算になる」

よく考えると、全く理屈になっていないのだが、何となくそうかと頷《うなず》かされてしまう。そうして誰もが必

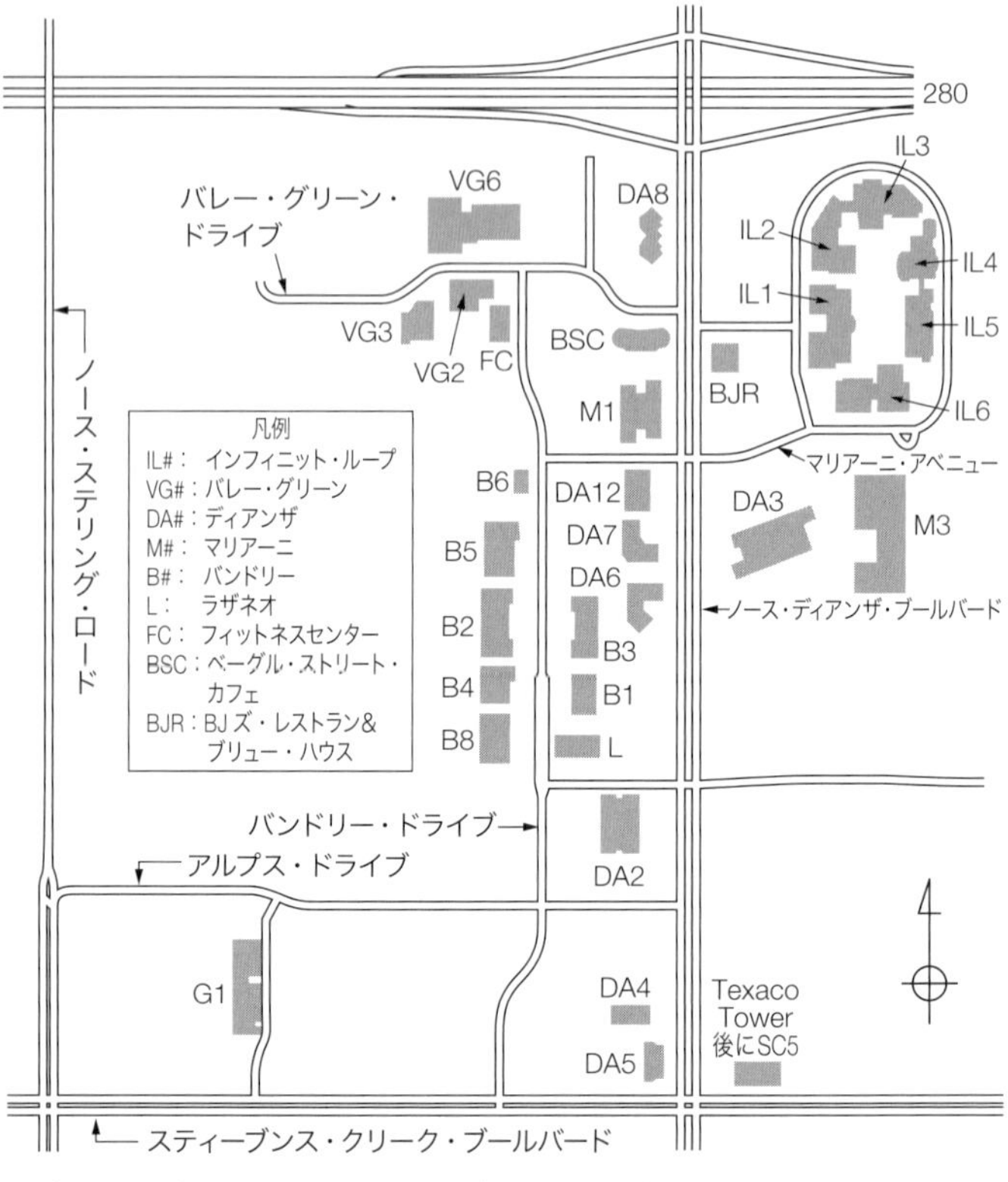


アップル・キャンパスの略図。この図以外にもずっと東に三角ビルなど建物はあった

死に仕事に取り組まされてしまうのである。

パッケージ・デザインについても、スティーブ・ジョブズは、他のすべての要素と同様にエレガントなものにしたいと思っていた。これはだんだん激しくなる。iPhoneのパッケージなどでも感じることである。

スティーブ・ジョブズの考えていたマッキントッシュのユーザーは、ある程度の知的な階層に偏っており、IBMのように広範なユーザー層を狙うのと違っていた。そこでスティーブ・ジョブズは、マッキントッシュという開発コード名の代わりにバイシクル（自転車）を考え出した。21世紀を担うインテリのための知的自転車というわけである。このさえない開発コードだけは、いかにスティーブ・ジョブズの独裁権と魔力をもってしても受け入れられず、マッキントッシュのままになった。

## テキサコ・タワー

人手も増えたので建物もスティーブンス・クリーク・ブールバードとノース・ディアンザ・ブールバードが交わる交差点の角にあったガソリン・スタンド（現在はシェブロンのガソリン・スタンド）の隣のビルに移る。彼らは勝手にテキサコ・タワーと呼んでいた。アドレスはクパチーノ市スティーブンス・クリーク・ブールバード２０４２５番地（20425 Stevens Creek Blvd., Cupertino, CA）である。

テキサコ・タワーは取り壊された後（取り壊されたという記述は『レボリューション・イン・ザ・バレー』84頁にある）、より大きく建て直され、スティーブンス・クリーク５号館（ＳＣ５）と呼ばれている。

スティーブンス・クリーク・ブールバードの反対側にシセロ・ピザというピザ屋があって、そこでバレル・スミスはアンディ・ハーツフェルドとピザを食べ、ビデオゲーム機でディフェンダーというゲームを楽しんだ。このピザ屋があったらしい場所に飲食店は今でも３軒ある。ただし、ビデオゲーム機はもうないように思う。アドレスはクパチーノ市スティーブンス・クリーク・ブールバード２０４８８番地（20488 Stevens Creek Blvd., Cupertino, CA）である。

テキサコ・タワー跡。左側がガソリン・スタンド。現在は新しく建て直されてアップルが使用している。スティーブンス・クリーク5号館（SC5）となっている

スティーブ・ジョブズは、毎晩バンドリー6号館（B6）のオフィスからやってきた。

## アンディ・ハーツフェルド

アンドリュー・J・ハーツフェルド（以下アンディ・ハーツフェルド）は、一九五三年四月、ペンシルベニア州フィラデルフィア近郊に生まれ育った。コンピュータに興味を持ったのは、高校生の時だった。高校にはウェスタン・エレクトリックのテレタイプが置いてあり、ゼネラル・エレクトリック（GE）のタイム・シェアリング・システム（TSS）につながっていた。一九六九年、16歳、高校3年生の時に、BASICやFORTRAN、PL/Iでプログラムを書くようになった。

最初に書いた実用プログラムは、高校のダンスパーティ用に書いたカップルの組み合わせプログラムだったという。あまり出来の良くないプログラムだったとい

う。

アンディ・ハーツフェルドは、かなり多くの文章を書いているが、自身の幼年時代のことは、ほとんど語らず、分からないことが多い。

アンディ・ハーツフェルドは、一九七五年六月にブラウン大学で数学や物理学を専攻した。数学には、どうも相性が良くなかったらしい。プログラミングにのめり込むようになったのは、夏休みにプログラミングのアルバイトをしたり、コンピュータ・センターで、学生相手の相談員をしてからだという。

アンディ・ハーツフェルドは、ブラウン大学卒業後、テキサス州ガルベストンの大きな保険会社に就職した。仕事は米航空宇宙局（NASA）が使っていたAPLシステムの維持と改良だった。保険会社はIBMの大型コンピュータを2台持っており、そのすべての能力を使っていたわけではないので、いくらでもコンピュータの能力を必要としていたNASAに、その能力の半分を売ったのである。

その後、アンディ・ハーツフェルドは、保険会社を辞めて、一九七六年九月、カリフォルニア州立大学バークレー校の大学院修士課程に進んだ。アンディ・ハーツフェルドは、ウエスト・コースト・コンピュータ・フェア（WCCF）で展示されたアップルⅡに出会い、天啓を受けた。

一九七八年一月、アップル・コンピュータは400ドル値引きセールを開催した。そこでアンディ・ハーツフェルドは、アップルⅡを1295ドル、プラス税金を払って購入した。製造番号は1708であり、メモリは16キロバイトであった。このアップルⅡが彼の人生を変えた。

アンディ・ハーツフェルドは、アップルⅡ用の易経のゲームやキャラクタ・ジェネレータなどのソフトウェアを書いてドクター・ドブズ・ジャーナルに投稿していた。

調べてみると一九七八年七月号31～33頁に“LAZARUS：A Program to Resurrect BASIC Programs on the Apple II Computer”という論考が載っている。うっかり消去したプログラムを復活させるプログラムである。

面白いことに、この論考に住所が書いてある。カリフォルニア州バークレー市ドワイト・ウェイ２２２０番地（2220 Dwight Way, #210 Berkeley, CA）である。その番地のアパートの２１０号室であった。バークレー校から２００メートルくらいの目と鼻の先である。確かにバークレー校の学生だったことが分かる。

アンディ・ハーツフェルドは、バーニーというアップルⅡマニアの友人と会社を作った。バーニーは、アンディ・ハーツフェルドのプログラムを持って会社回りを始めた。一九七八年一一月にはアップル・コンピュータに持ち込んだ。

この過程でアンディ・ハーツフェルドは、スティーブ・ジョブズと出会った。プログラムを買ってもらうのはうまくいかなかったが、知り合いになった。何度かスティーブ・ジョブズにアップル・コンピュータで働くように誘われたが、早々簡単に話はまとまらなかった。当時アップル・コンピュータの主流派の技術者は、スティーブ・ジョブズのお気に入りのヒューレット・パッカードから来た技術者達で、ＵＮＩＸの話ばかりだったからである。

しかし、ついに一九七九年八月六日、アンディ・ハーツフェルドは、社員番号４３５番でアップルの社員になった。年俸は2万４０００ドル、ストック・オプションは１０００株分だった。大学院は中退した。したがってアンディ・ハーツフェルドは正式には大学の学部卒になった。これが後にゼロックスＰＡＲＣ出身の博士号を持ったボブ・ベルビルにいじめられる原因の1つになる。

初期にはアンディ・ハーツフェルドは、バンドリー1号館（B1）で、ウェンデル・サンダーのそばに座ってサイレント型の熱転写プリンターやカードリーダーなどのアップルII用の周辺機器の開発などに当たっていた。

アンディ・ハーツフェルドは、バレル・スミスと同様に背が低くてずんぐりした人である。眼鏡をかけている。ある日、バレル・スミスがアンディ・ハーツフェルドの机の上に、挨拶代わりに『アップルII：動作原理』という黒いバインダーを置いていったことから仲良くなった。

一九八一年二月二五日にマイク・スコットによるブラック・ウェンズデイの首切りがあった。これによって、パートナーのリック・アウリッキオが馘になった。アップルに勤め始めて18か月目のアンディ・ハーツフェルドは、ショックを受けていた。

◆ブラック・ウェンズデイについては拙著『スティーブ・ジョブズ　青春の光と影』４０９頁を参照されたい。

マイク・スコットは、アンディ・ハーツフェルドに「君まで辞めないように」と言った。「辞めないようにするのはどうしたらよいか」と聞かれて、アンディ・ハーツフェルドは、バレル・スミスやバド・トリブルと一緒にマッキントッシュの仕事ができればよいと言った。

するとマイク・スコットはマッキントッシュを仕切っているスティーブ・ジョブズとの面談を取り計らってくれた。

翌日の一九八一年二月二六日、スティーブ・ジョブズは、アンディ・ハーツフェルドと面談して聞いた。

「君は有能か？　我々は本当に優秀な人間だけにマッキントッシュの仕事をして欲しいと思っているんだが」

こういう質問には、ふつうの人間は多少たじろぐものだが、アンディ・ハーツフェルドは答えた。

「ええ、自分はかなり有能だと思っています。私はバレル・スミスの友人で、今までにソフトウェアのことで何度か助けたことがあります」

続いてスティーブ・ジョブズが聞いた。

「君は創造的だと聞いているが、本当に創造的かね？」

これも答えにくい質問だ。アンディ・ハーツフェルドは次のように答えた。

「自分で判断するのは難しいですが、マッキントッシュの仕事がしたいですし、素晴らしい仕事ができると思います」

スティーブ・ジョブズは、マッキントッシュ・グループへのアンディ・ハーツフェルドの採用について、すぐに返事をすると言った。

## ジェフ・ラスキンの追放

この数日前、スティーブ・ジョブズは、ジェフ・ラスキンのプレゼンテーションの予定変更を告げて嫌がらせをした。ところがジェフ・ラスキンが念のために会場に赴くと、みんなが待っていた。スティーブ・ジョブズは、嘘をついたのである。そこでジェフ・ラスキンはプレゼンテーションをした。するとスティーブ・ジョブズは、自分の命令を守らなかったことで馘首《かくしゅ》を言い渡した。

スティーブ・ジョブズは1時間後に馘首を撤回したが、ジェフ・ラスキンは、もう我慢ができなかった。ジェフ・ラスキンはスティーブ・ジョブズに対する強烈な弾劾文『スティーブ・ジョブズの配下、もしくは同僚として働くことについて』を社長のマイク・スコットに送りつけた。

この一九八一年二月一九日付けの全文は、ジェフリー・S・ヤング『スティーブ・ジョブズ　ザ・ジャーニー・イズ・ザ・リウォード』（邦訳『スティーブ・ジョブズ　パーソナル・コンピュータを創った男』日暮雅通 訳、JICC出版局 刊）上巻296頁から297頁に渡って掲載されている。詳しいことは、そちらをお読み頂きたい。なるほどと思う。ここでは簡単に項目だけを掲げておこう。

- スティーブ・ジョブズは、常に会見の約束を破る。
- スティーブ・ジョブズは、考えなしの行動をとり、間違った判断を下す。
- スティーブ・ジョブズは、人の手柄を横取りする。
- スティーブ・ジョブズは、理性よりも感情に訴える。
- スティーブ・ジョブズは、親分風を吹かせようとして馬鹿げて無駄な決定をして時間を浪費する。
- スティーブ・ジョブズは、人の話を邪魔するし聞きもしない。
- スティーブ・ジョブズは、約束や決定事項を守らない。

- スティーブ・ジョブズは、権力を笠に着た決定をおこなう。
- スティーブ・ジョブズは、楽観的な予定を立て、守れなくなるとスタッフのせいにする。
- スティーブ・ジョブズは、無責任で思慮分別がない。
- スティーブ・ジョブズは、ソフトウェア・プロジェクトのマネージャとしては最悪である。

その日の午後、会長のマイク・マークラ、スティーブ・ジョブズ、ジェフ・ラスキンは徹底的な議論をおこなった。スティーブ・ジョブズは、また泣いた。2人ともお互いに一緒にはやっていけないと主張した。この3日後の一九八一年二月二二日、ジェフ・ラスキンは休暇を取った。取らされたという方が適切かもしれない。コンピュータ会社での突然の休暇というのは、大体が追放ということである。

休暇後ジェフ・ラスキンは、アップル・コンピュータの出版部のマネージャとしてぶらぶらしていたが、一九八二年五月正式に退職した。クリス・エスピノーサが出版部の跡を継いだ。

クリス・エスピノーサは、一九六二年、ロサンゼルス生まれ。スティーブ・ウォズニアックに心服し、一九七六年14歳でアップル・コンピュータの社員番号8番の社員として働き始めた。時給3ドルでBASICのデモ・プログラムを書いた。またアップルⅡリファレンス・マニュアルを執筆した。一九七八年、アップルを辞めて、カリフォルニア州立大学バークレー校に進んだ。一九八一年九月、スティーブ・ジョブズの説得でバークレー校を辞めて、マッキントッシュの出版部のマネージャになった。

一九八二年五月、ジェフ・ラスキンは、アップルを去った。

ジェフ・ラスキンは、二〇〇四年一二月に膵臓ガンと診断され、二〇〇五年二月二六日、カリフォルニア州パシフィカ市ジプシー・ヒル・ロード8番地（8 Gypsy Hill Road, Pacifica, CA）で死亡した。森に囲まれた地である。享年61歳であった。

ジェフ・ラスキンは、亡くなる4年前の二〇〇〇年に『ザ・ヒューマン・インターフェイス　ニュー・ディレクションズ・フォー・デザイニング・インタラクティブ・システムズ（対話型システム設計のためのデザインの方向性）』という本を書いている。執筆時点や内容から判断して、最初のマッキントッシュの頃の設計思想を説いた本だと思うが、彼の思想の全体系を残した示唆に富んだ本である。

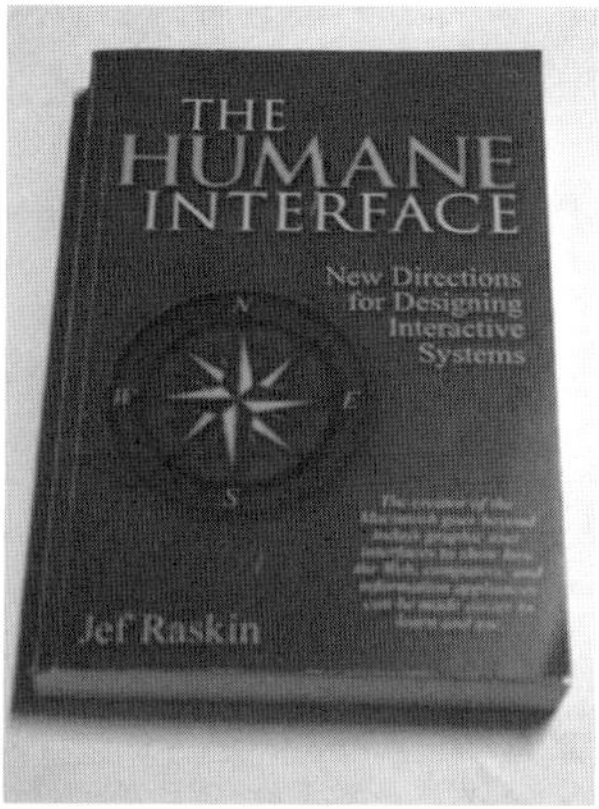


ジェフ・ラスキンの『ザ・ヒューマン・インターフェイス』

一九八一年二月二六日、アンディ・ハーツフェルドは、スティーブ・ジョブズの面接を受けた後、自席に戻ってアップルII用のDOS4・0の仕事に戻っていた。その間、スティーブ・ジョブズは、テキサコ・タワーに行って、アンディ・ハーツフェルドが有能かどうか確かめていた。

戻ってきたスティーブ・ジョブズは、「君は今からマッキントッシュ・チームで働くことになった」と言った。アンディ・ハーツフェルドは、着手したばかりのアップルII用のDOS4・0の仕事をきちんとした形にして誰かに引き継いでもらうために、月曜まで1、2日待ってくださいと懇願した。

しかしスティーブ・ジョブズは、次のように言った。有名なセリフである。

「誰がアップルⅡのことなんか気にするか？　アップルⅡは数年で死んでしまうんだ。君のOSなんか完成する前に時代遅れになってしまうだろう。マッキントッシュこそアップルの未来なんだ。君は今取り掛かるんだ」

スティーブ・ジョブズは、アンディ・ハーツフェルドのアップルⅡの電源コードを引き抜き、モニタのプラグも引き抜いて重ねて持って歩き出した。駐車場に着いたスティーブ・ジョブズは、アンディ・ハーツフェルドのアップルⅡを自分の銀色のメルセデス・ベンツのトランクに放り込んだ。そしてアンディ・ハーツフェルドをそのままマッキントッシュ開発チームのいるテキサコ・タワーに連れて行ってしまった。まるで拉致である。

アンディ・ハーツフェルドに与えられたデスクは、実は数日前までジェフ・ラスキンが使っていた。机の引き出しには模型飛行機をはじめとして、いろいろなガラクタが詰まっていた。持ち出す暇がなかったのである。

バレル・スミスとブライアン・ハワードは、ロジック・ステート・アナライザを操作していた。各種の映像からも確認できるが、この当時のアップルがロジック・ステート・アナライザを使っていたのは当然とはいえ驚きである。スティーブ・ウォズニアックの時代とは大きく様変わりしている。

先述のようにアンディ・ハーツフェルドは、名刺にソフトウェア・ウィザード（ソフトウェアの魔法使い）と刷り込むようになった。早速バレル・スミスも真似をしてハードウェア・ウィザード（ハードウェアの魔法使い）と刷り込んだ。

この頃が、遊びに近いことができてバレル・スミスにとって一番楽しい時期だったのではないだろうか。一九八二年二月二四日にバレル・スミスは、『デジタル同時的離散周波数発生器』という特許を申請した。一九八四年五月一日に米国特許４４４５４１４が下りている。シンセサイザーの特許である。バレル・スミスの名前のある特許で検索にかかるのは、これだけである。アンディ・ハーツフェルドの『レボリューション・イン・ザ・バレー』邦訳１２９頁には、このシンセサイザーについての記述がある。特許文書の日付からすると、多少、時間的に合わない部分もあるが、面白い逸話が紹介されている。

一九八二年夏、アンディ・ハーツフェルドは、バレル・スミスに彼の作ったフォー・ボイス・エンジンのシンセサイザー用のサウンド・ドライバを書くようにせがまれていたが、忙しくて果たせなかった。スティーブ・ジョブズは、自分の耳で新しいサウンド機能を聞きたくてうずうずしていた。

ある金曜日の午後、スティーブ・ジョブズは、バレル・スミスに言った。

「新しいサウンド機能は本当に素晴らしいものだと言ってたよな?」

「俺は月曜日には素晴らしい音楽を聞きたいんだよ。分かるな」

そこで、アンディ・ハーツフェルドとバレル・スミスは、サウンド・ラブというデモを作り、月曜日にスティーブ・ジョブズに見せた。音楽というより、マウスとオシロスコープを使った波形のビジュアルなデモのようだったらしいが、スティーブ・ジョブズは、一応満足した。

## スティーブ・ウォズニアックの離陸失敗

一方、スティーブ・ウォズニアックは、一九八〇年一二月一二日のアップル・コンピュータの株式公開の2、3か月前から飛行機の操縦練習を始め、そして単発でターボ・チャージした6人乗りのビーチクラフト・ボナンザA36TC機を格安の25万ドルで買った。中古品だったのかもしれない。

準備を進めたスティーブ・ウォズニアックは、一九八一年二月七日にガール・フレンドのキャンディス・クラークと別のカップルを乗せたビーチクラフト・ボナンザ機でサンタクルツ山地のスコッツバレーのスカイパーク飛行場を飛び立とうとした。

スティーブ・ウォズニアックは、離陸しようとしたが、操縦技量が未熟で（公式には原因不明）失敗し、2、3回バウンドして墜落した。無理に機体を引き起こして失速したのだろう。スティーブ・ウォズニアックは自動車でもよく事故を起こす人であり、飛行機でも同じであった。運転や操縦に関しては多少短気で乱暴であった。無謀とも言える。スティーブ・ウォズニアックは、上唇を切り、前歯が1本折れ、右目の眼窩《がんか》の骨が砕け、物が二重に見えて、軽い記憶喪失症にかかった。同乗者達も負傷した。

このスカイパーク飛行場は、確かめてみたが、もう存在しない。単にスカイパークと呼ばれている。航空写真で、かつて滑走路があったことがわずかに確認できる。

スティーブ・ウォズニアックは、アップルから長期休暇を取った。アップルから退いたスティーブ・ウォズニアックはキャンディス・クラークと結婚し、カリフォルニア州立大学バークレー校にロッキー・クラークという変名で復学し、一九八二年にコンピュータ・サイエンスと電気工学の学士号を取った。

この間、スティーブ・ウォズニアックは2度ほどUSフェスティバルというロック・コンサートを後援した。この話はアンディ・ハーツフェルドの『レボリューション・イン・ザ・バレー』に面白おかしく書かれているので省略する。スティーブ・ウォズニアックは、やりたいことは何でもできる身分になっていたのである。

一九八三年六月、スティーブ・ウォズニアックはアップル・コンピュータの三角ビルを訪ねて現役復帰し、アップルⅡの後継機の開発に助言をする。しかし復帰後のアップル・コンピュータではスティーブ・ジョブズの率いるマッキントッシュ計画の方が主流でスティーブ・ウォズニアックの影は薄かった。しばらく会社を休んでいた人が会社に戻ると自分の席がないのに気が付くのと同じことをスティーブ・ウォズニアックは経験したのである。

## スティーブ・ウォズニアックをめぐる女性達

スティーブ・ウォズニアックは、一九七六年にアリス・ロバートソンと結婚したが、一九八〇年に離婚した。アリス・ロバートソンは、離婚の慰謝料として株式で4240万ドルを取得した。メルセデス・ベンツを買い、金色に塗装し、ナンバー・プレートには24カラット（24CARAT）を採用した。

◆アリス・ロバートソンについては拙著『スティーブ・ジョブズ　青春の光と影』94頁、363頁などを参照されたい。

その後スティーブ・ウォズニアックは、アップル・コンピュータでおこなわれた水鉄砲遊びの中でアップルの財務担当スタッフ（秘書という説もある）でカヌーの選手として有名だったキャンディス・クラークと知り合った。一九八一年六月、スティーブ・ウォズニアックは、キャンディス・クラークと結婚し3人の子供をもうけるが、一九八七年四月三〇日に離婚した。2人の子供の共同親権を求め認められる。離婚申請の7か月後に3番目の子供が生まれた。

さらにスティーブ・ウォズニアックは、一九九〇年一一月、弁護士のスザンヌ・マルカーンと結婚した。彼女はスティーブ・ウォズニアックの中学生時代の知り合いで、一九八八年に再会したという。しかし2人は、二〇〇四年に離婚した。スザンヌは前夫との間に3人の子供をもうけていた。したがってスザンヌの連れ子の3人とキャンディスとの間の3人で、6人の子供を持っていた。

スティーブ・ウォズニアックは、二〇〇八年ジャネット・ヒルと結婚。現在に至る。

結婚はしなかったが、噂になったスティーブ・ウォズニアックのガール・フレンドは、女優のキャシー・グリフィンなどたくさんいたようだ。

## マッキントッシュのプリント基板とパイナップル・ピザ

マッキントッシュの最初のボードは、バレル・スミスがワイヤー・ラッピングを使用して製作した。それ以降はブライアン・ハワードとダン・コトケがワイヤー・ラッピングで製作した。このやり方は手間がかかる上に誤配線のもとだったので、一九八一年春過ぎには、プリント基板を作ろうということになった。

そこでアップルⅡグループから、コレット・アスクランドという社内一のプリント基板のレイアウト技術者が引き抜かれてきた。コレット・アスクランドはバンドリー3号館（B3）にあった専用のCADマシンを使ってプリント基板を設計した。

プリント基板が届いたのが金曜日の午後4時半だったので、バレル・スミスを中心とするグループは翌日以降に組み上げ作業を開始するつもりだった。

ところがそこへスティーブ・ジョブズがやってきて、今晩中にやるように命令し、もし今晩中に動かせたら、バレル・スミスの好きなパイナップル・ピザを奢ると言った。午後8時頃に基板の組み上げ作業は一応完了し、電源を入れると、完全ではなかったが、ともかく何とか動作した。そこで、残っていた8人は3台の車に便乗して、ファランキー・ジョニー・アンド・ルイージのピザ屋に行って、お祝いをした。

このイタリアン・レストランは、本書執筆時点でも存続しており、マウンテンビュー市ウエスト・エルカミノ・リアル939番地（939 W. El Camino Real, Mountain View, CA）にある。アップル・コンピュータからは7マ

パイナップル・ピザを出すファランキー・ジョニー・アンド・ルイージ

イル先、車で13分程度である。

私も家族と訪れてみた。パイナップル・ピザでも通じないことはないが、正式にはハワイ風ピザである。スモール・サイズでも日本のラージ・サイズくらいの分量がある。3人でハワイ風とニューヨーク風のスモール・サイズを2枚頼んだが、とても食べきれず、半分弱は持ち帰りとなった。

ここでは、アンディ・ハーツフェルドの『レボリューション・イン・ザ・バレー』の記述に従ったが、ジェフリー・S・ヤング『スティーブ・ジョブズ　ザ・ジャーニー・イズ・ザ・リウォード』（邦訳『スティーブ・ジョブズ　パーソナル・コンピュータを創った男』日暮雅通 訳、JICC出版局 刊、下巻41頁）には別のパイナップル・ピザを出す店の記述がある。そこにも探究心旺盛なバレル・スミスは出かけて行ったのだろう。その店はスティーブンス・クリークをテキサコ・タワーから西に1・7マイルほど行った、もう少し近い所にあった。クパチーノ市スティーブンス・クリーク・ブールバード21731番地（21731 Stevens Creek Blvd. Cupertino）

にあったヴィヴィズ（Vivi's）という店である。

ヴィヴィズは、二〇一五年一〇月二四日に閉店している。閉店の告知に「17年間の御愛顧ありがとうございました」とあるので、バレル・スミスの時代とは20年弱ずれる。閉店時に写っている従業員はアジア系なので、バレル・スミスの時代の従業員とは店の名前は同じでも代替わりしているはずだ。もともとの店はファラフェルというユダヤ料理の丸いコロッケに似た料理も出していたので、おそらく経営者はユダヤ系あるいは中東系だったと推測される。この店は、ファランキー・ジョニー・アンド・ルイージよりは格が下だが、気の置けない店なのでスティーブ・ジョブズも気に入っていたようだ。

ジェフリー・S・ヤングの『スティーブ・ジョブズ』（邦訳下巻42頁）には、アンディ・ハーツフェルドの話として「バレル（・スミス）と僕が初めてスティーブと一緒に食事に出かけたのはクパチーノのピザ屋でした」とあるのは、おそらくこのピザ屋だろう。

この時、スティーブ・ジョブズは、たぐいまれなる吝嗇《りんしょく》さを発揮する。請求書が来ると、現金の持ち合わせがない、クレジット・カードしかないと言って払わなかった。一緒に行くといつでも必ず払わされたものだと書いてある。

アンディ・ハーツフェルドの『レボリューション・イン・ザ・バレー』には、スティーブ・ジョブズの吝嗇ぶりについての逸話がある。場所を取るので詳しくは同書を読んで頂きたいが、よほど腹に据えかねたのだろう。

- 邦訳51頁　　アップルⅡ用マウスカードの話
- 邦訳１０８頁　　スティーブ・キャップスの『アリス』の話

・邦訳243頁　メンバーの著しく安い給料の話

モナ・シンプソンの小説『ア・レギュラー・ガイ』にも、スティーブ・ジョブズが食事代をいつも部下に払わせた話が出てくる。

## スティーブ・ジョブズの現実歪曲空間

アンディ・ハーツフェルドがマッキントッシュ・グループに加わったのは一九八一年三月であるが、バド・トリブルからマッキントッシュの出荷予定は10か月後の一九八二年二月と設定されていると聞かされた。「そんなこと正気の沙汰じゃない」とアンディ・ハーツフェルドが言うと、バド・トリブルが「それはスティーブ・ジョブズだからさ。彼は現実歪曲空間（Reality Distortion Field）を持っているんだよ」と教えてくれた。

正確にはスティーブ・ジョブズの周りには現実歪曲空間が生じると言うべきかもしれない。スティーブ・ジョブズの持つ強い重力場によって、現実の空間が曲げられてしまうのだ。でも、そういうことは私の経験ではIBMにもビル・ゲイツのマイクロソフトにもあった。

一九八一年二月、スティーブ・ジョブズとロッド・ホルトは、ジェフ・ラスキンから乗っ取ったマッキントッシュのプロジェクト名をバイシクル（自転車）に変えようとしたが、誰も賛成しなかった。

アンディ・ハーツフェルドは、一九八一年三月初旬、多数のボールを動かすマッキントッシュ用のデモ・プログラムを書いた。

アンディ・ハーツフェルドは、ビッグマックとフルーツジュースを主食とし、マッキントッシュのユーザー・インターフェイス・ツールボックスやコントロール・パネルやスクラップボックスなどを設計した。マッキントッシュには相当惚れ込み打ち込んだ。こう語ったと伝えられる。

「マッキントッシュは僕自身が欲しい製品です」（『オデッセイ――ペプシからアップルへ』）

一九八一年六月、ラリー・テスラーは、リサ事業部とマッキントッシュ・グループの反目と対立を減らすために、ランチ・ミーティングでマッキントッシュのデモを企画した。この頃、リッチ・ペイジは、UCSD PASCAL上で動作するリサモニタという簡単なオペレーティング・システムもどきを書いていた。リッチ・ペイジは突然デモがおこなわれている部屋のドアを開けて入ってきて、テーブルを叩いて怒鳴り出したという。

「マッキントッシュは、リサを駄目にする」

「マッキントッシュは、アップル・コンピュータを破滅させる」

などと叫ぶと、リッチ・ペイジは、部屋を出て行った。ラリー・テスラーが謝罪していると、再びリッチ・ペイジが戻ってきて叫んだ。

「スティーブ・ジョブズが問題なんだ」

後にスティーブ・ジョブズがアップル・コンピュータを追放された時に、忠実にスティーブ・ジョブズに従って行ったリッチ・ペイジにして、このありさまだった。

ラリー・テスラーが謝罪して、デモも終了すると、アンディ・ハーツフェルドらは、スティーブ・ジョブズにリッチ・ペイジの引き起こした騒動について報告した。

翌日、ビル・アトキンソンがアンディ・ハーツフェルドに電話をかけてきて、リッチ・ペイジが謝罪したいと言っていると伝えた。その日の午後、ビル・アトキンソン、リッチ・ペイジ、アンディ・ハーツフェルド、バレル・スミスの４人で食事会が開かれ、仲直りをした。

# 第11章
# マッキントッシュの開発の本格化

クパチーノのスティーブンス・クリーク・ブールバードをはさんで、テキサコ・タワーの反対側にシセロ・ピザというピザ屋があって、そこでバレル・スミスは アンディ・ハーツフェルドとピザを食べ、ビデオゲーム機でディフェンダーというゲームを楽しんだ。このピザ屋があったらしい場所に飲食店は今でも3軒ある。ただし、ビデオゲーム機はもうないように思う。アドレスはクパチーノ市スティーブンス・クリーク・ブールバード20488番地（20488 Stevens Creek Blvd., Cupertino, CA）である（写真上）。

1983年中頃、アップルII事業部は、バンドリー3号館から追い出され、東に3マイル（4.8キロ）離れた三角ビルに島流しされた。このビルの所在地は、サンノゼ市スティーブンス・クリーク・ブールバード5300番地（5300 Stevens Creek Blvd., San Jose, CA）である。6階建てで3側面を持つオフィスビルで、スティーブンス・クリーク・ブールバードと280号線（ジュニペロ・セラ・フリーウェイ）とローレンス・エクスプレス・ウェイに三方を囲まれた、いわば陸の孤島である。本当に三角形であるのには驚く（写真下）。

## ボブ・ベルビル

ロバート・L・ベルビル（以下ボブ・ベルビル）は、イリノイ州ベルビルに生まれた。ベルビルは、セントルイスの南東17マイルに位置する農業地域である。土地の名前と名字が一致している。

ボブ・ベルビルについては、アンディ・ハーツフェルドの『レボリューション・イン・ザ・バレー』を読んで受けた印象と、『スティーブ・ジョブズ　ザ・マン・イン・ザ・マシン』で、本人とその語りを見た印象はかなり違う。ボブ・ベルビルは、背が低く茶髪で丸い童顔で丸眼鏡をかけている。ゆっくり言葉を選んで話す。『スティーブ・ジョブズ　ザ・マン・イン・ザ・マシン』で、スティーブ・ジョブズの思い出を語る時、非常に意外だったことに泣き出して涙を流していた。アンディ・ハーツフェルドの本では、血も涙もない管理主義者で権威主義者のように描かれていたので、映像を見て驚いた。

ボブ・ベルビルも幼年時代から大学時代の経歴は、すべて抹消しているようで、ふつうに調べたのでは見事なまでに全く検索にかからない。なんとか努力して分かったのは、ボブ・ベルビルは、一九七〇年代初期にパデュー大学工学部機械工学科大学院で博士号を取得していることだ。機械工学であったのは意外だ。

修士論文の表題は、「対話型コンピュータ・グラフィックス・システムの設計と開発（“The Design and Development of an Interactive Computer Graphics System”）」で、日付は一九六九年七月である。

博士論文の表題は、「マン・マシン・コミュニケーション：マシンの検証（“Man-Machine Communication: An

Examination of the Machines")」で、日付は一九七四年八月である。

修士論文の日付から考えると、途中の経歴の流れが順調であれば、一九四五年生まれだろう。

博士論文の日付が修士論文の5年後であることは、課程博士ではなくて、いったん、大学院を出て就職してからの論文博士だろうと思う。またボブ・ベルビルは、ダグラス・エンゲルバートのスタンフォード研究所(SRI)のAugmentation Research Center(ARC)にいたことが分かっている。ARCとはオーグメンテーション・リサーチ・センターの略である。これは翻訳しにくい言葉だが、知性増幅の研究所とでも訳すことになるだろう。

『スティーブ・ジョブズ　ザ・マン・イン・ザ・マシン』

ボブ・ベルビルは、ゼロックスのパロアルト研究所(PARC)のロバート・テイラーによって引き抜かれ、PARCのシステム・サイエンス研究室(SSL)に配属された。ロバート・テイラーのゼロックスPARC着任は一九七〇年九月で、その後、SSLにボブ・ベルビルに引き抜かれたとすれば、一九七〇年にはPARCにいたことになる。

逆算すると、一九六九年にはSRIにいて、一九七〇年にはPARCにいたことになるが、確かではないので断定はしない。

ボブ・ベルビルの所属していたグループは、ミニコンのNOV

A８００を使ってPARCオンライン・オフィス・システム（POLOS）を作ろうとしていた。これはうまくいかず一九七五年には開発中止命令が出ている。

一九七五年一月ゼロックスの内部にシステムズ開発部門（SDD）が開設された。これはPARCで開発されたレーザー・プリンターやALTOの技術を実用化し、商品化するための組織である。SDDでALTOの商品化がおこなわれ、一九八一年九月、ゼロックスSTARとして発表された。

多分、POLOSの開発中止で行き場がなくなったので、ボブ・ベルビルはSDDに異動になったのだろう。そこでボブ・ベルビルは、ゼロックスSTARのノウハウを蓄積したのではないかと思われる。

ボブ・ベルビルは、ひそかに自分のガレージで、インテル８０８６を使ってゼロックスSTARもどきのカブ（Cub）を組み立てた。これにはチャールズ・シモニーが感激し、会社を興さないかと誘ったらしいが、ボブ・ベルビルは断った。ボブ・ベルビルは、カブ用に35万行以上のプログラム・コードを書いたと自称したらしい。ループも勘定に入れているのだろうとアップル・コンピュータの若い技術者リッチ・ウィリアムズは陰口を言った。ボブ・ベルビルにはプログラミングは分からないという皮肉である。

一九八一年一二月のゼロックスのオフィス・プロダクツ部門のオフィス・システムズ・ビジネス・ユニットのシステムズ・デベロップメントのシステム・デザイン&テストのアーキテクチャ&サーバーというセクションがある。何階層にもなっていて分かりにくいが、ともかく、ボブ・ベルビルはここを率いていた。

ゼロックスSTARが発表されて、しばらくして、スティーブ・ジョブズからボブ・ベルビルに電話がかかってきた。

ボブ・ベルビルが住んでいた家。今はいるのかどうかは不明

「君が人生でやってきたことは、すべてひどいものだった。だから僕のために働かないか？」

伝えられる英語の言葉は、少し品のない表現であるが、この殺し文句にボブ・ベルビルは陥落して、アップルに入社した。スティーブ・ジョブズは、こうした殺し文句で人材をスカウトするのがきわめて巧みであった。

ボブ・ベルビルが住んでいた所は、予想もしない検索の副産物で見つかった。ロスアルトス市ヘイマン・プレース９８０番地（980 Hayman Pl. Los Altos, CA）である。

一九八一年一二月、ソフトウェア・マネージャのバド・トリブルがワシントン大学の医学部に戻ることを声明した。

一九八二年四月、バド・トリブルの後任として、ボブ・ベルビルがソフトウェア・マネージャに選ばれた。ボブ・ベルビルは、37歳だっただろう。当時の写真やビデオを見ると、とても30代には見えない。童顔で20代半ばという感じである。

一九八二年五月、ロッド・ホルトが退社すると、一九八二年八月、ボブ・ベルビルがマッキントッシュ部門の統括エンジニアリング・マネージャになった。

ボブ・ベルビルは、いくぶん権威主義的なところと管理主義者的なところがあって、ブルース・ホーンやアンディ・ハーツフェルドとは合わなかったようだ。ボブ・ベルビルは、マッキントッシュ・グループの開発がアマチュア的で無秩序で場当たり的だと思っていて、ふつうの大会社のように開発にプロフェッショナルの組織性と秩序を盛り込もうとしたのである。これによりアップル・コンピュータの生え抜きのアマチュア出身の部隊とは激しく対立することになった。それでもスティーブ・ジョブズがボブ・ベルビルを切り捨てなかったのは、何といってもゼロックスPARCの内情に通じていたからだろう。

マッキントッシュ開発はいかにも過酷で、ボブ・ベルビルの家庭生活は崩壊し、高校時代の恋人であった妻と子供も彼の元を去った。彼の名言の中に「不幸の保存則」というのがある。

ここでジェローム・クーネンが登場する。

ジェローム・クーネンとアンディ・ハーツフェルドの関係は、そうは悪くなかったようである。『レボリューション・イン・ザ・バレー』では、アンディ・ハーツフェルドが、ジェローム・クーネンの浮動小数点演算ルーチンの複雑さについての解説を聞くのが好きだったと書かれている。また、彼を上司というよりはパートナーと見なしていたようだ。

## ビル・ゲイツへのマッキントッシュのお披露目

リサでは、アプリケーションは、すべてリサの部隊が書くことになっていた。しかしスティーブ・ジョブズは、マッキントッシュのアプリケーションを外部のソフトウェア・ハウスの力を借りて開発する方針を採った。マッキントッシュの部隊には人手も少なかったからでもあるが、外部のソフトウェア・ハウスが作ったビジカルクによるアップルⅡの大成功の記憶もあったからだろう。

一九八一年六月、スティーブ・ジョブズ、ビル・ゲイツ、ジェフ・ラスキンが顔を合わせた。マイクロソフトは、マッキントッシュ用にどういうアプリケーションを開発すべきか、すべてのマッキントッシュにそれらのアプリケーションをバンドルすべきかどうかを論じた。結局、マイクロソフトはマッキントッシュ用にワープロ・ソフトとスプレッドシート・ソフトを書くことに決まった。

一九八一年八月、スティーブ・ジョブズ一行は、ワシントン州ベルビューのマイクロソフトを訪れ、マッキントッシュ用のマルチプランの開発を依頼した。

その夜、ワシントン湖畔のシアトル・マクギルバ・ブルーバード・イースト９２２番地（922 McGilva Blvd.E., Seattle）のシアトル・テニス・クラブで会議が開かれた。

出席者は次のようであった。

スティーブ・ジョブズをビル・ゲイツが迎えたシアトル・テニス・クラブ

アップル側
- スティーブ・ジョブズ
- ランディ・ウィギントン
- アンディ・ハーツフェルド
- バド・トリブル
- ジョアンナ・ホフマン

マイクロソフト側
- ビル・ゲイツ
- ポール・アレン
- チャールズ・シモニー
- マーク・マシューズ
- ジェフ・ハーバーズ
- ニール・コンゼン

この時、スティーブ・ジョブズは、フリーモントに建設予定のマッキントッシュの自動化アセンブリ・プラント（組み立て工場）の構想を述べた。その工場の一方からシリコンを入れると、他方からジェフ・ラスキンのいうインフォメーション・アプライアンス（情報機器）が出てくるというものだった。こうして何百万台ものマッキントッシュが製造されるようになるのだと、スティーブ・ジョブズはSF的なビジョンを延々と説明した。マイクロソフトのほとんどのメンバーにとって、スティーブ・ジョブズの現実歪曲空間に出会ったのは初めてであった。

## デル・ヨーカム

一九八二年当時、アップルⅡの製造担当はデル・ヨーカムであった。

デル・ヨーカムは、一九四三年に生まれた。一九五九年にウエストミンスター高校に入学し、一九六一年に卒業した。3年後の一九六四年にロサンゼルスの南東にあるカリフォルニア州立大学フラートン校の経済単科大学の経営管理・インダストリアル・マネージメント・マーケッティング課程に入学し、一九六六年に卒業した。2年間で卒業できたというのは単科大学だったからだろうか。

さらに一九六六年にカリフォルニア州立大学ロングビーチ校大学院に入学し、一九七一年経営学修士号（MBA）を取得した。通常2年なのに5年もかかったというのは、南カリフォルニアのフォード自動車に勤めながら、大学院に通ったからだろう。

デル・ヨーカムは、フォード自動車の後、コントロール・データ・コーポレーション（CDC）、コンピュータ・オートメーション社、フェアチャイルド・カメラ・アンド・インスツルメント社に勤めた。デル・ヨーカムは、アップル・コンピュータには、一九七九年に製造・運用担当の副社長として入社した。36歳であった。

デル・ヨーカムは、一九八三年から一九八五年にかけて執行副社長兼アップルⅡ事業部のジェネラル・マネージャを務めている。

デル・ヨーカムは、その後も輝かしい経歴を誇るのだが、不幸なことに二〇一四年ラスベガスのカジノで負けて30万ドルの借金の支払小切手が不渡りとなったらしく、逮捕されたらしい。人生何があるか分からない。

デル・ヨーカムは、テキサス州ダラスとアイルランドとシンガポールの工場を使ってアップルIIを生産していた。その仕組みはきわめて複雑だった。まずシリコンバレーの倉庫に部品が集積される。この部品がシンガポールに送り出され、シンガポールの工場で手作業による組み立てがおこなわれ、さらにテキサス州ダラスの工場に送られて最終組み立てがおこなわれるのであった。部品集積から最終組み立てまで10週間かかった。こうした複雑なプロセスを取ったのはシンガポールの賃金が安く、米国内で製造するより安くできたからである。

スティーブ・ジョブズは、こうしたデル・ヨーカムのやり方に反発した。マッキントッシュは、米国内の完全自動化工場で製造されなければならなかった。また在庫はジャスト・イン・タイム（日本のカンバン方式）で必要最小限に抑えられると主張した。

ジェフリー・S・ヤングの『スティーブ・ジョブズ』には、一九八一年半ば過ぎにスティーブ・ジョブズが書いたマッキントッシュのビジネス・プランが収録されており、この時の新方針が示されている。しかし一九八一年七月一二日付けの暫定マッキントッシュ・ビジネス・プランを探し出して調べてみると、そういう文章はない。おそらく秋に出た最終版のビジネス・プランにはあったのだと思われるが、指摘された日付の文書にはない。考え方はよく分かる文章であるので、関心のある方は参照されたい。

## マット・カーター

スティーブ・ジョブズは、自動製造工場の計画立案と検査装置の設計を手伝わせようと、一九八一年一〇月にマット・カーターをマニュファクチャリング・ディレクター（製造ディレクター）として雇った。組み立てラインのロボット工学とオートメーションの第一級の専門家だったという。

一九八二年、スティーブ・ジョブズは、マッキントッシュ製造工場を２００万ドルで建設する許可を取締役会から得た。

マッキントッシュの製造工場についての最大の問題は立地であった。デル・ヨーカムの傘下にあるテキサス州ダラスのアップルⅡの組み立て工場にするか、それともスティーブ・ジョブズの希望するフリーモント市ワーム・スプリングス・ブールバード４８２３３番地（48233 Warm Springs Blvd. Freemont, CA）にするかであった。フリーモントの敷地は16万平方フィート、４４９６坪あった。

両者は激しく競った。結局、マイク・マークラのとりなしで、自動生産方式でジャスト・イン・タイムの採用は認めたが、製造設備はテキサス州ダラスのアップルⅡの組み立て工場の空きスペースに作ることになった。

面白いことに組み立てラインは２つ作られた。１つは自動生産ライン、１つは従来方式の手作業による組み立てラインであった。取締役会はスティーブ・ジョブズを信じていなかったのである。

一九八二年の夏、マット・カーターは50台のマッキントッシュの試作を監督し、ダラス工場の創業スタッ

マッキントッシュのフリーモント工場跡（現在はハリケーン・エレクトリック）

フ採用の仕事に取り掛かった。ところがチップの挿入装置と自動化装置だけで1000万ドルの支出となった。これは取締役会で承認された200万ドルをはるかに超えている。これがアップル・コンピュータの取締役会を怒らせた。スティーブ・ジョブズの追放の際にも、これが伏線になる。

マット・カーターがダラス工場用に鋼鉄と組み立てラインの設備を発注したが、クリスマスが近づくと生産能力を上回るほどアップルⅡeの注文が増大し、ダラス工場の施設が必要になった。

そこでマッキントッシュの製造工場はフリーモントにあるビルに作らなければならなくなった。設備はすでにダラス工場に向かっていたため呼び戻さなければならなかった。またビルのオーナーとの間に問題が起きていたようだが、スティーブ・ジョブズが例のごとく強行突破した。

スティーブ・ジョブズは、マット・カーターのボスとしてダラス工場の運営に当たらせるために、オレゴン州のヒューレット・パッカードの製造工場管理に当たっていたデイビッド・ボーンを雇い入れていた。ダラス工場が駄目になったので、デイビッド・ボーンもフリーモント工場に来ることになったが、これがマット・カーターとの間に軋轢を生んだ。

またスティーブ・ジョブズは、フリーモント工場の内部や設備を自分の美学に合うように十分美しくしたかった。ところがスティーブ・ジョブズは、色を決められなかった。工場用の設備は日本のドックに置かれていたが、塗装が施されていなかったので錆が出始めた。そこでマット・カーターは独断でベージュに塗るように注文した。

設備が届くと、見回ったスティーブ・ジョブズは、色が気に入らず青色に塗り直すように要求した。マット・カーターはほとんどの部分が精密機械なので、分解して色を塗り直すと、仕様書どおりには動かなくなる可能性があると抗議した。マット・カーターが同意しないので、デイビッド・ボーンが応じた。青く塗り直された機械は二度と動かなかった。

こうしたスティーブ・ジョブズの愚行に愛想をつかしてマット・カーターは辞職した。翌日にはデイビッド・ボーンも辞職した。こうして工場の運用をする幹部が突然誰もいなくなった。

## デビ・コールマン

デボラ・A・コールマン（以下デビ・コールマン）は、一九五三年生まれで、ロードアイランドの父の機械工場で遊びながら育った。一九七四年ブラウン大学の英文科を卒業している。19歳で大学卒業ということは飛び級をしているのだろうか。大学時代の夏休みにはテキサス・インスツルメンツ社で製造の現場監督として働いた。一九七八年スタンフォード大学大学院のビジネス・スクールで経営学修士（MBA）を取得している。4年かかった理由が分かりにくい。

一九七八年大学院修了後、デビ・コールマンは、ヒューレット・パッカード（HP）に入社した。技術コンピュータ・グループでは製造担当マネージャのスタッフも務めた。HPでは、工場在庫切り下げの方法を追及する研究作業班に加わり、不良品絶滅と部品即時供給の信奉者になっていたという。

一九八一年、デビ・コールマンは、スティーブンス・クリーク・ブールバードのグッドアース・レストランで昼食をしていた時、スタンフォード大学大学院のビジネス・スクールの同級生で、アップル・コンピュータの、リサ事業部のマーケッティング担当役員になっていた旧友に偶然出会った。その時、スタンフォード大学大学院の経営学修士でリサ事業部の会計監理者が同席していた。彼がボストンに引っ越すことになっていたので、その仕事に応募しないかと言われた。

デビ・コールマンは、これに応じてアップル・コンピュータに入社した。入社すると、実は選択肢が2つあることが分かった。1つはリサ事業部の会計監理役であり、1つはマッキントッシュ・グループの会計監理者だった。デビ・コールマンは一九八〇年一〇月、スティーブ・ジョブズ率いるマッキントッシュ・グループに入った。

一九八三年九月、減量のため2週間ほどソノマ・ミッション・インに滞在していたデビ・コールマンは、スティーブ・ジョブズにパハロ・デューンズのマネージャ会議に呼び出された。デビ・コールマンは渋るスティーブ・ジョブズを説得して、フリーモント工場の運営を任せてもらうことにした。

デビ・コールマンは、肥満に悩まされ続けたらしいが、それが男勝りの迫力を生んだ。押しが強く現実的で、きわめて真面目であった。フリーモント工場に移ったデビ・コールマンは、工場を順調に操業する準備を進めた。彼女はまともに動かない７００万ドルもの設備を廃棄し、何人かを解雇し、また配置転換もおこなった。こうしてフリーモント工場は順調に生産を続けることができた。

フリーモント工場は、一九九二年九月に閉鎖されて、現在はハリケーン・エレクトリックの工場になっているが、ユーチューブで「We are manufacturing」というビデオで当時の様子を見ることができる。確かに近代的にロボット化されているが、各段階で、ずいぶん人間の介入が多いなという印象である。作業着も着ていないし、帽子もマスクもしていない作業員がたくさんいる。

## スーザン・バーンズ

スーザン・ケリー・バーンズ（スーザン・バーンズ）は、一九五四年生まれ。モービル石油の地質学者で物理学者の娘だった。テキサス州とメキシコで育ち、一九七二年ブリン・マウル・カレッジに入学、一九七六年に卒業している。考古学を専攻していた。その後一九七八年ペンシルベニア大学ウォートン校大学院に入学し、一九八〇年に経営学修士（ＭＢＡ）を取得している。その後、アーサー・アンダーソン社のサンフランシスコ支店税務部に入社した。

一九八一年、同じ支店を辞めてアップル・コンピュータに就職した友人からアップル・コンピュータに就職するように説得された。彼はデビ・コールマンが会ったのと同じリサの会計監理者だった。スーザン・バーンズは結局一九八二年、リサ事業部の会計監理者の仕事を得た。

スーザン・バーンズはデビ・コールマンと親しい友人になった。デビ・コールマンは、マッキントッシュ・グループの会計監理者の仕事を勧めた。スーザン・バーンズは気難しいスティーブ・ジョブズの承認を得て無事にマッキントッシュ・グループに参加できた。

デビ・コールマンがフリーモント工場に赴くと、スーザン・バーンズがその後釜に座った。

スーザン・バーンズはマッキントッシュ・グループに最も忠誠であり、後にスティーブ・ジョブズがアップル・コンピュータを追放される時も、彼に従ってネクストについて行った5人の内の1人である。ただ、さすがのスーザンも一九九一年には、スティーブ・ジョブズに愛想をつかしてネクストを去っていく。

## マイクロソフトとの契約

一九八一年七月、スティーブ・ジョブズは、マイクロソフトのアプリケーション・チームをクパチーノに招き、マッキントッシュのデモを見せた。一〇月という説もあるのだが、記述の正確さから判断して、アンディ・ハーツフェルドの『レボリューション・イン・ザ・バレー』に従うことにする。

ビル・ゲイツは、チャールズ・シモニー、マッキントッシュ用アプリケーション開発チームのトップのジェフリー・ハーバーズ（社員番号67）、技術担当のマーク・マシューズを連れて来ていた。

この時、マッキントッシュのプリント基板はできていたものの、OSも未完成で、マッキントッシュ用のソフトウェアを書くのにリサの助けを必要としていた。リサ上で開発したプログラムをマッキントッシュのプロトタイプ機にダウンロードして動作させていたのであり、スタンドアローンのマシンにはなっていなかった。

そこで別室でリサを動かし、25フィートもの長いケーブルを使ってマッキントッシュにつないで、あたかもマッキントッシュがスタンドアローンで動いているかのように見せた。

ゼロックスのPARCのALTOも、開発当初は同様にノバ（NOVA）につないで動かしていたので、別に問題はないが、体裁が悪く恥ずかしいという気持はあっただろう。

この時ビル・ゲイツは、マウス・カーソルの制御にどんなハードウェアを使っているのかと質問した。得意になったアンディ・ハーツフェルドは、ハードウェアは使わずソフトウェアだけだと秘密を漏らしそうになった。スティーブ・ジョブズは激怒し、アンディ・ハーツフェルドを「黙れ！」と一喝した。

一九八二年一月二二日に、アップル・コンピュータとマイクロソフトの間にマッキントッシュのアプリケーションの開発に関する契約がまとまった。アップル・コンピュータは、50台完成していたマッキントッシュのプロトタイプのうち、4台をマイクロソフトに提供することになった。マイクロソフトは、それを使って、スプレッド・シート、ビジネス・グラフィックス・プログラム、データベースの3本のアプリケーションを作ることになった。

そして次のように取り決められた。

- アプリケーションがマッキントッシュにバンドルする場合　1コピーにつき5ドル
- アプリケーションがマッキントッシュと別に売られる場合　1コピーにつき10ドルか小売価格の10％かのいずれか高い方

アップルは、契約調印時に前金として5万ドル、製品納入時にマイクロソフトに5万ドルを支払うことになった。最も大事なことは、マイクロソフトはアップルのコンピュータ以外には3本のアプリケーションを販売できないとしたことである。

ただし、これには期限があり、マッキントッシュの最初の出荷日か、一九八三年一月一日の早い方の一年後と決まっていた。これはスティーブ・ジョブズの失敗であった。マイクロソフトは、マッキントッシュのハードウェア、OSについてすべて知ることのできる立場にあったので、期限付きの排他条項が設けられた。マイクロソフトは、期限が過ぎるまでは、アップルのコンピュータ以外には、新しく開発する製品を販売、公開、ライセンス、発表、配布できないと定められた。

マイクロソフトでのマッキントッシュ用のソフトウェア開発には、マイクロソフト伝統のシミュレータが使われた。MC68000のシミュレータをDECのマシン、さらにはSUNのワークステーション上で作って開発がおこなわれたという。SUNのワークステーションはMC68000を使用していたから、シミュレータを作るというのも奇妙な気がする。マイクロソフトにこんなことをさせたら、マッキントッシュ

ＯＳの中身は全部解読され、それをマイクロソフトがＩＢＭ ＰＣ用に利用しかねない。実際、そうなった。この点、スティーブ・ジョブズの奢りというか油断があった。何か手本があれば、模倣するのは「我々ならもっとうまくやれる」を身上とするマイクロソフトの得意とするところだった。

## 47名の署名

一九八二年二月一〇日、スティーブ・ジョブズの提案で、士気高揚のためにマッキントッシュの開発に関わったエンジニアと関係者47名に大きな画用紙に署名させた。これが初代マッキントッシュの本体の内側に刻み込まれた。ずいぶん前に用意したものだ。出荷の約2年前である。これにはジェフ・ラスキンやスティーブ・ウォズニアックの署名もある。気配りというものだろう。かと思うと、スティーブ・キャップスやスーザン・ケアの署名がない。マッキントッシュ・グループに参加したばかりで署名に加わるのは無理な時期だったのだろう。

本書に登場する人もあるが、登場しない人もある。次頁の表はアルファベット順に並べ替えてある。一九九〇年初頭までには、マッキントッシュの筐体の内側から署名は消えてしまった。

## 第1回マッキントッシュ・グループのリトリート

一九八二年二月、パハロ・デューンズでリトリートが開かれ、マッキントッシュの発表は一九八三年五月一六日に延期となった。五月一六日はスティーブ・ジョブズの娘のリサの誕生日の前日である。

またこの頃、ランディ・ウィギントンは、マッキントッシュ用のワープロ・ソフトのマックライトの試作品を作り上げたが、誰もがマッキントッシュの表示画面の幅が非常に重要な問題であることに気が付いた。

| | |
|---|---|
| 1 | Andy Hertzfeld |
| 2 | Angeline Lo |
| 3 | Benjamin Pang |
| 4 | Berry Cash |
| 5 | Bill Atkinson |
| 6 | Bill Bull |
| 7 | Bill Fernandez |
| 8 | Brian R. Howard |
| 9 | Brian Robertson |
| 10 | Bruce Horn |
| 11 | Bryan Stearns |
| 12 | Burrell Carver Smith |
| 13 | Christopher Espinosa |
| 14 | Collette Askeland |
| 15 | Daniel Kottke |
| 16 | David H. roots |
| 17 | Debi Coleman |
| 18 | Donn denman |
| 19 | Ed Riddle |
| 20 | George Crow |
| 21 | Guy L. Tribble III |
| 22 | Harrison S, Horn |
| 23 | Ivan Mach |
| 24 | Jef Raskin |
| 25 | Jerrold C. Manock |
| 26 | Joanna K. Hoffman |
| 27 | Larry Kenyon |
| 28 | Laszlo Zsidek |
| 29 | Linda Wilkin |
| 30 | Martin P. Haeberli |
| 31 | Matt Carter |
| 32 | Michael R. Murray |
| 33 | Mike Boich |
| 34 | Pamela G. Wyman |
| 35 | Patti King |
| 36 | Randy Wigginton |
| 37 | Robert L. Belleville |
| 38 | Rod Holt |
| 39 | Ronald H. Nicholson Jr. |
| 40 | Steve wozniak |
| 41 | Steven Jobs |
| 42 | Terry A. Oyama |
| 43 | Vicki Milledge |
| 44 | Lynn Takahashi |
| 45 | Mary Ellen McCammon |
| 46 | Patricia Sharp |
| 47 | Peggy Alexio |

47人の署名。下の4人は秘書でエンジニアではないのでアルファベット順にしていない

・アップルⅡ　　　　　横２８０ピクセル×縦１９２ピクセル
・アップルⅢ　　　　　横５６０ピクセル×縦１９２ピクセル
・リサ　　　　　　　　横７２０ピクセル×縦３６０ピクセル
・ラスキンのプロトタイプ　　横２５６ピクセル×縦２５６ピクセル
・マッキントッシュのプロトタイプ　　横３８４ピクセル×縦２５６ピクセル

英数字1字の表示には最低7ピクセルは必要である。するとアップルⅡでは横２８０ピクセルだから４０桁しか表示できない。アップルⅢは横５６０ピクセルだから80桁である。リサは横７２０ピクセルだから１０３桁まで表示可能である。ワープロらしく使えるためには横80桁が欲しいのである。

マッキントッシュのプロトタイプでは横３８４ピクセルだから54桁である。とても80桁には届かない。

スティーブ・ジョブズは、何か方法はないかとバレル・スミスに聞いた。バレル・スミスは通常の方法では無理だが、何か表示用に特別のチップを用意すれば可能かもしれないと答えた。

ここでスティーブ・ジョブズは、ジョアンナ・ホフマンのボーイフレンドのマーチン・ヘベルリというゼロックスに勤めている男を思い出した。スティーブ・ジョブズは、マーチン・ヘベルリにリトリートに参加するように言った。

マーチン・ヘベルリは、一九七一年ウィスコンシン大学コンピュータ・サイエンス&電気工学科に入学し、一九七四年に卒業した。一九七四年から一九七六年までオランダのアムステルダムのテクメーションNVに勤めた。一九七六年から一九七八年米国に戻り、ボルト・ベラネク・ニューマン（BBN）社に勤め、ARPAネットワークのマルチプロセッサ通信とシステム・ソフトウェアの保守と開発に従事した。一九七八年ゼロックスのPARCに移り、アドバンスド・プロトタイプ・オフィス・システムを開発しインストールした。

一九八一年一月から、マーチン・ヘベルリは、ゼロックスPARCのVLSIシステム・デザイン・エリアの研究スタッフとなり、超大規模集積回路（VLSI）の設計と開発に従事した。ゼロックスALTOの3つボタンの光学マウス用のVLSIで有名である。VLSIで有名なリン・コンウェイとも接触があったようだ。

◆VLSIとリン・コンウェイについては拙著『ビル・ゲイツI　マイクロソフト帝国の誕生』339頁を参照されたい。

スティーブ・ジョブズは、一九八二年二月のパハロ・デューンズでのリトリートで、マーチン・ヘベルリにアップル・コンピュータに来るようにと誘った。しかし、マーチン・ヘベルリは、バレル・スミスの下で働くのを嫌って断った。

1週間後にスティーブ・ジョブズは、チップを仕上げたら何万ドルかのボーナスを出すと言い、しかも40％を前渡しすると言って、新車が欲しかったマーチン・ヘベルリを陥落させた。

マーチン・ヘベルリは、一九八二年三月八日にアップル・コンピュータに入社した。

バレル・スミスとマーチン・ヘベルリは、パハロ・デューンズで話題となった80桁表示用のカスタム・チップに取り組むことになった。そのカスタム・チップはジョークからだろうか、インテグレイテッド・バレル・マシン（IBM）と呼ばれていた。「集積化されたバレル・スミスのマシン」という意味である。バレルズ・ウイズ・バン

VLSI テクノロジー跡（現在はシナプティクス）

(Burrell's Whiz Bang）というテクニックを用いたものだった。

このカスタム・チップは、マッキントッシュのビデオ・モニターにより多くのピクセルを詰め込めるだけでなく、低レベル回路を節減できるものと考えられていた。

しかし、バレル・スミスもマーチン・ヘベルリもVLSI技術のすべてを知っているわけではなかったので、彼らはVLSIテクノロジーと契約して、この仕事を手伝わせることにした。人件費と材料費込みで最高25万ドルの契約であった。

VLSIテクノロジーは、サンノゼ市マッケイ・ドライブ1109番地（1109 McKay Drive in San Jose, CA）にあった。VLSIテクノロジーは一九九九年にフィリップス・エレクトロニクスに買収された。私が訪ねてみると、現在はシナプティクスの敷地になっていた。シナプティクスは一九八六年にフェデリコ・ファジンとカーバー・ミードによって設立された会社である。シナプティクスは、iPodのスクロールホイールを作った。

スティーブ・ジョブズは、六月末までにカスタム・チップを完成させるようにと非現実的な命令を出した。2人ともVLSIの専門家ではなかったし、バレル・スミスは次々に機能を追加して仕様を変更し続け混乱を招いた。

さらにマッキントッシュの仕様も確定していなかった。384ピクセル×256ピクセルになるのか512ピクセル×384ピクセルになるのか決まっていなかった。最終的には、ジョージ・クロウによって512ピクセル×384ピクセルになった。

ここで、スティーブ・ジョブズとボブ・ベルビルが、512ピクセル×384ピクセルを表示できるプログラマブル・アレイ・ロジック（PAL）チップを使ったマッキントッシュが設計可能かどうか検討するようにバレル・スミスに命じた。

バレル・スミスは、PALチップを得意としていた。バレル・スミスは、ブライアン・ハワードとPALチップの設計に取組み、1か月ほどで仕上げた。ハードウェアの魔法使いの面目躍如たるものがある。

一九八二年九月頃には、バレル・スミスのPALチップとマーチン・ヘベルリのVLSIチップとIBMチップが競い合うようになっていた。マーチン・ヘベルリには気の毒なことに、IBMチップは必要な速度の40％でしか動作しなかった。そこでIBMチップは廃棄し、PALチップを採用することになった。

VLSIテクノロジーとの契約は解除されたが、スティーブ・ジョブズは25万ドルの支払いを拒否し、10万ドルに値切った。VLSIテクノロジーは将来を見越して、25万ドル以上の費用をつぎ込んでいたので大損になった。今の時点で見るとそう大した金額ではないが、当時の零細なベンチャー企業にとっては痛手で

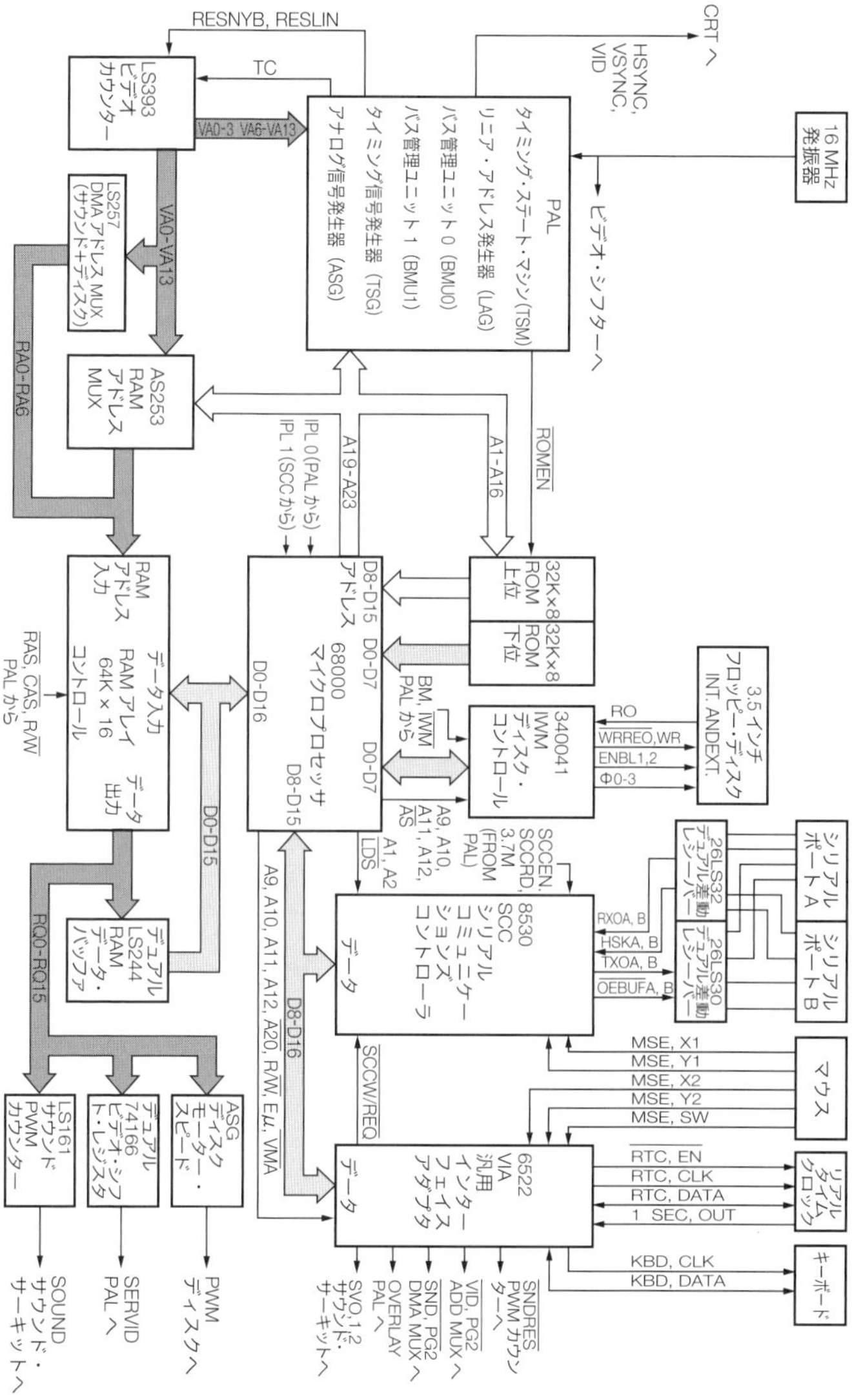


マッキントッシュの回路図。図の左側にあるPALと著作権で保護されたROMがマッキントッシュのコピーを作らせない防壁であった

あったろう。ともかくスティーブ・ジョブズは、それで押し切った。

## 第2回マッキントッシュ・グループのリトリート

一九八二年九月、第2回マッキントッシュ・グループ・リトリートがパハロ・デューンズで開かれた。ここでのスローガンは、次のようである。

- 出荷するまでは終わりではない。
- 妥協はするな。
- ジャーニー・イズ・ザ・リウォード（旅こそが報奨だ　目標に至る道程こそが報奨だ）。

最後の格言は最も有名で、ジェフリー・S・ヤングの『スティーブ・ジョブズ』の副題にもなっている。スティーブ・ジョブズは、もう1つ用意していた。

「週90時間労働。僕ら大好き！」

スティーブ・ジョブズは、全員にこのスローガンを刷り込んだTシャツまで用意していた。これはジョージ・オーウェルが『動物農場』で戯画化して皮肉った旧ソビエトのスタハノフ運動（Стахановское движение）と同じであるし、労働基準法も無視している。「週90時間労働。僕ら大好き！」がマスコミ向けに表面に出てくるのは一九八四年一月である。このTシャツにはもうひとひねりがあった。数人の中心的なエンジニア用だけに左胸に「マッキントッシュ・スタッフ」と刷り込んであったのである。差別化した。

このリトリートの後、困った事態が起きた。スティーブ・ジョブズがオリベッティから引き抜いてきた6８００のプログラマーで、アンディ・ハーツフェルドと一緒に作業していた女性プログラマーの仕事がうまくいかなかった。この女性の名前は表面に出ていないが、47名の関係者から消去法で探していくと、アンジェリーヌ・ローという女性だろう。彼女は一九八二年アップルを去ったらしい。その後の行方は分からないという。この後、ラリー・ケニヨンがプログラム・コードを書き直さなければならなかった。

ラリー・ケニヨンは、アムダールからアップル・コンピュータにやってきた。ラリー・ケニヨンはスタンフォード大学卒業で心理学とコンピュータ・サイエンスの両方の学位を持っていた。ラリー・ケニヨンは当初アップルⅢの開発に従事していたが、アップルⅡがプリンター機器などの周辺を誰よりも上手に動かせるようにできた。そこでアンディ・ハーツフェルドは、ラリー・ケニヨンにマッキントッシュ・グループに参加するように求めた。

## 商標問題

マッキントッシュ・グループは、マッキントッシュという商標を使いたかったのだが、先にも述べたように、実は高級オーディオ用アンプ・メーカーに一九四九年創立のマッキントッシュ・ラボラトリがあった。この場合、スペルは似ていて、小文字のaが抜け、iが大文字のMcIntoshであった。創業者がフランク・マッキントッシュという名前であったのでそうなった。フランク・マッキントッシュが雇ったのがゴードン・ガウであった。当時ゴードン・ガウは社長であった。スティーブ・ジョブズは、ゴードン・ガウに手紙を送り、マッキントッシュ名の商標の権利の譲渡を要請した。

ゴードン・ガウは一九八二年の感謝祭つまり一一月二五日の週末にサンフランシスコに行くので、その時にアップル・コンピュータに寄ると言ってきた。ゴードン・ガウの印象は良かったが、クリスマスの数日前、会社の法律顧問のアドバイスで商標の使用を断ってきた。

しかし、スティーブ・ジョブズは、一九九三年一月二七日のマッキントッシュ・グループのリトリートで、開発コード名マッキントッシュを正式な製品名として採用すると言い切ってしまった。

一九八三年三月、スティーブ・ジョブズは、マッキントッシュ・ラボラトリから、「マッキントッシュ」の商標使用権を10万ドルで買い取ったという。ずいぶん安い買い物だった。

## リサの発表とスティーブ・ジョブズの失敗

一九八三年一月一二日、ニューヨークのカーライル・ホテルの21階のスイート・ルームで、スティーブ・ジョブズ達は、一日中、マスコミで有名な記者向けにリサのスニークという内覧会をやっていた。

ここには次のようなメンバーがいた。

・スティーブ・ジョブズ　　　リサ事業部担当
・ジョン・カウチ　　　　　　アップルⅡ、アップルⅢ事業部担当
・ポール・ダリ　　　　　　　セールスおよびマーケッティング担当
・フロイド・クバンメ
・レジス・マッケンナの女性達（レジェット）

ペプシ・コーラのジョン・スカリーも来た。

◆フロイド・クバンメは、フィランド系で、フロイド・クバームの方が発音が近いようだが、拙著『シリコンバレー スティーブ・ジョブズの揺りかご』、『スティーブ・ジョブズ　青春の光と影』との一貫性を保持したいので、本書ではフロイド・クバンメと表記する。人名は難しい。

ここでの内覧はある意味で失敗であった。スティーブ・ジョブズに自制心がなかったからである。リサの発表会の直前なので、マッキントッシュについて話してはいけないと釘をさされていたにも拘わらず、それができなかった。

スティーブ・ジョブズは、マッキントッシュは素晴らしいマシンで、リサをしのぐような性能を持ちながら、しかも価格はリサのように1万ドルではなく2千ドルだと述べた。そしてなお悪いことに、リサとマッキントッシュには互換性がないことを認めてしまった。

またアップル・コンピュータ自体の失敗は、リサを個人向けではなく、大企業のオフィス向けのマシンと

したことである。ハードディスク装置を持たず、信頼性の低いツイッギーというフロッピー・ディスク装置2台だけで、またネットワークに接続できないリサを大企業向けに売るのは無謀すぎた。

一九八三年一月一九日、アップル・コンピュータの定例株主総会の席でリサが正式に発表された。当初はリサの斬新なGUIは、それでも評判を呼んだ。リサには安定性に不安のあるツイッギー・ドライブを搭載したが、スティーブ・ジョブズの秘蔵っ子であるマッキントッシュにツイッギー・ドライブを搭載するわけにはいかず、マッキントッシュの当初の発表日一九八三年五月一六日は、一九八三年八月一五日に延期された。五月一六日はスティーブ・ジョブズの実子リサの誕生日の前日であった。

## 第3回マッキントッシュ・グループのリトリート

一九八三年一月二七日、第3回のマッキントッシュ・グループのリトリートが、リサの発表から8日後にカミノ・リアル・カーメル・バイ・ザ・シー（Camino Real Carmel-By-The-Sea, CA）にあるラ・プラヤ・カーメル（La Playa Carmel）というホテルで開かれた。

スティーブ・ジョブズが示したマッキントッシュ・グループのスローガンは次のようであった。

- 本物のアーティストは出荷する（出荷できない奴は本物のアーティストでない）。
- 海賊になれるのに、どうして海軍に入隊するのか。

・一九八六年までにブック型のマッキントッシュを。

ここでスティーブ・キャップスとスーザン・ケアがマッキントッシュ・グループに参加していた。

## スティーブ・キャップス

スティーブ・キャップスは、一九五五年ニューヨーク州生まれで、ロチェスター工科大学を卒業した。彼の音楽関係の友人にニューヨーク在住者が多いのは、ニューヨーク州出身ということも手伝っているのだろう。一九七〇年代後半、スティーブ・キャップスは、在学中からゼロックスで働いており、ALTOに触れてBitBltに感動したという。スティーブ・キャップスは、伝説的に有名な男だが経歴には不明な点が多い。音楽に関心が高く、後にジャム・セッション、サウンド・エディットなどのプログラムを書いた。

スティーブ・キャップスは一九八一年九月にアップル・コンピュータに入社し、リサのグループにいた。仕事はリサ用のプリンター周りだったようだ。スティーブ・キャップスは、リサの開発段階でもリサ用のグラフィックスゲームを作って楽しんでいたようだ。伝説的に有名なのが『鏡の国のアリス』である。トリップ・ホーキンスのエレクトロニック・アーツで売れば大ヒットになったかもしれないが、スティーブ・ジョブズの反対で実現せず、幻の傑作となった。

一九八三年一月、スティーブ・ジョブズがスティーブ・キャップスをマッキントッシュ・チームに引き抜いた。

## スーザン・ケア

スーザン・ケアは、アンディ・ハーツフェルドのフィラデルフィアの高校時代の同級生で、一九八三年一月にマッキントッシュ・チームで仕事を始めた。スーザン・ケアは、マッキントッシュのほとんどのアイコンやフォントをデザインした。

スーザン・ケアは、ヘンリー・ドレイファスの『シンボル・ソースブック』を参考にマッキントッシュのアイコンをデザインしたという。国際的な標準のシンボルを掲載した本である。実際に取り寄せて目を通すと、スーザン・ケアのデザインの方が優れているように思う。というより全然似ていないので、本当かなと思う。

アンディ・ハーツフェルドの『レボリューション・イン・ザ・バレー』邦訳173頁に収録されているが、マッキントッシュではプロポーショナルなフォントが使えたので、スーザン・ケアはマッキントッシュ用のスクリーン・フォントを設計した。

最初のフォントにはエレフォントという名前を付けた。それ以降は、スーザン・ケアの故郷フィラデルフィアのローカル通勤路線パオリ・ローカルの駅名からオーバーブルック、メリオン、アルドモア、ローズモントとしたという。

調べてみると、サウスイースタン・ペンシルベニア・トランスポーテーション・オーソリティ（SEPTA）傘下のパオリ・ソーンデール・ライン・リージョナル・レールという路線に確かにそういう駅はある。

ただ、スティーブ・ジョブズは、「誰も聞いたことのないようなケチな町の名前じゃ駄目だ。世界的な都市名にすべきだ」と主張したため、シカゴ（エレフォント）、ニューヨーク、ジュネーブ、ロンドン、サンフランシスコ（ランソン）、トロント、ベニス（ビル・アトキンソンの手書きフォント）という名前が付けられたという。

ちなみに『インサイド・マッキントッシュ』を見ると、これ以外にマッキントッシュでは次のフォントが使えた。システムフォント、アップルフォント、モナコ、アテネ、カイロ、ロサンゼルス、タイムズ、ヘルベチカ、クーリエ、シンボル、タリアセンなどである。

『シンボル・ソースブック』

## バンドリー3号館にはためく海賊旗

一九八三年九月以降のある時、スティーブ・キャップスとスーザン・ケアが協力して有名な髑髏《どくろ》の海賊旗を作り、バンドリー3号館（B3）の屋上にはためかせた。

スティーブ・ジョブズの有名な言葉「海賊になれるというのに、どうして海軍に入隊するんだ」を踏まえている。マッキントッシュ・グループは反権力的で挑戦的な海賊であるというリサ・グループへの挑発である。またマッキントッシュ・

グループは、スティーブ・ジョブズの暗黙の了解の下で海賊よろしくリサ・グループからソフトウェアのアイデアでもハードウェアのアイデアでも何でも奪ってしまったらしい。

スーザン・ケアは黒地の布に2本の骨を交差させたうえに白い髑髏を重ねて描き、左目にアップルのロゴをはめ込んだ。海賊旗については写真が残っている。有名ではあるが、それほど印象的な出来ではない。

またジョン・スカリーの『ジョン・スカリー　オデッセイ』（邦訳『スカリー　世界を動かす経営哲学』）に収められた写真には、スティーブ・ジョブズ、ジョン・スカリー、マッキントッシュ・グループがベーゼンドルファーのピアノの周りに集まっている。壁には海賊旗が貼ってある。

ビル・アトキンソン、スーザン・ケア、ボブ・ベルビルは確認できるが、あと3人ほどは写真が小さくて確認できない。眼鏡と髭が邪魔で誰だか断定できない。ベーゼンドルファーのピアノと海賊旗があることから、場所はバンドリー3号館（B3）で、一九八三年九月以降のある日だろうと推測できる。

多分ここでスティーブ・ジョブズは、彼らをアーティストとして紹介して、次のように言ったらしい。

「自分が知っている限り、世界で最も優秀な人間だけを集めてマッキントッシュのチームを作ったんです。彼らより優れた仕事ができる人間は絶対にいない」

## ビル・アトキンソンの不満

一九八三年一月二七日、第3回のマッキントッシュ・グループのリトリートで、実は大変な事件が起きていた。ビル・アトキンソンがアップル・コンピュータを辞職すると言い出したのである。

10日前の一九八三年一月一九日にリサが発表されていたが、バイト誌やポピュラー・コンピューティング誌には、ビル・アトキンソンの名前が全く出ていなかった。これにビル・アトキンソンは怒ったのである。

実際、私の手許にあるバイト誌の一九八三年二月号の90頁のインタビューには、ウェイン・ロージング、ブルース・ダニエルズ、ラリー・テスラーの名前しか出ていない。マネージャではないから仕方がないという考えもあるが、一番貢献したビル・アトキンソンが全く無視されているのである。

ビル・アトキンソンは、一九七八年秋にアップルⅡ PASCAL用にグラフィックス・ルーチンを書いた。一九七九年春にリサグラフをアセンブリ言語で書いた。これはリサとマッキントッシュのグラフィカル・ユーザー・インターフェイス（GUI）の基礎となった。

一九八〇年、ビル・アトキンソンは、リサのウィンドウ・マネージャやメニュー・マネージャをPASCAL言語プログラムで書いた。これは後に、マッキントッシュ用にアンディ・ハーツフェルドによってアセンブリ言語プログラムで書き直された。

一九八二年春、ビル・アトキンソンは、リサグラフをクイックドローと改称した。マッキントッシュに

バイト誌 1983 年 2 月号。リサが表紙を飾っている

使ってもおかしくない名前にしたのである。クイックドローにはリージョンと呼ばれる特別なデータ構造があった。

ビル・アトキンソンは、スケッチパッドのプログラムからマックスケッチを作った。一九八三年四月、マックスケッチはマックペイントと改称され、マッキントッシュに標準添付されることになる。

スティーブ・ジョブズは、ビル・アトキンソンに辞職されてはたまらないので、2週間ほどして、ビル・アトキンソンをアップル・フェローに任命した。アップル・フェローになると、自分でテーマを見つけて研究ができる。大変名誉なこととされている。リッチ・ペイジもアップル・フェローに任命された。

一九八四年にはアラン・ケイもアップル・フェローになった。

## ボブ・ベルビルとアンディ・ハーツフェルドの対立

アンディ・ハーツフェルドとボブ・ベルビルは、お互いに不倶戴天の敵と考えていた。ともに天を戴《いただ》かざると考えていたのである。

特に一九八三年一二月、バレル・スミスとブライアン・ハワードが取り組んでいたレーザーライターの診断プログラムの開発をアンディ・ハーツフェルドが手伝っていたことをボブ・ベルビルが知ると、スタッフ・ミーティングで長々と説教した。

一九八三年二月、ボブ・ベルビルは、アンディ・ハーツフェルドとも激しく対立し、アンディ・ハーツフェルドに対して否定的な評価を与えた。無我夢中でアップル・コンピュータに尽くしていたつもりのアンディ・ハーツフェルドにとっては心外だった。ボブ・ベルビルは、管理職の立場から アンディ・ハーツフェルドを扱いにくいと考えていたのだろう。

一九八四年三月、アンディ・ハーツフェルドは、アップル・コンピュータを6か月間休職することになる。ところが皮肉なことに、入れ替えにアンディ・ハーツフェルドが尊敬してやまないアラン・ケイがアップル・コンピュータに入社してきた。

スティーブ・ジョブズは、アンディ・ハーツフェルドを引き止めなかった。この頃のスティーブ・ジョブズにとっては、大組織を指揮する官僚型のボブ・ベルビルや、高度な学歴を持つ専門家のジェローム・クーネンの方が大事であったのだろう。

一九八四年九月、休職期間が終わりに近づくと、アンディ・ハーツフェルドはスティーブ・ジョブズに復職の相談をした。

この時、スティーブ・ジョブズは、次のように語ったという。

「俺はお前に戻ってきて欲しいと思っているが、お前が戻りたくないなら、あとはお前次第だな。どっちにしろ、お前はお前自身が考えているほど重要じゃないってことだ」

◆『レボリューション・イン・ザ・バレー』邦訳278頁。

これでは、取り付く島がない。スティーブ・ジョブズの冷酷な一面である。スティーブ・ジョブズは、アンディ・ハーツフェルドに頼らずとも一流大学出身の優秀な技術者を大勢かかえているという驕りもあったのだろう。

## ブルース・ホーン

ブルース・ホーンは一九六〇年生まれで、14歳の頃からアラン・ケイのスモールトークの青少年向けプログラミング実験授業に参加していた。

その縁もあって、ブルース・ホーンは、スタンフォード大学の数理科学科に在学中から、PARCのSSLのアラン・ケイのLRGにアルバイトに来ていた。一九七五年八月（拙著『ビル・ゲイツI　マイクロソフト帝国の誕生』264頁）、一九七六年五月（本書177頁）のPARCの組織表には「＊」が付いていてテンポラリー（一時雇い）と注釈がある。この頃、LRGには7人ほどのアルバイトがいたようだ。

ブルース・ホーンのスタンフォード大学卒業は一九八二年で、それまでSSLでラリー・テスラーと一緒にノートテイカーに触っていた。ブルース・ホーンのアップル入社は一九八二年九月であって、22歳の時であった。

VTIという会社に就職が決まっていたブルース・ホーンにスティーブ・ジョブズが電話をかけてきた。

「(VTIに就職を決めたって?) そんなこと忘れろ。アップルに明朝やって来い。君に見せるものがたくさんある。アップルに午前9時に来ること」

スティーブ・ジョブズのこの強引な勧誘で、ブルース・ホーンは一九八二年一月にアップルに入社した。一九七九年にはアップルに入社していなかったが、まだSSLのアルバイトとしてPARCの側にいて、スティーブ・ジョブズの来訪を見ていたようだ。一九八二年一月、ブルース・ホーンは、アップル・コンピュータに入社し、マッキントッシュ・チームに加わり、アーキテクトの一人に加わった。ボブ・ベルビルは、リソース・マネージャの開発をめぐってブルース・ホーンと対立した。ボブ・ベルビルは、一九八二年五月にはブルース・ホーンを馘首にしようとしたが、スティーブ・ジョブズの介入によってあきらめたようだ。

一九八一年五月、バド・トリブルはリサからマッキントッシュにクイックドローとプルダウン・メニューのプログラム・コードを移植した。

またアンディ・ハーツフェルドは、モジュラー・ツールボックスの試作版を作動させた。

## マッキントッシュのシステム・ソフトウェア

マッキントッシュのシステム・ソフトウェアを書いたのは、基本的には次のメンバーだった。

- アンディ・ハーツフェルド
- スティーブ・キャップス　ゼロックス・ロチェスター出身
- ブルース・ホーン　ゼロックス・SSLのLRGでアルバイト
- ラリー・ケニヨン
- ビル・アトキンソン
- バド・トリブル

一九八三年九月、スティーブ・ジョブズはある決定をしたが、それがマッキントッシュ・グループの中に、とんでもない問題を引き起こした。

マッキントッシュの生みの親を6人選んで、マッキントッシュのCMを作ろうというのである。すると残りの97人は無視された形になる。その6人が誰でも納得できるような人物なら問題はない。しかし、問題があったのである。選ばれたのは次の6人であった。

- バレル・スミス
- アンディ・ハーツフェルド
- ビル・アトキンソン
- マイク・マレー
- ジョージ・クロウ
- スーザン・ケア

前の3人については誰も依存はないだろう。しかし、後の3人については、なぜだということになる。特にスーザン・ケアはまずかった。マッキントッシュ・グループに参加して日が浅く、しかも仕事はみんなのように寄与していないというのである。ただスティーブ・ジョブズが美人のスーザン・ケアがお気に入りだという理由だけであった。そこでマッキントッシュのシステム・ソフトウェアの内、最も重要なファインダーを書いていたブルース・ホーンが臍を曲げて、仕事をほとんど投げ出してしまったのである。

ブルース・ホーンは、マッキントッシュのファインダーをスティーブ・キャップスと共に開発した。

この開発はきわめて難航し、一九八四年一月の期限ぎりぎり一杯まで完成しなかったが、なんとか動くようになった。

## アンディ・ハーツフェルドの家

一九八三年一〇月末に、有力な雑誌のジャーナリスト向けに、マッキントッシュの内覧会が始まった。ジャーナリスト達は、バンドリー3号館（B3）のピカソ・ルームに案内されて説明会が始まった。

- オリエンテーション　スティーブ・ジョブズ
- マッキントッシュのデモ　マイク・マレー　きのこ踊りのデモ
- 実習体験　ジャーナリスト自身
- 昼食
- 午後自由取材　ジョン・スカリー　質疑応答

各社による取材は順調に進んだが、ローリング・ストーンズ誌は、バンドリー3号館（B3）での開発現場での写真を撮りたがった。これは非常に差し障りがあるので、アンディ・ハーツフェルドが一計を案じて、自分の開発は、ほとんど自宅でやっているから、もし開発現場の写真を撮りたければ、自分の家に来たらと提案した。そこでパロアルトのアンディ・ハーツフェルドの家で撮影がおこなわれることになった。

どういう本にもアンディ・ハーツフェルドは、パロアルトに住んでおり、バレル・スミスも隣に住んでおり、マッキントッシュの宣伝ビデオも彼の自宅で撮られたと書いてあったが、いくら調べても見つけられな

アンディ・ハーツフェルドの現在の持ち家。アンディ・ハーツフェルド財団を置いているようだ

かった。

ある時、クリスアン・ブレナンの『林檎の噛み跡』を読み返していると、原著285頁にアンディ・ハーツフェルドの奥さんがジョイス・K・マクルーアという名前であると書いてあった。

そこで、パロアルトとジョイス・マクルーアをキーワードとすれば見つかるのではないかと思って実行してみた。簡単に見つかった。

アンディ・ハーツフェルドの現在の家は、おそらくパロアルト市ブライアント・ストリート1005番地（1005 Bryant Street, Palo Alto, CA）だろう。公的な記録にはパロアルト市リンカーン・アベニュー329番地（329 Lincoln Avenue, Palo Alto, CA）もある。100メートルほど離れているが共通の電話番号があるので、多分引っ越して電話番号を変えなかったのだろう。こちらの方が青春時代の家だったかもしれない。

アンディ・ハーツフェルドは、どうしてこのあたりに住

ヒューレット・パッカードが創業したガレージ

まいを選んだのだろうと、グーグルの地図をじっと見ていると、何となく分かったような気がした。歩いて2分、150メートルほどのパロアルト市アディソン・アベニュー367番地（367 Addison Avenue, Palo Alto, CA）にヒューレット・パッカードの創業地であるガレージがあったのだ。

　おそらくシリコンバレーのガレージ産業の発祥の地にごく近いということもあって、選ばれたのだろう。

◆ヒューレット・パッカードのガレージについては拙著『シリコンバレー　スティーブ・ジョブズの揺りかご』82頁を参照されたい。

　スティーブ・ジョブズの最後のパロアルトの家は、パロアルト市ウェーバリー・ストリート2101番地（2101 Waverley Street, Palo Alto）にあり、アンディ・ハーツフェルドの家と1・6キロほど離れている。自動車なら5分である。

　アンディ・ハーツフェルドの現在の家に関しては1つ興味深い偶然がある。

　一九五九年、鈴木俊隆が55歳で米国に渡り、サンフラン

マリアン・ダービイの俳句禅堂センター跡。ロスアルトス市ユニバーシティ・アベニューにあった

観音堂。マウンテンビューにある。俳句禅堂センターが移転したことになっている

シスコの桑港寺の住職となった。日系人だけでなく、米国人の参禅者が増加したため、鈴木俊隆は、一九六二年にサンフランシスコ禅センターを設立した。さらにサンフランシスコだけでなく南のスタンフォード大学周辺にも禅を広めたいと考え、米国人の自宅を借り一九六四年一一月から参禅の会を開いた。その会場となったのが、まさにパロアルト市ブライアント・ストリート1005番地の全く同じ家であった。

その後、参禅の会は変遷を経て、ロスアルトス市ユニバーシティ・アベニュー746番地（746 University Avenue, Los Altos, CA）にあった米国人の信者マリアン・ダービイの自宅のガレージに拠点を移した。5人7人5人しか座れなかったから俳句禅堂センターと名付けたという。きわめて簡素な場所である。そして、この俳句禅堂センターにスティーブ・ジョブズもクリスアン・ブレナンも参禅に参加するようになった。スティーブ・ジョブズの実家からは、ほとんど一本道で、3・5マイル。自動車なら8分である。

一九七九年に俳句禅堂センターは、マウンテンビュー市ロック・ストリート1972番地（1972 Rock St., Mountain View, CA）の観音堂に移転した。私も行ってみたが、小さいけれど立派な建物である。ただ少し枯淡の味が少ない。

◆これらの事情については、拙著『スティーブ・ジョブズ　青春の光と影』235頁以降を参照されたい。

さらにその後、どこかの時点でパロアルトの家をアンディ・ハーツフェルドが購入したものと思われる。自動車で探している内に、偶然、同じ家に戻って、同じ家であることを発見して大変驚いた。

# 第12章
# マーケッティング部門の組織化

サンフランシスコのユニオン・スクエアは、ジェニファー・イーガンの小説『シスターズ・オブ・ヘブン』にも登場するし、1983 年 2 月にアップル・コンピュータの時期遅れのクリスマス・パーティが開かれ、1985 年 2 月にスティーブ・ジョブズの 30 歳の誕生パーティが開かれたセントフランシス・ホテルがある。現在の正式名称はザ・ウェスチン・セントフランシス・サンフランシスコである（写真上）。

ユニオン・スクエアにアップル・ユニオン・スクエアが誕生しているのには驚いた。このガラスを多用したデザインは、アップル・パークと 2014 年に竣工したカフェ MACS を設計したフォスター・アンド・パートナーズのデザインらしい。斬新だが、もう少し周りの景観とマッチさせたら良かったのにと思う（写真下）。

## マイク・マレー

マイク・マレーは一九五五年にオレゴン州の酪農家の家庭に生まれた。両親はモルモン教徒であったらしい。マイク・マレー自身は、いろいろな文献を読むと、モルモン教で禁じられているはずの御酒を飲んでいるが、やはり敬虔なモルモン教徒であったらしい。

一九七三年、マイク・マレーはスタンフォード大学機械工学科プロダクト・デザイン＆インダストリアル・エンジニアリング課程に入学し、一九七七年に卒業した。2年ほど経歴の分からない部分がある。ともかく一九七九年スタンフォード大学経営学部大学院に入学し、一九八一年に経営学修士（MBA）を取得した。

マイク・マレーは、スタンフォード大学大学院在学中にスティーブ・ジョブズの講演を聴き、大いに感動した。キャンパス内のアパートに帰って、アップル・コンピュータに電話をかけ、就職の申し込みを始めた。1年間粘り強い売り込みを続け、やっとロッド・ホルトの面接を受け、スティーブ・ジョブズにも気に入られて夏の間にインターンをし、マーケッティングの職を提示された。しかし年俸はわずか3万ドルで、妻と子供2人を抱え、学費ローンの返済もあったので、マイク・マレーはアップル・コンピュータをあきらめ、一九八一年夏、オレゴン州コーバリスのヒューレット・パッカードの工場に勤めた。コーバリス・キャンパスはオレゴン州ポートランドの南80マイル、ウィラメット川の西岸にある。オレゴン州コーバリス市ノースイースト・サークル・ブールバード１０００番地（1000 NE Circle Blvd., Corvallis, OR）近くである。

ここでマイク・マレーは、新製品のマーケッティングを担当した。

一九八一年一二月、スティーブ・ジョブズから電話が入り、マッキントッシュのマーケッティング・チームに来るようにスカウトされた。今度はマイク・マレーが非常に高額の給与を要求した。するとスティーブ・ジョブズは即座にOKした。そこでマイク・マレーは、誘いを受けた。

## マイク・ボイチ

マイケル・D・ボイチ（以下マイク・ボイチ）は、一九五五年ペンシルベニア州の炭鉱主の息子として生まれた。マイク・ボイチは、ある時点でベンチャー・キャピタリストになっているので、この職種にありがちな経歴の抹消・隠蔽というのがあって、経歴には分からないことが多い。

私はマイク・ボイチが、アップル・コンピュータを離れラディウスを設立した後で、マイクロソフトの古川享《すすむ》氏の紹介で何度かラディウスの仕事の件で会ったことがあるが、個人的な話はしなかったので不明な点も多い。後になって、結構大物だったのだと分かって驚いた。

マイク・ボイチは、一九七七年スタンフォード大学の経済学科を卒業し、フランク・ローズの『ウエスト・オブ・エデン』にはスタンフォード大学の数学科在学中にアップルIに触れ始めたと書いてあるが、数学科ではなく、経済学科ではないかと思う。そう記した資料がいくつかある。

ジェフリー・S・ヤングの『スティーブ・ジョブズ』によれば、マイク・ボイチがアップルIを買ったのはエル・カミーノ・リアルのバイト・ショップであるという。またソフトウェアには詳しく、ヒープやコンパイラや再帰的ループについても議論できたという。

スタンフォード大学在学中にマイク・ボイチは、ガイ・カワサキと知り合いになったようである。マイク・ボイチは、一九八一年にハーバード大学大学院で経営学修士（ＭＢＡ）を取得している。その後、ヒューレット・パッカード社のオレゴン州のコーバリス・キャンパスに勤めた。マイク・ボイチは、マイク・マレーに遅れること数週間でアップル・コンピュータに入社した。2人の入社は一九八二年三月頃のことらしい。

2人がマーケティング・チームに入ると、スティーブ・ジョブズが「2人のマイクの方がジョアンナよりも良い」と軽口を言ったので、ジョアンナ・ホフマンがむくれたという。

## ジョアンナ・ホフマン

ジョアンナ・ホフマンは、一九五五年にポーランドで生まれた。父親はユダヤ系ポーランド人の映画監督のジャージー・ホフマンで、母親は米国人のマルレーヌであった。10歳まで母親とソ連に住んでいたが、ワルシャワにいた父親と住むようになった。12歳の時に母親が米国人と再婚しニューヨーク州バッファローに移住することになったので、ジョアンナ・ホフマンもビザを取得し、新しい両親と共に米国に移住することになった。学業成績はきわめて優秀で、ＭＩＴの自然科学の理学士号を取得し、シカゴ大学の東洋研究所で博士課程に進んだ。一九七九年にイランに考古学の発掘に赴こうとしたが、イラン革命が起きたので米国に帰国するようにイラン政府から通知をもらった。

ジョアンナ・ホフマンは、シカゴ大学大学院を中退しようと考えていた時に、友人からゼロックスのPARCの講義に出席するようにとアドバイスをもらった。そこでジョアンナ・ホフマンは、ジェフ・ラスキンに出会った。2人はコンピュータはどうあるべきか、どう人々の役に立つべきかについて熱い議論を交わした。ジェフ・ラスキンは、ジョアンナ・ホフマンにいたく感動し、アップル・コンピュータへの入社試験を受けるように言った。

一九八〇年ジョアンナ・ホフマンは、アップル・コンピュータに入社し、初期のマッキントッシュ・グループ、すなわちジェフ・ラスキンのグループに参加した。彼女はマイク・マレーやマイク・ボイチが入社してくるまでは、1年半の間たった一人でマッキントッシュ・グループのマーケッティングを担当していた。

アンディ・ハーツフェルドの『レボリューション・イン・ザ・バレー』によれば、ジョアンナ・ホフマンは、『マッキントッシュ・ユーザー・インターフェイス・ガイドライン』の草稿を執筆したという。これは『インサイド・マッキントッシュ』の第2章「マッキントッシュ・ヒューマン・インターフェイス・ガイドライン」のことだろう。

### ベリー・キャッシュ

スティーブ・ジョブズは、マーケッティングの組織化について、当初はベリー・キャッシュの助けを借りよ

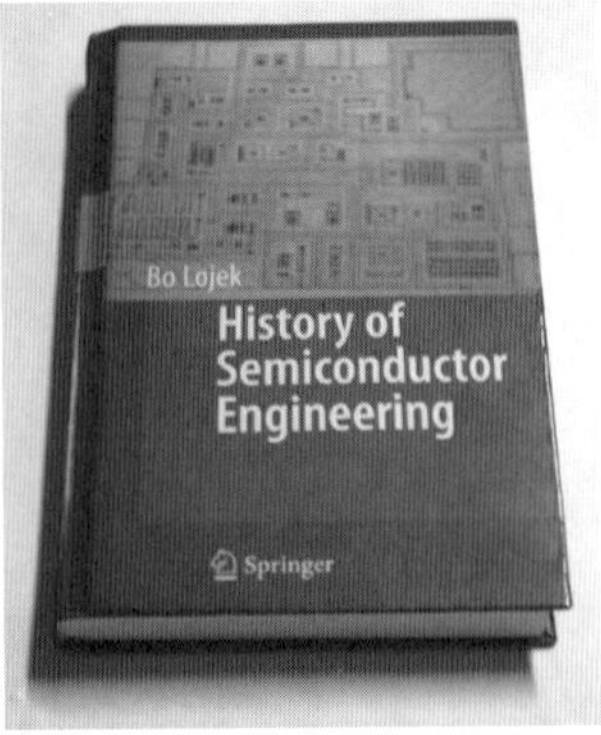

ボー・ロジェック『半導体工学の歴史』

うとした。ベリー・キャッシュは、ジェフリー・S・ヤングの『スティーブ・ジョブズ　ザ・ジャーニー・イズ・ザ・リウォード』（邦訳『スティーブ・ジョブズ　パーソナル・コンピュータを創った男』日暮雅通訳、JICC出版局 刊、下巻27頁）に登場する。ここでの原著の記述には2つほど間違いがある。翻訳の間違いではない。

1つはベリー・キャッシュをバリー・キャッシュと表記してしまったことである。すると絶対に検索にかからない。もしかしてaではなくeではと思って調べた結果、分かった。

2つ目はモステックMOSTEKをMOS-Techと記していることだ。同様な感じだが、全く別の会社になってしまう。MOS-Techは6502を開発した会社であり、ベリー・キャッシュは関与していない。ジェフリー・ヤングは勘違いしている。

どちらもテキサス・インスツルメンツからのスピンオフで、同様な製品を作っている会社で、紛らわしい。音だけだと米国人でも間違えるので無理もない。傑作なことにグーグルの検索は、間違ったキーワードを善意に解釈して検索結果を出してくるので、こちらの頭がおかしくなってくる。

ベリー・キャッシュについては、ボー・ロジェックの『ヒストリー・オブ・セミコンダクター・エンジニアリング（半導体工学の歴史）』（邦訳なし）の367頁にも登場してくる。またコンピュータ・ミュージアムのオラル・ヒストリーにも登場する。これはとても面白いので一読をお薦めしたい。

ベリー・キャッシュは、一九三八年テキサス州ヒューストンに生まれた。父親はテキサスA&M大学電気工学科を卒業した。大恐慌の後で、卒業後なかなか仕事がなかったが、テキサコに就職し、地質物理チームに組み込まれた。石油埋蔵探査の仕事である。同様な石油埋蔵探査の仕事に従事していた会社にジオフィジックス・サービス・インク（GSI）があった。GSIの創業者はエリック・ジョンソン、セシル・グリーンなどのMITの卒業生で、彼らがテキサス・インスツルメンツ（TI）を創業したが、彼らはベリー・キャッシュの両親の友達であった。

父親は第二次世界大戦中、ワシントン州で陸軍信号部隊（レーダー部隊の秘匿名）に配属された。彼はここでウィリアム・ヒューレットと親友になり、4年間の軍務の間、アパートも隣の部屋であった。つまりベリー・キャッシュは生まれながらにして、ヒューレット・パッカード（HP）とのコネクションを持っていたのである。ベリー・キャッシュは、ウィリアム・ヒューレットがHPの創業者であることは知らなかったようだ。

ベリー・キャッシュは、ニューヨークの高校を卒業した。数学、物理、語学がよくできた。テキサスA&M大学に入学した。地元であるし、父親の母校でもあったが、実は陸上競技に強い大学でオリンピックも夢ではないと思わせた。ところが入学してみると、陸上競技では完敗し、とても芽が出ないとあきらめ、勉学に専念することにした。

当時の大学には予備役将校養成課程（ROTC）があった。ベリー・キャッシュは米空軍に入隊し、3年間、ミシガン州バットルクリークの米空軍防空司令部に勤務した。軍務の中、ウェスタン・ミシガン大学大学院で経営学修士（MBA）を取得したようである。

軍務が終わると就職しなければならないが、ベリー・キャッシュが軍隊にいたことはハンディキャップであった。企業からのリクルータは大学には来るが、軍隊には来なかったからである。

ベリー・キャッシュが父親に泣きつくと、「どこを受けたいか?」と言われた。「IBM、HP、TI」と答えると、父親から隣人がIBMの東部セクターを管轄する大物でコネクションがあり、HPにもTIにも創業者のコネクションがあると言われて驚いたらしい。これらのコネクションもあり、3社全部受けたがTIに入社することになった。

ベリー・キャッシュがTIで活躍した時期は、半導体の歴史として一番面白い時期であった。集積回路を発明したTIのジャック・キルビーやロバート・ノイスとも出会っている。MOS技術の発展には大いに興味深い点もあった。しかし、それらは拙著『シリコンバレー　スティーブ・ジョブズの揺りかご』で扱ったので割愛する。

ベリー・キャッシュは、一九六九年のモステック（MOSTEK）の創立に関わる。TIからは、相当激しい圧力がかかったようだ。

モステックの成功した製品の1つにHP−35用のチップ類がある。かなり美味しいビジネスだったようだが、HPがコーバリスに自社の半導体製造施設を作るまでのことだった。マイク・マレーやマイク・ボイチのいたHPのコーバリスはもともと半導体製造施設として出発したのである。

また日本の電卓会社ビジコムとも関わった。ビジコムが関わった別の半導体製造会社がインテルである。モステックは電卓事業で失敗し、日本製のメモリ・チップとの競争にも敗れた。そこでモステックはユナイテッド・テクノロジーに身売りした。さらにユナイテッド・テクノロジーはシュルンベルジュに身売りした。

一九七九年頃、モステックを去ったベリー・キャッシュは前立腺癌に気付き、また離婚して2人の娘を引き取った。

## スティーブ・ジョブズとベリー・キャッシュ

スティーブ・ジョブズとベリー・キャッシュが出会ったのは、一九七七年頃のアップルⅡの時代だろう。モステックもアップル・コンピュータにメモリを供給していた。他のメーカーはメモリの代金を現金で支払うことを要求したが、ベリー・キャッシュのモステックは信用貸しを認めた。アップル・コンピュータを評価していたからである。

ベリー・キャッシュのモステック退職のニュースが伝わると、スティーブ・ジョブズが早速アップル・コンピュータに来ないかと声をかけてきた。2人の会話は次のようであった。

「スティーブ、それは無理だよ。私は離婚したんだ。私には10代の娘が2人いる。私はダラスに留まらなくてはならないんだ。それはできない」

「でも、僕らは素晴らしいことをやっているんだ。僕はそれを見せたいんだ。電話では話せないよ。分からないと思う」

「スティーブ、それは問題にならない。私は引っ越さないよ」

電話が終わると、1時間で特急便で翌朝のサンフランシスコへのファースト・クラスの航空券が届いた。

ベリー・キャッシュは慌てて、スティーブ・ジョブズに電話して言った。

「分かった、クパチーノには行くよ。でも私は引っ越さないよ」

ベリー・キャッシュは、サンフランシスコに着き、クパチーノのテキサコ・タワーに案内された。もともとテキサコ・タワーは歯医者のオフィスだったようだ。そこの受付にピンポン台が置いてあり、ネットを外して回路類が転がっていた。その中にマウスがあった。興味に惹かれてベリー・キャッシュはマウスを操作し、圧倒された。

スティーブ・ジョブズは言った。

「あなたにこちらに出て来てもらって、マーケットを担当してもらいたいんだ」

ベリー・キャッシュは答えた。

「スティーブ、私を選ぶのは間違っているよ」

しかし、インテルの会長ロバート・ノイスの奥さんのアン・バウアーズがアップル・コンピュータの人事担当の副社長をやっており、ベリー・キャッシュに引き受けるように説得した。ベリー・キャッシュはコンサルタントとしてならと結局受け入れた。ただ、娘達と週末をテキサス州ダラスで過ごさなくてはならないので、飛行機で通うという条件をつけた。こういう勤務形態では腰の座ったマーケッティングなどできないだろう。

ベリー・キャッシュは10か月半、通いの勤務を続けた。その内スティーブ・ジョブズが月曜日の朝の執行役員会に出席してくれと頼むようになった。これは相当きつい負荷になっただろう。

この頃、スティーブ・ジョブズは唐突なことを言って、みんなをあっと言わせた。

「キッチン知ってるだろう？　クイジナートのフードプロセッサという製品があるだろう。マッキントッシュはデスクトップのクイジナートなんだ」

スティーブ・ジョブズは、クイジナートのフードプロセッサが気に入っていて、マッキントッシュの筐体のデザインもしばらくクイジナート風にしようと真剣に考えていたようだ。もちろん、すぐに撤回した。

結局、ベリー・キャッシュはアップル・コンピュータを去った。いつ辞めたかは、はっきりしないが、いてもいなくても同様な、お飾りの存在だっただろう。そこでスティーブ・ジョブズは、マーケッティングをマイク・マレーに任せた。

## マッキントッシュの製品導入計画(ＰＩＰ)

当時アップル・コンピュータには、ヒューレット・パッカード出身の人間が多かった。そこで彼らはスティーブ・ジョブズにマッキントッシュのPIPを作ってくれと要求した。PIPとはプロダクト・イントロダクション・プラン（製品導入計画）のことである。PIPとは、ヒューレット・パッカード流の用語である。ふつうはビジネス・プランという。

一九八三年一〇月七日付けのマッキントッシュのPIPがインターネット経由で部分的に入手できる。全文はスタンフォード大学に保存されているという。スティーブ・ジョブズの意向を尊重しながらマイク・マレーが書いたと思われる。

マイク・マレーは、アップルⅡがホビーストが楽しみのために使う単なるゲームマシンやビジカルクが使えるだけであったのを、マッキントッシュに個人としての知識労働者が使う情報アプライアンスという位置づけを与えた。これはある意味で非常に適切なことであった。この位置づけは、マッキントッシュが特に音楽関係者、美術関係者に熱烈に愛用されたことをうまく説明している。

また、こうした位置づけは、マッキントッシュが企業ネットワークに接続され、データベースと結び付いて運用される大企業向けのコンピュータではないことを意味している。ジョン・スカリーや後にスティーブ・ジョブズが、マッキントッシュに大企業向けの位置づけを強引に与えようとしたことは、まことに不幸なことであった。マッキントッシュは個人向けの「1人に1台のコンピュータ」であって、大企業向けのコンピュータではなかったのである。ワークグループ向けのコンピュータとしても十分ではなかった。

PIPの他に一九八一年七月一二日付の暫定マッキントッシュ・ビジネス・プランも入手できる。

ＰＩＰでは、概略次のように述べている。

マッキントッシュのマーケティングの目標は、マッキントッシュを市場第3の業界標準にすることである。第1と第2の業界標準は、アップルⅡeとＩＢＭ ＰＣである、

マッキントッシュは、すべての人々にすべてのものを与えることはできなかった。特にマッキントッシュ発表の時期にはそうであった。

もしマッキントッシュを第3の業界標準にすることに失敗すると、アップル・コンピュータの成長曲線を著しく鈍化させることになる。すでにＩＢＭは、アップルの大規模、中規模、小規模オフィス・セグメントのかなりの部分を奪い去っていた。

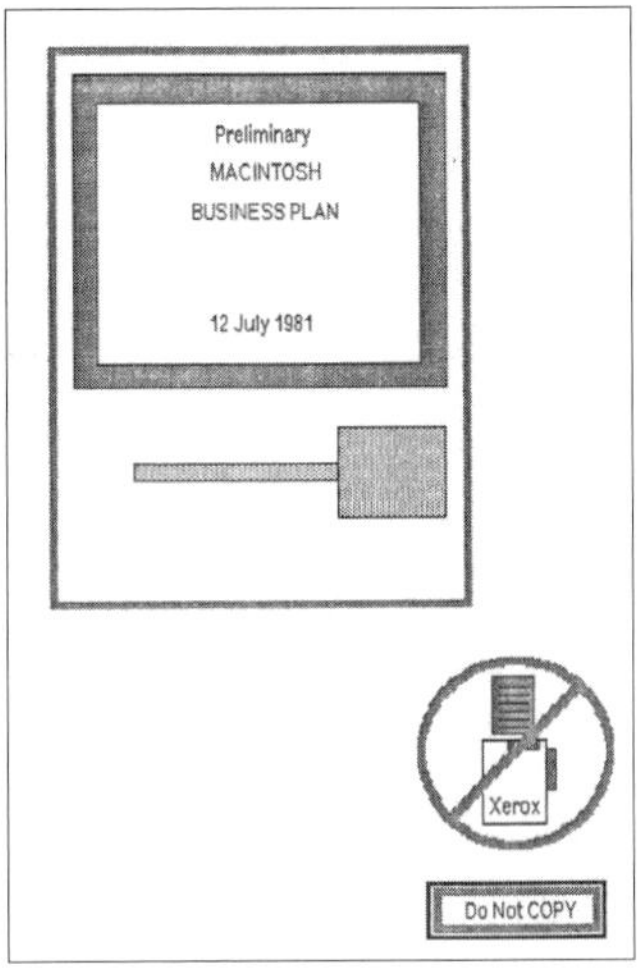


暫定マッキントッシュ・ビジネス・プラン

当時の時点でアップルⅡ事業部の製品ラインをメインストリームのビジネス・セグメントに戻そうとするのは、もはや無理と考えられた。アップル・コンピュータが2頭立てでＩＢＭとの競争に望めば失敗するだろうと考えられた。

ＩＢＭはアップル・コンピュータの全世界的なビジネス市場に於ける成功を脅かすために、ＦＵＤと呼ばれるコーポレーション・ビジネス・ポジショニングを使うと思われた。ＦＵＤとはFear（怖れ）、Uncertainty（不確定性）、

Dought（疑い）のことである。これらは購入の際に製品の特性よりも大きな影響力を持つと考えられた。

私の考えでは、これは心配しすぎだったと思う。

アップル・コンピュータとＩＢＭの競争力を比較する際、アップル・コンピュータは自社製品の優越性で勝っているとした。優位を保っている1年半から2年の間でアップル・コンピュータがＩＢＭとの競争に打ち勝つには、リサのテクノロジーを価格・性能比で差を付けることが必要であった。

●マッキントッシュの位置づけ

ＰＩＰではマッキントッシュは知識労働者のための先進的な個人向け生産性ツールであると位置づけた。知識労働者とはナレッジ・ワーカーのことである。

●先進性

ＰＩＰでは先進的なリサの技術は、アップル・コンピュータの競争的な利点であり、新しい価格・性能比の標準を規定するとした。先進的なリサの技術とは、32ビット・モトローラＭＣ６８０００によって実現されたユーザー・インターフェイス・ソフトウェアである（６８０００はどちらかといえば16ビットＣＰＵであった）。

この技術によって学習時間を軽減し、アプリケーション間での一貫したユーザー・インターフェイス、アプリケーション間のデータ共有が可能になるとした。アップル・コンピュータはＩＢＭも他の企業もマッキントッシュの技術を模倣するのに6か月から12か月を必要とするだろうし、リサの技術は専門家に限らず、ネイティブ・ユーザーにとってもパーソナル・コンピューティングの将来の方向性を示しているとした。

●個人性

マッキントッシュは、デスク環境で個人のパフォーマンスを最適化するように設計されている。その大きさと重量はIBM PCの30％しかない。持ち運びが楽である。ブーズ・アレンによれば、知識労働者は、自分の時間の29％を、分析、問題解決、メモなどの一般的な思考作業に費やしている。アップル・コンピュータの考えでは、マッキントッシュは一般的な思考作業の紙や鉛筆に代わるものである。

一般的なユーザーは1日に1時間から3時間マッキントッシュを使う。マッキントッシュは、大規模計算や、給与支払いや在庫調べの操作やデータベースなどのような会社を経営するのに最適化されてはいないけれども、リモート・データベースの端末などを含むローカルな情報処理には優れており、マッキントッシュはデスクでも生活の中でも適合するとした。

●生産性のツール

アップル・コンピュータは、アップルⅡeやIBM PC同様、マッキントッシュは知識労働者の生産性を増加させると考えた。

マッキントッシュでは、ワープロ、スプレッド・シート、ビジネス・グラフィックス、データベース管理、ファイル管理、通信、プロジェクト・スケジューリングのような標準的で一般的な生産性ツールはサードパーティの開発者から入手できるとした。自社だけでは間に合わなかったのである。

特にマッキントッシュのために新しく書かれたソフトウェアは、ロータス・デベロップメント（1-2-3）、マイクロソフト（マルチプラン、マルチチャート、マルチワード、マルチファイル）、ソフトウェア・パブリッシング・コーポレーション（PFSシリーズ）やまたその他から得られるとした。それしかなかったとも言える。

アップル・コンピュータもなんとか、マックライト、マックペイント、マックターミナルなどのアプリケーションを開発した。

アップル・コンピュータはIBM PCやアップルⅡeに対して、マッキントッシュの競走上の利点は、リサの技術と結び付いたブランド名と、統合化された生産性ソフトウェアとのユニークな結合であると強がりを言った。

マイク・マレーは、ジェフ・ラスキンの「マッキントッシュ・ペーパー」からインフォメーション・アプライアンス（情報アプライアンス）という言葉を見つけ出した。マイク・マレーが辞書を引いて調べてみると、アプライアンスとは目的に至るための手段であった。そこでマイク・マレーは、デスク・アプライアンスという言葉を考え出した。この言葉は分かりにくいので、情報アプライアンスに置き換えて記述する。情報アプライアンスは、素晴らしいユーティリティを供給し、学習するのもマスターするのも簡単で生産性を向上させ、スペースをとらず、価格も個人向けに設定されているものとした。

マイク・マレーによれば、知識労働者のための第1世代の情報アプライアンスは電話であった。

第2世代の情報アプライアンスであるマッキントッシュは、知的生産のツールとして並ぶもののないパフォーマンスと価値を提供すると規定した。

### ●知識労働者

知識労働者という言葉は、マイク・マレーがブーズ・アレン・ハミルトンの経営コンサルタント事務所の経営研究から拾い上げた言葉であるという。マイク・マレーは、ブーズ・アレンと書いているが、正確にはブーズ・アレン・ハミルトンと書かねばならない。なぜなら、これはエドウィン・G・ブーズ、ジェームズ・L・アレン、カール・H・ハミルトンの3人の名前をつなげたものだからである。

知識労働者は、情報やアイデアを処理して、計画や報告書や分析やメモや予算書に加工する。知識労働者は一般的にデスクに向かって座っている。知識労働者は、年齢、業種、企業の規模、地理的な場所に関わらず、同一の一般的な問題解決の仕事に従事している。ある知識労働者はコンピュータに関する経験が少ない。おそらく大学の入門的なプログラミングのクラスに出席した程度で、多くはコンピュータには未経験であると考えられた。

知識労働者がパソコンを使うのは、キーボードに向かって1日当たり8時間みっちりというわけではない。それよりむしろ知識労働者は、会議から電話に、メモから予算書に、メールから会議へといったようにある仕事から別の仕事へと飛び回っているだろう。電話と同様に、彼らのパソコンはきわめて強力であり、非常に使いやすくなければならない。一般的に彼らの行動様式の輪郭は、スタンフォード研究所（SRI）のバリューズ・アンド・ライフスタイル・スタディ（VALS）フレームワークのアチーバーズ（Achievers）とい

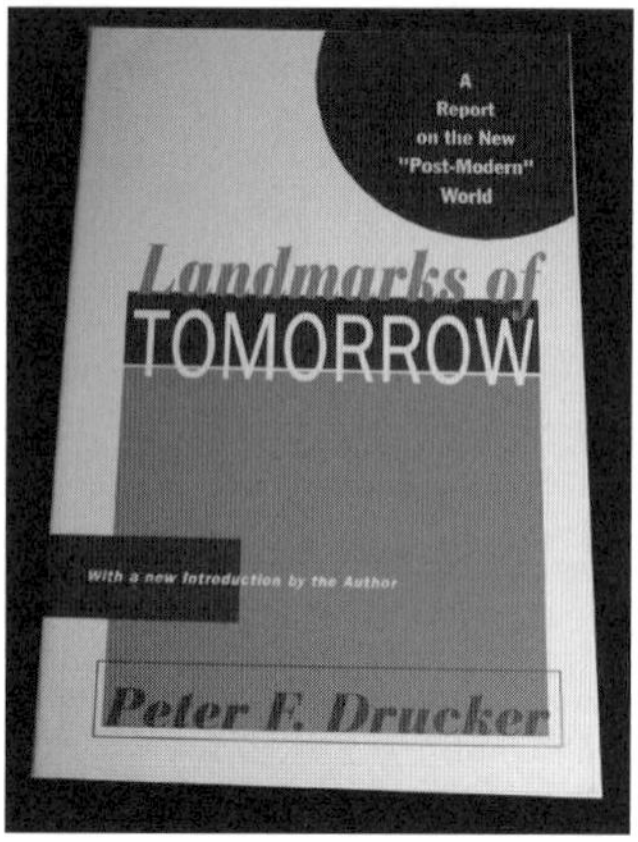


ピーター・ドラッカーの『ランドマークス・オブ・トゥモロー』。邦訳は『変貌する産業社会』

うセグメントに深く関連していると考えられた。

知識労働者の概念は、正確にはさらにたどれば、ピーター・F・ドラッカーのランドマークス・オブ・トゥモロー（邦訳：『変貌する産業社会』、現代経営研究会 訳、ダイヤモンド社刊）に行き着くとされている。実際にピーター・F・ドラッカーの『変貌する産業社会』を読んでみると、「知識労働」という言葉そのものは、誰もが指摘するように原著122頁（邦訳147頁）に出てくるが、ドラッカーの本そのものは知識労働者を中心に据えた本ではない。冷戦状況の中でマルクスの『資本論』やレーニンの『帝国主義論』を反駁し、新しい世界観、経済観、経営観を模索しようとした本である。それなりに読んで面白いが、マイク・マレーの主張とはあまり関係がない。

マッキントッシュは、知識労働者用の先進的な個人向け生産性ツールである。だからマッキントッシュはホーム・コンピュータでもなく、小中学生向けの教育コンピュータでもなく、大規模で完全にネットワーク化されたオフィス・オートメーション・マシンでもない。

マッキントッシュ製品の設計目標は、低価格でリサの強力な技術を持つパソコンを開発することであった。スティーブ・ジョブズの考え方ではマッキントッシュにはすべての基本的な要求が組み込まれており、価格の高い（と言っている）内部ハードウェア・スロットを不要にしている。マッキントッシュの価値はソフトウェア・スロット経由で提供される。ソフトウェア・スロットとは、開放型のアーキテクチャ開発環境と64キロバイトのROMにつめ込まれたツールボックスというアプリケーション・プログラミング・インターフェイスによるアプリケーション開発環境のことである。

スティーブ・ジョブズのマッキントッシュの考え方は、基本機能となるアプリケーション・プログラミング・インターフェイスはすべてROMに押し込んでしまうというものである。OSと言えばOSと言えないこともないが、閉塞的で自己充足型のシステムであった。

マッキントッシュの製品開発戦略は2重であった。

- 非常に安い価格・性能比で、ハードウェア、周辺、システム・ソフトウェアのセットのコアを提供する。
- 指導的なサードパーティの開発会社に、自社の最良のアプリケーションをマッキントッシュ用に書き直させ、マッキントッシュのユーザー・インターフェイスとグラフィックス能力の利点を利用した新しいアプリケーションを書くように督励する。

これはマッキントッシュの非常に大きなインストール・ベースが確立され、豊かな開発環境とマッキントッシュ製品を開発する魅力を増す良好なマーケッティング・プログラムが提供できれば実現されるはずであった。

マッキントッシュのデータ通信戦略の目的は次のようであった。

・メインフレームのデータベースの情報に低コストで効率的にアクセスを可能にする。
・大企業の顧客がＩＢＭのメインフレームと自由に通信できるようにする

マッキントッシュの出荷時もしくはその直後にＶＴ１００、ＶＴ52、ＴＴＹ（テレタイプ）の簡単なエミュレーション・パッケージを開発し、現在のアップルのハードウェア製品と結合させてＩＢＭ３２７０通信を可能にすることが考えられた。またすべてのアップル製品に対して最適で、コスト・イフェクティブなデータ通信ソリューションを開発するため、リサ事業部と協力していくとした。実際にはそんなことはなかった。

マッキントッシュのマス・ストレージとネットワーク戦略の目標は次の通りであった。

・顧客の必要に応じたマス・ストレージ製品を提供する。
・明確な標準も存在しないマーケット環境において、柔軟なネットワークとサーバー・ソリューションを提供する。

ジェフリー・S・ヤングの『スティーブ・ジョブズ　ザ・ジャーニー・イズ・ザ・リウォード』（邦訳『スティーブ・ジョブズ　パーソナル・コンピュータを創った男』日暮雅通 訳、ＪＩＣＣ出版局 刊、下巻１１７頁）に、アップル・コンピュータ社内からの批判が載っている。特にアップルⅡ事業部からの批判は痛烈であった。スティーブ・ジョブズは全く意に介さなかったが、マイク・マレーは、かなり気にしたという。絵に描いた餅だったのだから仕方がないだろう。

## ジェイ・エリオットと人事部

ジェイ・エリオットは、一九四〇年にサンフランシスコの南57・5マイルのアニョ・ヌエボ・ポイントの農園で生まれ育った。アニョ・ヌエボとはスペイン語で新年という意味である。農園は海岸線沿いの5・5キロの部分を占めていたうえ、小型ヨットで遊べるぐらいの湖が2つあったという。

ジェイ・エリオットの母親の祖先は、東部からカリフォルニア州アニョ・ヌエボ・ポイントに幌馬車でやってきてそこに住み着いた。ジェイ・エリオットの4代前のフレデリック・スティールは、合衆国第18代大統領ユリシーズ・シンプソン・グラントと陸軍士官学校の時のルームメイトで、南北戦争ではグラント将軍の右腕として活躍したという。

ジェイ・エリオットは、一九六〇年にサンノゼ州立大学に入学した。数学とコンピュータを専攻したという。ジェイ・エリオットは、ハワイにサーフィンに行ったために大学から一時ドロップアウトした。その後ハリウッドのドン・マーチン・ラジオテレビ放送学校に入り、モントレーのラジオ局にディスク・ジョッキーとして勤務した。サンノゼ州立大学に復学して卒業したのは一九六七年である。一九七〇年一月にＩＢＭに入社。航空会社の予約システムのプログラマーからディスク・ドライブのソフトウェア・プロジェクトのマネージメントに移る。ジェイ・エリオットは、その後インテルに移ったが、しばらくしてインテルを辞めて新興企業のイーグル・コンピュータに転職しようとした。

ところが一九八三年六月八日、イーグル・コンピュータの社長デニス・バーンハートは、株式上場の当日、ヨットのセールスマンと食事をして祝杯を上げた後、フェラーリを買って、そのまま自動車事故で死んだ。イーグル・コンピュータは一九八六年に倒産した。ベンチャーの悲劇として有名な事件である。

ジェイ・エリオットの『ジョブズ・ウェイ』の序章の書き出しの文章では、ジェイ・エリオットがスティーブ・ジョブズに会ったのは、イーグル・コンピュータの株式上場の翌日のように記述されている。

しかし、知られているジェイ・エリオットの経歴では、一九八一年一月アップル・コンピュータに入社したことになっている。それだと『ジョブズ・ウェイ』にあるイーグル・コンピュータの社長デニス・バーンハートが死んで仕事がなくなったので、たまたまレストランで意気投合したスティーブ・ジョブズにスカウトされてアップル・コンピュータに入社したという記述と整合性がとれない。

またあるインタビューでは、ジェイ・エリオットは、アップル・コンピュータ入社は一九八〇年であると語っている。もっと整合性がとれない。

当人の語るところでは、ジェイ・エリオットはスティーブ・ジョブズに連れられてPARCを訪ねたとある。その1か月前に、スティーブ・ジョブズは、アップル・コンピュータのエンジニアを連れてPARCを訪ねたとある。スティーブ・ジョブズがPARCを訪ねたのは一九七九年一二月であるから、これは一九八〇年一月のことである。したがって、この人は一九八〇年一月にアップル・コンピュータに入社していなければならない。結局、いつアップル・コンピュータに入社したのかさっぱり分からない。彼の話にはどこか信憑性に欠ける部分がある。

ジェイ・エリオットの仕事は、人事担当の上級副社長であった。人事というよりはスティーブ・ジョブズの補佐役、助言者ということだったろう。ジェイ・エリオットの最大の売りは背が195センチとスティーブ・ジョブズの180センチを超えて高かったことである。

ジェイ・エリオットは、最近の著書でスティーブ・ジョブズの腹心のように標榜しているが、スティーブ・ジョブズがネクスト社を設立するためにアップル・コンピュータから5人の人材を引き連れていこうとした時に、人事担当であったジェイ・エリオットは、ジョン・スカリーに注意をした。したがってジェイ・エリオットが、自分がスティーブ・ジョブズと近い存在であったかのように『ジョブズ・ウェイ』、『ラーニング・アップル・ウイズ・スティーブ・ジョブズ』で書いているのは奇妙だ。

## 細くてかよわなツイッギー

ツイッギーは、一九四九年、ロンドンに生まれた。一九六五年当時、一世を風靡したファッション・モデルのレズリー・ホーンビーの愛称で、ミニ・スカートで有名である。身長は168センチとモデルにしては意外に低く体重41キロだった。ボーイッシュな髪形、ソバカスにマスカラ、長くきゃしゃな脚と細い指が印象的であった。

ツイッギーの写真についてでは英文だが『TWIGGY：A LIFE IN PHOTOGRAPHS（ツイッギー：写真で見る、

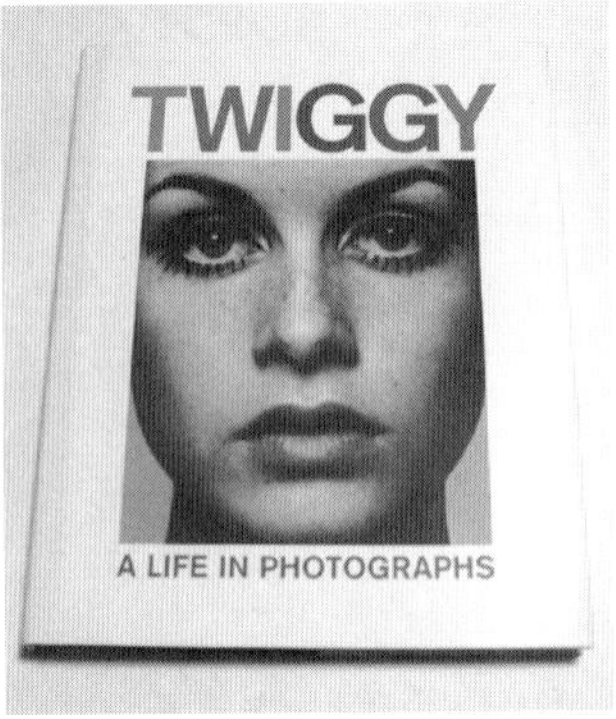

ツイッギーの本。裏表紙の現在の写真の顔は昔とはだいぶ違っている

ある人生)』（ナショナル・ポートレイト・ギャラリー 刊、二〇〇九年）という本がある。現在のツイッギーは、昔とまるで顔が変わっている。ツイッギーだと言われなければ、おそらく全く分からない。

ツイッギーの時代について知るためには、長沢均 著『BIBA スウィンギン・ロンドン1965-1974』（ブルース・インターアクションズ 刊）が良い。さかのぼれば、ヘイト・アシュベリーの文化的影響を受けたのだなと思う。

アップル・コンピュータは、当初5・25インチのフロッピー・ディスク装置（FD装置）本体のSA390をシュガート・アソシエイツ社から買っていた。スティーブ・ウォズニアックは、FD装置のコントロール・ボードを劇的に簡素化した。スティーブ・ウォズニアックは、この開発に関連して米国特許4210959を取得した。

◆SA390について詳しいことが必要な場合は、拙著『スティーブ・ジョブズ　青春の光と影』434頁以降を参照されたい。

その後、アップル・コンピュータは、もっと安く5・25インチFD装置を購入するために、購入先を日本のアルプス電気に切り替えた。シュガートからだと140ドル、アルプス電気からだと80ドルであった。しかしアップル・コンピュータは、これらに手を加えてディスクⅡというFD装置を小売価格495ドルで売った。利益が大きく大変美味しい商品であったのである。アップル・コンピュータは、自社でもっと野心的な5・25インチFD装置を作ろうとした。

一九七八年には、その計画はロッド・ホルトの下でスタートしていた。アップル871FD装置と呼んだらしい。かなり性急であったが、一九七九年、マイク・スコットによってリサ用の5・25インチFD装置として自社製品を使うべきだという決定がなされた。当然マッキントッシュ用の5・25インチFD装置にも自社製品が使われることになる。一九八〇年当時のアップル・コンピュータは、何でも自分で作れると思っていた。

一九八〇年、ナショナル・セミコンダクター出身のジョン・バーナードが、ロッド・ホルトに代わって、マス・ストレージ（大容量記憶装置）事業部の担当になった。マイク・スコットは、同じナショナル・セミコンダクター出身のジョン・バーナードが信頼できると考えたのだろう。

そこでジョン・バーナード率いるマス・ストレージ事業部は、ツイッギー（小枝）という開発コード名の5・25インチFD装置と、ピピンという開発コード名のハードディスク装置を開発することになった。

アップル・コンピュータのツイッギーのスタッフは、ジョン・バーナード、リチャード・ジョルダン、ウィリアム・ブル、ロバート・チアデラ、ロバート・タガート、ジョン・ムーンであった。

一九八二年二月二四日、アップル・コンピュータは、ツイッギーの米国特許を申請している。申請した特許は『自動的にディスクのクランピングとエジェクティングをするディスク・ドライブ』であり、一九八四年八月一四日に米国特許４４６６０３３が下りている。

左手前がIBMサンノゼ磁気ディスク研究所跡。ビルの谷間に埋れている

IBMサンノゼ磁気ディスク工場跡。スーパーマーケットになっている

特許の申請者は、リチャード・ジョルダン、ウィリアム・ブル、ロバート・チアデラ、ロバート・タガート、フレデリック・ホルト（ロッド・ホルト）である。ロッド・ホルトの名前が入っているのは興味深い。

ジェイ・エリオットは、サンノゼのＩＢＭのディスク・ドライブ装置製造工場で、上級責任者を務めたことがあり、アップル・コンピュータはフロッピー・ディスク装置製造には関わらないようにスティーブ・ジョブズに助言したという。

蛇足ではあるが、私が訪ねてみたら、サンノゼのＩＢＭのディスク・ドライブ装置製造工場は、今はスーパーマーケットになっているし、ＩＢＭの磁気ディスク装置研究施設は、ビルの谷間にあって見る影もない。ＩＢＭにとっては、もうハードウェアは終わったのだなと、時代の移り変わりを痛感させられる。

ツイッギーの製造は難航した。リサ事業部のウェイン・ロージングは、ツイッギーは深刻な困難に陥っているとボブ・ベルビルに打ち明けた。そこでスティーブ・ジョブズとボブ・ベルビルは、ツイッギーの開発と生産がおこなわれているマス・ストレージ事業部の工場を訪ねた。

工場は、サンノゼ市のオーチャード・パークウェイ２７０１番地（2701 Orchard Pkwy.. San Jose）にあった。私が訪ねてみると、現在はバンダー・ベンドという会社になっている。

スティーブ・ジョブズと2人が発見したのは、まともなツイッギー・ドライブは、ほとんど生産できていないという悲惨な現実だった。スティーブ・ジョブズは、ジェイ・エリオットの意見も入れて、マッキントッシュへのツイッギーの採用を断念した。リサ・グループは、ツイッギーを採用したが、結局トラブルに泣かされることになった。

アップル・コンピュータ マス・ストレージ工場跡（現在はバンダー・ベンドという会社）

一九八三年三月、スティーブ・ジョブズは、ボブ・ベルビル、ロッド・ホルト、デイビッド・ホーガンを連れて日本のアルプス電気を初めとするメーカー各社を訪ねることにした。ボブ・ベルビルは、スティーブ・ジョブズとかなりの回数（本人のビデオ証言では1ダース）日本を訪れているようだ。

また、この頃にはスティーブ・ジョブズは、5・25インチFD装置ではなく、ソニーの開発した3・5インチFD装置に目をつけていた。

アルプス電気はソニーから3・5インチFD装置の基本的技術ライセンスは得ていた。しかし、スティーブ一行がアルプス電気の古河工場を訪ねてみると、3・5インチFD装置は設計段階で試作品すらできていなかった。

各社を訪ねた後、スティーブ・ジョブズ一行は、ソニーの厚木工場を訪ねた。ソニーでは3・5インチFD装置は手作業で細々と作られていた。これはスティーブ・ジョブズを落胆させた。自動化工場を期待していたのだ。

スティーブ・ジョブズとロッド・ホルトは、ソニーは駄目だと結論を下した。ボブ・ベルビルとデイビッド・ホーガンはソニーに好意的だった。

スティーブ・ジョブズは、ロッド・ホルトに命じてアルプス電気を支援して、3・5インチFD装置を開発させることにした。数か月で開発できると考えたのである。ボブ・ベルビルは、それは不可能でツイッギーの二の舞になると心配した。

そこでボブ・ベルビルは、マイク・マークラに現状を報告した。マイク・マークラはボブ・ベルビルがなすべきと思うことをしなさいという曖昧な返事をした。そこでボブ・ベルビルは、公式にはアルプス電気の3・5インチFD装置の開発を支援することにしたが、非公式には満足できる3・5インチFD装置の開発のためにソニーを支援することにしたのである。

## ジョージ・クロウ

ソニー製3・5インチ・フロッピー・ディスク装置の採用に実際に当たったのはジョージ・クロウだろう。

ジョージ・クロウは、カリフォルニア州立大学バークレー校を卒業し、サンタクララ大学の修士課程を修了した。バークレー校時代は新左翼運動のフリー・スピーチ運動の信奉者であった。

ジョージ・クロウは、一九八一年夏にヒューレット・パッカードからマッキントッシュ・チームに移り、マッキントッシュの電源およびビデオ・ジェネレータを含むマッキントッシュのアナログ・ボードを設計した。

ソニーとの交渉はスティーブ・ジョブズには秘密のままで進められた。ソニーからは嘉本秀年が1週間の予定で打合せのためにアップル・コンピュータに派遣されてきた。スティーブ・ジョブズがバンドリー6号館（B6）から技術部に向かったという情報がもたらされる度に、嘉本秀年は急いで別の部屋に隠された。

ところが、ある時、スティーブ・ジョブズが突然やってきたので、別の部屋に隠すのが間に合わなかった。そこで、嘉本秀年は収納クローゼットの中に隠された。嘉本秀年は息を潜めてスティーブ・ジョブズが去るのを待ったという。ソニーの3・5インチFD装置採用に関する最も劇的なエピソードである。こうしてマッキントッシュにはソニーの3・5インチFD装置が採用されることになった。

スティーブ・ジョブズは、ソニーの3・5インチ・フロッピー・ディスク装置の採用を追認したが、いかにもスティーブ・ジョブズらしいと感じさせるのは、マッキントッシュに採用されれば、たちどころに一般に普及するとして、製造実費での購入契約を結んだことだ。

## バンドリー3号館

一九八二年春、マッキントッシュ・グループの人数が増えると、テキサコ・タワーからバンドリー4号館（B4）に移ることになる。そして一九八三年八月、人数が80人になったマッキントッシュ・グループは、バンドリー4号館から、バンドリー・ドライブの反対側のバンドリー3号館（B3）に移った。

200人近くのアップルII、アップルIII事業部は東に数キロ離れた三角ビルに追いやられた。

アップル・バンドリー 3 号館（B3）

アップル・バンドリー 4 号館（B4）

エリ・マックフライ（現在はベイグル・ストリート・カフェ）

リサ事業部は、バンドリー2号館（B2）にいた。本社はバンドリー6号館（B6）にあった。この東北方向にはエリ・マックフライ（現在はベイグル・ストリート・カフェ）という店があり、オーナーの1人はロッド・ホルトであった。

スティーブ・ジョブズは、自分の入る建物については、以後すべて内装を一度取り壊し、作り直すことになる。バンドリー3号館の内装のやり直しには100万ドルかけた。無駄な浪費だがアップル・コンピュータは好調だと信じられていたので誰も文句は言わなかった。

バンドリー3号館は中央部に吹き抜けの大きなアトリウム（大広間）があった。このアトリウムにBMWのオートバイやベーゼンドルファーのピアノやディフェンダーやジョウストなどのテレビゲーム機が置かれていた。スティーブ・ジョブズは、一流品を置いてマッキントッシュ・グループの士気を鼓舞しようとしたらしい。

ベーゼンドルファーの小型グランドピアノを買ったのは、ハルトムット・エスリンガーに影響されてのことらしい。このピアノを弾いたのは、ハルトムット・エスリンガーだけだったようだ。曲目はクラッシックでなく、ビートルズだったという。スティーブン・ジョブズは、むろんピアノは弾けなかった。

アトリウムに飾られたスピーカーは、スティーブン・レヴィの『インセインリー・グレイト』（邦訳：『マッキントッシュ物語　僕らを変えたコンピュータ』武舎広幸訳、翔泳社刊）によれば、マーティン・ローガンだったという。高さが2メートルあったという。マニュアルを見ると1メートル87センチである。ロスガトスのスティーブ・ジョブズの家にあったのは、アクースタット・モニター3である。これも高さが1メートル60センチあった。

スティーブ・ジョブズは、見るからに人を驚かせるような外観の製品が好きであったらしい。

## オドワラ・ジュース

アトリウムに置かれた巨大な冷蔵庫には無料のオドワラのジュースが備えられ、誰でも無料で飲めた。オドワラは、一九八〇年にサンタクルツで創業された。当時としては珍しいものだったのだろう。二〇〇一年にコカ・コーラに買収され傘下に入っている。ジュースそのものは、当初、創業者の自宅の裏庭で中古のジューサーで搾り出したに過ぎないが、口上がうまかった。

「ソイル・ツー・ソウル、ピープル・ツー・プラネット、アンド、ナリッシング・ザ・ボディ・ホール（土からソウル（魂）へ、人々から惑星へ、そして肉体全体に滋養を）」

スティーブ・ジョブズは、リード・カレッジ時代に人参ジュースに傾倒したことがある。しかし、それ以外にも何か妖しげな感じがする。調べてみるとオドワラは『イリストラム（Illistrum）』というアフリカ的なジャズ詩に登場する主人公で、「太陽の人々」を「灰色の靄《もや》」から導く。作曲はロスコー・ミッチェルで、演奏はアート・アンサンブル・オブ・シカゴ・ジャズ・グループである。ユーチューブで視聴できる。

演奏を聞いているとアフリカ的であるが、どことなくアレン・ギンズバーグのビート的な詩の感じもある。そのあたりがサンフランシスコ周辺のベイエリア族に受けた原因だろう。

マッキントッシュ・グループは、このジュース類やミネラル・ウォーターに年間10万ドルを支出していたというから、あきれる他はない。

面白いことに、スティーブ・ジョブズの妻ローリーン・パウエルもスタンフォード大学の経営大学院に通っていた時、オドワラでアルバイトをし、オドワラ初のマーケティング計画策定に参加したそうだ。

## リサ事業部の解体・消滅

一九八三年八月、リサの受注残が消えた。ウェイン・ロージングはリサの生産停止を急いでいた。初年度に5万台売れるはずであったが、1万台売れれば良いという予測に下方修正された。

ビジネスウィーク一九八三年一〇月三日号は『パーソナル・コンピュータズ：勝者はＩＢＭ（Personal Computers: And the Winner Is IBM）』として、パソコン分野でのＩＢＭの勝利を謳い上げ、宣言した。これはアップル・コンピュータにとってはショックだったろう。

一九八三年一〇月、アップルII事業部を離れたジョン・スカリーは、アップル・コンピュータ全体の組織について考え始める。問題はリサ事業部で、ジョン・スカリーは、マッキントッシュ・グループとリサ事業部を統合して、アップル32スーパー・マイクロ事業部としてまとめることを考えた。32は32ビットであり、32ビット・マイクロプロセッサを意味する。

またスティーブ・ジョブズの提案で、アップルII事業部は、無能と見なされたジョン・キャバリエを追放し、デル・ヨーカムに任すことになった。実際にデル・ヨーカムがアップルII事業部を引き継ぐのは一九八四年二月のことである。

一九八三年一一月二三日、マッキントッシュ・グループを統括するスティーブ・ジョブズと、リサ事業部を統括するウェイン・ロージングの間で激論が交わされた。

翌週、マッキントッシュ・グループとリサ事業部の統合が決定され、スティーブ・ジョブズが統合された事業部を運営することになった。ウェイン・ロージングがリサ事業部の解体にすんなり賛成したのには誰もが驚いた。正式には、アップル32スーパー・マイクロ事業部と呼ばれたが、この名称は特別な場合を除いて、実際にはあまり使われなかったので、以後マッキントッシュ事業部と表記することにする。ウェイン・ロージングの今後の処遇については後で考えることになった。

人事部のジェイ・エリオットが、社員の不安を心配して、バンドリー2号館（B2）で説明会を開いた。ウェイン・ロージングが2つの事業部が統合されることになったことを報告し、スティーブ・ジョブズに会議の司会を任せた。スティーブ・ジョブズは、リサ事業部の人々を間抜けだ、三流だと激しく攻撃した。リサ事業部は400人、マッキントッシュ・グループは100人であったが、統合の際に間抜けを仲間に入れるつもりはないとスティーブ・ジョブズは断言した。クリスマス休暇に馘首の嵐が吹き荒れることになる。

マッキントッシュ・グループのメンバーが上位に立ち、リサ・グループのメンバーは下位に追いやられた。リサ・グループのメンバーは、原則的にマッキントッシュ・グループのいるバンドリー3号館（B3）には立ち入ることはできなくなった。ところが、2つのグループが混ざることによって、意外な事実が判明した。

平均的なリサ・グループのメンバーの年俸は5万ドル程度であったが、マッキントッシュ・グループのメンバーの年俸は3万ドル程度であったことが判明した。

スティーブ・ジョブズは、マッキントッシュ・グループのメンバーを、「週90時間労働。僕ら大好き！」と刷り込んだTシャツを着せて、こき使いながら、給料はずっと少なくしか払っていなかったのである。スティーブ・ジョブズに騙されたという気分がマッキントッシュ・グループの中に蔓延した。

結局、アップル・コンピュータには2つの事業部しかなくなった。1つはデル・ヨーカム率いるアップルⅡ事業部、もう1つはスティーブ・ジョブズ率いるマッキントッシュ事業部である。

将来はスティーブ・ジョブズ率いるマッキントッシュ事業部しか残らない。スティーブ・ジョブズは、そう考えていたことだろう。

後の話だが、スティーブ・ジョブズのジョン・スカリー追放のクーデターが失敗した後に残ったのは、消えてしまうはずのデル・ヨーカム率いる製造事業部であった。

# あとがき

一九七五年夏の終わり頃、アタリというゲーム会社の社長ノーラン・ブッシュネルは、ブレイクアウト・ゲームについて考え始めた。拙著『スティーブ・ジョブズ　青春の光と影』の263頁以降に書いたように、それまでのピンポン・ゲームは、ポン（ピンポンは登記されていて使えないのでポンとした）のように2人で遊ぶ対戦ゲームであった。ノーラン・ブッシュネルは1人で遊べるゲームがあってもよいのではと考えた。つまりレンガの壁に向かってボールを打って崩していくブレイクアウト・ゲームについての構想を持った。ノーラン・ブッシュネルは、小さな黒板にゲームの概要を書いて開発を指示した。すでにホーム・ポンでIC化の技術は持っていたが、ノーラン・ブッシュネルは不良在庫を作らずにすむように、TTLなど汎用のチップを使って作るように命令した。ICの場合と違って、売れずに失敗して不良在庫になってもTTLをソケットから外して再利用できる。ポンを汎用チップで作った場合、120個のチップを必要としていたが、ノーラン・ブッシュネルは、50個よりも少ないチップで作れたら、設計料の他に、チップ1個の削減に対して1000ドルというボーナスも約束した。

スティーブ・ウォズニアックは、最初の妻となるアリス・ロバートソンと付き合い始めた頃、サニーベールのホームステッド・レーンズというボーリング場で初めてポンを見た。一九七三年頃のことと思われる。そこで、スティーブ・ウォズニアックは、自分でポンを作ることを決めた。最終的に28個のチップでポンを完成した。それをスティーブ・ジョブズが勤めていたアタリに持って行って見せたことがある。

スティーブ・ジョブズは、スティーブ・ウォズニアックに電話して、ノーラン・ブッシュネルの構想について話した。スティーブ・ジョブズは、ノーラン・ブッシュネルが要求していない条件を付けた。4日で完成させなければならないというのである。スティーブ・ウォズニアックは、無茶だと思ったが引き受けた。

スティーブ・ウォズニアックは、不眠不休で、ブレイクアウト・ゲームを完成した。これが可能だったのは、ポンを自作した経験があったからだろう

スティーブ・ジョブズは、約束にしたがってノーラン・ブッシュネルから、700ドルのデザイン料と5000ドル（7000ドルという説もある）のボーナスをもらった。だがスティーブ・ジョブズは、700ドルを山分けしただけで、スティーブ・ウォズニアックに350ドルしか渡さなかった。5000ドルのボーナスのことはウォズニアックには秘密にして自分のものにしてしまった。

このことは、10年後、スコット・コーヘンの著書『ZAP：アタリの興隆と没落』で暴露された（原著55頁）。アンディ・ハーツフェルドに教えられて、スティーブ・ウォズニアックは、飛行機の中でこれを読んでショックを受けたという。お金に関しては異常なまでに吝嗇で汚いと言われるスティーブ・ジョブズの一面だろう。今ではよく知られた話だが、スティーブ・ジョブズとは、したたかな男である。

もう1つ、スティーブ・ジョブズの友人ダン・コトケの二〇一一年のインタビューで分かったことがある。拙著『スティーブ・ジョブズ　青春の光と影』の183頁以降に書いたように、一九七二年一一月、スティーブ・ジョブズは、クリスアン・ブレナンに電話してきて、リード・カレッジをドロップアウトすると伝

えてきた。両親にこれ以上経済的負担をかけたくないというのである。入学してわずか2か月であった。

この時の気持をスティーブ・ジョブズは、スタンフォード大学卒業式における有名な祝辞で次のように語っている。

「両親は汗水たらして働き、貯めたお金で私を大学に行かせてくれた。その頃、自分は何をしたいのかも分からなかったし、大学に通ったらそれが分かるとも思えなかった。それなのに、両親が一生をかけて貯めたお金をみんな使ってしまう。そう思ったから中退し、あとは何とかなると思うことにした」

まことに殊勝な心掛けであって、人によっては感涙を催したともいう。しかし、当時、スティーブ・ジョブズが本当にそういう殊勝な心掛けだったのかどうか疑わしい。実際には何千ドルもの学費を出している両親は、スティーブ・ジョブズが真面目に講義に出席しているかどうか、ずいぶん心配しており、再三、注意もしたことが知られている。しかし、スティーブ・ジョブズは、嫌いな講義への出席をさっさとやめて自分の好きな講義にだけ出席することにした。スティーブが出席したのはシェイクスピア、詩、ダンス、カリグラフィの4つであった。ダンスは得意でなかったはずだが、異性との接触の機会を増やしたいということだったろう。こうした行為を自分では聴講と言っていたようだ。

私が不思議に思っていたのは、スティーブ・ジョブズの学費は、両親が1年分払っていたはずなので、必ずしも、もぐりの聴講ということにはならないのではないかということだった。

ダン・コトケがインタビューで明らかにしたのは、リード・カレッジの授業料は８０００ドルであって、スティーブ・ジョブズはリード・カレッジを退学すると決めた時点で授業料を払い戻しさせていたことである。スティーブ・ジョブズは、両親が汗水流して働いて払ったお金を、ちゃっかり自分の懐に入れてしまったのである。もっとも、私が見落としていただけで、このことはすでに二〇〇五年にジェフリー・S・ヤングとウィリアム・L・サイモンの『アイコン：スティーブ・ジョブズ　ビジネス史における最も偉大な第二幕』（邦訳『スティーブ・ジョブズ　偶像復活』井口耕二訳、東洋経済新報社刊、39頁）でも指摘されていた。スティーブ・ジョブズとは、どこまで途方もない男なのかと思う。

若い頃のスティーブ・ジョブズは実によく泣いた。私の記述の中でもスティーブ・ジョブズが泣く場面を数えてみると、ずいぶんある。スティーブ・ジョブズが天涯孤独の養子だったからだとも、養父母の育て方に甘やかし過ぎた所があったからだともいう。これについてはおそらく解明しがたく謎のままに残るだろう。

アップル・コンピュータを追放されるまでのスティーブ・ジョブズは、まだ青春の彷徨の中にあり、性格的には非情とも思える冷酷さの反面、幼児的とも思えるほどのナイーブさも残している。それが一九九七年にアップル・コンピュータに復帰してからのスティーブ・ジョブズは全く違う人格になっているのが驚きである。ネクスト・コンピュータ時代の臥薪嘗胆がスティーブ・ジョブズの性格や人生観にどのような影響を与えたのか、非常に興味深いところである。

また、本書執筆の過程でスティーブ・ジョブズが関わった人間達や、私の青春時代に重なる時代の政治、美術、音楽、文学の世界を振り返ることは非常に興味深かった。ずいぶん勉強させてもらった。

私は、東京電機大学出版局から、スティーブ・ジョブズに関係した以下の書物を出したことになる。

・『シリコンバレー　スティーブ・ジョブズの揺りかご』（二〇一三年一〇月刊）
・『スティーブ・ジョブズ　青春の光と影』（二〇一四年一〇月刊）
・『ビル・ゲイツⅠ　マイクロソフト帝国の誕生』（二〇一五年九月刊）
・『ビル・ゲイツⅡ　そしてライバルは誰もいなくなった』（二〇一六年五月刊）
・『スティーブ・ジョブズⅡ　アップルⅢとリサの蹉跌』
・『スティーブ・ジョブズⅢ　マッキントッシュの栄光と悲惨』

体力的にも精神的にも、必ずしも楽ではない執筆を続けられたのは、スティーブ・ジョブズという人間に、どこか人を惹きつける奇妙な魅力があったからだと思う。もし、体力と精神力が許せば、今後も引き続きスティーブ・ジョブズという魅力的な人間の研究を続けていきたいと思う。

本書執筆に際しては家内と家族には多大の協力をしてもらった。あらためて感謝の意を表したい。

また絵の面白さを教えてくれた亡き父、文章を書くことの面白さを教えてくれた亡き母にも深く感謝したい。

二〇一七年三月

著者　脇　英世

# 引用・参考文献

参考文献については主要なものに限らせていただいた。原著の邦訳があるものは、その情報を補い、ないものについては私が表題と著者名の和訳を付けて括弧内に記載した。入手が容易で出典のすぐ分かる文庫や小説等は一部を除いて省略させて頂いた。万一、抜け落ちているものがあった場合はお許し頂きたい。『スティーブ・ジョブズ　青春の光と影』にもここにない文献を掲げている。

■全般

● Moritz, Michael. *“The Little Kingdom: The Private Story of Apple Computer”*, William Morrow and Company, 1984.（邦訳：マイケル・モーリッツ 著、青木榮一 訳『アメリカン・ドリーム　アップル・コンピュータを創った男たち！ 企業急成長の秘訣』二見書房、一九八五年）

最も初期に書かれたスティーブ・ジョブズに関する本。この本からの孫引き、曾孫引きで、著名なスティーブ・ジョブズ本に今日まで伝わる誤りが幾つかあるほど影響力が強い。残念なことに、原著には目次がない。

● Moritz, Michael. *“Return to the Little Kingdom: Steve Jobs, the Creation of Apple, and How It Changed the Woirld”*, The Overlook Press, Peter Mayer Publishers, Inc. 2009.（邦訳：マイケル・モーリッツ 著、青木榮一 訳、林信行 監修・解説『スティーブ・ジョブズの王国　アップルはいかにして世界を変えたか』プレジデント社、二〇一〇年）

一九八四年刊行の本に目次、プロローグ、エピローグを付けただけで基本的には変更がない。邦訳は青木榮一訳を補充したが完訳ではないという。たしかに省略されたままのテキスト部分も存在する。いつか完訳になることを期待したい。

● Isaacson, Walter. *“Steve Jobs”*, Simon & Schuster, 2011.（邦訳：ウォルター・アイザックソン 著、井口耕二 訳『スティーブ・ジョブズ I、II』、講談社、二〇一一年）

読みやすく手際よくまとめられたスティーブ・ジョブズの公認伝記。大ベストセラーになった。CD-ROM7枚による朗読がある。これも便利。

●Malone, Michael S. "*Infinite Loop: How the World's Most Insanely Great Computer Company Went Insane*", Doubleday Business, 1999.
マイケル・マローンの本。題名はアップル本社の所在地。アップルとスティーブ・ジョブズに関する浩瀚な面白い本である。翻訳が出なかったのが惜しい。

●Young, Jeffrey S. "*Steve Jobs : The Journey Is the Reward*", Scott Foresman and Company, 1988.（邦訳：ジェフリー・S・ヤング 著、日暮雅通 訳『スティーブ・ジョブズ　パーソナル・コンピュータを創った男 上、下』JICC出版局、一九八九年）
とても面白い。一見、禅の公案のような原著の副題が有名。原著に索引が付いていたらもっと便利だったのにと残念に思う。

●Linzmayer, Owen W. "*Apple Confidential: The Real Story of Apple Computer Inc.*", No Starch Press 1999.（邦訳：オーエン・W・リンツメイヤー 著、林信行／柴田文彦 訳『アップル・コンフィデンシャル　誰も書かなかったアップル・コンピュータ20年の真実』アスキー出版局、二〇〇〇年）

●Linzmayer, Owen W. "*Apple Confidential 2.0 : The Definitive History of the World's Most Colorful Company*", No Starch Press 2004.
オーエン・W・リンツメイヤーの"Apple Confidential"は、一九九九年と二〇〇四年に出ている。よく見ると題名だけでなく、副題を少し違えている。二〇〇四年版の方が良い。克明な調査力には圧倒される。邦訳の『アップル・コンフィデンシャル2・5J 上、下』（オーエン・W・リンツメイヤー＋林信行 著、武舎広幸／武舎るみ 翻訳協力、アスペクト、二〇〇六年）は、原著とはいくらか趣を異にするように感じる。

●Linzmayer, Owen W. "The Mac Bathroom Reader", Sybex, 1994.（邦訳：オーエン・W・リンツメイヤー 著、松谷裕子 訳『Macintosh に愛をこめて　バスルームで楽しむ Apple のとっておき20年史』ソフトバンク・ブックス、一九九五年）
中身はとても面白いのだが、原題はどうしてこんな題をつけたのか理解に苦しむ。気の毒である。

●Rose, Frank. "*West of Eden: The End of Innocence at Apple Computer*", Viking, 1989.（邦訳：フランク・ローズ 著、渡辺敏 訳『エデンの西　アップル・コンピュータの野望と相剋 上、下』サイマル出版会、一九九〇年）
著者は9か月間シリコンバレーに住んで現地取材をしただけあって、大変克明である。

●Dormehl, Luke. "*The Apple Revolution: The Real Story of How Steve Jobs and the Crazy Ones Took Over the World*", Virgin Books, 2012.（ルーク・ドーメル著『アップル・レボリューション：スティーブ・ジョブズとクレージーな仲間はいかにして世界を征服したか』バージン・ブックス、二〇一三年）
邦訳なし。ロバート・ノイスとロス・アルトス・カントリー・クラブの事件など良く調べて書いてある。

●Wozniak, Steve., Gina, Smith. *"iWoz: Computer Geek to Cult Icon"*, W.W. Norton & Company, 2006.（邦訳：スティーブ・ウォズニアック 著、井口耕治 訳『アップルを創った怪物　もうひとりの創業者、ウォズニアック自伝』ダイヤモンド社、二〇〇八年）

●Lammers, Susan. *"Programmers at Work"*, Microsoft Press, 1986.（邦訳：マイクロソフトプレス 編、岡和夫 訳『実録！天才プログラマー』アスキー、一九八七年）

■第1章　リサ・ニコール・ブレナンの生まれた土地

●Brennan, Chrisann. *"The Bite in the Apple: A Memoir of My Life with Steve Jobs"*. St.Martin's Press, 2013.
スティーブ・ジョブズの青春時代の恋人で、リサの母親のクリスアン・ブレナンの回想録。非常に興味深く参考になる。私も何度も読み返した。

●*"Steve Jobs : The Man in the Machine"*, Magnolia Home Entertainment , 2015.（邦題：『スティーブ・ジョブズ　知られざる男の正体』）
アカデミー賞受賞監督のアレックス・ギブニーが監修したビデオ。私は米国アマゾンからブルーレイ版を購入した。クリスアン・ブレナンがよく出てくる。また本書のシリーズに登場する有名人の肉声を聞けるのが便利。

●Perlman, Eric. *"Spiritual Community Guid For North America, A New age traveler's handbook"*, Spiritual Community Publications", 1974.（『スピリチュアル・コミュニティ・ガイド』）
映画『イージー・ライダー』などに出て来るように、当時こういうコミュニティが全米には多数あった。

●Schlender, Brent and Tetzeli, Rick. *"Becoming Steve Jobs: The Evolution of a Reckless Upstart into a Visionary Leader"*, Crown Business, 2015.（邦訳：ブレント・シュレンダー／リック・テッツェリ 著、井口耕二 訳、『スティーブ・ジョブズ　無謀な男が真のリーダーになるまで 上、下』日本経済新聞出版社、二〇一六年）
2人の著者による共著だが、ブレント・シュレンダー1人の語り口になっている。おそらく第3章までがリック・テッツェリの分担だろう。この部分には多少不正確な箇所が多い。その後の章は大変面白い。

●Hichens, Robert Smythe. *"The Garden of Allah"*, Grosset & Dunlap Publishers , 1904.
ロバート・スマイス・ヒッチェンズの小説『ザ・ガーデン・オブ・アラー』。3度ほど映画化された。邦題は『沙漠の花園』。

●McNish, Jacquie. "*The Big Score: Robert Friedland, INCO, And The Voisey's Bay Hustle*", Doubleday Canada, 1998.
ジャッキー・マクニッシュによるロバート・フリードランドの伝記。後半生に重点が置かれている。青年期をもう少し書き込んでくれたらと思う。叙述に空白の時期がある。

■第2章　スティーブ・ジョブズを取り巻く女性達

●Mock, Freida Lee. "*Maya Lin: A Strong Clear Vision*",1994.
スティーブ・ジョブズが一時愛したマヤ・リンに関するビデオ。彼女がデザインした有名なベトナム戦争戦没者慰霊碑の話が中心になっている。

●Baez, Joan. "*And A Voice to Sing With: A Memoir*", Summit Books, 1987.（邦訳：ジョーン・バエズ著、矢沢寛／佐藤ひろみ 訳『ジョーン・バエズ自伝』晶文社、一九九二年）

●Margotin, Philippe and Guesdon, Jean-Michel. "*Bob Dylan: All the Songs - the Story Behind Every Track*", Black Dog & Leventhal , 2015.
ボブ・ディランの歌の解説を付けた本。重い。

●Dylan, Bob. "*LYRICS : 1962-2001*", Simon & Schuste, 2004

●Dylam Bob. "*The Lyrics : 1961-2012*", Simon & Schuster, 2016.
ボブ・ディランの歌の歌詞を集めた本。重いが便利である。

●Bell, Ian. "*Once Upon a Time: The Lives of Bob Dylan*", Mainstream Publishing, 2013.
ボブ・ディランの伝記。読むと分かるが少し変わった本である。

●ジェニファー・イーガンの本（私が読んだ本のみ）

●Egan, Jennifer. "*Emerald City*", Nan A. Talese, 1996.（ジェニファー・イーガン著『エメラルド・シティ』）

●Egan, Jennifer. "*The Invisible Circus*", Nan A. Talese, 1994.（邦訳：ジェニファー・イーガン著、夏目れい 訳『インヴィジブル・サーカス』アーティストハウス／角川書店、二〇〇〇年）
これはキャメロン・ディアス主演で『姉のいた夏、いない夏。』として映画化された。

●Egan, Jennifer. "*The Keep*", Knopf, 2006.（邦訳：ジェニファー・イーガン 著、子安亜弥 訳『古城ホテル』ランダムハウス講談社、二〇〇八年）

●Egan, Jennifer. "*A Visit from the Goon Squad*", Knopf, 2010.（邦訳：ジェニファー・イーガン 著、谷崎由依 訳『ならずものがやってくる』早川書房、二〇一二年）

●モナ・シンプソンの本

●Simpson, Mona. "*Anywhere But Here*", Alfred A. Knopf, 1986.（邦訳：モナ・シンプソン 著、斎藤英治 訳『ここではないどこかへ 上、下』早川書房、一九九三年）

スティーブ・ジョブズの実母ジョアン・シンプソンと娘のモナ・シンプソンがウィスコンシン州からハリウッドへ幸せなめぐり合いを求めて旅行する話。映画化され、DVDもある。

●Simpson, Mona. "*The Lost Father*", Alfred A. Knopf, 1992.

モナ・シンプソンの小説。スティーブ・ジョブズの妹が実父ジャンダーリを探す話。邦訳はない。

●Simpson, Mona. "*A Regular Guy*", Random House Value Publishing, 1998.

モナ・シンプソンの小説。スティーブ・ジョブズとリサとクリスティアン・ブレナンをモデルにした。邦訳はない。

●Federal Bureau of Investigation. "*The FBI File on Steve Jobs*", Skyhorse Publishing; 2012.

米国連邦調査局ＦＢＩによるスティーブ・ジョブズに関する調査報告書。

■第3章　ビジカルクと意外なアップルⅡの成功

●Wozniak, Steve., Gina, Smith. "*iWoz: Computer Geek to Cult Icon*", W.W. Norton & Company, 2007.（邦訳：スティーブ・ウォズニアック 著、井口耕治 訳『アップルを創った怪物　もうひとりの創業者、ウォズニアック自伝』ダイヤモンド社、二〇〇八年）

●Livingston, Jessica. "*Founders at Work: Stories of Startups' Early Days*", Apress, 2007.

●Seibel, Peter. "*Coders at Work : Reflections on the Craft of Programming*", Apress, 2009.

●Lammers, Susan. "*Programmers at Work*", Microsoft Press, 1986.（邦訳：マイクロソフトプレス 編、岡和夫 訳『実録！天才プログラマー』アスキー出版局、一九八七年）

●脇英世 著『インターネットを創った人たち』青土社、二〇〇三年。

●脇英世 著『LINUX が Windows を超える日』日経ＢＰ社、一九九九年。
●Bricklin, Dan. "*Bricklin on Technology*", Wiley, 2009.（『ブリックリン・オン・テクノロジー』）
ダン・ブリックリンの技術論：邦訳なし。

意外なことにアップルⅡ用のビジカルクのマニュアルはなかなか入手できない。だから程度の良いものは貴重で、熱心なマニアや集家向けにはある程度の値がつくだろう。

他のメーカー向けのものはダウンロードできる。一九七九年のタンディＴＲＳ-８０用のマニュアルは、ダン・フリストラとキャスリーン・マンディスが執筆している。一九八一年のＩＢＭ ＰＣ用はバン・ウォルバートンが執筆している。一九八一年のアタリ８００ ３２Ｋ用はダン・フリストラとビル・クリングが執筆している。

ＩＢＭのパソコン用のマニュアルは、ビジカルク以外にも入手は容易である。

●VisiCorp, Personal Software. "*VisiCalc: User's Guide for the IBM Personal Computer*", VisiCorp, Personal Software, 1981.
●VisiCorp, Personal Software. "*VisiWord: User's Guide for the IBM Personal Computer*", VisiCorp, Personal Software, 1983.
●VisiCorp, Personal Software. "*VisiSpell: User's Guide for the IBM Personal Computer*", VisiCorp, Personal Software, 1983.
●脇英世 著『アマゾン・コムの野望　ジェフ・ベゾスの経営哲学』東京電機大学出版局、二〇一一年

## ■第４章　悲運のアップルⅢ

### ●アップルⅡ関連

●Apple Computer, "*AppleSoft II Reference Manual: Extended Precision Floating Point BASIC Language*", Apple Computer, 1978.（いわゆる青本。拡張精度浮動小数点ＢＡＳＩＣ言語のマニュアル）
●Apple Computer. "*Apple II Reference Manual*", Apple Computer, 1978.（いわゆる赤本。ソースコードが載っている）
●Apple Computer. "*Apple II Reference Manual*", Apple Computer, 1981.（赤本に比べて大きく改訂されている）
●Weyhrich, Steven. "*Sophistication and Simplicity: The Life and Times of the Apple II Computer*", Variant Press, 2013.（スティーブン・ワイアリッヒ 著『ソフィスティケーションとシンプリシティ：アップルⅡの人生とその時代』、バリアント・ブックス、二〇一三年）
●Sather, James Fielding. "*Understanding the Apple II*", Quality Software, 1983.
スティーブ・ウォズニアックが序文を書いている。巻末には著者とスティーブ・ウォズニアックの技術的インタビューがある。大変克

明な本。

●アップルⅢ関連

アップルⅢについては代表的なもののみとした。説明は簡素にした。インターネットからダウンロードできるものは書誌に対する理解が薄く、発行年次が分からないものが多い。やはり物理的な本の形態のマニュアルは、置場さえあれば、貴重だろう。


●Apple Computer. *"Apple III Owner's Guide."*, Apple Computer, 1981.（アップルⅢオーナーズ・マニュアル）

●Apple Computer. *"Apple III Apple Business BASIC Reference Manual Volume1"*, Apple Computer, 1981.（アップルⅢビジネスBASICリファレンス・マニュアル　第1分冊）

●Apple Computer, *"Apple III Business BASIC 1.3 Source Code Listing"*, Apple Computer, 1983.（アップルⅢビジネスBASIC 3・1ソース・コード・リスティング）

●Apple Computer, *"Apple III Business BASIC 1.3 Source Code Listing"*, Apple Computer, 1983.（アップルⅢビジネスBASIC 3・1ソース・コード・リスティング）

●Apple Computer, *"Apple III Pascal Technical Reference Manual"*, Apple Computer.（アップルⅢPASCALテクニカル・リファレンス・マニュアル）

●Apple Computer, *"Apple III Pascal Technical Reference Manual Supplement"*, Apple Computer.（同補遺）。

●Apple Computer. *"Apple III Pascal - Introduction, Filer and Editor"*.（アップルⅢPASCALイントロダクション　ファイラーとエディター）

●Apple Computer. *"Apple III Pascal - Programmer's Manual Volume 1"*.（アップルⅢPASCALプログラマーズ・マニュアル　第1分冊）

●Apple Computer. *"Apple III Pascal - Programmer's Manual Volume 2"*.（アップルⅢPASCALプログラマーズ・マニュアル　第2分冊）

●Apple Computer. *"Apple III Pascal 1.1 Updat"*e.（アップルⅢPASCAL 1・1　アップデート）

●Apple Computer, *"Apple III SOS Reference Manual Volume 1"*, Apple Computer, 1982.（アップルⅢ SOSリファレンス・マニュアル　第1分冊）

●Apple Computer. *"Apple III SOS Reference Manual Volume 2- The SOS Calls"*, 1982.（アップルⅢ SOSリファレンス・マニュアル　第2分冊）

●Apple Computer. *"Apple III SOS Device Driver Writer's Guide"*, Apple Computer, 1982.（アップルⅢ SOSデバイス・ドライバー・ライターズ・ガイド）

●Apple Computer. *"Apple III Standard Device Drivers Manual"*. Apple Computer, 1981.（アップルⅢスタンダード・デバイス・ドライバーズ・マニュアル）

●Apple Computer. *"Apple III Apple Writer III Part 1- For New Users"*, Apple Computer.（アップルライターⅢ　パート1）

●Apple Computer. *"Apple III Apple Writer III Word Processing Langage"*, Apple Computer.（アップルライターⅢ ワード・プロセッシング・ランゲージ）

●Apple Computer. *"Apple III Softcard III Installation and Operation Manual"*, 1982.（アップルⅢ ソフトカードⅢ　インストレーション・アンド・オペレーション・マニュアル）

●Apple Computer. *"Apple III CP-M Reference Manual"*, Apple Computer, 1982.（アップルⅢ CP／Mリファレンス・マニュアル）

●Apple Computer. *"Apple III Profile Owner's Manual"*, Apple Computer, 1982.（アップルⅢ プロファイル・オーナーズ・マニュアル：ハードディスクのマニュアル）

●Apple Computer. *"Apple III Plus Addendum to the Standard Device Drivers Manual"*, Apple Computer.（アップルⅢ プラススタンダード・デバイス・ドライバへの補遺）

## ■第5章　ゼロックスとパロアルト研究所

●Hiltzik, Michael A. *"Dealers of Lightning : Xerox PARC and the Dawn of the Computer Age"*, HarperBusiness, 1999.（邦訳：マイケル・ヒルツィック 著、エ・ビスコム・テック・ラボ 監訳、鴨澤眞夫 訳『未来をつくった人々　ゼロックス・パロアルト研究所とコンピュータエイジの黎明』毎日コミュニケーションズ、二〇〇一年）

原著の題名では、ゼロックス・パロアルト研究所について書いた本とは分からないかもしれない。

●Smith, Douglas K., and Alexander, Robert C. *"Fumbling the Future : How Xerox Invented, Then Ignored, the First Personal Computer"*, William Morrow & Co., 1988.（ダグラス・K・スミス／ロバート・C・アレクサンダー 著『ファンブリング・ザ・フューチャー』）

同じくゼロックス・パロアルト研究所について書いた本。ロバート・テイラーがインタビューに来た人に「この本を読んで来たか？」と聞いているのを読んだことがある。

●Waldrop, M, Mitchell. *"The Dream Machine : J.C.R.Licklider and the Revolution That Made Computing Personal"*, Viking, 2001.（ミッチェル・ウロルドロップ 著『ザ・ドリーム・マシン：J・C・R・リックライダーとコンピュータをパーソナルにした革命』）

●脇英世 著『インターネットを創った人たち』青土社、二〇〇三年。

## ■第6章　アラン・ケイ

●Lampason, Butler, Fiala, Ed, McCreight, Ed., and Thacker, Chuck. *"The MAXC Microprocessor MAXC 8.1"*, Xerox PARC, 1972.

MAXCコンピュータの報告書。MAXC 8・2もある。

- Sutherland, Ivan Edward, *"Sketchpad : A man-machine graphical communication system"*, Technical Report Number 574, University of Cambridge, Computer Laboratory, 2003.
アラン・ケイに影響を与えたアイバン・サザーランドの伝説的な論文。

- Bergin, Thomas, J., and Gibson, Richard G. *"History of Programming Languages -II"*, ACM Press, 1996.（トーマス・J・バーギン／リチャード・G・ギブソン著『プログラミング言語の歴史――Ⅱ』）
アラン・ケイのスモールトークについての解説『スモールトークの初期の歴史（The Early History of Smalltalk）』は、色々なところからダウンロードできるが、テキストとしてきちんとしているのは、この本の第11章からであろう。この本は発注の際、Ⅱを付けないと、一九八一年版の同じ題名の黒表紙の古い版が届くことがあるので注意が必要である。

- Goldberg, Adele, *"A History of Personal Workstations"*, ACM Press 1988.
この本の253頁に所収の論文 *"The Dynabook-Past, Present, and Future"*（原題は *"Personal Dynamic Media"*）がよいだろう。一九七七年に米国電気電子学会（IEEE）のコンピュータ誌に掲載されたものの再録である。インターネットからもダウンロードできる。

- Alan Curtis Kay 著、鶴岡雄二訳、浜野保樹 監修『アラン・ケイ』アスキー、一九九二年。
*"Personal Dynamic Media"* などの邦訳を収めた本である。

- Piumarta, Ian and Rose, Kimberely. *"Points of View: A Tribute to Alan Kay"*, Viewpoints Research Institute, 2010.
ビューポイント・リサーチ・インスティチュートは、アラン・ケイの多数の論考を公刊している。特にこの文献はボブ・スプロール、アイバン・サザーランド、アデル・ゴールドバーグ、バート・サザーランド以下多数が寄稿していて非常に参考になる。

- Markoff, John. *"What the Dormouse Said: How the 60s Counterculture Shaped the Personal Computer Industry"*, Viking, 2005.（邦訳：ジョン・マルコフ著、服部桂 訳『パソコン創世第3の神話 カウンター・カルチャーが育んだ夢』NTT出版、二〇〇七年）

●ALTOのマニュアル

- XEROC PARC.. *"ALTO : A Personal Computer System Hardware Manual"*, XEROC PARC, 1976.
- XEROX PARC. *"ALTO : User's Handbook"*, XEROC PARC.1979.
- XEROX PARC. *"ALTO : Operating System Reference Manual"*, XEROC PARC, 1980.
これら3点のマニュアルがダウンロードできる。

● XEROX PARC.Thacker, Charles P., McCreight, Ed M., Lampson, Butler W., Sproull, Robert F., and Boggs. David R., *"Alto: A personal computer"*, CSL-79-11, Xerox PARC, 1979. 体裁の整った資料である。

●スモールトーク

● Goldberg, Adele., and Kay, Alan. *"Smalltalk-72 Instruction Manual"*, Xerox PARC,1976.（スモールトーク72についてのインストラクション・マニュアル）

● Goldberg, Adele., and Robson, David. *"Smalltalk-80 : The Language and its Implementation"*, Addison Wesley, 1983.（アデル・ゴールドバーグ、デイビッド・ロブソン 著『スモールトーク80　言語とインプリメンテーション』）スモールトーク80についての解説書。

● Goldberg, Adele. *"The Interactive Programming Environment"*, Addison Wesley, 1984.（アデル・ゴールドバーグ 著『スモールトーク80　対話型プログラミング環境』）

● Krasner, Glenn. *"Smalltalk-80 : Bits of History, Words of Advice"*, Addison Wesley, 1983. グレン・クレスナー 監修『スモールトーク80　若干の歴史、アドバイス』）

● Goldberg, Adele., and Robson, David. *"Smalltalk-80 : The Language"*, Addison Wesley, 1989.（アデル・ゴールドバーグ、デイビッド・ロブソン 著『スモールトーク80　言語』）

●ダン・インガルス

● Peter Seibel. *"Coders at Work : Reflections on the Craft of Programming"*, Apress, 2009.（『コーダーズ・アット・ワーク』）著名なプログラマーとのインタビュー集。

●スタンフォード大学のＡＬＴＯのマニュアル

● Stanford Department of Computer Science and Xerox Corporation, *"Welcome to ALTO Land : Stanford ALTO User's Manual"*, 1980.（スタンフォード大学コンピュータ・サイエンス学科／ゼロックス・コーポレーション『ようこそＡＬＴＯランドへ　スタンフォードＡＬＴＯユーザーズ・マニュアル』）

すでにマニュアルが作られるほど一九八〇年にはＡＬＴＯは相当行き渡っていた。

●ノートテイカー

● Fairbairn, Douglas G. *"NoteTaker System Manual"*, Xerox PARC, 1978.

ノートテイカーのシステム・マニュアル。ダウンロードできる。

●ドラド

● Fiala, E. R. *"Dorado Hardware Manual"*, Xerox PARC, 1978.
ドラドのハードウェア・マニュアル。

● Pier, Kenneth A. *"A Retrospective on the Dorado, A High-Performance Personal Computer"*, ISL-83-1,Xerox PARC, 1983.（ケネス・A・ピアー 著『ドラドの回想：ハイパフォーマンスのパーソナル・コンピュータ』）
ドラドをパソコンと呼ぶ感覚は、やはり普通の世界とは、かけ離れているようだ。

●ドルフィン

● Xerox PARC. *"DO Hardware Manual"*, Xerox PARC, May 16 1979.（『ドルフィン・ハードウェア・マニュアル』）

●ダンデリオンもしくはゼロックスＳＴＡＲ

● Xerox PARC. *"Xerox 8010 Information System Hardware Reference"*, 1988.（ゼロックス８０１０インフォメーション・システム・ハードウェア・マニュアル）

● Xerox PARC. *"Xerox Development Environment : Concepts and Principles"*, Xerox PARC ,1985.（ゼロックス開発環境：概念と原理）

● Xerox PARC . *"Xerox Network Sysytems Architecture : General Information Manual"*, Xerox PARC, 1985.（ゼロックス・ネットワーク・システム・アーキテクチャ　ジェネラル・インフォメーション・マニュアル）
製品となったゼロックスＳＴＡＲには多数のマニュアルがあるが、これらはそのうちの3点。ダウンロードできる。

● Xerox PARC. *"Dandelion Microcode Reference"*, Xerox PARC ,1980.（『ダンデリオン・マイクロコード・マニュアル』）

● Xerox PARC , *"Dandelion Hardware Manual"*, Xerox PARC ,1982.（『ダンデリオン・ハードウェア・マニュアル』）開発段階でのダンデリオンのマニュアル。

● AMD, *"The Am2900 Family Data Book With Related Support Circuits"*, 1979.（ＡＭＤ『Ａｍ２９００ファミリー・データブックと関連するサポート回路』）
ＣＰＵとして使用しているＡＭＤのＡｍ２９００のマニュアル。

● AMD, *"Ed2900A Introduction to designing with the Am2900 Family of Microprogrammable Bipolar Devices"*, 1985.（ＡＭＤ『ＥＤ２９００Ａ：マイクロプログラマブル・バイポーラ・デバイスの Am2900 ファミリーによる設計入門』）

● Mitchell, James G., Maybury, William., Sweet, Richard. *"Mesa Language Manual, Version 5.0"*, CSL-79-3, Xerox PARC, 1979.（ジェームズ・ミッチェル／ウィリアム・メイベリー／リチャード・スイート『ＭＥＳＡ言語マニュアル５・０』）

ゼロックスＳＴＡＲではＭＥＳＡ言語が主流であった。ＭＥＳＡ言語のマニュアルの１つである。

■第９章　リサの開発と悲劇

代表的なもののみ。説明は簡素にした

- Apple Computer. *"Lisa 2 Owners Guide"*, Apple Computer , 1983.
- Apple Computer. *"Lisa 2 Owners Guide"*, Apple Computer , 1984.
- Apple Computer. *"Lisa 2 Owners Guide"*, Apple Computer , 1984.

３つともリサのオーナーズ・ガイドだが、最後のものは、きちんと印刷されたもの。

- Apple Computer. *"Apple Lisa Computer: Hardware Manual"*, Apple Computer 1981.
- Apple Computer. *"Apple Lisa Hardware Reference Manual"*, Apple Computer, 1983
- Apple Computer. *"Apple Lisa Hardware Reference Manual"*, Apple Computer , 1985.

リサのハードウェア・マニュアル。

- Apple Computer. *"Apple Service Technical Procedures Lisa/Macintosh XL"*, Apple Computer , 1983.（『アップル・サービス・テクニカル・プロシージャ リサ／マッキントッシュＸＬ』）
- Apple Computer. *"Apple Lisa Patent One Button Mouse"*, Apple Computer.（リサの１ボタン・マウスの特許）
- Apple Computer. *"Apple Lisa Patent Case Design"*, Apple Computer.（リサのケースのデザイン特許）
- Apple Computer. *"Apple Lisa Patent MMU"*, Apple Computer.（リサのメモリ管理ユニットの特許）
- Apple Computer. *"Appple Lisa1 Computer Assembly Drawings"*, Apple Computer.（リサの組み立てマニュアル）
- Apple Computer. *"Guide to the Operating System 5.1"*, Apple Computer, 1982.
- Apple Computer. *"Guide to the Operating System 5.2"*, Apple Computer, 1982.
- Apple Computer. *"Guide to the Operating System 5.3"*, Apple Computerm, 1982.

リサＯＳ５・１、５・２、５・３のガイド。

● Apple Computer. *"Lisa Operating System Reference Manual"*, Apple Computer, 1982.（リサOSリファレンス）
● Apple Computer. *"Lisa OS Reference"*, Apple Computer.
● Apple Computer. *"Operating System Reference Manual for the Lisa"*, Apple Computer , 1983.
リサOSについてはいろいろな名前の資料やマニュアルがある。

● Apple Computer. *"Lisa Boot ROM Manual V1.3"*, Apple Computer , 1984.（リサ・ブートROMマニュアル）
● Apple Computer. *"Lisa 2 Upgrade Kit"*, Apple Computer, 1983.（リサ2アップグレード・キット・マニュアル）

● Apple Computer. *"Pascal Language Vol 1"*, Apple Computer , 1983.（PASCAL言語　第1分冊）
● Apple Computer. *"Pascal Reference"*, Apple Computer.（PASCALリファレンス）
● Apple Computer. *"Clascal Reference Manual"*, Apple Computer, 1983.（リサ用PASCALの拡張）
● Apple Computer. *"Lisa Pascal 3.0 System Software"*, Apple Computer.（リサPASCAL3．0システム・ソフトウェア）
● Apple Computer. *"The Lisa Applications Toolkit Reference Manual"*, Apple Computer.（リサ・アプリケーション・ツールキット・リファレンス・マニュアル）
● Apple Computer. *"Lisa Pascal 2.0 Workshop Users Guide"*, Apple Computer , 1983.（リサPASCAL2．0ワークショップ・ユーザーズ・ガイド）
● Apple Computer. *"Lisa Toolkit Self Paced Training"*, Apple Computer.（リサ・ツーキット・セルフ・ペスド・トレーニング）

● Apple Computer. *"Twiggy Schematics Right"*, Apple Computer.（ツイッギー・フロッピー・ディスクの回路図）
● Apple Computer. *"XENIX Lisa 2 Programmers Guide"*, Apple Computer , 1984.（ゼニックス・リサ・プログラマーズ・ガイド）
● Apple Computer. *"Lisa Product Introduction Plan"*, Apple Computer , 1983.（リサ製品導入プラン）
● Apple Computer. *"Apple Lisa Development Team"*, Apple Computer.（リサの開発チームについて詳述している）


## ■第10章　マッキントッシュの開発の始まり


● Hertzfeld, Andy. *"Revolution in the Valley"*, O'Reilly, 2005.（邦訳：Andy Hertzfeld 著、柴田文彦 訳『レボリューション・イン・ザ・バレー　開発者が語る Macintosh 誕生の舞台裏』オライリー・ジャパン、二〇〇五年）
マッキントッシュの開発の状況をつぶさに語った大変素晴らしい本。時々建物の名前を地図にない仲間内だけの言葉で呼ぶのに困惑する。本書では、できる限り所在地を明らかにしておいた。

●Raskin, Jef. *"The Human Interface: New Directions for Designing Interactive Systems"*, Addison Wesley 2000.
ジェフ・ラスキンの『ザ・ヒューマン・インターフェイス：インタラクティブ・システム設計のための新しい方向性』。元々のマッキントッシュ設計者の哲学が展開されている。

ジェフ・ラスキンに関するドキュメントは、インターネット上に多数公開されているが、あまりに多すぎて列挙できない。マッキントッシュ・プロジェクト・メモにある。また、ジェフ・ラスキンに関する多数のドキュメントがスタンフォード大学のオンライン・アーカイブ・オブ・カリフォルニア（OAC）に「プレリミナリー・インベントリー・オブ・ザ・ジェフ・ラスキン・ペーパーズ、1975–1997」として保管されている。URLは次の通りだが、オンラインで自由に閲覧できるわけでないのが残念。

http://oac.cdlib.org/findaid/ark:/13030/tf0199n441

●Levy, Steven. *"Insanely Great: The Life and Times of Macintosh, the Computer that Changed Everything"*, Viking, 1994.（邦訳：スティーブン・レヴィ著、武舎広幸訳『マッキントッシュ物語――僕らを変えたコンピュータ』翔泳社、一九九四年）

■第11章　マッキントッシュの開発の本格化

マッキントッシュに関する知識の宝庫は『インサイド・マッキントッシュ』だろう。白い背表紙のインサイド・マッキントッシュには次のようなものがある。

英語版
●Inside Macintosh Ⅰ, Ⅱ, Ⅲ　一九八三年（分冊）　一九八五年（合本）
●Inside Macintosh Ⅳ　一九八六年
●Inside Macintosh Ⅴ　一九八六年
●Inside Macintosh Ⅵ

日本語版
●Inside Macintosh Ⅰ & Ⅱ　一九八八年
●Inside Macintosh Ⅲ & Ⅳ　一九八八年
●Inside Macintosh Ⅴ　一九八九年
●Inside Macintosh Ⅵ　一九九二年

# 索　引

●ア　行

## ●カ 行

## ●サ　行

## ●タ　行

## ●ナ　行

●ハ　行

## ●マ　行

●インターアプリケーション・コミュニケーション　一九九三年
アップル・コンピュータが幾分特殊なものと分類したもの
●クイックタイム　一九九三年
●クイックタイム・コンポーネント
●デバイス　一九九四年
●コミュニケーションズ・ツールボックス　一九九一年
●ネットワーキング　一九九四年
●イメージング・ウィズ・クイック・ドロー　一九九四年
他にも多数のインサイド・マッキントッシュがあるが、スペースの都合で割愛する。
●Lu, Cary. "*Mac: The Apple Macintosh Book*", Microsoft Press, 1984.
本書についてはビル・ゲイツが要望を出したという逸話がある。一九八六年、一九八八年、一九九二年と改訂されている。

本書に関連する私の本は次のようである。
●脇英世著『IT業界の開拓者たち』ソフトバンクパブリッシング、二〇〇三年。
●脇英世著『IT業界の冒険者たち』ソフトバンクパブリッシング、二〇〇二年。
●脇英世著『パーソナルコンピュータを創ってきた人々』ソフトバンク出版事業部、一九九八年。
●脇英世著『ポスト・ゲイツの覇者――IT最前線で何が起きているか』講談社、二〇〇一年。
●脇英世著『インターネットを創った人たち』青土社、二〇〇三年。
●脇英世著『シリコンバレー　スティーブ・ジョブズの揺りかご』東京電機大学出版局、二〇一三年。
●脇英世著『スティーブ・ジョブズ　青春の光と影』東京電機大学出版局、二〇一四年。
●脇英世著『ビル・ゲイツI　マイクロソフト帝国の誕生』東京電機大学出版局、二〇一五年。
●脇英世著『ビル・ゲイツII　そしてライバルは誰もいなくなった』東京電機大学出版局、二〇一六年。

基本的にはⅠ、Ⅱ、Ⅲを読めばよいはずだが、ＰＡＳＣＡＬ言語の知識とＭＣ６８０００用のアーキテクチャとアセンブリ言語のある程度の基本的な知識は必要である。たとえば次の本程度のものを読んでおくことは肝要だろう。

● Kane, Gerry. et al. "*68000 Assembly Language Programming*", Osborne/Mcgraw-Hill, 1981

そうでないと第４章に出てくる「レジスタＡ０をアドレスの受け渡しに、Ｄ０をその他のデータの受け渡しに使う」という記述が分からないだろうし、次のような簡単な記述例も何のことか分からないと思う。

```
LEA      src (A5) , A0
LEA      sdest (A5) , A1
MOVEQ    #20,0
_BlockMove
```

白表紙本の記述は体系的になっていないので、各論を扱う黒背表紙本が出て、説明が補足された。分かりやすくはなったが、非常にかさばり重い。黒背表紙本のインサイド・マッキントッシュには主に次のようなものがある。私がまだ入手できていないものもある。古書は需給によって異常に高価な場合がある。

| アップル・コンピュータが開発者必須と分類したもの | 英語版 | 日本語版 |
|---|---|---|
| ●オーバービュー | 一九九二年 | |
| ●イメージング・ウィズ・クイックドロー | 一九九四年 | |
| ●ファイル | 一九九二年 | |
| ●プロセス | 一九九二年 | |
| ●メモリ | 一九九二年 | |
| ●オペレーティング・システム・ユーティリティーズ | 一九九四年 | |
| ●マッキントッシュ・ツールボックス・エッセンシャルズ | 一九九二年 | 一九九五年 |
| ●モア・マッキントッシュ・ツールボックス | 一九九五年 | |
| ●テキスト | 一九九三年 | 一九九四年 |

【著者紹介】

脇　英世（わき・ひでよ）

昭和22年　東京生まれ
昭和52年　早稲田大学大学院博士課程修了，工学博士
平成20年より東京電機大学工学部長，工学部第一部長，工学部第二部長を2期勤める。
現　職　東京電機大学工学部情報通信工学科教授

著書に『Windows入門』『文書作成の技術』(岩波書店)，『ビル・ゲイツの野望』『ビル・ゲイツのインターネット戦略』(講談社)，『LINUXがWindowsを超える日』(日経BP)，『インターネットを創った人たち』(青土社)，『アマゾン・コムの野望』『シリコンバレー―スティーブ・ジョブズの揺りかご』『スティーブ・ジョブズ―青春の光と影』『ビル・ゲイツI―マイクロソフト帝国の誕生』『ビル・ゲイツII―そしてライバルは誰もいなくなった』(東京電機大学出版局)ほか。

**スティーブ・ジョブズII　アップルIIIとリサの蹉跌**

2017年4月10日　第1版1刷発行　　ISBN 978-4-501-55530-6　C3004

著　者　脇　英世

発行所　学校法人 東京電機大学
東京電機大学出版局
〒120-8551　東京都足立区千住旭町5番
〒101-0047　東京都千代田区内神田1-14-8
Tel. 03-5280-3433(営業)　03-5280-3422(編集)
Fax.03-5280-3563 振替口座 00160-5-71715
http://www.tdupress.jp/



編集：蝉工房　　印刷：㈱ルナテック　　製本：誠製本㈱
落丁・乱丁本はお取り替えいたします。　　Printed in Japan